Große Denker

Edward de Bono

Große Denker

Mit Zeichnungen von Edward de Bono und George Daulby

vgs

Aus dem Englischen von Hainer Kober

CIP-Kurztitel-Aufnahme der Deutschen Bibliothek:

DeBono, Edward:
Grosse Denker / Edward de Bono. Mit Zeichn. von
Edward de Bono u. George Daulby. [Autoris.
Übertr. aus d. Engl. von Hainer Kober]. — Köln :
vgs, 1980.
    Einheitssacht.: The Greatest Thinkers <dt.>
    ISBN 3—8025—2139—0

Titel der englischen Originalausgabe: „The Greatest Thinkers"
Text von E. de Bono: © 1976 European Music Ltd
Übriges Material: © 1976 George Weidenfeld and Nicholson Ltd.,
91 Clapman High Street, London SW4 7TA

Lizenzausgabe mit freundlicher Genehmigung der George Weidenfeld and Nicholson Ltd. London
© 1980 Verlagsgesellschaft Schulfernsehen — vgs —, Breite Str. 118/120,
D—5000 Köln

Umschlagentwurf: unter Verwendung des Entwurfs der Originalausgabe von George Daulby

Satz: Fotosatz Böhm, Köln
Druck: Aug. Laub GmbH + Co. Elztal-Dallau
Printed in Germany
ISBN 3—8025—2139—0

Beiträge von: Igor Aleksander
              Michael Berry
              Peter Brent
              Graham Davey
              Len Doyal
              James Fenton
              Felipe Fernandez-Armesto
              Christopher Frayling
              Michael Grant
              Pamela Gray
              David Holloway
              Jonathan Keates
              Shirley Letwin
              Kenneth Minogue
              Robert Orr
              William Page
              John Paxton
              Jonathan R. Pedder
              Colin A. Ronan
              David Sceats
              Martin Seymour-Smith
              Alan Sked

Inhalt

Einleitung

Nichts war je mächtiger als ein Gedanke im Kopf eines einzelnen Menschen

Ein einzelner unter den Millionen Menschen, die auf dieser Erde gelebt haben, muß recht unbedeutend erscheinen. Ein Gedanke ist ungreifbar und immateriell. Doch war nichts je mächtiger als ein Gedanke im Kopf eines einzelnen Menschen.

Einstein war ein Mensch, der aß wie andere Menschen, der sein Gesicht wusch wie andere Menschen, und der Schlaf brauchte wie sie. Doch sind wir kraft seines Denkens in der Lage, die elementarste Energiequelle der Natur anzuzapfen. Es gibt keine fundamentalere Energieform als die Verschmelzungsenergie in der Wasserstoffbombe, denn sie wird auch von der Sonne verwendet. Hoffentlich werden wir bald in der Lage sein, sie für friedliche Zwecke zu nutzen. Marx war zwar ein sehr durchschnittlicher Viktorianer, aber viktorianischen Sitten so verhaftet, daß er zum Beispiel seinem Zimmermädchen ein Kind machte. Doch die Tätigkeit seines Geistes brachte eine Ideologie hervor, die heute vermutlich zur einflußreichsten geworden ist und das Leben der halben Weltbevölkerung weitgehend bestimmt.

Im Nachhinein ist Darwins Evolutionsgedanke sehr einfach. Er ist noch nicht einmal besonders sorgfältig ausgearbeitet; und doch lieferte dieser eine Gedanke dem Menschen plötzlich eine plausible Geschichte der eigenen Ursprünge. Dieser simple Gedanke, auf den viele Menschen hätten kommen können, rechtfertigt es, Darwin unter die größten Denker einzureihen.

Pawlow machte die schlichte Beobachtung, daß seine Hunde schon beim Klang einer Glocke, die vor der Fütterung geläutet wurde, Speichel absonderten. Dieses einfache Experiment hat zur Möglichkeit geführt, das Denken und Verhalten von Menschen ohne ihr Wissen und ihre Einwilligung zu kontrollieren.

Kolumbus war ein Seemann, der lediglich halsstarriger als die meisten anderen war; und doch war er ausersehen, fast die halbe Welt zu entdecken, und zwar jene Hälfte, die die mächtigere geworden ist. Früher oder später wäre sie von jemand anderem entdeckt worden; doch sie wurde nun einmal von Kolumbus entdeckt — mit allem, was praktisch daraus folgte.

Es ist nicht leicht zu sagen, wer ein großer Denker ist. Noch schwerer läßt sich festlegen, wer die größten Denker sind. Ein Denker kann nicht unabhängig von den Auswirkungen seines Denkens gesehen werden. Zweifellos hat es sehr bedeutende Geister gegeben, deren Gedanken nie veröffentlicht oder, wenn sie veröffentlicht wurden, verkannt worden sind. Die Größe eines Denkers wird im Rahmen dieses Buches an der gesellschaftlichen Wirkung seines Denkens gemessen. Das Buch ist nicht als Ruhmeshalle für Menschen gedacht, die sich durch besondere Geisteskraft oder tiefe Gedanken auszeichnen. Es gibt keinen Verdienstorden für Abstraktionsgrad oder Scharfsinn des Denkens. Was zählt, ist die gesellschaftliche Wirkung.

Das Denken Jesu hat in Gestalt des Christentums unsere Kultur von Beginn an beherrscht. Das Denken des heiligen Augustinus hat mit dem Nachdruck, den es auf die Erbsünde und die göttliche Gnade als Vorbedingung für das Heil des Menschen legt, die katholische Kirche und in noch stärkerem Maße die protestantische Kirche geprägt. Das Denken von Platon und Aristoteles hat das Denken der abendländischen Welt bestimmt: platonisches Denken als Suche nach der letzten Wahrheit unter der Oberfläche der Erscheinungen; aristotelisches als Beschäftigung mit den Wahrheiten, die in der Sprache verborgen liegen. Mehr als zweitausend Jahre lang war das Denksystem des Aristoteles in der Neufassung durch Thomas von Aquin das einzige, das abendländische Logiker anerkannten. Mittelbar und unmittelbar wird das Klima von Kultur und Denken heute sehr nachhaltig von Rousseau, Freud und Sartre beeinflußt. In einigen Fällen waren die hier vertretenen Denker eine Art Wendemarke oder Richtungsänderung. Dies gilt für James oder Nietzsche, die sich nicht durch besondere Tiefe des Denkens auszeichnen, die aber eine deutliche Abkehr von traditionellen Denkrichtungen bezeichnen: der eine mit seiner Hinwendung zum Pragmatismus, der andere mit seinem Ruf nach der Herrschaft des Übermenschen. Gelegentlich hat — wie im Falle von Malthus — ein ganz durchschnittlicher Denker eine wichtige Denkrichtung begründet, weil er seine Aufmerksamkeit einem neuen Bereich zuwandte. Schließlich gibt es Denker, die tatsächlich Probleme gelöst haben: Newton, Clerk Maxwell, Einstein.

Leicht läßt sich die Auswahl der Denker mit dem Argument kritisieren, sie verdienten die Aufnahme in dieses Buch nicht oder ihre Aufnahme hätte zum Ausschluß anderer, wichtigerer geführt. Beispielsweise ließe sich vorbringen, daß auf dem Gebiet der Volkswirtschaft Adam Smith ein viel gründlicherer Denker als Keynes gewesen sei. Nun war aber zur Zeit von Smith die Volkswirtschaftslehre eine deskriptive Wissenschaft, da wirtschaftliches Handeln eigenen Gesetzen folgte, während zur Zeit von Keynes und danach die Wirtschaftspolitik unmittelbar auf das Leben von Millionen Menschen einwirkte. Es wäre absurd, wollte man Kolumbus, Bacon oder Malthus in geistiger Hinsicht mit so imposanten Erscheinungen wie Clerk Maxwell, Euklid oder Thomas von Aquin vergleichen. Doch auf seine Weise war das Denken jener Männer ebenso einflußreich.

Nicht selten hat ein Denker insofern Glück gehabt, als die Öffentlichkeit ihm eine Rolle zugeschrieben hat, die er nicht wirklich verdient haben mag. Wenn Bacon als Vater der wissenschaftlichen Methode gilt, ist das ein solcher Fall. Doch die Richtung seines Denkens, wenn auch nicht die Qualität seiner Denkergebnisse, rechtfertigt die Behauptung. Kopernikus hat nicht als erster die Auffassung vertreten, daß die Sonne im Mittelpunkt der Umlaufbahn der Erde liege; aber er wies das Denken seiner Zeit in eine Richtung, die zur

Anerkennung dieser Tatsache führte. Er hatte das Glück, daß seine Vorstellungen die Unterstützung des fähigen Teams Johannes Kepler und Tycho Brahe fanden. Luther kam außerordentlich zugute, daß er von den deutschen Fürsten politische Rückendeckung bekam, sonst hätte er das gleiche Schicksal erlitten wie jeder andere kirchliche Dissident. Darwin hatte das Glück, eine materialistische Welt vorzufinden, welche verzweifelt nach einer Erklärung des Menschen suchte, die ohne Gott auskam. Glück mit der Rezeption, Glück mit der politischen Rückendeckung — die Fälligkeit einer Idee hängt selten unmittelbar vom Denken des Denkers selbst ab. So betrachtet wirkt es geradezu unfair, eine Idee nur deshalb zu feiern, weil sie Glück mit ihrer Rezeption hatte. Doch „Wirksamkeit" ist ein Gemeinschaftsprodukt von Denker und gesellschaftlichen Verhältnissen.

In unserem Buch gibt es nur wenige Philosophen. Das mag überraschen, weil die meisten Bücher dieser Art von Philosophen geschrieben werden und meist mit einem Aufgebot der griechischen Philosophie beginnen — Thales, Parmenides, Pythagoras, Heraklit, Anaximander, Sokrates und so fort. Und doch hatte die Philosophie oft etwas von einem Spiel für „Insider" ohne große Wirkung auf die Gesellschaft. Wittgenstein hat andere Philosophen nachhaltig beeinflußt, doch sein Einfluß auf die Gesellschaft blieb hinter dem von Keynes, Sartre oder Wiener zurück. Gewöhnlich sah es in der Philosophie so aus, daß ein Philosoph eine bestimmte Methode entwickelte, die Welt zu betrachten, und eine Schule von Anhängern ins Leben rief. Dann trat ein zweiter Philosoph auf, der anderer Meinung war und die Gegenschule gründete. So wird philosophische Hitze, aber nicht immer viel Licht erzeugt. Die Unterscheidung zwischen Realisten und Nominalisten, zwischen Rationalisten und Empiristen haben andere Menschen nicht so wichtig genommen wie die Philosophen. Denn praktisch ist immer der Eindruck entstanden, daß beide Parteien recht hätten, abgesehen von ihrer Ablehnung der anderen Partei.

Diese Rechtfertigung dafür, daß weniger Philosophen und mehr Denker von eher praktischer Wirkung berücksichtigt wurden, läßt sich in den Vorwurf umkehren, daß einige bedeutende Männer der Tat nicht aufgenommen worden sind. Edward Jenner hat der Welt mit seinem Sieg über die Pocken mehr praktischen Nutzen gebracht als viele Denker. Auch Wissenschaftler wie Pasteur, Planck und Faraday haben großen Einfluß ausgeübt. Geniale Techniker wie Brunel, Archimedes und die Gebrüder Wright haben der Gesellschaft ein anderes Gesicht gegeben. Marconi hat Clerk Maxwells Theorien in der praktischen Fernmeldetechnik verwertet. Dann gab es Generale wie Napoleon und Alexander den Großen. Läßt Denken sich von Literatur trennen? Gebührt nicht Dante, Shakespeare und Goethe ebenfalls ein Platz? Was ist mit Männern von fraglos so genialer Begabung wie

Die Reife einer Idee hängt selten unmittelbar vom Denken des Denkers selbst ab

Leonardo da Vinci? Schwerlich läßt sich irgendeine schlüssige logische Begründung für den Ausschluß eines dieser Männer geben.

Im großen und ganzen geht es hier um jene Denker, die unsere Kultur durch die Darlegung reinen Denkens geprägt haben. Ich kann mein Auswahlprinzip nur mit dem Hinweis verteidigen, daß jede Zusammenstellung dieser Art notgedrungen persönlich gefärbt ist und sich auf ein ganzes Bündel ästhetischer und ungenannter Gründe stützt.

Vorrangiges Thema des Buches ist der Einfluß von Denkern auf die abendländische Kultur. Das gilt nicht durchgehend, weil die Wirkung von Denkern wie Jesus oder Marx auch außerhalb des Westens groß oder dort sogar größer gewesen ist. Jesus hat im Nahen Osten gelebt. Alles spräche also dafür, auch Mohammed aufzunehmen, der sich, was seine Wirkung auf die Gesellschaft betrifft, gewiß für dieses Buch empfiehlt. Doch seine Wirkung erstreckte sich auf den Nahen und Mittleren Osten, während sich die Wirkung Jesu unmittelbar auf das Abendland richtete. Ohne Zweifel ist sich die abendländische Kultur gar nicht bewußt, in welchem Maße sie die Grundlage ihrer wissenschaftlichen Erkenntnisse und auch große Teile ihres mathematischen Wissens der arabischen Kultur verdankt. Außerdem ist die Gelehrsamkeit der Griechen durch das kontinuierliche Interesse arabischer Kulturen nach Europa gelangt. Es hat große Denker im Islam und im Fernen Osten gegeben. Nur die Geographie entschuldigt, daß sie hier nicht aufgenommen werden. Eigenartig mag da der Sonderfall Konfuzius erscheinen. Seine Aufnahme läßt sich logisch damit rechtfertigen, daß am Gegenbild seines Denkens deutlich wird, welchen Weg abendländisches Denken *nicht* eingeschlagen hat.

Es gibt viele wichtige Aspekte der Gesellschaft, die allmählich durch eine Folge von Denkern geschaffen worden sind. Hin und wieder waren die Beiträge einzelner bedeutend genug, um ihrem Denken eher den Anstrich von „persönlicher" als von „Team"-Leistung zu verleihen; doch bleibt ein Unterschied zwischen der Idee, die im Kopf eines einzelnen Menschen entsteht, und der Idee, die allmählich vom Verstand vieler entwickelt wird. Es ist fast unmöglich, unvoreingenommen zu schreiben. Ohne es zu wollen, bezieht man Stellung, indem man unmerklich Begeisterung einfließen läßt, eine Einzelheit ausspart, eine andere übertreibt, den einen Aspekt mit einem abfälligen Beiwort abtut und den anderen mit einem positiv wertenden hervorhebt, indem man bestimmte Verbindungen knüpft und andere nicht zur Kenntnis nimmt. Wenn ich alle Biographien der großen Denker in diesem Buch selbst geschrieben hätte, hätten diese Biographien mehr meine Meinung von der Leistung der Denker widergespiegelt als diese Leistung selbst. Nun stammt aber jede Biographie von einem von mir unabhängigen Autor, woran sich die Hoffnung knüpft, daß damit größere Objektivität erzielt wurde. Auf diese Weise läßt sich das Buch als Sammlung von Einzeldarstellungen großer Denker heranziehen und nicht bloß als Beleg meines Standpunktes. In bezug auf diese Darstellungen befindet sich der Leser in derselben Situation wie ich.

Die kommentierenden Abschnitte, in denen die Denker zu Gruppen zusammengefaßt werden, beschäftigen sich unmittelbar mit dem Denken. Ziel eines jeden dieser Abschnitte ist es, einen bestimmten Aspekt jenes Denkens zu untersuchen, das die dort behandelten Denker illustrieren. In den biographischen Abschnitten liegt die Betonung auf den Denkern als Menschen. In den kommentierenden Abschnitten liegt die Betonung auf jenem Phänomen, das wir Denken nennen.

Tatsächlich bietet das Buch dem Leser drei Möglichkeiten, das Denken großer Denker in den Blick zu bekommen. Die erste ist die optische Darstellung des Denkens, die jeder Biographie vorangeht. Diese Zeichnungen sind von mir in Zusammenarbeit mit einem Graphiker entwickelt worden. Dann folgt die Biographie von einem Autor. Schließlich kommt der verbindende Abschnitt, in dem das Denken gewöhnlich aus einer anderen Perspektive betrachtet wird. Dieser Aufbau wurde absichtlich gewählt, weil es nicht leicht ist, das Wesentliche am Beitrag eines Denkers anhand eines Artikels oder eines Standpunktes zu erfassen.

In vielen Fällen ist es faszinierend, Spekulationen darüber anzustellen, was geschehen wäre, wenn ein bestimmter Einfluß ausgeblieben wäre oder wenn sich ein konkurrierender Standpunkt durchgesetzt hätte. Was etwa wäre aus der Christenheit geworden, wenn Pelagius mit seiner Lehre von der positiven Selbsthilfe den Sieg über Augustinus mit seiner Betonung der Prädestination des Menschen davongetragen hätte? Wie würde unser logisches System aussehen, wenn es Aristoteles oder die Neufassung seiner Philosophie durch Thomas von Aquin nicht gegeben hätte? Hätten sich unsere Philosophen mit praktischeren Fragen beschäftigt, wenn Euklid nicht ein Modell zum Aufbau axiomatischer Systeme geliefert hätte? Hätte es, wenn Platon nicht gewesen wäre, weniger Suche nach platonischer Wahrheit gegeben und weniger von der materiellen Wirksamkeit, die wir für erwiesen halten? Wäre unser Denken dem des Ostens ähnlicher oder wäre es ganz anders? Der Spekulation ist Tor und Tür geöffnet. Faszinierend ist der Versuch zu bestimmen, wie weit und wie bewußt unsere Denkweise von den Ideen dieser größten Denker geformt worden ist. Nichts ist *unvermeidlich*. An vielen Punkten hätte sich unsere Kultur, hätten sich unsere Begriffe in ganz verschiedene Richtungen entwickeln können; so verschieden wie die alternativen Ansätze von Moses, Kunfuzius und Platon.

An vielen Punkten hätte sich unsere Kultur, hätten sich unsere Begriffe in ganz verschiedene Richtungen entwickeln können

Moses

Moses handelte gewissermaßen als Lautsprecher, der Gottes Willen in einem dichten Netz von Gesetzen verbreitete, das ein Volk und eine Religion begründete. Er war weit mehr als ein passiver Kommunikationskanal, denn er mußte eine enge Verbindung zwischen den einzelnen Punkten des Gesetzes und dem Leben der Menschen herstellen. Darüber hinaus hatte es in einer Weise zu geschehen, die über seine persönliche Autorität hinaus Bestand haben würde.

ca. 13. Jahrh. v. Chr.

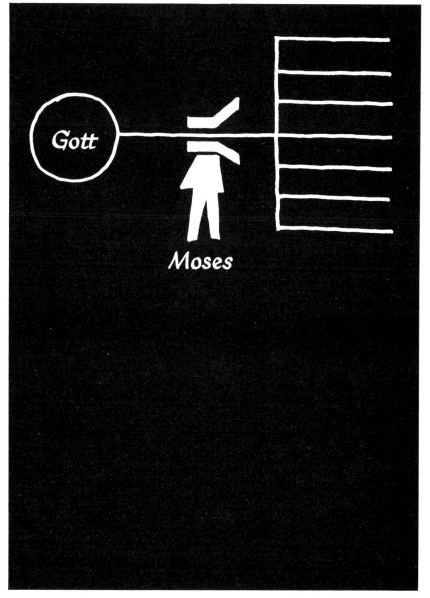

Von allen Königen, Propheten und Patriarchen der Bibel hat Moses die Phantasie von Malern, Dichtern und Musikern am häufigsten beschäftigt. Salomon mag prächtiger sein, Jakob menschlicher in der erstaunlichen Verbindung von List und purem Glück, David eine Gestalt, die mehr prahlerischen Glanz verbreitet; doch letztlich hat sich die abendländische Kunst stets wieder auf den einsam ringenden Gesetzgeber vom Berg Sinai besonnen.

Die zeitlose Vorstellung von dem Mann, der als Führer wie als Visionär auf sich allein gestellt ist, hat erfolgreich jeder sprachlichen oder bildlichen Festlegung widerstanden. Widersprüchlicher noch als in Dichtung und Musik ist sein Bild in Malerei und Plastik. Michelangelos finstergesichtiger, löwenhafter Riese steht neben Rembrandts traurig blickendem Mystiker, Tintorettos schattenhafter Zauberer bildet einen auffälligen Kontrast zu Botticellis alltäglichem Schafhirten. Wo gab es je — so mögen wir uns schließlich fragen — den wirklichen Moses?

Alles, was über die historische Figur bekannt ist, läßt sich in den ersten Büchern des Alten Testaments entdecken. Doch selbst dort sind die Grenzen zwischen Wirklichkeit und Legende so hoffnungslos verwischt, daß wir nur zu gern bereit sind, das Leben Mosis als „Saga" hinzunehmen, voll heroischer Größe und Leidenschaft, voll herber Niederlagen und wunderbarer Triumphe. Die Geschichte vom Säugling Moses, der von der Tochter des Pharao im Schilf gefunden wird, ist gewiß nicht mehr als eine Legende. Bedeutsam ist jedoch, daß er von der ägyptischen Prinzessin adoptiert worden sein und einen Namen erhalten haben soll, der ebenso gut ägyptischen wie hebräischen Ursprungs sein könnte, und daß er in dem höchst kultivierten Milieu des Königshofes erzogen worden sein soll. Davor hatte ein dynastischer Wechsel stattgefunden. Pharao Ahmose I. (ungefähr 1570—1546 v. Chr.) hatte sich erfolgreich gegen die verhaßte Fremdherrschaft der Hyksos erhoben — einer bunten Horde von Schafhirten und Wagenlenkern, die Ägypten zu Beginn des zweiten vorchristlichen Jahrtausends überschwemmt hatte. In einem Ausbruch von Nationalismus versuchten Ahmose und seine Nachfolger der 18. und 19. Dynastie nicht nur, die Hebräer, die sich rund um die einstige königliche Hauptstadt Avaris im Nildelta niedergelassen hatten, auf Dauer in eine Sklavenkaste zu verwandeln, sondern auch sie als Einwanderergruppe in ihrer Zahl zu beschränken. Dieses Bestreben fand seinen Höhepunkt in dem Massenmord an männlichen Kindern, dem Moses selbst so knapp entgangen war.

In seiner historischen Rolle als Gesetzgeber wird Moses gewiß von seiner Erziehung am ägyptischen Königshof profitiert haben. Nach Jahren des Niedergangs erlebte Ägypten im 13. Jahrhundert vor Christi einen neuen Aufschwung. Unter der tatkräftigen Regierung von Pharaonen wie Sethos I. und

Ramses II. wurden die sozialen und religiösen Strukturen eindrucksvoll restauriert, aus denen ihr Vorgänger, der ungezügelte, neurotische Echnaton, hatte ausbrechen wollen. Als Hegemonialmacht im Nahen Osten unterhielt Ägypten Kontakte zu Reichen wie dem der Hethiter oder der aufstrebenden Assyrer. So mußte die Atmosphäre, in der Moses heranwuchs, kosmopolitisch gewesen sein, wie es die erhaltenen Reliefs und Wandbilder einprägsam zeigen. Diese Atmosphäre wird sich — wie wir sehen werden — auf den Charakter der sogenannten mosaischen Tradition auswirken.

Das entscheidende Ereignis der frühen Jahre Mosis — die Vision Gottes im brennenden Dornbusch — folgt auf die erste Auflehnung gegen pharaonische Unterdrückung. Seine Situation weist zu diesem Zeitpunkt eine unheimliche Ähnlichkeit mit derjenigen gewisser Revolutionäre des 19. Jahrhunderts auf; vom eigenen Volk abgelehnt, das sich stumpf in die Knechtschaft fügt, muß er nach einem unbedachten Gewaltakt, der mit dem Mord an einem ägyptischen Aufseher endet, ins Ausland fliehen und seine Aufgabe als hebräischer Befreier von Grund auf überdenken.

Die Theophanie — die Gotteserscheinung — ist von entscheidender Bedeutung für den mosaischen Gesetzesbegriff. Zu allererst ist da die Vorstellung von Gott Jahwe als einem persönlichen Gott, der vertraut und ehrfurchtgebietend, doch

Mit den Zehn Geboten — dem *Dekalog* —, die Moses auf dem Berg Sinai von Gott entgegennimmt, bringt er den Juden den Kern einer weit größeren Gesetzessammlung, die jeden Bereich bürgerlichen, militärischen und religiösen Lebens abdecken soll. Hier bricht nun die Erzählung des Exodus ab, als sei sich der Schreiber der Bedeutung des Augenblicks bewußt. Es folgt eine Art Zusammenfassung des Gesetzes, das als Grundlage für den Bund zwischen Gott und Volk dient. Dann kommt es zum Zwischenfall mit dem goldenen Kalb. Die Israeliten, die ungeduldig werden, weil Moses ihnen zu lange auf dem Berg verweilt, laufen zum gefälligen, glattzüngigen Aaron über, der ihnen ein goldenes Götzenbild gibt. Danach wird der Bund erneuert, und der Exodus schließt mit einer detaillierten Darlegung jener feierlichen Bräuche, die eine Einleitung zu der folgenden, gewaltigen Gesetzessammlung darstellen, welche als Levitikus — „Priesterbuch" — bekannt ist.

Offenkundig stammt der Levitikus nicht von Moses allein, sondern wurde in Jahrhunderten hieratischer (priesterlicher) Gesetzestradition zusammengetragen. Ebenso wenig war Moses für die Völker des Nahen Osten der erste Gesetzgeber alter Zeit. Um das 17. Jahrhundert v. Chr. hatte Hammurabi, König von Babylon, einen detaillierten Gesetzeskodex erlassen, dessen erste Niederschrift auf einer schwarzen Basalttafel bis heute erhalten ist. Den fernen Einfluß Hammurabis kann man sehr wohl aus der Geschichte von den Zehn Geboten herauslesen: das in Stein gehauene Gesetz als symbolische Garantie für Dauer. Auch Ägypten hatte seine Gesetzessammlung, mit der Moses und viele Israeliten sicherlich vertraut waren. Dieser Umstand und die Rolle der Priester als Wächter und Mittler des Gesetzes zeichnen letztlich den theokratischen Charakter vor, den die frühe jüdische Gesellschaft annehmen sollte.

Der grundlegende Unterschied zwischen mosaischem Gesetz und den anderer Kulturen des Nahen Ostens liegt in der Absolutheit seiner Aussagen. Es geht von der denkbar engsten Verbindung zwischen Gott und dem Volk aus. Wenn wir etwa Hammurabis Vorschriften nehmen, so ist ihr wesentliches Merkmal ihr Bedingungscharakter. Sie gehen von Situationen aus, von denen gesagt wird: *wenn* dies und das geschieht, *dann* kann das und jenes eintreten. Ein solcher Bedingungscharakter kann einfach nicht in ein Rechtssystem Eingang finden, das von Anfang an als Ausdruck göttlichen Willens verstanden wird. Wie unsichtbar Jahwe auch für die Israeliten sein mag, er sieht und hört alles, was sie tun, und er ist bereit, jeden Aspekt ihres Lebens zu beaufsichtigen. Er wird nicht nur als persönlicher Gott wahrgenommen, der sich ebenso sehr um den Einzelnen wie um die Gemeinschaft kümmert, sondern auch als Gott mit einer Persönlichkeit, als väterliche Gegenwart, manchmal scheltend, oft zornig, immer aber, als letzte Instanz gesetzlicher Gewalt, frommer Bitte zugänglich.

stets gegenwärtig und immer wachsam ist. Eine solche Vorstellung muß einfach revolutionär gewirkt haben in einer Welt, die daran gewöhnt war, daß Götter — trotz ihrer Inkarnation in vertrauten Gestalten wie der des Falken oder Schakals — der alltäglichen Erfahrung außerordentlich entrückt schienen. Gottes Allgegenwart steht in enger Verbindung mit den Begriffen seiner Unsichtbarkeit und seiner Namenlosigkeit. Moses hört ihn, er sieht ihn aber nicht. Und hier wie an anderer Stelle der Geschichte entsteht der Eindruck einer nur allzu menschlichen Verwirrung angesichts der Aufgabe, mit einem Schöpfer zu verhandeln, der auf die Frage nach seinem Namen abwehrend antwortet: „Ich bin, der ich bin". Beide Begriffe implizieren eine Universalität, deren Neuartigkeit gemessen an dem, was den Juden und anderen Völkern des Nahen Ostens damals vertraut war, geradezu arrogant erscheint.

Der anhaltende Streit zwischen einem halsstarrigen Pharao und Moses, dem sein Bruder Aaron hilft, ist eine der großartigsten dramatischen Episoden in der Bibel. Wenn jetzt eine Plage in grausiger und schrecklicher Sequenz auf die nächste folgt, tritt Gottes Macht aktiv in Erscheinung und erfüllt damit das Versprechen, das Abraham in der Genesis (12:2) gegeben wurde. Doch erst nach der Durchquerung des Roten Meeres und der endgültigen Vernichtung des ägyptischen Heeres, das die Juden verfolgt, wird Moses zum Gesetzgeber der verdrossenen, aufmüpfigen Stämme berufen, mit deren Führung er betraut ist.

Das Gesetz enthält die Forderung nach bedingungslosem Gehorsam und bedingungsloser Treue

Moses zerbricht die Gesetzestafeln; Rembrandt.

Vor allem vertritt die mosaische Lehre den — bereits bei der Begegnung mit Gott im brennenden Dornbusch angedeuteten — Begriff geteilter Verantwortung, der dem komplexen Muster des sozialen Lebens im israelitischen Volk zugrunde liegt. Gott liefert im Dekalog einen Entwurf für das Überleben Israels — ob als Nomadenstamm in der Wildnis oder als Siedlervolk im eroberten Kanaan — und wird der Gesetzgebung damit zum Vorbild. Das Gesetz selbst enthält die Forderung nach bedingungslosem Gehorsam und bedingungsloser Treue. Zu Recht weist der Theologe Martin Buber darauf hin, daß das erste Gebot — „Du sollst keine anderen Götter haben neben mir" — nicht unbedingt die Annahme enthält, es gäbe keine anderen Götter. Gesagt wird nur, daß Jahwe allein der Gott Israels ist. Abermals können wir einen diskreten Fingerzeig auf benachbarte Kulturen entdecken. Obgleich Moses sehr streng mit den Anbetern des Goldenen Kalbs verfährt (sie müssen das pulverisierte Gold des zerschlagenen Götzenbildes mit Wasser vermischt trinken), bildet sich erst später ein reiner Monotheismus deutlich heraus.

So absolut und bedingungslos das Gesetz auch war, es verhinderte doch nicht, daß eine gewisse Improvisation in Gesetzesdingen in der jüdischen Gesellschaft fortlebte. Sie war unmittelbares Erbteil jener Rechtspraxis, die von Richtern an Stadttoren ausgeübt wurde — ein Brauch, der in der Alten Welt weit verbreitet war. Diese Sitte des „Tor-Gesetzes" zeigt sich in der merkwürdigen Erzählung vom Urteil des Salomon (I Könige 3: 16—28). Zwei Huren, die sich um ein Kind streiten, bringen Fall und Kind direkt vor den König. Sein rasches Urteil, man solle das Kind in zwei Teile schneiden, wird bewundernd als Beispiel für seine königliche Weisheit zitiert, setzt es doch die echte Mutter unter psychologischen Druck.

Diese nachfolgenden Bücher des Alten Testamentes offenbaren Vorzüge wie Nachteile des mosaischen Gesetzesbegriffs als moralischer Kraft, die unmittelbar auf die Zielgruppe der Juden bezogen ist. Wenn das Gesetz auch den Einfluß möglicherweise höher entwickelter Kulturen widerspiegelt, so entfaltet es sich doch zu unglaublicher Detailliertheit (allein die Einzelheiten der berühmten Speisegesetze im vierzehnten Kapitel des Deuteronomiums erschlagen den Leser mit ihrer Ausführlichkeit). Es dürfte Israel kaum gestattet haben, Kontakt zu den komplexen Gesellschaften rundum aufzunehmen. Daher der oft strenge Ton jener biblischen Erzählungen, die von den verschiedenen Königen der beiden Reiche berichten, in die die Nation schließlich zerfallen sollte. Daher vielleicht auch der verständliche Ärger Jesu, der sich im mosaischen Gesetz auskennt, jenen gegenüber, für die das Gesetz zum Fetisch geworden war und denen mehr an ihrem Amt gelegen war als am Gottesdienst, für den eben dieses Amt doch bürgen sollte.

Ob wir Moses nun als bloßes Sprachrohr Jahwes verstehen oder als unabhängigere und kraftvollere Gestalt, in jedem Falle müssen wir zugeben, daß die Geschichte nur wenige ähnliche Beispiele aufzuweisen hat, in denen es einem einzelnen menschlichen Geist gelingt, ein demoralisiertes Volk zu einen und seinen Weg für die folgenden Jahrhunderte vorzuzeichnen. Nicht übersehen werden darf dabei, daß Moses sich keiner gewöhnlichen diktatorischen Mittel bediente, um seinen Standpunkt bei den Israeliten durchzusetzen oder um sie zu zwingen, jenes Gesetzessystem anzunehmen, von dem er behauptete, es sei göttlichen Ursprungs. Letztlich war er immer allein, die Zielscheibe der Klagen und Vorwürfe von Familie, Freunden und Stammesgenossen, der einsame Mittler zwischen einem mürrischen, unzufriedenen Volk und dem allsehenden, unsichtbaren Gott. Wenn er auch nicht der erste jener individuellen Geister war, die unsere Kultur geprägt haben, so waren doch die Stifter von Christentum und Islam tief in seiner Schuld. Auch bei Marx und Freud, mit deren jüdischer Herkunft er untrennbar verbunden war, wird er wohl unvermeidlich seine Spuren hinterlassen haben. Welche Ironie also, daß er sterben mußte, bevor er jenes Gelobte Land betreten konnte, für das sein Gesetzessystem bestimmt war.   J. K.

Konfuzius

Christliche Auffassung bestärkt den Menschen, tugendhaft und mit sich selbst im Reinen zu sein. Daraus — so erwartet man — ergibt sich, daß auch seine Beziehung zu anderen Menschen in Ordnung ist. Konfuzius legt allen Nachdruck auf diese Beziehung selbst. Sie sei angemessen, wenn jede Seite der ihr zugewiesenen Rolle gerecht werde. So lange diese Beziehung korrekt sei, sei unwichtig, ob die Parteien niederträchtig seien oder nicht.

551—479 v. Chr.

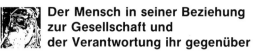

Der Mensch in seiner Beziehung zur Gesellschaft und der Verantwortung ihr gegenüber

Konfuzius besitzt weder einen Biographen, noch hat er eine Lebensbeschreibung von eigener Hand hinterlassen. Selbst seine Gedanken sind erst viele Jahre nach seinem Tod von Schülern aufgezeichnet worden. Inwieweit diese Schriften übereinstimmen mit dem, was er wirklich gesagt hat, läßt sich nur vermuten. Doch bevor wir uns dem Wenigen zuwenden, das uns vom Menschen Konfuzius bekannt ist, müssen wir die Zeit betrachten, in der er gelebt hat.

Im Jahre 771 v. Chr. wurde Hao, die Hauptstadt des Zhou-Reiches, das sich über den Norden der chinesischen Ebenen erstreckte, von aufständischen Staaten geplündert, die durch im Grenzland ansässige Barbaren unterstützt und ermutigt wurden. Der königliche Hof floh und gründete in Luoyang eine neue Hauptstadt. Doch gelang es ihm nicht, die Macht und den Glanz früherer Zeiten zurückzugewinnen, obgleich er offiziell noch immer über das Reich herrschte, das aus weiteren neun Staaten bestand (Ch'in, Chin, Yen, Ch'i, Lu, Sung, Wu, Ch'u und Yüeh). Ringförmig umschlossen sie Zhou im Zentrum. Die peripher gelegenen Staaten konnten ihre Grenzen nach außen erweitern und dadurch einerseits ihre Fläche ausdehnen und andererseits neues Gedankengut aus nichtchinesischen Kulturen übernehmen. Zhou verblaßte allmählich zur Bedeutungslosigkeit, während die anderen Staaten untereinander um die Vorherrschaft kämpften.

Trotz ständiger Kriege wurden auf dem Schlachtfeld und am Verhandlungstisch stets strenge Verhaltensregeln eingehalten. Man führte Gipfelkonferenzen durch, unterzeichnete Verträge, ging Bündnisse ein und arrangierte politische Heiraten. Alles in allem war dieser Zeitraum von fieberhafter politischer Aktivität gekennzeichnet.

In diesem Kontext einer Zeit politischer Instabilität, Unruhe und Gefahr begegnet uns also Konfuzius. Sein Name ist eine latinisierte Form von K'ung Fu'tse, was Meister K'ung bedeutet. 551 v. Chr. wurde er im Staate Lu, westlich von Zhou geboren. Wie Zhou war auch Lu den alten Überlieferungen treu. Es galt nicht als besonders militant, und zu seiner Bevölkerung zählten viele alteingesessene aristokratische Familien. Wenn Konfuzius seiner Geburt auch keinerlei ererbte Macht verdankte, genoß er doch eine gründliche Erziehung. Daraus können wir schließen, daß er aus dem niederen Adel stammte, dessen Angehörige es trotz geschwundener Macht und verlorenen Reichtums für notwendig hielten, ihren Kindern eine standesgemäße Erziehung zu ermöglichen. Er scheint beide Eltern früh verloren zu haben. Vermutlich war aber selbst zu jener Zeit das ausgedehnte chinesische Familiensystem so funktionsfähig, daß sich irgendein freundlicher Verwandter seiner annahm. Als es für ihn an der Zeit war, sich für einen Beruf zu entscheiden, beschloß er, seinem Staatsoberhaupt als politischer Berater zu dienen. Doch dazu sollte es nicht kommen. Sehr wahrscheinlich hat er als junger Mann einen untergeord-

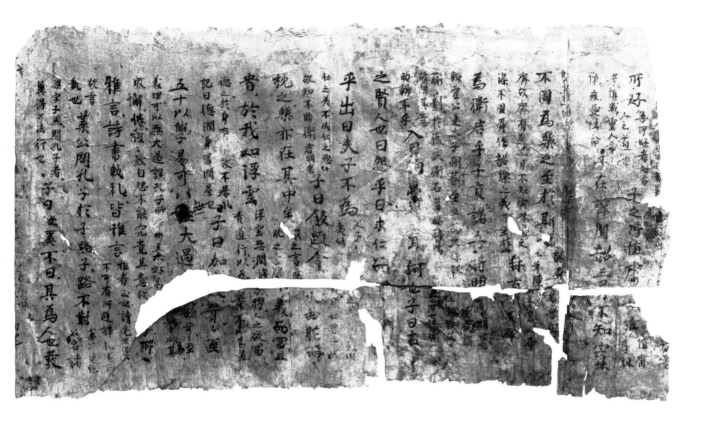

neten Regierungsposten bekleidet. Später erhielt er eine Sinekure, wenn sie ihm wohl auch nicht aufgrund eigener Verdienste zufiel, sondern durch Fürsprache eines seiner Jünger, der auf einer höheren Sprosse der gesellschaftlichen Leiter geboren worden war. Offensichtlich verärgerte ihn diese Ernennung, denn er gab sein Amt in Lu auf und verbrachte die nächsten zehn Jahre damit, von Staat zu Staat zu ziehen; immer in der Hoffnung, irgendwo eine Betätigung als praktischer Politiker zu finden. Schließlich kehrte er 479 v. Chr. in seine Heimat zurück, wo er als enttäuschter Mann und Versager starb.

Konfuzius selbst hat nichts geschrieben. Bücher, die angeblich von ihm stammen, sind lediglich von ihm herausgegeben worden. Er wollte die Menschen bessern, indem er ihnen die alten Vorbilder aus der frühen Zhou-Zeit vor Augen hielt. Dazu stellte er eine Sammlung verschiedener — schriftlich oder mündlich überlieferter — Literaturgattungen zusammen, die seiner Meinung nach aus jener Zeit stammten. Das *Shu-King (Buch der Schriften und Urkunden)* enthält Verordnungen, die von den verschiedenen Herrschern des Reiches in der Zeit von seinen Anfängen bis ins Jahr 629 v. Chr. erlassen wurden. Es herrscht keine Gewißheit über die Quellen, aus denen Konfuzius sein Material bezogen hat, und die Echtheit der Texte, die wir heute besitzen, ist äußerst zweifelhaft. Wir haben keine Vorstellung, welchen Text er für seinen Unterricht benutzte, was vor allem daran liegt, daß im 2. vorchristlichen Jahrhundert Shih Huang-ti (der erste Kaiser der Ch'in-Dynastie) mit großem Erfolg dazu aufrief, all jene Bücher zu verbrennen, die er für reaktionär hielt. Auch Konfuzius gehörte dazu. Erhalten geblieben sind spätere Rekonstruktionen des *Buches der Schriften und Urkunden* aus dem Gedächtnis und aus geretteten Fragmenten. Der eifrige Bücherverbrenner hat auch darauf gedrungen, die chinesische Schriftsprache zu standardisieren und die

alten Schriftzeichen auszumerzen, so daß es in späteren Jahren nicht immer leicht war, die alten Dokumente richtig auszulegen, wenn sie wieder auftauchten.

Das *Buch der Lieder* ist eine Sammlung anderer Art. Konfuzius hat dreihundert Gedichte ausgewählt, die häufig nicht mehr als schlichte Volkslieder sind, und sie mit eigenen Kommentaren versehen. Die Empfindungen, die ein junger Schwan seiner Liebsten gegenüber äußert, werden mit den Gefühlen verglichen, die ein Minister für seinen Herrscher hegen sollte. Doch wenn wir berücksichtigen, daß die Bücherverbrennung auch das *Buch der Lieder* nicht verschont hat, können wir nicht sicher sein, welche Absicht Konfuzius tatsächlich verfolgte.

Andere Werke, die Konfuzius zugeschrieben werden, ohne von ihm verfaßt zu sein, sind das *Zeremonienbuch* (das wahrscheinlich auf einer zu seinen Lebzeiten geläufigen Überlieferung beruht, später jedoch erheblich ausgeschmückt wurde) und die *Frühlings- und Herbstannalen* (die aus nüchternen Berichten über wichtige wie belanglose Ereignisse bestehen, welche in der Zeit von 722—481 v. Chr. im Staat Lu stattfanden). Selbst die berühmten *Gespräche* des Konfuzius sind nicht von ihm verfaßt, obschon sie uns den größten Einblick in Leben und Lehre des Meisters gewähren. Einige seiner Schüler oder Schüler von Schülern haben dort kurze konfuzianische Aphorismen gesammelt, die stets mit der Redewendung „Der Meister sprach . . . " beginnen. Der zweite Teil der *Gespräche* sind kurze Unterhaltungen zwischen Meister und Schülern, die von einer Rahmenerzählung eingefaßt werden.

Man muß sich von vornherein die chinesische Einstellung zu geistlichem Leben und Religion vor Augen halten. Obgleich die Chinesen an eine Vielfalt von Gespenstern und Geistern glaubten, waren diese doch kleine Fische im Vergleich zur indischen Götterwelt. Zur größten Ähnlichkeit mit echten Gottheiten brachten es Shang-ti (der Urahn), der eher verehrt als angebe-

Jeder soll die Rolle spielen, die ihm und keinem anderen angemessen ist

tet wurde, und T'ien (Himmel). Beide sind in keinerlei Hinsicht mit dem Allmächtigen der jüdisch-christlichen Tradition zu vergleichen. Der Kaiser galt als Sohn des Himmels, der im Auftrag des Himmels über das Reich herrscht. Seit frühester Zeit war das Denken mehr humanistisch als theistisch. Dieser chinesische Humanismus darf allerdings nicht mit dem der Renaissance verwechselt werden, in der das Individuum eine zentrale Stellung innehatte. In China wird der Mensch immer in seiner Beziehung zur Gesellschaft gesehen, wobei der Akzent auf der Gesellschaft und der Verantwortung des Einzelnen ihr gegenüber liegt. „Füge keinem andern zu, was du nicht wünschst, daß man dir tu!" ist eine wichtige konfuzianische Maxime, die große Ähnlichkeit aufweist mit dem christlichen „Liebe deinen Nächsten wie dich selbst".

Wir haben gesehen, daß die Zeit, in der Konfuzius lebte, voller politischer Unruhen war. Nur Macht und Besitz zählten. Konfuzius mußte einfach zu der Auffassung gelangen, daß dies nicht rechtens war. Litten doch so viele Menschen im niederen Adel und einfachen Volk — er selbst nicht ausgenommen — unter den Verhältnissen. Das einzige Mittel zu ihrer Veränderung sah er darin, den Mann an der Spitze zu beeinflussen. Deshalb entschied er sich für die Laufbahn des praktischen Politikers. Entgegen seiner Hoffnung ist es ihm wohl nicht gelungen, Staatsoberhäupter zu beeinflussen, doch hat er das Denken anderer gebildeter Männer entscheidend geprägt, so daß seine Gedanken schließlich alle Schichten des chinesischen Volkes durchdrangen.

Vergleicht man den Konfuzianismus mit den anspruchsvollen Theorien anderer Systeme, so wirkt er ziemlich hausbacken. Es fehlt ihm die intellektuelle Faszinationskraft des Platonismus, es gibt keine erregenden Abhandlungen, keine ausführlichen und schlüssigen Beweisführungen, keine markigen Sprüche. Der Meister hat sich überhaupt nicht um die Welt des Geistes gekümmert, sondern sich ganz auf den Menschen, seine Beziehung zu anderen und die daraus sich ergebenden Verpflichtungen beschränkt. Gegen die Anarchie seiner Zeit empfahl er als begeisterter Schüler des Altertums die Rückkehr zur Lebensart des Goldenen Zeitalters, das seiner Meinung nach in der Frühzeit Zhous lag. Er meinte, jeder solle die Rolle spielen, die ihm und keinem anderen angemessen ist: „Laß den Herrscher als Herrscher handeln und den Untertan als Untertan, laß den Vater als Vater handeln und den Sohn als Sohn". Darin liegt — so mag uns scheinen — nichts besonders Neues oder Aufregendes. Konfuzius würde uns zustimmen. Er verstand sich auch nicht als Neuerer. Neuland betrat er, ganz unbewußt, nur insofern, als er das Regieren zu einer moralischen Frage machte. In China war die Macht erblich (abgesehen natürlich von dem Fall, daß sie durch Eroberung usurpiert wurde). Das stellte Konfuzius auch überhaupt nicht in Frage. Er verlangte jedoch, daß der Mann, der an der Macht war, seinem Volk durch

ein tugendhaftes und mäßiges Leben ein Vorbild gebe. So würde sich im ganzen Volk Zufriedenheit einstellen. Darin liege — so behauptete er — das ganze Geheimnis guten Regierens, danach müsse ein guter Herrscher streben. Der ideale konfuzianische Mann war der chün-tzu — eine Bezeichnung, die verschieden gedeutet worden ist: als „Herrschersohn", „edler", „adliger", „kultivierter" Mann, als höherstehender Mensch. Am besten denkt man ihn sich wohl als „Gentleman" im Sinne des höherstehenden Mannes. Der chün-tzu mußte die folgenden Tugenden pflegen: chih (Unbescholtenheit); shu (Gegenseitigkeit); i (Rechtschaffenheit); jen (Wohltätigkeit); chung (Treue gegenüber anderen).

Der bloße Besitz dieser Tugenden genügte nicht. Hinzukommen mußten die sichtbaren Eigenschaften wen (Kultiviertheit) und li (Zeremoniell). Der ungeschliffene Diamant war nicht geduldet: „Unbescholtenheit ohne den mäßigenden Einfluß guter Sitten ist Grobheit".

Die fünf Tugenden und die beiden äußeren Zeichen ihres Besitzes bildeten das Fundament guten Regierens. Wenn ein Herrscher sie besaß und für die „fünf Beziehungen" im Staat sorgte, mußte er einfach Erfolg haben, konnte sein Volk nicht anders als zufrieden sein. Die „fünf Beziehungen" sollten in folgenden Situationen vorliegen: zwischen Herrscher und Untertan, Vater und Sohn, Mann und Frau, älterem und jüngerem Bruder, zwischen Freund und Freund. Es ist nicht zu übersehen, daß alle diese Beziehungen — ausgenommen vielleicht die erste — eng und persönlich sind, nicht distanziert und unpersönlich. Doch wenn jedermann sich an sie hielt, mußte sich ein weitgespanntes Beziehungsgeflecht über den Staat erstrecken. So kam es auch tatsächlich. Zu allen Zeiten der Geschichte zeigten sich ausländische Besucher von der Familienorganisation des chinesischen Staates beeindruckt.

Die konfuzianischen Klassiker wurden dann von Schülern des Konfuzius wie Menzius (372—289 v. Chr.) und — sehr viel später — der neokonfuzianischen Bewegung (19. Jahrhundert n. Chr.) überarbeitet. So entstand eine einflußreiche philosophische Schule, die fast einem religiösen Orden glich. Vom konfuzianischen Gelehrten wurde strenge Beachtung der jetzt erweiterten Regeln verlangt, was fast den Verzicht auf unabhängiges Denken bedeutete. Diese Entwicklung hatte jedoch wenig mit dem ursprünglichen Werk des K'ung Fu-tse zu tun, jenes unbedeutenden Lehrers aus dem Staate Lu.

Vor Konfuzius wurde der Staat von Militärs regiert, die durch Gewalt an die Macht gekommen waren und sich durch Gewalt behaupteten. Sie herrschten über die drei anderen Stände — die Bauern, Handwerker und Kaufleute. Konfuzius lehrte, daß gutes Regieren eine Frage der Moral und nicht der Gewalt sei. So finden wir später Gelehrte an der Spitze des Staates: „Die Feder ist mächtiger als das Schwert" könnte sehr gut eine Maxime des Konfuzius sein.

P. G.

Platon

Der gewöhnliche Mensch sitzt in seiner begrenzten Höhle und erblickt in ihr nur die Schatten der Wirklichkeit. Der Philosoph dreht sich um und sieht beim Blick aus der Höhle hinaus die Wahrheit selbst. Platon vertritt die Auffassung, daß die Wahrheit in Gestalt wahrer oder absoluter Ideen unter der Oberfläche der Erscheinungen liege. Er schickte die Philosophie auf die endlose Suche nach der zugrundeliegenden Wahrheit.

ca. 428—348 v. Chr.

**Das Denken lebt
und entfaltet sich
im aktiven Austausch**

Platon, der gelegentlich als der Vater aller rationalistischen Philosophien bezeichnet wird, wurde 428 v. Chr. geboren — wahrscheinlich in Athen, obwohl es gewisse Zweifel daran gibt. Er war von ziemlich vornehmer Herkunft: sein Vater Ariston stammte angeblich in königlicher Linie vom Gott Poseidon ab, während seine Mutter Periktione mit dem großen Gesetzgeber Solon verwandt war. Die Familie lebte offensichtlich weder in üppigen noch spartanischen Verhältnissen. Auch Platon selbst legte von jenem gemäßigten Lebensstil Zeugnis ab, den die alten Griechen so schätzten: er war weder zu reich noch zu arm.

Platon hat nie geheiratet. Die beherrschende Persönlichkeit in seinem Leben wie in seiner Erziehung war Sokrates, von dem er nicht als seinem Meister, sondern als seinem „älteren Freund" spricht. Doch als Sokrates 399 v. Chr. — angeklagt, die Jugend zu verderben — hingerichtet wurde, verlor Platon mehr als einen Freund. Er gab die lange gehegte Hoffnung auf, daß die gegebene politische Ordnung auf eine rationale Grundlage gestellt werden könnte. Der Tod des Sokrates, der einen skandalösen Bruch zwischen Philosophie und Politik bezeichnete, wurde zum Angelpunkt, um den das Denken des reifen Platon kreiste.

Mit der Politik kam er früh in Berührung. Er war sechzehn, als im Jahre 411 die Oligarchie begann, und dreiundzwanzig, als sich Athen schließlich den Dreißig Tyrannen auslieferte. Man versuchte, ihn für die oligarchische Partei zu gewinnen. Doch war er zu vorsichtig, darauf einzugehen. Er zog es vor abzuwarten, welche Richtung die Ereignisse nehmen würden. Lange brauchte er nicht zu warten. Einige drakonische Maßnahmen allgemeiner Art endeten in dem Versuch, Sokrates in die „Machenschaften" gegen einen unbescholtenen Bürger hineinzuziehen. Damit begann Platons Desillusionierung. Die restaurierte Demokratie vollendete sie, als sie Sokrates zum Tode verurteilte. Diese Tragödie hat Platon in seinen Dialogen *Apologie*, *Kriton* und *Phaidon* unsterblich gemacht.

Nach dem Tod des Sokrates bereiste Platon mehrere Jahre Griechenland, Italien und möglicherweise auch Ägypten. Persönlicher Höhepunkt dieser Odyssee war die Freundschaft mit Dion, dem Sohn des Herrschers von Sizilien. Dion hegte eine ähnliche Bewunderung für Platon wie dieser für Sokrates. Doch es war mehr als persönliche Achtung. Dion ließ sich von Platons politischen Lehren überzeugen, die zu jener Zeit feste Gestalt angenommen hatten. *Gorgias* erschien. Gleichzeitig arbeitete Platon am *Staat*, wo er den Grundsatz verkündete, daß Philosophen Könige oder Könige Philosophen werden müßten, bevor es Gerechtigkeit in der Welt geben könnte. Schließlich kehrte er endgültig nach Athen zurück, wo er einen ruhigen Lebensabend verbrachte, schrieb und in der Akademie lehrte, die er dort gegründet hatte.

Platons Werk, das aus etwa einem Dutzend Dialogen und einigen Briefen besteht, besitzt heute klassische Geltung. Die Gründe dafür liegen auf der Hand. Es findet sich dort für jeden etwas, der den wichtigsten Kulturleistungen des Menschen mehr als ein nur flüchtiges Interesse entgegenbringt. Die platonischen Dialoge behandeln in systematischer Form Theorien zur Erkenntnis, Ästhetik, Erziehung, zur Beziehung zwischen Menschen und Göttern, zu Moral und Politik. Ein Teil von Platons Werk ist Ausschmückung sokratischer Lehre, ein anderer Teil — vor allem die späteren Dialoge — entstammt seinem eigenen Denken. Wieviel von Platon ist und wieviel von Sokrates, hat den Gelehrten lange Rätsel aufgegeben.

Soll eine Sammlung von Schriften zu klassischer Geltung kommen, muß sie mehr als nur umfassende Vielseitigkeit zu bieten haben. Wenn wir also fragen, worin die thematische Einheit der platonischen Schriften liegt, so lautet die Antwort: in einer sich durch das ganze Werk ziehenden Lehre vom menschlichen Denken. Ein ständig wiederkehrendes Motiv der Dialoge besagt: das Denken des Menschen muß aktiv und beweglich sein, muß prinzipiell die Form des Gesprächs, auch

Das Denken lebt und entfaltet sich also im aktiven Austausch; charakteristischerweise hat Platon uns sein Werk in Form von Dialogen hinterlassen. Zwar enthalten manche von ihnen lange sokratische Monologe, doch ist ihre Grundform die der Wechselrede.

Dennoch ist Philosophie mehr als ein informelles Gespräch. Notwendig ist ein bestimmtes Frageverfahren, das den Verfechter eines Arguments entlang einer Kette von Ja-Nein-Fragen in eine logische Sackgasse führen soll. Das ist die berühmte dialektische oder sokratische Methode, die Platon von Sokrates gelernt hat. In der *Apologie* — dem Bericht über die Gerichtsverhandlung gegen Sokrates — stellt dieser seine Methode unter Beweis. Er bittet, man möge ihm gestatten, „meine Rede zu führen, wie ich es gewohnt bin", und er schickt sich an, den Kläger auf die gleiche Weise ins Kreuzverhör zu nehmen, wie er dem Vernehmen nach mit Kephalos, Glaukon, Adeimantos und Thrasymachos im *Staat* verfahren ist.

Bei dieser frühen Gelegenheit hatte er verschiedene Definitionen von Gerechtigkeit zusammengetragen, die er der gewöhnlichen Redeweise des Nichtphilosophen entlehnt hatte. Auf jede Definition wird die oben beschriebene Methode angewandt, wobei jedesmal die inneren Widersprüche der Definition bloßgelegt werden. So zeigt sich, daß die Formel „Jedem die Schuld bezahlen" zu Ungerechtigkeit führt, wenn wir etwa den Fall annehmen, daß wir bei jemandem einen Dolch ausgeliehen haben, der inzwischen unzweifelhaft zum Mörder geworden ist. Oder es wird bewiesen, daß die Definition „Was dem Stärksten nützt, ist gerecht" Gerechtigkeit und Ungerechtigkeit im Prinzip ununterscheidbar macht.

Worauf will Philosophie nach dem Verständnis Platons — Philosophie als eine bestimmte Form des Gesprächs also — eigentlich hinaus? Welche Ziele hat der Philosoph letztlich vor Augen? Platons Antwort findet sich in der Ideenlehre, einem Erklärungsmodell, das zum ersten Mal im *Symposion* umrissen, im *Phaidon* fortgeführt und im *Staat* vollständig dargelegt wird. Diese Lehre läßt sich verstehen und wird verstanden als Suche nach zeitlosen Wahrheiten, als Antwort auf die Frage, wie sich eine Welt begreifen läßt, in der alle Dinge Veränderungen unterworfen zu sein scheinen. Einfacher kann man sie als Sprachtheorie betrachten, die eine Möglichkeit zur Unterscheidung zwischen Eigennamen und allgemeinen Substantiven bietet. Eigennamen schaffen hinsichtlich ihrer Bedeutung keine Probleme. John wird benannt durch Zeigen, durch Bezeichnung, durch ein verbindliches Verfahren. Es ist sinnlos zu fragen, was der Name bedeutet. Er ist weder rational noch irrational. Wo jedoch ein Name von einer ganzen Klasse von Dingen geteilt wird, erhebt sich die Frage, aus welchem Grund sie zu der Klasse gehören, die durch den gemeinsamen Namen bezeichnet wird. Welches ist beispielsweise das angeblich gemeinsame Merkmal aller Dreiecke, Vögel oder Tische? In

des Selbstgesprächs annehmen, wenn es der Mühe wert sein, d. h. entweder zur Erkenntnis oder zu verläßlichen Meinungen führen soll. Philosophie „ist ein Dialog der Seele mit sich selbst" (Theaitetos). Bücher, feierliche Ansprachen, selbst hervorragende Reden wie die des Perikles leiden zwangsläufig unter dem Mangel, daß sie sich Fragen und Gesprächen verschließen. Der eigentliche Zweck von Büchern und Geschriebenem überhaupt ist es, zu zerstreuen oder als Gedächtnishilfe zu dienen.

Platons Akademie in Athen; Mosaik aus einem Landhaus in der Nähe Pompejis.

**Frucht harter
dialektischer Arbeit ist das
unsterbliche Leben der Seele**

Platons Worten: Was ist ihr Wesen oder ihre Idee, ohne die sie nicht das wären, als das wir sie erkennen?

Nach Platons Auffassung hat jede wahre Wissenschaft die Aufgabe, dieses Wesen oder diese Idee einer Sache bloßzulegen. Sie ist nicht begrifflicher Natur und läßt sich nicht auf das Verständnis konventionellen Wortgebrauchs zurückführen. Ihre Existenz ist wirklicher und dauerhafter als die Welt der Halbwahrheiten, Interessen und übernommenen Meinungen, in der sich der Alltag der Menschen abwickelt. Wer diese Idee nach der Mühe des Gesprächs wahrnimmt, erlebt sie als Erleuchtung. Platon sagt, wir müßten uns vorstellen, der Mensch lebe in einer unterirdischen Höhle, die zum Licht hin offen sei. Die Ideen — die letzten Aussagemöglichkeiten der Wissenschaft — sind den Höhlenbewohnern nur durch die Schatten vertraut, die sie auf die Höhlenwand werfen. Die Philosophen dagegen geben sich nicht mit den Schatten zufrieden und wagen es, sich umzuwenden und dem Licht standzuhalten. Dort erblicken sie dann die Ideen in ungetrübter Klarheit.

Die Befriedigung, die dem Philosophen durch den unbeeinträchtigten Anblick der Wahrheit als Frucht harter dialektischer Arbeit zuteil wird, ist immens. Keine andere menschliche Befriedigung ist ihr an Dauer oder Intensität vergleichbar. Sie ist Beglückung und Garantie des unsterblichen Lebens der Seele. Im *Staat* und in *Menon* beweist Platon, daß das Erfassen der Ideen die Erinnerung an ewige Wahrheiten ist.

Welche Verbindung besteht aber zwischen dem Anblick der Ideen und den Vorgängen am Grunde der Höhle? Welchen Nutzen hat die Philosophie? Hier ist Platon explizit. In der Höhle, der Alltagswelt menschlichen Strebens, lassen sich die Ideen nicht entdecken. Ebensowenig sind sie aber nutzlose Gegenstände der Kontemplation, der verdiente und exklusive Lohn unermüdlicher Dialektiker. Sie dienen den Formen in Zeit und Raum als Vorbild. Je mehr ein Gegenstand — oder eine Situation — in der Alltagswelt seiner Idee angenähert werden kann, um so befriedigender oder nützlicher wird er für die Höhlenbewohner sein.

Nun hat der Philosoph nicht nur das Recht auf Kontemplation, sondern auch eine priesterliche Pflicht. Platon entwirft in allen Einzelheiten die Ausbildung des Philosophen. Denn nur durch ihn kann die wichtigste und umfassendste politische Idee, die der Gerechtigkeit, in die säkulare Welt eingebracht werden. Die Idee der Gerechtigkeit wahrnehmen, heißt die rechte Einteilung der *Polis* in die drei Hauptklassen menschlicher Begabungen erkennen. Jede Klasse bekommt den ihr angemessenen Tätigkeitsbereich zugewiesen. Auch die menschliche Seele läßt sich in drei allgemeine Verhaltensbereiche zerlegen: den erkennenden, den mutigen und den begehrenden. Intellektuelle Leistung ist das Werk des Erkenntnisvermögens; Tapferkeit das des mutigen Seelenteils; der bloße Wunsch nach bestimmten Dingen und die Befriedigung solcher Wünsche entspricht der Tätigkeit des begehrenden Seelenteils. Jeder Mensch besitzt alle drei Vermögen. Was die Seele — oder den Charakter — eines Menschen von der eines anderen unterscheidet, ist die „Mischung" der Anteile der drei Elemente. Menschen, bei denen das Erkenntnisvermögen vorherrscht, werden Philosophen. Menschen, die mehr Tapferkeit besitzen, sind für Militärdienst und Exekutive geschaffen, während jene Menschen, die kaum mehr als ein Bündel von Wünschen sind, die Erzeuger der lebensnotwendigen Grundbedürfnisse werden. Die Fähigkeiten des gerechten Staates befinden sich wie die des gerechten Menschen in der rechten Ordnung. Regiert wird der Staat vor allem von denjenigen Menschen, die in besonderem Maße mit Erkenntnisvermögen begabt und kraft dieser Fähigkeit in der Lage sind zu erkennen, wie sich das Sinnen und Trachten halbblinder Menschen auf Leistungen lenken läßt, die im Dienst der Wahrheit stehen. Die letzte Idee, der sich selbst die Idee der Gerechtigkeit unterordnet, ist die des Guten.

Unmißverständlich heißt es bei Platon, daß Herrscher keine gewöhnlichen Menschen sein können. „Alltäglichkeit" verträgt sich nicht mit politischer Entscheidung. Anders verhält es sich mit der weisen Verwendung von Halbwahrheiten und Zwang, mit den rhetorischen Mitteln zur Durchsetzung politischer Entscheidungen. Und Platon behauptet, daß dies nicht nur für den „idealen" oder essentiellen Staat, sondern für jeden tatsächlichen Staat gelte, insofern er den Grundsatz der Gerechtigkeit in den wechselseitigen Beziehungen seiner Bürger offenbare.

Dazu zwei Anmerkungen: Erstens, Platon neigt zu einem radikalen philosophischen Monismus; nämlich dem Bestreben, alle Klassen, Wesenheiten oder Ideen unter einem Grundprinzip — der Idee des Guten — zu subsumieren. Anders als Aristoteles, der einer Vielfalt von Klassifikationsprinzipien einen gewissen Spielraum zubilligt, läßt Platon seiner philosophischen Unduldsamkeit gegenüber ungebändigter Mannigfaltigkeit freien Lauf.

Zweitens, Platons Monismus führt in seiner politischen Theorie zu einem merkwürdigen Resultat. Die Geschichte europäischen Denkens ist nicht arm an Utopien. Auch Platons *Staat* hat man als Utopie bezeichnet. Doch während andere Utopien — etwa Thomas Mores *Utopia* oder Francis Bacons *New Atlantis* — nur ein Alternativmodell anboten, ohne den Versuch zu machen, die tatsächliche Welt zu erklären, erhebt Platons *Staat* den Anspruch, zu erklären, was das Wesen einer jeden politischen Organisation sei, d. h. das Werk gibt sich auch als Erklärungsmodell aus. Die These lautet, wer das Wesen einer Sache erkennt, weiß auch, was wünschenswert ist. Platon hält sich an den sokratischen Grundsatz, welcher besagt, daß Tugend Erkenntnis ist, und liefert in Form eines Modells gleich zwei Modelle.

R.O.

25

Alternative Ansätze

Gesellschaften erwachsen aus Verhaltensregeln, die festlegen, wie Menschen sich untereinander und der Gesellschaft selbst gegenüber verhalten. Moses, Konfuzius und Platon sind in ihren gesellschaftlichen Ansätzen äußerst konträr. Moses hat durch seinen Ansatz eine Gruppe von Stämmen zu einer religiösen, rassischen und nationalen Einheit verschmolzen, die trotz der vielen Schicksalsschläge, die sie hinnehmen mußte, Jahrtausende hindurch unbeschadet überlebt hat. Außerdem war der unmittelbare monotheistische Stil des Judentums, den Moses geschaffen hat, für Christentum und Islam Ursprung wie prägendes Vorbild. Der konfuzianische Ansatz hat die größte Nation der Welt nachhaltig beeinflußt — neunhundert Millionen Chinesen. Moses ist historische Gestalt und Legende zugleich. So mag vieles, was ihm zugeschrieben wird, aus anderen Quellen stammen. Konfuzius sammelte die Werke anderer und gab sie heraus. Erst später wurde seine Philosophie von den Neokonfuzianern in zusammenhängende Form gebracht. Es ist schwer zu sagen, wie weit Platon in der Schuld von Pythagoras, Parmenides oder Sokrates steht. Trotzdem können wir jeden dieser drei Denker für den Ansatz verantwortlich machen, den er entwickelt hat. Bei Moses war es ein religiöser Ansatz, bei Konfuzius ein ethischer, bei Platon ein philosophischer. Moses machte einen Gott aus Gott, Konfuzius einen Gott aus der Gesellschaft und Platon einen Gott aus dem menschlichen Geist.

Moses ist der Gesetzgeber par excellence. Gott hat ihm die Zehn Gebote auf dem Berg Sinai gegeben. Darauf haben er und seine Nachfolger allmählich jenes kolossale Rechtsgebäude errichtet, das die *Thora* (oder das Gesetz) der Israeliten darstellt: Der *Pentateuch* oder die fünf ersten Bücher der Bibel. Sie umfassen die detaillierten Gesetze über Heiligung und Priestertum aus dem *Levitikus* und den Bund zwischen Gott und den Juden. Das Gesetz erstreckt sich auf alle Aspekte religiösen wie privaten Verhaltens und schreibt sogar vor, welche Arten von Speisen gegessen und wie sie zubereitet werden sollen. Zwar unterscheidet es sich nicht sonderlich von den Gesetzen, die es zur Zeit Mosis bei den Babyloniern und Hethitern gab, und vermutlich schrieb es in großen Teilen, vielleicht sogar in den Zehn Geboten, nur die moralischen Standards der Zeit fest; doch entscheidend ist, wie wichtig für Moses und seine Nachfolger in der Gesetzgebung das detaillierte Gesetz als Grundlage der Gesellschaft war.

Wenn jede Handlung und jeder Verhaltensaspekt in der Gesellschaft durch strenge Gesetze geregelt werden, gewinnt die Gesellschaft Form. Wichtig ist nicht, wie die Menschen sich gegeneinander verhalten, sondern, wie sie sich *gegenüber dem Gesetz* verhalten. Wenn jeder das Gesetz befolgt, wird sich auch jeder jedem anderen und der Gesellschaft gegenüber richtig verhalten. Stellen wir uns eine Gräte vor, die übrigbleibt, wenn der Fisch gegessen ist. Wenn wir auf das Ende jeder Verzweigung oder jeden Stachels ein Wachs-

Der Gesetzgeber par excellence

klümpchen spießen, so bedeutet jedes Klümpchen ein Individuum, das der vorhandenen Struktur eng verhaftet ist. Jedes Wachsklümpchen ist dann dank der Struktur automatisch mit jedem anderen verbunden. Dieser gesetzesorientierte Aufbau der Gesellschaft ist äußerst wirksam. Jede Einzelheit des Gesetzes hat die Identität des jüdischen Volkes bewahrt und verstärkt und seine Zusammengehörigkeit in Diaspora und Verfolgung gesichert. In gewissem Sinne wird die Identität ebenso durch Handeln wie durch Glauben erreicht. Da derart gesetzesbesessene Menschen gezwungen sind, in ganz bestimmter Weise zu handeln, heben sie sich von den Menschen ihrer Umgebung ab. Ferner werden sie durch jede noch so geringfügige Handlung, die ihnen das Gesetz vorschreibt, stets an ihre besondere Identität erinnert. Identität durch Handeln ist weit mächtiger als Identität durch Glauben.

Identität wird ebenso durch Handeln wie durch Glauben erreicht

Die hebräische Religion ist im wesentlichen untheologisch. Der Akzent liegt weit mehr auf der Detailliertheit des Gesetzes als auf der Vielschichtigkeit des Glaubens. Es genügt, an die Existenz des einzigen Gottes (Jahwes) und an seinen besonderen Bund mit dem jüdischen Volk zu glauben. Entscheidend ist, daß die detaillierten Gesetze dieses Bundes befolgt werden, denn sie erfüllen Gottes Willen. Das Vorhandensein detaillierter Gesetze führt automatisch zu einer detaillierten Gesellschaftsstruktur. Da die Gesetze kompliziert sind, entsteht ein Priesterstand, dessen Aufgabe es ist, über das Gesetz zu wachen und es auszulegen und so seine eigene wichtige Funktion in der Gesellschaft zu bewahren. Der Priesterstand leitet seine Autorität aus der Autorität des Gesetzes ab. Stabilität und Überlebensfähigkeit sind Merkmal solcher gesetzesintensiven Gesellschaften gewesen. Zu ihnen zählten die Inkas, die Azteken und die Ägypter, obgleich letztere ihre Gesetze wohl nie so kodifiziert haben, wie es für die Juden charakteristisch ist.

Jedes Gesetz ist nur so gut wie die Autorität, auf die es sich gründet. Hier besaß Moses einen unvergleichlichen Vorteil. Seine Gesetze waren ihm von Gott persönlich ausgehändigt worden. Eine höhere Autorität kann es nicht geben. Voraussetzung war, daß Moses zuerst den Glauben an den einen allmächtigen Gott durchsetzte. Erst dann konnte er auf solchen Glauben die Autorität des Gesetzes gründen. Die beiden Prozesse griffen ineinander. Heute, da wir das Verhalten von Systemen immer besser durchschauen, wissen wir, daß ein System nicht stabil sein kann, wenn es sich nur auf ein inneres Verhalten verläßt. Um stabil zu sein, braucht das System irgendetwas außerhalb seiner selbst; eine Art Bezugssystem: der Terminus heißt Metasystem. Natürlich ist Gott das höchste Metasystem, was auch Platon nicht verborgen blieb. Als er empfahl, die Gesetze von den weisen Männern oder Wächtern seines *Staates* aufstellen zu lassen, schlug er deshalb vor, sie sollten vorgeben, die Gesetze kämen von Gott. Denn selbstverständlich läßt sich mit Gott nicht rechten. Der göttliche Ursprung der hebräischen Gesetze und ihre besondere Detailliertheit haben wesentlich zur Entstehung und Bewahrung jüdischer Identität beigetragen.

Der gesellschaftliche Ansatz, den Konfuzius anbietet, steht dazu in krassem Gegensatz, obgleich er auf den ersten Blick gar nicht so unähnlich erscheinen mag. Konfuzius war bemüht, die Verhaltensgrundsätze, die für das alte, konservative und feudale China bindend waren, herauszuarbeiten und zu neuer Geltung zu bringen. Das mag den Eindruck erwecken, als würden Hierarchie, Verhaltensvorschriften und Gesetze in den Blick gerückt, doch ist der Ansatz völlig anders. Statt wie Moses die Gesetzesstruktur in den Mittelpunkt zu stellen, konzentriert sich Konfuzius auf bestimmte Aspekte, die wir gesellschaftlich nennen können — auf das Verhalten der Menschen untereinander. Das ist eine sehr moderne Auffassung. Der Konfuzianismus rückt die Rolle des Einzelnen in der Gesellschaft und die Rollenbeziehung in den Blick. Nur die Art der Rollenbeziehung zählt. Wichtig sind die *Sitten* der

Menschen, nicht ihre Seelenqualitäten oder ihr Schuldkonto bei Gott. Es tut nichts, wenn ein Mensch ein Lump ist, solange er seine Rolle gewissenhaft erfüllt und sein Benehmen im Sinne dieser Rolle tadelsfrei ist.

Natürlich sind für die Rollen, die Konfuzius im Auge hat, auch seelische Elemente wesentlich. Wer seiner Rolle gerecht werden will, von dem wird erwartet, daß er Tugenden hat wie Liebe (ein allgemeiner Begriff, der in etwa „Humanität" bedeutet), Gerechtigkeit (die Wahrnehmung der mit der Stellung des Menschen verbundenen Pflichten und Rechte), Ehrfurcht (besonders Kindespietät und Ahnenverehrung), Weisheit und Aufrichtigkeit. Dennoch handelt es sich stets um Verhaltensrollen. Wenn jemand fähig wäre, seine Rolle wie verlangt zu spielen, um dann nach Hause zu gehen, die Maske fallen zu lassen und eine niederträchtige Seele zu offenbaren, wäre nach konfuzianischer Auffassung nicht das Geringste dagegen einzuwenden. Die mosaische Ethik hingegen verlangt, daß dem Gesetz Genüge getan wird, und sie knüpft daran die Hoffnung, dies werde die Seele läutern. Die platonische und christliche Ethik wendet sich an die Seele und meint, alles andere würde sich von selbst ergeben. Die konfuzianische Ethik will die gesellschaftlichen Interaktionen und Rollen richtig aufeinander abstimmen und gibt sich damit völlig zufrieden. Konfuzius war bei den Feudalherren Chinas sehr beliebt, weil sein Bestreben, jeden dazu zu bringen, an seinem Platz zu bleiben und die ihm zugewiesene Rolle zu übernehmen, für Stabilität in Gesellschaft und Familie sorgte.

Aus etwas anderen Gründen unterstützte das Christentum den Feudalismus in Europa. Die Menschen sollten sich Armut und gesellschaftliche Abhängigkeit nicht zu Herzen nehmen, weil ihnen das Reich Gottes für das Jenseits versprochen war und weil Christus gesagt hatte, daß Armut, Demütigung und Leid dem Heil nicht nur nicht im Wege stünden, sondern sogar Aktivposten seien. Konfuzius kümmerte sich nicht ums Jenseits oder um die Läuterung der Seele, sondern nur um die Erfüllung der vorgegebenen Rollen. Das ist dem strengen Kastensystem im hinduistischen Indien nicht unähnlich, wo gesellschaftliche Positionen von vornherein festliegen. Marx war angetreten, die Massen vom „Opium" der Religion zu befreien, das — wie er meinte — ihr Aufbegehren gegen die Unterdrückung einschläferte. Paradoxerweise hat er letztlich dazu beigetragen, noch feudalere Staaten zu schaffen, in denen der vorgeschriebene Platz in der Gesellschaft extrem festgelegt ist und wo im Rollenverhalten noch größere Konformität erwartet wird. Zwar wird behauptet, daß die neuen Positionen auf Verdienst oder politischer Macht beruhen, doch kann das geforderte Rollenverhalten noch mühevoller sein als das, welches Konfuzius verlangte, da jetzt auch die Seele auf den Plan gerufen ist.

Im Westen ist uns die Existenz theokratischer Kulturen so selbstverständlich, daß Voltaire erklären konnte, Gott hätte erfunden werden müssen, wenn es ihn nicht schon gegeben hätte. Das leuchtet ein, wenn er als Metasystem fungieren soll wie offensichtlich im Judentum und in den Religionen und Kulturen, die aus ihm entstanden sind. So muß uns überraschen, daß die chinesische Kultur niemals theokratisch, sondern immer rein säkular war. Es gibt keine Autorität göttlichen Ursprungs hinter den Gesetzen. Die Gesellschaft ist nicht legalistischer Natur. Vielmehr kommt es nach konfuzianischer Auffassung auf Rollenverhalten und Benehmen an. Auch die Regierung ist nicht legalistisch. Politiker, Regierungsoffizielle und Weise nehmen wie in der mosaischen Gesellschaft ihre hierarchischen Positionen ein, doch ihre Aufgabe ist nicht wie dort, das Gesetz auszulegen, zu bewahren und anzuwenden. Sie sollen ihre Rolle als „Herrscher" wahrnehmen und erfüllen, die im Hinblick auf das Erfüllen nicht mehr gilt als die Rolle des „Bauern". Es werden allgemeine Vorschriften gegeben, die erklären, wie der Rolle genügt

Wichtig sind die Sitten der Menschen, nicht ihre Seelenqualitäten

Der Konfuzianismus unterstützte die strenge Gesellschaftsordnung des chinesischen Feudalismus. Vier Stände wurden unterschieden: shi, der niedere Adel; nung, die armen Bauern; kung, die Handwerker; und shang, die Kaufleute. Diese späte Ch'ing-Illustration aus dem Shu Ching zeigt die kung beim Bau der neuen Stadt Lo.

werden kann; allerdings bleibt innerhalb solcher Grenzen viel Spielraum für persönliches Ermessen. Ein „Herrscher" handhabt eine Situation nach seiner Weise, nicht nach dem Wortlaut des Gesetzes. Leider sind dazu äußerst gebildete, sensible und unterrichtete Menschen vonnöten, während die strenge Gesetzesanwendung weniger von den Fähigkeiten der Menschen verlangt. Deshalb ist das konfuzianische System anfälliger als das legalistische, deshalb auch kostet es Konfuzius und seine widerstrebenden kommunistischen Erben im heutigen China so viel Mühe, angemessene Rollen des Verhaltens und (heute) des Denkens zu bestimmen.

Der konfuzianische Ansatz ist organisch, weil er auf jeder einzelnen Interaktion und Beziehung beruht und nicht auf der Verwirklichung irgendeines großartigen Entwurfs. Außerdem ist er sehr modern. Richtet sich doch heute das Interesse in Psychologie, Philosophie, Politik, Ethik und Soziologie vorrangig darauf, soziologische Strukturen zu erkennen und die Rollen und Wechselwirkungen zu definieren, die solche Strukturen kennzeichnen.

Wir kommen nun zu Platon und seinem gesellschaftlichen Ansatz. Er unterscheidet sich radikal von dem Mosis oder Konfuzius. Platon hat Denker und Philosophen unmittelbar beeinflußt; doch lag seine Hauptbedeutung nicht in diesem unmittelbaren Einfluß, sondern in der mittelbaren Wirkung, die seine Gedanken auf die Gesellschaft speziell dadurch ausgeübt haben, daß sie den christlichen Glauben durchdrangen. Tatsächlich unterscheidet sich Platons gesellschaftliche Wirkung entschieden von seinem eigentlichen politischen Werk, dem *Staat*, das für eine strenge Verdienstaristokratie eintrat und keinerlei demokratische Züge aufweist.

Platons wesentlicher Beitrag ist seine Ideenlehre. Für ihn ist Tugend Erkenntnis. Erkenntnis wovon? Erkenntnis des wahren und absoluten *Guten*. Dieses wahre und absolute Gute ersetzt für Platon Gott, wurde aber wieder zu Gott, als die Christen sich Platon aneigneten. Unter der Oberfläche der gewöhnlichen und vergänglichen Erscheinung der Dinge gibt es nach Platons fester Überzeugung absolute Ideen, die nur reinem Denken zugänglich sind. Wir können ein besonders schönes Mädchen betrachten und an ihm den Widerschein von Menschlichkeit und Schönheit wahrnehmen; doch die reinen, absoluten Ideen existieren nur durch die Tätigkeit des Geistes. Das absolute „Gute" ist solch eine reine Idee und meint „das, was recht ist, am rechten Platz ist und in der rechten Weise wirkt". Das klingt ein bißchen nach einer zirkulären Definition; aber sie ist sehr nützlich. Denn sie veranlaßt Philosophen, hinter der unmittelbaren, oberflächlichen Erscheinung der Dinge nach der Wahrheit und nach ewigen Wahrheiten Ausschau zu halten. Diese wahren und ewigen Wahrheiten existieren analog der Mathematik, die das Denken der griechischen Philosophen vollständig beherrscht hat.

Absolute Ideen, die nur reinem Denken zugänglich sind

Der Wert, den man auf die absolute Wahrheit unter der Oberfläche der Erscheinungen legte, hat die Denker des Abendlandes auf jene endlose Suche geschickt, die sich in der Wissenschaft als so erfolgreich und in der Philosophie als so außerordentlich steril erwiesen hat. Die Unfruchtbarkeit in der Philosophie erklärt sich aus der Gewohnheit, daß wir immer tiefer in die sprachlichen Begriffe eindringen und dabei weitere Begriffe konstruieren, in die wir wiederum eindringen können, und bei all diesem Eifer schließlich wieder genau am Ausgangspunkt landen. Wir haben es versäumt, uns klar zu machen, daß Sprache, Denken und Verhalten einer Abbildwelt angehören und nicht einer konkreten Welt äußerer Existenz. In dieser Abbildwelt sind die Oberflächenerscheinungen die Wahrheit. Wenn wir jenseits ihrer suchen, entfernen wir uns von der Wahrheit, statt uns ihr zu nähern. Natürlich stellt die Oberflächenerscheinung niemals eine einzelne absolute Wahrheit im platonischen Sinne dar, sondern nur eine willkürliche Wahrheit — unter vielen anderen.

Jene endlose Suche,
so erfolgreich
in der Wissenschaft und
in der Philosophie
so außerordentlich steril

Das Judentum war ein System von Gesetzen göttlichen Ursprungs, in dem kaum über Gott spekuliert wurde. Der Einfluß Platons auf das Christentum veranlaßte alle christlichen Denker zu einer wilden Suche nach der absoluten Wahrheit, die sich hinter dem Begriff Gott verbarg. So wurde das Christentum zu einem durchaus theologischen Unternehmen — bis hin zu Auseinandersetzungen über die Frage, wieviele Engel auf einer Nadelspitze tanzen können. Die Suche nach der absoluten Wahrheit beflügelte das Denken der Menschen und machte aus ihren Gedanken Götter.

Dieses Bestreben, die Dinge zu Ende zu denken, kennzeichnet den gesellschaftlichen Ansatz Platons. Statt sich an die göttlichen und manchmal willkürlich erscheinenden Gesetze zu halten wie im mosaischen Ansatz, statt auf Sitten und Rollenverhalten Wert zu legen wie im konfuzianischen Ansatz, bemühte man sich, die Dinge zu Ende zu denken. Die Menschen werden recht handeln, weil sie die Wahrheit und das Gute wahrnehmen können. Erkenntnis ist Tugend. Wenn Menschen die Wahrheit sehen können, werden sie ihr Verhalten so einrichten, daß sie zu dieser Wahrheit gelangen. Im Gegensatz zu den mosaischen Gesetzen oder der konfuzianischen Rolle geht es hier also nicht mehr um das Verhalten, sondern um den Zweck oder die Bestimmung dieses Verhaltens. Wir können uns einer Reiseanalogie bedienen. Der gesetzesorientierte mosaische Ansatz sagt: „Du mußt dich an folgende Wege und Abzweigungen halten!" Der Bestimmungsort wird nicht erwähnt, doch ergibt er sich von selbst, wenn man der vorgezeichneten Route folgt. Der konfuzianische Ansatz sagt: „Es entspricht deiner Rolle, daß du einen Zug von diesem Bahnhof nimmst." Wieder wird kein Bestimmungsort genannt, da aber von Bahnhöfen nur bestimmte Orte zu erreichen sind und da die Gleise nur in bestimmte Richtungen führen, sind nur wenige Bestimmungsorte im Bereich des Möglichen. Der platonische Ansatz sagt: „Wir sind uns einig, daß dein rechter Bestimmungsort London ist. Ich bin zufrieden, wenn du ihn siehst. Wie du hinkommst, ist deine Sache."

Es wäre ziemlich unrealistisch, wollte man jedem Einzelnen in der Gesellschaft die schwere Pflicht auferlegen, die Dinge mit dem geübten Verstand des Philosophen allein zu Ende zu denken — obschon der Protestantismus (der über Augustinus und Luther sehr stark von Platon beeinflußt ist) genau das verlangt. Platon dachte praktisch. Die Philosophen sollten das Geschäft des Denkens für den Rest der Menschheit übernehmen. Manchmal sollten sie allgemeine und dauerhafte Wahrheiten ans Licht bringen. Dann wieder sollte ihr geübtes Denken eine Situation behandeln, wie sie sich in der Realität anbietet, und ad hoc einordnen, wenn auch in Übereinstimmung mit den Grundprinzipien. Deshalb legte Platon Wert darauf, daß die Staatsmänner an der Spitze der Gemeinwesen ebenso *Philosophen* wie Könige zu sein hätten. Konfuzius setzte seine Herrscher ein und forderte sie auf, die Rolle des Herrschers auszuüben. Platon war der Überzeugung, sie könnten dieser Rolle nur gerecht werden, wenn sie eine gründliche philosophische Ausbildung erhalten hätten. Für Platons Welt trifft das wohl zu. Denn in Konfuzius' Welt erfüllen auch die Untertanen die ihnen zufallende Rolle; in Platons Welt dagegen sieht sich der Herrscher in einen allgemeinen Wettbewerb gestellt.

Wir verdanken Platon viel, vor allem im Bereich des wissenschaftlichen Fortschritts. Doch auf dem Gebiet zwischenmenschlicher Beziehungen weist sein Ansatz einige ernstliche Mängel auf, die die Gesellschaft fast in Trümmer gelegt hätten. Erster Mangel ist, daß bei der Suche nach der absoluten Wahrheit die Wahrheit, die man gefunden zu haben glaubt, so absolut wie wahr, das heißt sowohl dauerhaft als auch einzigartig sein muß. Es nützt wenig, wenn jemand „seine" absolute Wahrheit gefunden hat und diese sich grundsätzlich von der eines anderen unterscheidet. Dann funktioniert das System einfach nicht. Da Platons System nicht darüber Aufschluß gibt, wie sich entscheiden läßt, wann wir diese absolute Wahrheit gefunden haben, darf jeder für sich in Anspruch nehmen, in ihren Besitz gelangt zu sein. Da die Wahrheit per definitionem wahr und absolut ist, hat der Betreffende oder die betreffende Kultur nicht nur das Recht, alle Andersdenkenden im Unrecht zu sehen, sondern auch die Pflicht, sie auf ihren Irrtum aufmerksam zu machen — wenn nötig mit Feuer und Schwert. Nach platonischer Tradition ist das beste Mittel zu zeigen, daß man recht hat, der Beweis, daß der andere unrecht hat. Die platonische Sichtweise hat also Dogmatismus, Arroganz, Intoleranz und der Verfolgung Andersdenkender Vorschub geleistet, nicht weil dies in der Absicht Platons gelegen hätte, sondern weil es in der Natur dieser Sichtweise liegt. Platon hoffte, der wahre Philosoph würde gemeinsam mit allen anderen Philosophien die Welt in übereinstimmender Weise sehen, weil es nur eine Wahrheit gäbe. Er vernachlässigte wie alle griechischen Philosophen, daß Wahrheit bedingter Natur ist. Wahrheit hängt von der Definition des Universums ab, in dem gedacht wird. In der mathematischen Welt sind mathematische Wahrheiten wahr. Doch selbst hier handelt es sich um ein spezielles Universum. Beispielsweise addieren sich die Winkel eines Dreiecks auf einer ebenen Fläche stets zu zwei rechten Winkeln. Doch auf der Oberfläche einer Kugel — ein anderes Universum — beträgt ihre Summe mehr als zwei rechte Winkel. Ähnlich kann jemand mit untadeliger Logik die absolute Wahrheit in seinem Wertuniversum vertreten, und doch zu einer anderen absoluten Wahrheit gelangen als derjenige, der in seinem eigenen Wertuniversum mit der gleichen vollkommenen Logik argumentiert. Dadurch, daß Platon diesen Unterschied der Universen vernachlässigt und allen Nachdruck nur auf die Klarheit philosophischer Wahrheitssuche gelegt hat, hat er Schwierigkeiten geschaffen, die die abendländische Welt noch lange nicht gelöst hat.

Die platonische Sichtweise hat Dogmatismus, Arroganz, Intoleranz und der Verfolgung Andersdenkender Vorschub geleistet

Aristoteles

Vor Aristoteles waren Worte einfach Kommunikationsmittel. Wörter und Begriffe folgten im Fluß der Sprache oder des Denkens aufeinander. Aristoteles hat die Begriffe klassifiziert und kategorisiert, um ihre vollständige Bedeutung herauszuarbeiten und aus ihr wiederum die Beziehung, in der Wörter und Begriffe zueinander stehen. Mit Hilfe des von ihm erdachten Syllogismus (s. S. 49) konnte er dann die Kategorien aufeinander beziehen und so zu verborgenen logischen Wahrheiten vordringen.

384—322 v. Chr.

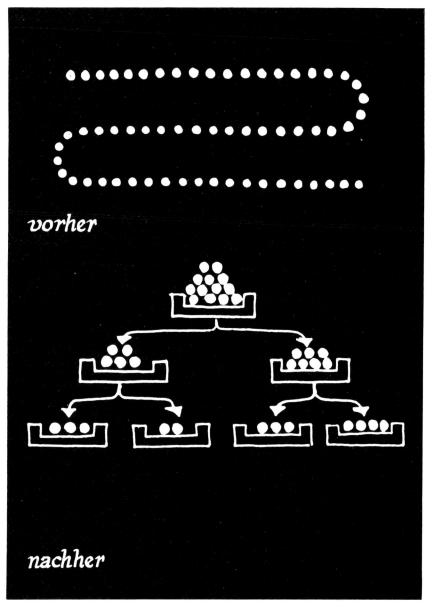

vorher

nachher

Aristoteles hat zergliedert, was bei Platon nur als Vision jenseits der Sprache in Erscheinung trat

Kein Philosoph ist höher geehrt oder heftiger geschmäht worden als Aristoteles. Obgleich er ein heidnischer Philosoph des 4. vorchristlichen Jahrhunderts war, wurde seine Philosophie fünfzehnhundert Jahre später ein Stützpfeiler christlicher Lehre. Zuvor hatte ihn die islamische Welt als Lehrmeister anerkannt. Und noch im 17. Jahrhundert verpflichtete die Satzung englische Gelehrte dazu, die Autorität des Aristoteles als „überragend" anzuerkennen. Auf der anderen Seite hat Luther ihn als „stinkenden" Philosophen bezeichnet und Hobbes ihm vorgeworfen, er sei der Ursprung allen Unsinns in Metaphysik, Ethik und Politik.

Überraschenderweise stößt man im Zentrum von soviel Verehrung und Feindseligkeit auf eine höchst durchschnittliche Gestalt. Niemand hielt Aristoteles für eine eindrucksvolle Erscheinung — ein lispelnder Dandy mit kleinen Augen, dünnen Beinen und wenig Haar auf dem Kopf. Er tat sich weder durch Zurückgezogenheit oder Weiberfeindlichkeit hervor, noch durch Lasterhaftigkeit.

Weder an der Erziehung noch an der Laufbahn des Aristoteles läßt sich Besonderes entdecken. Die Biologie wird er von seinem Vater gelernt haben, der Arzt am mazedonischen Hof war. Mit achtzehn tat er, was viele begabte junge Männer seiner Art taten: Er wurde Schüler in Platons Akademie, wo er fast zwanzig Jahre, bis zu Platons Tod arbeitete. Es kam zu keinem dramatischen Bruch zwischen ihnen, auch wenn Aristoteles einen anderen Weg einschlug. Die einzig auffällige Episode bilden die paar Jahre, die Aristoteles als Erzieher bei Alexander von Mazedonien verbrachte. Doch diese Verbindung mit dem Eroberer der antiken Welt war weder von den hochgesteckten Hoffnungen noch von der Verzweiflung gekennzeichnet, die Platon bei seinem Versuch bewegten, einen Philosophenkönig für Syrakus zu erziehen. Zwar ist Aristoteles wie einst Sokrates der Gottlosigkeit beschuldigt worden, doch haben wir von ihm statt einer edlen Sterbeszene nur die Bemerkung, die er machte, als er Athen verließ: Er wolle die Stadt davor bewahren, sich ein zweites Mal gegen die Philosophie zu versündigen.

Sein konventionelles Leben scheint zum Stil seiner Schriften zu passen — Abhandlungen, in denen es von Abteilungen und Unterabteilungen wimmelt. Nur das Lob Ciceros, der vom goldenen Strom aristotelischer Beredsamkeit spricht, läßt darauf schließen, daß in den verlorenen Werken vielleicht eine ausdrucksvollere Stimme zu vernehmen war. Alles andere zeugt von einem Geist entsetzlicher Ordnungsliebe. Im *Lykeion* des Aristoteles wurden Studienkurse und Tagesablauf bis in alle Einzelheiten durch Vorschriften geregelt. Er war ein gewaltiger Sammler: Hunderte von Manuskripten und Karten, geologische und biologische Proben, eine vollständige Liste der in Athen aufgeführten Stücke mit den Namen der Autoren, Regisseuren, Schauspielern und Preisträgern, Bücher über Interpretationsprobleme bei Homer, 158 griechische Verfassungen.

Die gleiche Sammel- und Ordnungsleidenschaft scheint auf den ersten Blick das Hauptmerkmal seiner Philosophie zu sein. Doch findet die Klassifikation zumindest in so großem Maßstab statt, daß wir heute noch auf fast jedem Gebiet den von Aristoteles ersonnenen Kategorien verpflichtet sind. Er grenzte die Wissensgebiete von Logik, Metaphysik, Politik, Ethik, Rhetorik, Psychologie, Physik, Biologie, Meteorologie ab. Ihm verdanken wir die Unterscheidung zwischen Aspekten wie theoretisch und praktisch, intellektuell und moralisch, potentiell und wirklich. Auf ihn gehen unsere Klassifikation der Regierungsformen zurück und Begriffe wie konstitutionell und tyrannisch, Monarchie, Aristokratie, Oligarchie, Demokratie. Er hat so zentrale logische Termini wie Syllogismus, Universalien und Substanz geschaffen. Von Aristoteles hat Europa auch sein moralisches Vokabular, das so reich an feinen Unterscheidungen ist — etwa denen zwischen Beweggrund und Absicht, zwischen Verhalten und Charakter.

Mit der Festlegung solcher Unterschiede hat Aristoteles herausgearbeitet, was bei Platon nur als Vision jenseits der Sprache in Erscheinung tritt und woraus der Philosophenkönig seine Einsicht in die Wirklichkeit gewinnt. Doch geht der Unterschied zwischen beiden letztlich nicht auf langweilige Pedanterie zurück, auf nüchterne Unempfänglichkeit für die Feinheiten von Sprache und Denken, noch nicht einmal auf ein Philosophieverständnis, das sich an gesundem Menschenverstand und Utilitarismus orientiert. Aristoteles glaubte so leidenschaftlich wie Platon, daß der Mensch — will er vernünftig denken — für sein Denken einen ewigen, universellen Ruhepunkt finden muß. Allerdings kannte die philosophische Leidenschaft des Aristoteles daneben noch eine andere Dimension. Er war entschlossen, diese Beständigkeit im menschlichen Leben zu suchen und nicht außerhalb und er wollte die Realität unserer sich täglich wandelnden Erfahrungen weder leugnen noch schmälern.

Statt dessen wollte Aristoteles erklären, warum unsere alltägliche Erfahrung, auch wenn sie sich als Kaleidoskop darstellt, nicht ein bloßes Durcheinander ständig wechselnder Bilder ist. Um das Staunen, durch das philosophisches Fragen ausgelöst wird, zu disziplinieren und um die Einsicht in die Komplexität der Dinge nicht in Geschwätz ausarten zu lassen, achtet Aristoteles auf einen genauen Sprachgebrauch. Deshalb hat er sich solche Mühe gegeben, klar umrissene Wissensgebiete abzugrenzen und die vier „Ursachen" zu definieren, das heißt die verschiedenen Fragen, die zu stellen sind: 1. Woraus ist dies gemacht? 2. Wie ist seine Form oder Struktur? 3. Wie ist es geworden, was es ist? 4. Warum ist es gemacht worden? Als Antwort auf diese Fragen, die den ganzen Umfang menschlicher Erfahrung erfassen, hat Aristoteles sein Wissen zusammengetragen, seine Unterscheidungen getroffen und seine Kategorien geschaffen. Seine Logik ist keine müßige Übung im

Verteilen von Etiketts, sondern Ordnen des Denkens durch jemanden, der Subjekt und Objekte dieses Tuns zu verstehen sucht.

Der Kosmos, der aus der aristotelischen Philosophie erwächst, ist eine Hierarchie der Arten, in der jedes Ding seinen festen Platz erhält und danach eingestuft wird, ob es mehr oder weniger selbstbewegend ist. Doch wird diese Beständigkeit der Form oder der Struktur in abstrakten und universellen Prinzipien ausgedrückt, die verschiedene Inhalte zulassen. Alle Lebewesen werden als ein System vorgegebener Möglichkeiten verstanden — was Aristoteles „Essenz" nannte —, die im Laufe der Zeit verwirklicht werden können, aber nicht müssen. So bot Aristoteles die Möglichkeit zu verstehen, was Eichel und Eiche, Sokrates und Alkibiades gemeinsam haben, ohne den Unterschied zwischen ihnen oder die Wandlungen, denen sie im Laufe ihrer Existenz unterworfen sind, außer acht zu lassen. Wenn Aristoteles den Menschen das vernunftbegabte Tier nennt, meint er damit, daß der Mensch das Ordnungsprinzip des Universums in sich trägt — die Vernunft nämlich —, die es ihm ebenso ermöglicht, die unwandelbare Ordnung zu erfas-

35

Der Mensch trägt
das Ordnungsprinzip
des Universums in sich

sen, wie sie ihn befähigt, Alternativen zu erkennen und Entscheidungen zu treffen. Dank der Vernunft ist er umfassender als andere Wesen in der Lage, sich selbst zu bestimmen. Deshalb nimmt er den höchsten Platz in der Hierarchie ein. Ein gutes Leben führt der Mensch, der seine Fähigkeiten in der rechten Reihenfolge verwirklicht, das heißt, den untergeordneten Körperbedürfnissen genug Aufmerksamkeit schenkt, um die höheren Vernunftfähigkeiten zu entwickeln. Doch anders als die Eichel kann und muß er wählen, ob und wie er seine Möglichkeiten verwirklichen will.

Es ist ein Gemeinplatz, daß der tugendhafte Mensch des Aristoteles das „Mittlere" anstrebt, was jedoch beileibe nicht — wie häufig angenommen — als „Mäßigung" zu verstehen ist. Das „Mittlere" bedeutet, das Rechte auf die rechte Weise zur rechten Zeit zu tun.

Hinter der aristotelischen Lehre vom „Mittleren" — ein Thema, das seine ganze Philosophie durchzieht — steht die Konzeption verschiedener Abstraktionsebenen des Denkens, einer Hierarchie, die mit intuitiv erkannten, notwendig wahren und obersten Prinzipien beginnt. Aus ihnen werden Schlußfolgerungen abgeleitet und Entscheidungen über die Auslegung von Regeln getroffen. Mit der Entscheidung für das „Mittlere" erkennt der Tugendhafte, welche Entscheidungen von den Prinzipien richtigen Verhaltens unter verschiedenen Umständen verlangt werden. Nach Aristoteles muß unbedingt zwischen „wissenschaftlichem Denken" — dem Beweis notwendig wahrer Schlußfolgerungen aus obersten Prinzipien — und „praktischem" oder „rhetorischem" Denken unterschieden

werden. Letzteres hat mit Dingen zu tun, die immer auch anders sein könnten, als sie sind.

Diese Art des Denkens ist nach Auffassung des Aristoteles für praktische Angelegenheiten im Alltag, in der Politik und in Gerichtsverhandlungen geeignet. Anders als viele Philosophen nach ihm warnt er ausdrücklich davor, das theoretische dem praktischen Wissen vorzuziehen. Wenn wir gesund werden wollen — so sagt er — tun wir besser daran, den Mann zu fragen, der weiß, daß uns Hähnchenfleisch heilt, als bei dem Mann Rat zu suchen, der weiß, das „helles" Fleisch besser verdaulich ist, uns aber nicht sagen kann, daß Hähnchen solches Fleisch haben.

Gleiches gilt für die Politik. Einerseits ist Aristoteles der Meinung, die beste Regierungsform sei eine Verbindung Gleicher, die gleiche Gesetze anerkennen und die abwechselnd regieren und regiert werden, weil solche Menschen am ehesten in der Lage sind, mit ihrem Leben fertig zu werden. Andererseits sagt er, daß die Frage, was zu einer gegebenen Zeit an einem gegebenen Ort praktisch möglich sei, davon abhängt, ob die Menschen dort über den nötigen Verstand und die erforderliche Selbstdisziplin verfügen.

Bei soviel analytischer Akribie mag man an das Ungeheuer erinnert sein, das — wie Samuel Johnson beschreibt — so eifrig darauf bedacht war, einen Sonnenstrahl zu untersuchen, daß es den Sommermorgen nicht genießen konnte. Wenn Aristoteles im Denken so peinlich genau trennt, was in der Erfahrung zusammenfließt, scheint er die wechselseitige Abhängigkeit des Abstrakten und Konkreten, diese die Dichter und Christen gleichermaßen fesselnde Einheit in der Vielfalt, zu leugnen oder zumindest dazu aufzufordern, sie zu vernachlässigen. Sein nachdrückliches Betreben, einerseits die Gewißheit, die die Menschen angesichts abstrakter Prinzipien erfüllt, und andererseits die ganz andere Art von Überzeugung bezüglich der Rechtmäßigkeit einer bestimmten Handlung auseinanderzuhalten und zu berücksichtigen, muß all diejenigen irritieren, die eine schlichte Dichotomie zwischen Gewißheit und Chaos vorziehen.

Die unterschiedliche Aufnahme, die Aristoteles bis in unsere Tage findet, hat ihren Grund darin, daß sich in seiner Philosophie ein außerordentlich umfassender und geordneter Charakter mit einer Abneigung gegen Einförmigkeit und Vereinfachung verbindet. Es ist keine systematische Philosophie in dem geometrischen Sinne Kants, daß alle Wahrheiten aus einem oder wenigen universellen Sätzen abgeleitet werden. Statt dessen zeigt Aristoteles, daß folgerichtiges Denken sich durchaus mit der Anerkennung einer großen Vielfalt feiner Unterscheidungen verträgt, ja, sie sogar erfordert. Ziel solcher Unterscheidungen ist nicht Scheidung und Trennung, sondern Würdigung der Vielschichtigkeit und Verknüpfung der Dinge, die Erklärung menschlicher Erfahrung als Ganzes.　　　　S. L.

Euklid

Euklid hat den Neid aller Denker erregt. Von wenigen grundlegenden Axiomen ausgehend hat er mit Hilfe reiner Deduktion ein großartiges Gebäude errichtet. Jedes Theorem, das sich ergab, bildete die Grundlage immer neuer Theoreme, bis es den Anschein hatte, als ließe sich alles durch Deduktion aus grundlegenden Axiomen erklären. Euklid hat jedoch in einem beschränkten Universum von sich im zweidimensionalen Raum schneidenden Geraden gearbeitet.

um 300 v. Chr.

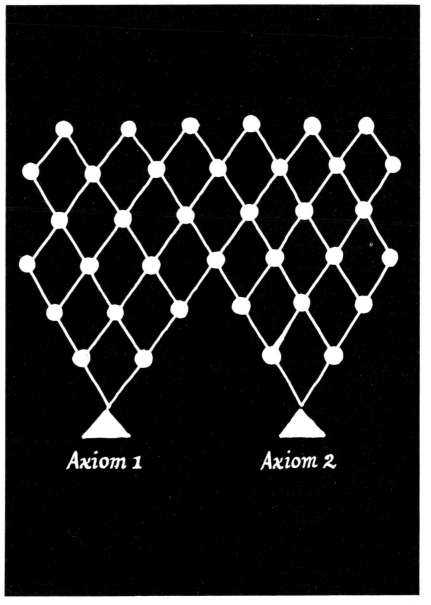

**Ruhm verdient Euklid eher für
seine Fähigkeit zur Synthese
als für die Schöpfung neuer Theorien**

Um 1630 stieß der englische Philosoph Thomas Hobbes in der Bibliothek eines Edelmanns auf die Werke Euklids. Es war für ihn — so berichtet uns der Tagebuchschreiber John Aubrey — eine Offenbarung:

„Euklids *Elemente* lagen geöffnet, und es waren die *47 El. libri 1.* Er las den Lehrsatz und sagt: ‚Bei G . . . ! Das ist unmöglich!' Also las er den Beweis dafür, der ihn zu einem anderen Lehrsatz zurückführte, welchen er ebenfalls las. Dieser verwies ihn wieder auf einen anderen. *Et sic deinceps*, bis er schließlich offensichtlich von der Wahrheit überzeugt war. Das ließ ihn in Liebe zur Geometrie entbrennen."

Daß es zu solch einer geistigen Begegnung mit solcher Wirkung über einen Zeitraum von fast zwei Jahrtausenden hinweg kommen kann, ist eines der bemerkenswertesten Phänomene in der Geschichte des Denkens. Was für Euklid wahr war, und was für Hobbes wahr war, blieb es mehr oder weniger unwidersprochen bis zum Ende des 18. Jahrhunderts. 1848 schrieb ein Kommentator:

„Es hat nie ein System der Geometrie gegeben, das diesen Namen verdient — und bis wir es mit eigenen Augen gesehen haben, werden wir auch nicht glauben, daß es ein solches geben kann —, welches in wesentlichen Zügen (wir sprechen nicht von *Korrekturen, Erweiterungen* oder *Entwicklungen*) von dem Grundriß abweicht, den Euklid niedergelegt hat."

Selbst heute, da es nicht-euklidische Geometrien gibt, ist Euklids Werk nicht veraltet. Im Rahmen seiner eigenen Voraussetzungen behält es seine Geltung. Euklid hat sogar — wie wir noch sehen werden — seinen Rivalen aus jüngerer Zeit den Weg bereitet.

Er ist Grieche, wenn wir auch weder Zeit noch Ort seiner Geburt kennen. Wahrscheinlich hat er in Athen studiert und dort Philosophie und Geometrie bei den Schülern Platons gelernt. Doch sein Hauptwerk hat er in Alexandria zur Zeit Ptolemäus des Ersten (306 bis 283 v. Chr.) verfaßt. Dort hat er an der Universität Geometrie gelehrt und verschiedene Bücher verfaßt, von denen *Elemente* das wichtigste ist. Proclus, ein früher Kommentator, berichtet, Ptolemäus habe gefragt, ob man nicht rascher Zugang zur Geometrie finden könne als über die *Elemente*. Woraufhin Euklid geantwortet habe: „Es gibt keinen Königsweg zur Geometrie". Leider wird die gleiche Geschichte auch von Alexander dem Großen und seinem Erzieher berichtet. Was sonst von Euklid überliefert ist, ist ähnlich zweifelhaft. Beispielsweise heißt es, er sei ein Mann von ungewöhnlich angenehmer Art gewesen; doch gibt es keine zeitgenössischen Zeugnisse von seinem Charakter. Stobäus berichtet die einzige Geschichte, die ausschließlich mit Euklid in Verbindung gebracht wird: „Jemand, der das Studium der Geometrie bei Euklid aufgenommen hatte, fragte diesen, als er das erste Theorem hörte: ‚Aber was habe ich davon, daß ich diese Dinge lerne?' Euklid wies seinen Skaven an: ‚Gib ihm

eine Münze. Denn er muß Gewinn schlagen aus dem, was er lernt!'" Anders gesagt: der Name Euklids wurde in der antiken Welt mit der Vorstellung reiner Wissenschaft, eines Lernens um seiner selbst willen, verbunden. Insofern unterscheidet er sich von vielen seiner Vorgänger.

Das Wort „Geometrie" bedeutet Landvermessung. Die Griechen haben, wahrscheinlich zu Recht, angenommen, sie habe sich in Ägypten aus praktischer Tätigkeit entwickelt. Die früheste geometrische Arbeit, die wir besitzen, ist die des Ahmes (1550 oder 1700 v. Chr.). Sie zeigt, daß Geometrie als angewandte Kunstfertigkeit verstanden wurde, die in der Architektur und bei der Vermessung von Rauminhalten und Flächen benutzt wurde. Griechische Geometrie dagegen war selten

eine angewandte Geometrie. Bestimmte Figuren konnten zwar dazu benutzt werden, die Entfernung eines Schiffes auf See auszurechnen, und es gab auch eine Verbindung zwischen Geometrie und Astronomie. Aber zu Euklids Zeit hatte das Wort „Geometrie" schon lange seine ursprüngliche Bedeutung verloren.

Tatsächlich scheint die theoretische Geometrie in der von Pythagoras entwickelten Form eine weitgehend religiöse Bedeutung angenommen zu haben. Die Pythagoräer waren ein verschworener Geheimbund mit strengen Regeln und Strafen, die über das Verhalten der Eingeweihten wachten. Den Eigenschaften von Zahlen, der Beachtung von Proportionen und den Merkmalen geometrischer Figuren wurde eine Bedeutung verliehen, die man heutzutage magisch nennen würde.

Geometrie war also eine okkulte Wissenschaft und vermutlich verquickt mit politischer Intrige. Dennoch war es ein Pythagoräer, der als erster mit dem Unterricht in diesem Fach seinen Lebensunterhalt bestritten hat. Die folgenden Generationen von Philosophen haben sich mehr um den theoretischen Charakter der Geometrie als um ihre magischen Züge bemüht. Platon verlangte, daß seine Schüler vor dem Eintritt in seine Akademie Geometrie lernten. Die berühmten geometrischen

Probleme, die die Griechen sich aufgaben (die Quadratur des Kreises und die Verdoppelung des Würfels), galt es auf theoretischem Wege und nicht durch empirisches Messen zu lösen. Schließlich hatte man eine Unmenge von Theoremen zusammengetragen und auch den einen oder anderen Versuch zur Synthese unternommen. Es bleibt jedoch der Eindruck eines Wissensgebietes, das zwar lebhaftes Interesse fand, aber doch der gründlichen Neuordnung bedurfte. Den Mann, der dieser Aufgabe gewachsen war, fand die Geometrie in Euklid.

Alexandria war 332 v. Chr. gegründet worden, und zum Zeitpunkt, da Euklid es aufsuchte, etwa um die Jahrhundertwende, bereits eine blühende Universitätsstadt. Euklid gründete eine Schule und schrieb seine *Elemente*, um ein ABC der Geometrie zu liefern (das Wort „Elemente" bedeutet auch die Buchstaben des Alphabets). Es blieb bis zum Anfang unseres Jahrhunderts *das* Lehrbuch, und das in einem Maße, daß viele Schüler das Fach „Euklid" statt Geometrie nannten. Dennoch ist das Werk nicht besonders originell. Von seinen 13 Büchern behandeln die Teile I—IV und VI die Pythagoräer oder die ebene Geometrie, V die Verhältnislehre des Eudoxos, die Bücher VII—IX die elementare Zahlentheorie und die letzten vier Bücher regelmäßige Körper, wobei sie den Einfluß des Theätet verraten. Ruhm verdient Euklid eher für seine Fähigkeit zur Synthese als für die Schöpfung neuer Theorien.

Aubreys Bericht, welcher schildert, wie Hobbes für die Geometrie entbrennt, liefert ein anschauliches Beispiel für die Arbeitsweise der euklidischen Methode. Was Hobbes gelesen hat, war das folgende Theorem des Pythagoras:
„Im rechtwinkligen Dreieck ist das Quadrat über der dem rechten Winkel gegenüberliegenden Seite gleich der Summe der Quadrate über den Seiten, die den rechten Winkel bilden." Hobbes war nicht der erste, der über diesen Satz aus dem Häuschen geriet. Pythagoras habe — so berichtet uns Proclus — einen Ochsen geopfert, nachdem er das Theorem entdeckt hatte. Es lieferte die theoretische Erklärung für einen Sachverhalt, der empirisch seit langem bekannt war (die alten Ägypter hatten vom Dreieck 3:4:5 gewußt, aber nicht unbedingt verstanden, daß es rechtwinklig ist), und widerlegte wohl auch einige der früheren Überzeugungen des Pythagoras. Es sagte ihm beispielsweise, daß die Diagonale eines Quadrates mit der Seitenlänge 1 gleich $\sqrt{2}$ ist. Da er außerdem wußte, daß $\sqrt{2}$ eine irrationale Zahl ist, dürfte seine Auffassung, daß rationale Zahlen die Welt regieren, ins Wanken geraten sein.

Doch der Beweis des Theorems, das Hobbes las, stammte nicht von Pythagoras, sondern von Euklid (ein Beweis, den Schopenhauer respektlos als „Mausefallenbeweis" bezeichnet hat). Um den Beweis verstehen und um „offensichtlich von der Wahrheit überzeugt" sein zu können, wurde Hobbes von Euklid auf vier vorstehende Sätze verwiesen. Zum Beispiel auf Satz 1.41:

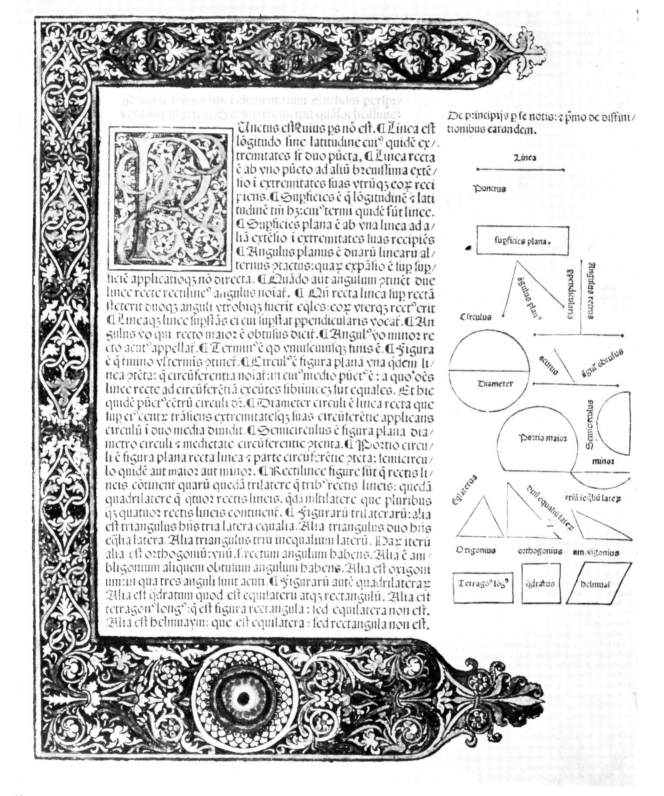

De principijs p ſe notis: z p̃mo de diffini/
tionibus earundem.

Unctus eſt cuius ps nó eſt. ☞Linea eſt
lógitudo fine latitudine cui⁹ quidé ex/
tremitates ſt duo púcta. ☞Linea recta
é ab vno púcto ad aliú breuiſſima exté/
ſio i extremitates ſuas vtrúqz eoz reci
piens. ☞Superficies é q̃ lógitudiné z lati/
tudiné tm hz: cui⁹ termi quidé ſút linee.
☞Superficies plana é ab vna linea ad a/
liá extéſio i extremitates ſuas recipiés
☞Angulus planus é duarú linearu al/
ternus ptactus: quaz expáſio é ſup ſup/
ficié applicatioqz nó directa. ☞Quádo aut angulum ptinét due
linee recte rectiline⁹ angulus noiaf. ☞Qñ recta linea ſup rectá
fteterit duoqz anguli vtrobiqz fuerit eqles: eorz vterqz rect⁹ erit
☞Lineaqz linee ſupſtás ei cui inſiſtat ppendicularis vocaf. ☞An/
gulus vo qui recto maioz é obtuſus dicit. ☞Angul⁹ vo minoz re
cto acut⁹ appellaf. ☞Termin⁹ é qd vniuſcuiuſqz finis é. ☞Figura
é q̃ fmiuo vl terminis ptinet. ☞Circul⁹ é figura plana vna qdem li/
nea ptéta: q̃ circúferentia noiaf: in cui⁹ medio púct⁹ é : a quo⁹ oés
linee recte ad circúferétiá excutes fibiinuicez ſut equales. Et hic
quidé púct⁹ cétrú circuli dr. ☞Diameter circuli é linea recta que
ſup ei⁹ centz trãſiens extremitateſqz ſuas circúferétie applicans
circulú i duo media diuidit. ☞Semicirculus é figura plana dia/
metro circuli z medietate circúferentie ptenta. ☞Portio circu/
li é figura plana recta linea z parte circúferétie ptenta: ſemicircu/
lo quidé aut maioz aut minoz. ☞Rectilinee figure ſút q̃ rectis li/
neis cótinent quarú quedá trilatere q̃ trib⁹ rectis lineis: quedá
quadrilatere q̃ qtuoz rectis lineis. q̃da mltilatere que pluribus
q̃z quatuoz rectis lineis continent. ☞Figuraú trilateraú: alia
eſt triangulus hús tria latera equalia. Alia triangulus duo hris
eqlia latera. Alia triangulus triú inequalium laterú. Daz iterú
alia eſt ozthogoniú: vnú ſ. rectum angulum habens. Alia é am/
bligonium aliquem obtuſum angulum habens. Alia eſt oxigoni/
um: in qua tres anguli ſunt acuti. ☞Figuraú auté quadrilateraz
Alia eſt q̃dratum quod eſt equilateru atqz rectangulú. Alia eſt
tetragon⁹ long⁹: q̃ eſt figura rectangula : ſed equilatera non eſt.
Alia eſt helmuaym: que eſt equilatera : ſed rectangula non eſt.

Linea

Punctus

ſuperficies plana.

Angulus rectus

ppendicularis

águlus plan⁹

Circulus

acutus

ſigur obtuſus

Diameter

Semicirculus

Portio maioz

minoz

Equlaterus

duú equaliú latez

triú iequliú latez

Origonius

orthogonius

ambligonius

Tetrago⁹ lõg⁹

q̃dratus

helmuaí

40

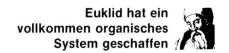
„Wenn ein Parallelogramm mit einem Dreieck dieselbe Grundlinie hat und zwischen denselben Parallelen liegt, ist das Parallelogramm doppelt so groß wie das Dreieck."

Und um den Beweis dieses Satzes verstehen zu können, wurde er auf zwei weitere Sätze verwiesen, auf 1.34 zum Beispiel: „Im Parallelogramm sind sowohl die gegenüberliegenden Seiten als auch die entsprechenden Winkel einander gleich, und die Diagonale halbiert es."

Doch bevor Hobbes vollständig überzeugt sein konnte, mußte er noch weiter zurück zu drei weiteren Sätzen und einem „Allgemeinbegriff" — „Et sic deinceps" (und so weiter und so fort), bis er wieder zum Anfang des Buches gelangte. Als er dann sah, wie wunderbar das ganze System zusammenhing, „entbrannte er in Liebe zur Geometrie".

Euklid hat also ein vollkommen organisches System geschaffen. Er hat mit Definitionen begonnen, dann kamen Postulate (offensichtliche Wahrheiten, die er dessen ungeachtet nicht beweisen konnte) und schließlich Allgemeinbegriffe (welches die grundlegenden logischen Gesetze waren, nach denen er vorging). Auf diese Weise hat er in sorgfältig gewählter Abfolge seine Reihen von Lehrsätzen und Beweisen aufgebaut. Die übliche Beweismethode — die *reductio ad absurdum* — begann mit der Annahme des Gegenteils dessen, was zu beweisen war. Darauf zeigte man schrittweise, daß die Annahme unmöglich richtig war. *Reductio ad absurdum* ist eine irreführende Bezeichnung. Denn es genügt nicht zu zeigen, daß das Ergebnis einer Schlußfolgerung absurd ist, sondern es muß wirklich unmöglich sein.

Euklids Allgemeinbegriffe (Axiome) waren nicht sonderlich umstritten. Zu ihnen gehörten Regeln wie: „Was demselben gleich ist, ist auch einander gleich." und: „Das Ganze ist größer als der Teil." Die Definitionen zogen schon mehr Kritik auf sich; besonders die Definition der Geraden („Eine Gerade ist eine Linie, die zu den Punkten auf ihr gleichmäßig liegt"). Die Postulate jedoch wurden sofort einer äußerst kritischen Prüfung unterzogen.

Gefordert soll sein:

1. daß man von jedem Punkt nach jedem Punkt die Strecke ziehen kann;
2. daß man eine begrenzte gerade Linie zusammenhängend gerade verlängern kann;
3. daß man mit jedem Mittelpunkt und Abstand den Kreis zeichnen kann;
4. daß alle rechten Winkel einander gleich sind;
5. und daß, wenn eine gerade Linie beim Schnitt mit zwei geraden Linien bewirkt, daß innen auf derselben Seite entstehende Winkel zusammen kleiner als zwei Rechte werden, sich dann die zwei geraden Linien bei Verlängerung irgendwo treffen auf der Seite, auf der die Winkel liegen, die zusammen kleiner als zwei Rechte sind.

Am meisten hat die Menschen das fünfte Postulat beschäftigt, das als Parallelenpostulat bekannt ist. Euklid brauchte es, um seine Lehrsätze über Parallelen zu beweisen. Doch so absurd es auch erscheinen mag, er konnte es nicht beweisen. Ließe es sich beweisen, würde es zum Theorem. Andere, die das Postulat zu beweisen versuchten, verfingen sich in Zirkelschlüssen. Man hat es als Zeichen für Euklids Genie betrachtet, daß er es ließ, wie es war, daß er es bewußt als Annahme deklarierte. War es wahr, so folgte alles andere in Euklids System aus ihm. Das Dumme war, daß es keine Möglichkeit gab, es zu beweisen.

Als Alexandria in seiner Bedeutung durch Rom abgelöst wurde, ging es mit der Geometrie bergab. Die Römer interessierten sich nur für ihre praktische Anwendbarkeit und brachten sie in keinerlei Hinsicht voran. Bewahrt wurde Euklids Werk von den Arabern (die *Elemente* waren eines der ersten Bücher, die aus dem Griechischen ins Arabische übersetzt wurden). Als Anfang des 12. Jahrhunderts der englische Gelehrte Adelhard of Barth Euklid ins Lateinische übersetzen wollte, mußte er sich, als mohammedanischer Student verkleidet, nach Spanien begeben, um dort den arabischen Text aufzuspüren. John Dee, ein Gelehrter des 16. Jahrhunderts, entdeckte weitere arabische Texte, und im 18. Jahrhundert lag ein gesicherter griechischer Text vor. Die *Elemente* waren nicht nur einflußreich — sie definierten das Wissensgebiet.

Doch der nagende Zweifel am Parallelenpostulat blieb. Savile bezeichnete es im 17. Jahrhundert als Schandfleck. Hundert Jahre später erwog der Italiener Saccheri, im Glauben, Euklid zu rechtfertigen, die Möglichkeit, daß es Geometrien geben könnte, für die das Parallelenpostulat nicht gelte. Etwa ein Jahrhundert darauf kam es zu einem jener merkwürdigen Zufälle, an denen die Ideengeschichte nicht arm ist: Drei Männer arbeiteten völlig unabhängig voneinander nicht-euklidische Geometrien aus. Jeder von ihnen — Gauß, Lobatschewskij und Bolyai — begann damit, daß er das Postulat in Frage stellte, das sich — wie Beltrami schließlich 1868 zeigte — gar nicht beweisen läßt. Es dauerte einige Zeit, bis sich die neuen Geometrien durchgesetzt hatten, in denen der Raum gekrümmt ist und Parallelen nicht vorkommen. Einer der letzten großen Verteidiger des Euklid war C. L. Dodgson, alias Lewis Carroll. In *Euklid and his Modern Rivals*, einer geistreichen und witzig-enthüllenden Schrift, setzte Dodgson sich für die Beibehaltung des euklidischen Systems ein, da es die beste Waffe gegen Zirkelschlüsse und Obskurantismus sei.

Obgleich wir „Euklid" nicht mehr als Fach erlernen, bleibt die ebene Geometrie, die in unseren Schulen gelehrt wird, im wesentlichen die gleiche wie diejenige, die 300 v. Chr. in Alexandria vorgeschlagen wurde. In der Geschichte des Lernens hat Euklid, was Nachhaltigkeit und Langlebigkeit des Einflusses angeht, nicht seinesgleichen. Sein Name wurde zur Bezeichnung für ein Wissensgebiet. J. F.

Jesus

Jesus bot ein Alternativuniversum an. Statt der hierarchischen Welt von Privileg und Gewinn, in der jeder sich einen Platz auf den Schultern des anderen erkämpft, um Gott näher zu sein, bot Jesus das Reich Gottes, in dem alle Menschen gleich sind. In dieser Welt ist Platz für Sünder wie für Heilige, für Sanftmütige und Demütige wie für Gerechte.

6 v. Chr. — 30 n.Chr.

Jesus hat die Welt nachhaltiger beeinflußt als irgendeiner der übrigen Denker, von denen in diesem Buch die Rede ist. Trotzdem ist seine historische Wahrheit schwerer greifbar als die irgendeines der anderen.

Was wir über Jesus wissen, ist in den vier Evangelien enthalten, die nach den Aposteln Matthäus und Johannes sowie den Gefährten des Paulus, Markus und Lukas, genannt werden — obwohl diese Männer gewiß nicht die tatsächlichen Autoren dieser Werke sind. Wer diese Evangelisten waren — vom griechischen *evangelion* (gute Botschaft) — läßt sich heute nicht mehr bestimmen. Wir wissen auch weder, wo die Evangelien geschrieben wurden, noch wann. Vermutlich haben sie ihre endgültige Gestalt etwa 35 bis 60 Jahre nach dem Tod Jesu angenommen. Doch die Hauptschwierigkeit, die diese Schriften aus der Sicht des Historikers aufgeben, ist ihre Absicht, zu erbauen und den Glauben an die Göttlichkeit Jesu auszubreiten. Anders gesagt: sie waren nicht in erster Linie als historische Zeugnisse gedacht.

Der Forscher muß also zunächst seinen Glauben oder Unglauben zurückstellen und versuchen, die Evangelien mit dem gleichen Maß an Objektivität zu betrachten, das er irgendeinem anderen aufschlußreichen Schriftstück aus alter Zeit entgegenbringen würde. Dabei ergibt sich folgendes: Jesus wurde nicht im Jahre eins geboren — das Datum beruht auf einem mittelalterlichen Rechenfehler —, sondern irgendwann im letzten Jahrzehnt vor unserer Zeitrechnung. Seine Geburt und sein Leben fielen in eine für Palästina und das Judentum unselige Zeit. Tausend Jahre zuvor war das Land unter David und Salomon bedeutend gewesen. Dann war es in zwei Teile zerrissen, die den beiden mächtigen Kaiserreichen Assyrien und Babylonien zugefallen waren. Anschließend hatten die Perser und nach ihnen die Griechen (Seleukiden) das ganze Land in Besitz genommen. Im zweiten vorchristlichen Jahrhundert hatte sich die jüdisch-nationalistische Bewegung der Makkabäer die Unabhängigkeit von den Griechen erkämpft. Inzwischen aber war diese Dynastie von den Römern besiegt und durch den Strohmann Herodes den Großen ersetzt worden. Herodes war im Jahre 4 v. Chr. gestorben. In der Zeit, da Jesus aufwuchs, hatten die Römer den Kern Palästinas als ihre Provinz Judäa annektiert. Der dort regierende Statthalter gestand den Juden ein gewisses Maß an Autonomie zu, die von einem Rat (Sanhedrin) unter der Führung des Hohenpriesters wahrgenommen wurde. Im Norden und Osten Judäas lagen Galiläa beziehungsweise Peräa. Sie waren zu einem Fürstentum zusammengeschlossen, das einer der Söhne Herodes des Großen — Herodes Antipas — im Auftrag Roms regierte.

In den Wüstenrandgebieten von Judäa und Peräa tauchte um 28 oder 29 v. Chr. ein geheimnisvoller jüdischer Prediger auf: Johannes der Täufer (nicht zu verwechseln mit dem späteren Evangelisten). Er erregte großes Aufsehen, weil er das unmit-telbar bevorstehende Reich Gottes (oder vielmehr die Gottesherrschaft) verkündete. Das war nicht neu. Seit langem glaubten die Juden, ihre Not würde eines Tages ein Ende haben, wenn das göttliche Reich — möglicherweise für ewige Zeit — auf Erden verwirklicht und der Herr sich in seiner Vollkommenheit zeigen würde. Sie hatten auch betont, daß dazu Reue notwendig sei. Gleiches tat Johannes, wenn er verlangte, der Mensch müsse sich von Grund auf wandeln. Dann — so erklärte er — würden die Sünden der Männer und Frauen vergeben. Diesen Prozeß besiegelte er mit der Taufe, die eine neue Form der regelmäßig und rituell erteilten Absolution darstellte. Der Täufer machte ein endgültiges Ereignis daraus, das die Betroffenen radikal und dauerhaft verwandelte.

Unter den Menschen, die die Taufe des Johannes empfingen, war auch Jesus — fraglos ein historisches Geschehen. Denn die frühe Kirche hätte es wohl nur zu gern übergangen (ging sie doch davon aus, daß Jesus ohne Sünde sei), sie war aber angesichts der Fakten dazu nicht in der Lage. Jesus wurde vermutlich nicht in Bethlehem in Judäa geboren. Sein Geburtsort könnte Nazareth gewesen sein. Seine Mutter war Maria. Obgleich sich später die Lehre von der jungfräulichen Geburt durchsetzte, führen zwei der Evangelisten seine Herkunft

vielsagend über Marias Mann Josef auf König David zurück (von dem der erwartete Messias laut der Weissagung abstammen sollte). Was natürlich bedeutet, daß Joseph und nicht Gott der Vater Jesu war.

Bald nach der Taufe Jesu wurde Johannes von Herodes Antipas als potentieller Aufrührer festgenommen. Daraufhin kehrte Jesus nach Galiläa zurück und begann seine Mission. Sie weist dieselben Züge wie die des Täufers auf, nur daß Jesus nicht mehr wie der Täufer und andere Juden vor ihm predigte, das Reich Gottes stünde unmittelbar bevor, sondern *seine Ankunft habe bereits begonnen* — und zwar durch Jesu eigenes Wirken im unmittelbaren Auftrag Gottes. Diese sensationelle Neuerung ist der Schlüssel zur gesamten Biographie und Lehre Jesu.

Seine angeblichen Wunder — Heilungen oder Exorzismen einerseits und Überwindung der Naturgesetze (wie das Gehen auf dem Wasser) andererseits — waren nach herkömmlicher jüdischer Vorstellung „Zeichen" für die Präfiguration oder teilweise auch für die konkrete Wirklichkeit der Erlösung. Sie waren beschreibende Gesten oder ausgeführte Gleichnisse, die wieder das Reich Gottes symbolisierten. Vor allem seine Heilungen (von denen einige wohl tatsächlich stattgefunden haben) wurden von ihm unmittelbar und ausdrücklich auf die Bußfertigkeit und Sündenvergebung bezogen, die Begleiterscheinungen dieses anbrechenden Reiches waren. Jesus verkündete die Vergebung der Sünden, weil er — wie er unumwunden erklärte — die Menschen auf Gottes Geheiß in das Reich Gottes führte. Das schockierte die anderen Juden, da er sich ein göttliches Vorrecht anzumaßen und gegen ihren geheiligten Monotheismus zu verstoßen schien.

Dabei war Jesus wie sie der Meinung, daß das Reich Gottes noch nicht gänzlich Wirklichkeit geworden sei. Wie viele andere jüdische Denker glaubte er, es stünde unmittelbar bevor. Sein gesamtes Programm von Lehre und Predigt beruhte auf diesen beiden Überzeugungen: daß das Reich sich in seiner ganzen Herrlichkeit in unmittelbarer Zukunft auf Erden zeigen werde und daß er selbst durch Gottes Wille seine Wirkung bereits entfalte. Das warf auf alles ein neues Licht. Reue bedeutete jetzt nicht nur eine vollständige Wandlung des Menschen, sondern eine Wandlung, die vor allem in der Übernahme der Botschaft Jesu bestand. Später hoben die Evangelisten, besonders Lukas, das Mitleid Jesu hervor. Zweifellos war er ein zutiefst mitleidiger Mensch; doch das Hauptmotiv seiner anscheinend mitleidigen Gesten war mehr seine völlige Konzentration auf das Reich Gottes.

Aus demselben Grund dehnte er seine Mission auf die Armen aus. Denn sie waren „Arme im Geiste". Da es ihnen an eigenen Mitteln fehlte, waren sie auf Gottes Hilfe angewiesen, und deshalb der Werbung Jesu für das Reich Gottes besonders aufgeschlossen. Auch Sünder hieß er willkommen, weil ihre

Reue ihnen die gleiche Aufnahme zusicherte — um so eher, da sie frei waren von der Selbstgefälligkeit derer, die sich ihrer Tugend bewußt waren. Und vergib deinem Feind, sagte er zur Verblüffung der Zeitgenossen und halte die andere Wange hin, denn was kann euch an den kleinlichen Feindseligkeiten der Welt liegen angesichts dieser großen Chance für alle, sich einen gemeinsamen Platz im Reich Gottes zu sichern? Lasset die Kindlein zu mir kommen, nicht aus irgendwelchen sentimentalen Gründen, sondern weil ihre schlichte, unverdorbene Unmittelbarkeit das beste Beispiel für die Haltung ist, in der die Botschaft Jesu aufgenommen werden muß. Und auch Frauen begrüßte Jesus in seiner Umgebung, weil es absurd war anzunehmen, das Reich stünde nur Männern offen.

In dieser Hinsicht unterschied Jesus sich von den jüdischen Lehrern seiner Zeit, den Schriftgelehrten, die sich nicht in gleicher Weise mit Frauen umgaben. Anders als er verließen sie auch nicht die Synagogen, um vor einer viel breiteren Zuhörerschaft zu predigen. Er war ein Lehrer und ein brillanter dazu, aber er war unorthodox. Viele seiner Zuhörer sahen in ihm — wie in Johannes dem Täufer vor ihm — auch einen Erben der alten und damals erloschenen Reihe der Propheten. Und einige priesen ihn als den Messias oder den Gesalbten (griechisch *Christos*), der der Überlieferung nach zur königlichen Familie

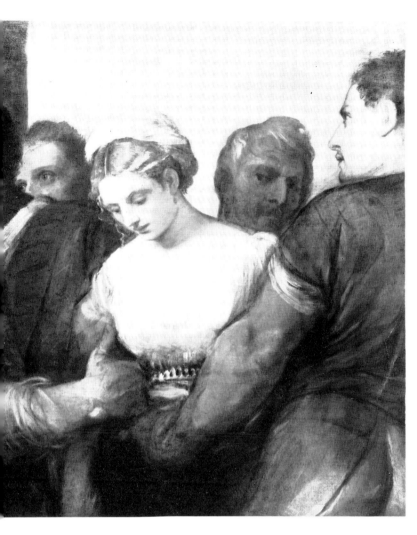

„Jesus und die Ehebrecherin"
von Tizian.

des David gehört und schließlich kommt, um das unterdrückte Israel zu befreien. Und mancher war mittlerweile zu der Überzeugung gelangt, der Messias werde übermenschlichen Beistands bedürfen, um seine Aufgabe zu bewältigen.

So konnte es nicht ausbleiben, daß er mit der herrschenden Gruppe in der religiösen Führungsschicht der Juden, den Pharisäern, aneinandergeriet. Angesichts dieser Opposition endete seine Mission in Galiläa, in der er von seinen zwölf wichtigsten Jüngern (Aposteln) unterstützt wurde, in einem Mißerfolg — wie er selbst offen zugab. Als er an Unterstützung verlor, sah Herodes Antipas seine Chance gekommen, diesen möglicherweise aufrührerischen Prediger loszuwerden. Man kann die Auffassung vertreten, daß Jesus durch Herodes gezwungen wurde, Galiläa zu verlassen.

Auf alle Fälle hat Jesus es getan. In kleinen Etappen näherte er sich Jerusalem. Aus freien Stücken hat er sich ins Zentrum des jüdischen Establishment begeben, das ihn — wie er genau wußte — nicht akzeptieren würde. Er muß seinen Tod vorausgesehen haben. Jesus war wie andere Juden der Überzeugung, daß viele seiner Handlungen die Vorhersagen und Präfigurationen des Alten Testaments erfüllen müßten. Er hat es bewußt darauf angelegt. So war sein Einzug in Jerusalem sorgfältig inszeniert, um die Übereinstimmung mit einem prophetischen

Text zu dokumentieren und um zu zeigen, daß sein Königtum nicht von dieser Welt war. Als er dann jedoch die Händler aus dem Tempel trieb, hat er ganz bewußt die einflußreichste politische Gruppierung der Juden — die Sadduzäer — herausgefordert, deren Interessen durch die Hohenpriester vertreten wurden. Bald darauf haben die Sadduzäer ihn festgenommen. Ihr Komplize war einer seiner zwölf Apostel, Judas Ischarioth, der vermutlich von der Weigerung Jesu, eine gebührende Rolle auf Erden zu spielen, enttäuscht war. Man beschuldigte Jesus, er habe gedroht, den Tempel zu zerstören, und behauptet, der Messias und der Sohn Gottes zu sein. Er gab keine klare Antwort, da die feindselige Zuhörerschaft wohl weder eine zustimmende noch eine negative Äußerung als angemessene Erklärung akzeptiert hätte. Daraufhin wurde er dem Präfekten Pontius Pilatus ausgeliefert, der widerstrebend befahl, ihn zu kreuzigen. Drei Tage später glaubten seine Jünger, seine Auferstehung auf Erden mitzuerleben. Und damit begann der lange Prozeß, durch den sein Mißerfolg zu Lebzeiten in einen Triumph nach dem Tode verwandelt wurde — fast die einzige Revolution der Weltgeschichte, der Dauer beschieden war. Worin bestand die Revolution? Vor allem in einer Religion, die den jüdischen Glauben veränderte, indem sie ihn an einer einzelnen Figur und Person festmachte, die (anders als die

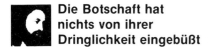
*Eine Elfenbeinplatte eines Reliquienschreins aus dem
4. Jahrhundert mit Szenen von der Verhaftung und dem
Prozeß Jesu.*

Gottheiten griechischer Mysterienreligionen) tatsächlich auf
Erden erschien und gelebt hatte. Diese *reale* Existenz Jesu
unter den Menschen und die extrem mitleidige Haltung, von
der die Evangelien zeugen, haben es dem Christentum vor
allem ermöglicht, in den folgenden Jahrhunderten eine weit
größere Zahl von Anhängern zu gewinnen als das Judentum.
So bekam der Verlauf der Geschichte sowie Denken und
Wahrnehmung der Menschen eine ganz andere Richtung.
Diese Revolution beeinflußt und lenkt noch heute Millionen
von Gläubigen, ganz abgesehen von all denen, die ihrem
Einfluß unbewußt erlegen sind. Die Faszinationskraft der Gestalt Jesu liegt für viele von ihnen immer wieder in seiner
Kompromißlosigkeit. Stets hat er an seiner alles beherrschenden Idee festgehalten, stets hat er sich geweigert, all denen
nachzugeben, die diese Idee ablehnten und versuchten, ihn
zum Schweigen zu bringen — auch wenn sie die Macht hatten.

Sein Maßstab war absolut, und alles was ihm nicht gerecht
wurde, schien ihm wertlos. Auch in den letzten Jahrzehnten
des 20. Jahrhunderts, einer Zeit relativer, veränderlicher und
gleitender Maßstäbe, hat diese Botschaft nichts von ihrer
Dringlichkeit eingebüßt. M. G.

Sonder-Universen

Das Denken eines jeden von ihnen hat sich ein eigenes Universum geschaffen und sich dann ausdrücklich innerhalb dieses Universums bewegt

Bis in unsere Zeit bleibt Euklids systematische Behandlung der Geometrie das Musterbeispiel eines Denkens, dem nachzueifern alle Denker sich genötigt fühlen. In einer Schrittfolge von Deduktionen erforschte er die Natur der Phänomene und bewies sie in einer Weise, die außer allem Zweifel stand. Aristoteles hat das logische Denken im Abendland für mehr als 2 000 Jahre vorgezeichnet und beherrscht. Jesus hat eine Bewegung begründet, die wahrscheinlich die einflußreichste und gewiß die verbreitetste Religion war, die die Welt gekannt hat. Das Denken jeder dieser drei Gestalten war so wirksam, weil es ein eigenes Universum bildete und sich dann ausdrücklich innerhalb dieses Universums bewegt hat. Diese vorgeschaltete Definition eines bestimmten Universums hat es ihnen erlaubt, eine so gewaltige Wirkung zu entfalten.

Die meisten Denker nehmen sich nicht die Mühe, ihr Universum zu definieren. Sie gehen davon aus, daß ihr Denken sich in dem allgemeinen Universum des „Menschen" oder der „Natur" bewegt. Ein Universum ist eine bestimmte Umwelt oder eine Reihe von Umständen, innerhalb derer bestimmte Wahrheiten wirklich wahr sind. Außerhalb dieser Umstände sind diese Wahrheiten möglicherweise nicht wahr. Stellen wir uns jemanden vor, der ein Stück Eisen und einen Holzklotz hält. Er läßt beide los, und sie fallen zu Boden. Stellen wir uns vor, der gleiche Mensch befände sich in einem Raumschiff, das die Erde umkreist. Abermals läßt er das Stück Eisen und den Holzklotz los. Dieses Mal schweben sie schwerelos. Das Universum der Handlung hat sich verändert. Als nächstes stecken wir den Mann in einen Taucheranzug und schicken ihn unter Wasser. Wieder fordern wir ihn auf, Holz und Eisen loszulassen. Dieses Mal sinkt das Eisen auf den Grund, während das Holzstück nach oben steigt. In all diesen Fällen wäre der Mann durch die unterschiedlichen Verhaltensweisen des Holz- und des Eisenstücks wahrscheinlich nicht überrascht gewesen, weil er sich klargemacht hätte, daß er es jedesmal mit einem anderen „Universum" zu tun gehabt hatte. Stellen wir uns nun vor, man hätte den Mann an einen Stuhl geschnallt und seinen Orientierungssinn so durcheinander gebracht, daß er nicht länger weiß, ob er auf dem Kopf steht oder richtig herum sitzt. Er läßt Holz und Eisen los und stellt zu seiner Überraschung fest, daß sie beide nach oben fallen. Da er das normale Verhalten von Holz und Eisen innerhalb unseres Universums kennt und ihm keine spezielle Veränderung dieses Universums bekannt ist, kommt er zu dem Schluß, daß er auf dem Kopf steht. Entscheidend ist, daß das Verhalten von Holz und Eisen in jedem Falle korrekt ist, daß nur das Universum sich verändert hat. Diese Fälle unterscheiden sich grundsätzlich von einer Situation, in der der Mann im Halbdunkel nicht bemerkt, daß man einen Nylonfaden an dem Eisenstück befestigt hat, so daß der Holzklotz fällt, das Eisenstück jedoch an seinem Platz bleibt, als er die Hände öffnet. Im letzten

*Pythagoras; aus einer eng-
lischen Handschrift des
15. Jahrhunderts. Euklids
Leistung lag darin, daß er
die Arbeit anderer, vor allem die des Pythagoras,
systematisiert hat.*

Fall irrt sich der Mann einfach. Philosophen haben in der Regel angenommen, daß wir uns alle im selben Universum befinden und daß der Mensch
versuchen muß, hinter seine Fehler zu kommen. Deshalb haben die antiken
giechischen Philosophen häufig übersehen, daß die Wahrheiten, die sie
aufstellten, nur für ein sehr spezielles Universum galten.

Euklids Universum war eben durch jene Linien charakterisiert, die sich auf
einer ebenen zweidimensionalen Fläche schneiden. Bis zu einem gewissen
Grade kommt dieses Universum in den Ausgangsaxiomen zum Ausdruck,
vor allem im berühmten „Parallelenpostulat". Dieses Postulat, welches
impliziert, daß Parallelen sich nie treffen können, scheint hinreichend wahr
(aber nicht beweisbar) für zweidimensionale ebene Flächen, trifft aber
beispielsweise nicht für die Oberfläche einer Kugel zu. Euklids Geometrie
war eine Geometrie der ebenen Fläche. Viele Jahrhunderte nach seinem Tode
haben Mathematiker wie Lobatschewskij, Bolyai und Riemann gezeigt, daß
es ganz andere Geometrien gibt, in denen Euklids Wahrheiten keineswegs
gelten. Euklid hat nicht erkannt, daß er sich in einem speziellen Universum
bewegte, weil er nicht mit der Möglichkeit rechnete, es könnte irgendein
anderes geben.

Die systematische Methode Euklids hat den Neid fast aller Denker erregt.
Ausgehend von seinen — wie er hoffte — selbstverständlichen Grundprinzipien bewies er in einer lückenlosen Kette von Deduktionen den gesamten
Bestand der Theoreme zur ebenen Geometrie. Ein einmal bewiesenes Theorem konnte zum Beweis eines nachfolgenden Theorems herangezogen
werden, bis das ganze beeindruckende Gebäude errichtet war. Dabei spielt es
keine besondere Rolle, daß ein Großteil des Werkes nicht von Euklid selbst
stammt. Wichtig ist vielmehr, daß er das Wissensgebiet zusammengefaßt und
systematisiert hat. Ihm ist die Systematik und das deduktive Verfahren zu
verdanken. Die meisten Philosophen haben nach selbstverständlichen Axiomen über den Menschen und seine Welt gesucht, auf denen sich mittels
logischer Deduktion ein ebenso geschlossenes System wie das des Euklid
errichten ließ. Vergessen haben sie dabei, daß das Verhalten der euklidischen
Geraden und Winkel weitgehend durch die besonderen Umstände ihres
Universums bestimmt wird und auf dieses Universum begrenzt ist. Es ist
tatsächlich nicht allzu schwer, ein enges mathematisches Universum zu
definieren und das Verhalten in diesem Universum aus einer Reihe von
Axiomen zu deduzieren, die ihrerseits — wie es das Gödelsche Theorem
verlangt — in diesem Universum nicht zu beweisen sind. Der einzige Nachteil
ist, daß diese konstruierten Universen sehr künstlich sind und kaum Ähnlichkeit mit dem wirklichen Universum des Menschen oder der Natur aufweisen.
Alles, was Euklid deduziert hat, war seinen Postulaten bereits impliziert und
ließ sich nur dadurch herausarbeiten, daß man sie in verschiedener Weise in
Verbindung brachte. Die Entdeckung dessen, was eine Reihe von Ausgangs-
annahmen implizit enthält, ist das Hauptgeschäft der Philosophie. Es ist ein
sehr verdienstvolles Geschäft. Trotzdem unterscheidet es sich grundlegend
von der Entdeckung irgendeines neuen Sachverhaltes über die Natur dessen,
was beobachtet wird, weil es nicht über gegebene Annahmen, Postulate,
Axiome oder Prämissen hinausgelangen kann.

Das Universum des Aristoteles war das der Wahrnehmung und der Sprache.
Es war das Universum, in dem die Auseinandersetzung des Menschen mit
seiner Welt stattfand — und zwar kraft seiner Sinne, seiner Aufmerksamkeit
und seiner sprachlichen Fähigkeit, Wahrnehmungen in Worten und Begriffen zu verschlüsseln. Dies ist die Welt der „Logik" in ihrer ursprünglichen
Bedeutung von „Wort" oder „Maß". Wir wissen aus der Neurologie, daß
unser Gehirn — und vermutlich jedes selbstlernende System — das Kontinu-

um der Umwelt in kleine Segmente zerlegt, die Gegenstand der Aufmerksamkeit werden können.

Aristoteles war der Meister des Klassifizierens und Kategorisierens. Er beobachtete diesen Prozeß der „Zerlegung" sehr sorgfältig und kam zu dem Schluß, daß er die gewählten Segmente formalisieren könnte. Beispielsweise trennte er „Stoff" von „Form". Form ist die besondere Gestalt oder Erscheinung, und Stoff ist das, was sie trägt.

Häufig ordnet man die Biologen scherzhaft zwei Gruppen zu — den „Sammlern" und den „Haarspaltern". Die Haarspalter suchen nach Unterschieden und unterteilen eine Hauptspezies in eine beliebige Zahl von Unterarten, wobei sie sich auf unterscheidende Merkmale wie Änderung von Farbe oder Form berufen. Die Sammler tun das Gegenteil. Sie suchen nach grundlegenden Ähnlichkeiten und fassen Erscheinungsformen, die als verschiedene Spezies erscheinen, zu einer übergeordneten Art mit bestimmten definierten Merkmalen zusammen. Aristoteles war „Haarspalter", weil er erkannt hatte, daß es nur eine Möglichkeit gab, Klarheit in die Philosophie zu bringen: man mußte genau wissen, worüber man sprach. In gewissem Maße war er aber auch „Sammler", weil er umfassende Kategoriebegriffe geschaffen hat, von denen viele heute noch benutzt werden. Ihm war klar, daß im Universum des Geistes Sprache und Bildung von Begriffen, die als Aufmerksamkeitsbereiche fungieren, wirksame Denkformen darstellen.

Aristoteles trat an, um für die Logik zu leisten, was Euklid für die Geometrie getan hatte. Er hat seine Axiome zwar nicht formuliert, doch waren sie implizit gegeben. Grundaxiom ist das des Widerspruchs: Unmöglich ist, daß etwas ist und gleichzeitig nicht ist. Ohne dieses Axiom, das nur in einem bestimmten Universum wahr ist, bricht sein ganzes logisches System zusammen. Als grundlegendes Verfahren zur Verknüpfung all der fleißig ersonnenen Kategorien und Klassifikationen verwendete er das Urteil, das mit Hilfe von „ist" oder der Identität ein Subjekt mit einem Prädikat verknüpft. Dieser Beziehungstypus ist durch unsere Sprachstruktur bereits vorgegeben und gilt wiederum nur für das Universum der Sprache. Schließlich stellte er zwei Urteile zusammen, um ein drittes Urteil zu deduzieren. Die Wahrheit des dritten Urteils ist natürlich in den ersten beiden implizit enthalten, doch dient dieser „Syllogismus" dazu, diese Wahrheit vor Augen zu führen. Mehr als zweitausend Jahre lang blieb der Syllogismus die einzige Form der Beweisführung, die von Logikern anerkannt wurde. Ein Beispiel-Syllogismus könnte lauten: Erstens gilt: Grundlage der Logik ist es, aus existierenden Wahrheiten neue Wahrheiten abzuleiten; zweitens gilt: der Syllogismus ist ein Verfahren zur Ableitung neuer Wahrheiten aus existierenden Wahrheiten; daraus folgt: der Syllogismus ist ein wirksames Instrument der Logik. Leider hat der Syllogismus häufig keine neue Wahrheit abgeleitet, sondern bloß explizit gemacht, was in den ersten Urteilen bereits vorausgesetzt wurde. Wie sich von einem Dreieck sagen läßt, daß es aus drei Winkeln und drei Seiten besteht, so versucht Aristoteles in verschiedene Begriffe zu zerlegen, was in unserer gewöhnlichen Wahrnehmung zusammengeht. Dann wollte er Euklid nacheifern, indem er zeigte, wie sich durch unterschiedliche Verknüpfung solcher Grundbegriffe ein besseres Verständnis der Welt erzielen läßt.

Eine Veränderung des Universums

Erst seit relativ kurzer Zeit haben Philosophen eingesehen, daß die Philosophen der Vergangenheit im Universum der Sprache, nicht in der Welt selbst gearbeitet haben.

Jesus ist vielleicht das beste Beispiel dafür, was eine Veränderung des Universums bewirken kann. Anstelle des Universums der vorhandenen Welt verkündete Jesus das neue Universum des Reiches Gottes. Was im gegenwärtigen Universum vernünftig war, mußte nicht unbedingt im neuen Universum vernünftig sein. Egoismus, Macht, Ehrgeiz, Auge um Auge, der Buchstabe

Es sollte nur noch ein Gesetz geben: „Du sollst lieben"

des Gesetzes — das sind unter Umständen wirksame Verhaltensweisen in der Welt des Menschen. Erfolg und Reichtum waren in der Welt des Menschen wünschenswert. Doch im neuen Universum, das Reich Gottes hieß, lagen die Dinge ganz anders: die Armen und die Demütigen hatten dort ihren Platz, Reichtümer waren mehr ein Hindernis als eine Hilfe, und man wurde aufgefordert, die andere Wange hinzuhalten. Statt der Entwicklung des Selbst wurde im neuen Universum Selbstverleugnung verlangt. Anstelle des Universums detailliert niedergelegter Gesetze, an das die Juden gewöhnt waren, sollte es nur noch ein Gesetz geben: „Du sollst lieben." Dies würde genügen, sobald die Menschen sich die Sichtweise des neuen Universums zu eigen gemacht hätten. Diese Sichtweise und die Liebe wurden nicht durch das Lernen bestimmter Gesetze verwirklicht. Die Liebe spielte eine wichtige Rolle, weil das neue Universum patriarchalisch war. Gott befand sich in der Rolle des Vaters, der all seine Kinder gleichermaßen liebte. Die Kinder sollten sich lieben wie Brüder, da es jetzt sinn- und nutzlos war, um das Überleben zu streiten.

„Die Zeit ist erfüllt, und das Reich Gottes ist herbeigekommen." Damit wird das neue Universum ausdrücklich angekündigt. Die Pharisäer hatten große Schwierigkeiten, Jesus zu verstehen, weil sie glaubten, er zöge ihre im gegebenen Universum gültigen Wahrheiten in Zweifel. Sie konnten seine Predigten nicht verstehen, solange sie nicht bereit waren, in das neue Universum zu springen. „Was hülfe es dem Menschen, wenn er die ganze Welt gewönne und nähme doch Schaden an seiner Seele?" Gewiß war das neue Universum kein Platz für Armeen und Ruhmestaten, sondern für die Seele des Menschen. Ehrgeiz und Eigensucht hatten einem neuen Ehrgeiz zu weichen: der Selbstverleugnung in der Liebe zu Gott und zum Nächsten.

Man kann sagen, daß die unmittelbare Mission Jesu gescheitert war, insofern sich bei seinem Tode nur 120 Jünger zusammenscharten, um seine Arbeit nach seinem Tode fortzusetzen. Doch war das Ziel dieser Mission kein kurzfristiger Erfolg. Die unglaubliche Ausbreitung des Christentums ist umso erstaunlicher, wenn man bedenkt, daß die Menschen aufgefordert wurden, ihr unmittelbares, greifbares, die Sinne ansprechendes Universum für ein neues Universum aufzugeben, das die Sinne nicht erfassen konnten. Viele Anhänger Christi haben zweifellos geglaubt, das Reich Gottes erwarte sie im nächsten Leben als Entschädigung für die Armut und das Elend in diesem Leben. Das scheint auch die Auffassung der Kirche gewesen zu sein. Für andere war das Reich Gottes hier und jetzt und in der Seele jedes Menschen, der beschloß, in dieses Reich einzutreten. Die Menschen wurden nicht mehr aufgefordert, einfach den göttlichen Gesetzen im Universum des Menschen zu gehorchen, sondern in das Universum des Reiches Gottes einzutreten. Zweifellos hat Jesus durch seine Lehren die einflußreichste Veränderung des Universums bewirkt, die sich in der Geschichte des Menschen je ereignet hat.

Augustinus

Augustinus hat den Prädestinationsbegriff eingeführt. Er glaubte, alle Menschen seien zur Verdammnis vorherbestimmt. Keine Anstrengung auf ihrer Seite könne an diesem Schicksal etwas ändern. Nur die Seele des Menschen, dem Gott grundlos seine Gnade schenke, könne gerettet werden. Diese Gnade ließe sich nicht gewinnen oder verdienen. Doch könne ein Mensch seine Seele der Gnade öffnen und so erhoben werden, Gottes Willen zu erfüllen und erlöst zu werden.

354—430

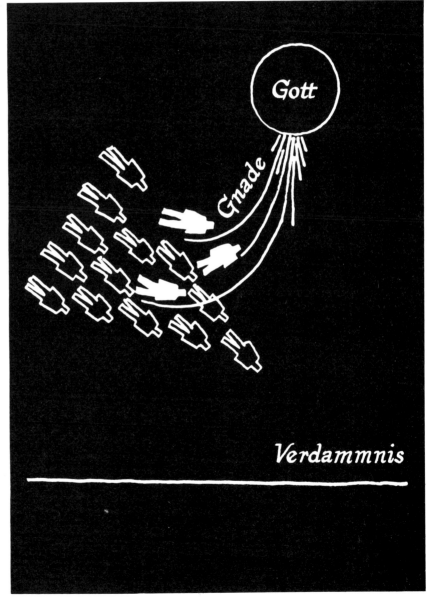

Als Mensch wie als Denker zwingt Augustinus zur Reaktion. Ob wir in ihm den seelsorgerischen Bischof sehen, der im belagerten Hippo stirbt, oder ob wir das Bild des streitbaren Christen vor Augen haben, der unnachsichtig gegen falschen Glauben, Häresie und Schisma zu Felde zieht — wenn wir nur etwas von ihm wissen, dann dieses: Gleichgültigkeit ist unmöglich. Die wichtigsten Daten seines Lebens sind rasch erzählt. Mitte des 4. nachchristlichen Jahrhunderts in Thagoste, einem kleinen Ort in Numidien, geboren, voller Auflehnung gegen die schlichte Frömmigkeit seiner christlichen Mutter, mit sechzehn Liebhaber, mit achtzehn Vater, zeigten sich seine geistigen Fähigkeiten schon früh: noch nicht zwanzig wurde er Professor für Rhetorik in Karthago. Im Rückblick erschien ihm sein Leben als geistige Pilgerfahrt, stets auf das Streben nach Wahrheit gerichtet. Ihm begann jetzt zu dämmern, daß das Ich zum Du zurückfinden könnte. Er suchte die Wahrheit — im Manichäismus, im Skeptizismus — während er weiterhin nach Befriedigung seiner weltlichen Begierden strebte, bis er sich schließlich — unter dem Eindruck der Predigten des Ambrosius von Mailand und der Antworten des Plotin auf die verwirrenden Fragen nach der Wirklichkeit des Geistigen und nach dem Ursprung und der Natur des Bösen — auf den Knien in einem mailändischen Garten wiederfand, die Tränen der Reue in den Augen und einen Text des Paulus vor sich: „Nicht in Schmausereien und Trinkgelagen, nicht in Schlafkammern und Unzucht, nicht in Zank und Neid, vielmehr ziehet an den Herrn Jesus Christus und pflegt nicht des Fleisches in seinen Lüsten." Der intellektuelle Skeptiker war zum Diener Gottes geworden.

Bezeichnenderweise vollzieht sich die Bekehrung des Augustinus eher auf der Ebene der Moral und der Lebensweise als auf der seiner geistigen Überzeugungen. Dies war typisch für den Mann, nach dessen Auffassung die Wahrheit, für die ein Mensch sich engagiert, in engster Beziehung zum Verhalten und zur Lebensweise steht, in denen sich dieses Engagement ausdrückt und die wiederum den Rahmen für ein solches Engagement bilden. So darf es uns nicht überraschen, dem einstigen Rhetor fünf Jahre nach seiner Bekehrung als katholischem Priester wiederzubegegnen. Dieses Amt war nicht der private Wunsch des Augustinus, sondern er begriff es als Station auf dem Weg Gottes, den er schon seit je beschritten hatte. Geradezu zwangsläufig war auch der nächste Schritt — seine Erhebung ins Bischofsamt im Jahre 396.

So sah sich Augustinus im Leben eines christlichen Bischofs aufgehen und vor allem in Auseinandersetzungen verstrickt: mit Manichäern — den Anhängern jener Mischung von orientalischem Dualismus mit griechischem und christlichem Gedankengut, die das religiöse Klima der spätrömischen Welt prägte —, mit Donatisten — den fanatischen Schismatikern der nordafrikanischen Kirche und ihrem für alle Abtrünnigen typi-

Links: *Augustinus lehrt in der Schule von Rom; ein Fresko von Benozzo Gozzoli.*
Nebenstehend: *Augustinus, von Botticelli.*

schen Anspruch, die wahre Kirche zu sein —, mit Heiden und mit den Pelagianern. Augustinus war kein Theologe im Elfenbeinturm. Sein Denken wurde in ständiger Auseinandersetzung geformt.

Insofern ist es vermutlich irreführend, so zu tun, als sei sein Denken systematisch. Es gibt nur wenige Werke systematischer Theologie unter Augustinus' Schriften. Diesem Anspruch wird vielleicht am ehesten das *Enchiridion* aus dem Jahre 423 gerecht. Es faßt einen Großteil seiner Lehren in übersichtlicher Form zusammen, so daß es sich als Handbuch für den christlichen Laien eignet. Viel bekannter sind freilich zwei frühere Werke, die *Bekenntnisse* und der *Gottesstaat*. Frei von Polemik sind die *Bekenntnisse*, in denen er sein Leben betrachtet und bereits unverkennbar das charakteristische Thema seines Denkens anschlägt. Der Mensch ist ein Teil von Gottes Schöpfung und trägt Sünde wie Sterblichkeit in sich. Eingebettet ist das menschliche Dasein in den Umkreis der Vorsehung, in die unerforschliche Allmacht, der sich der Mensch letztlich, trotz seines scheinbar freien Willens, beugen muß. Augustinus' Leben ist also eine geistige Pilgerschaft, deren Ziel Gott schon immer bekannt war. Was Augustinus erlebt, erfüllt diese Absicht des höchsten Gottes.

Das Thema wird im *Gottesstaat* wieder aufgegriffen, wenngleich es hier in einen anderen Zusammenhang gestellt wird. Augustinus antwortet auf heidnische Kritiken, die sich gegen die Kirche richten und die die Plünderung Roms durch Alerich im Jahre 410 als die unvermeidliche Folge der Abwendung von den alten Göttern verstanden. Doch der *Gottesstaat* ist viel mehr als eine Apologie. Er ist eine christliche Geschichtsdeutung, eine Bestimmung des geschichtlichen Ortes des Christentums. In diesem Kontext antwortet Augustinus nicht nur den Heiden, sondern auch jenen Christen, die angesichts des zerfallenden Reiches mit tiefer Verwirrung reagieren und sich von Gott im Stich gelassen wähnen. Für Augustinus bedeutet

das Prinzip der Souveränität Gottes in der menschlichen Geschichte, daß wahre Teilhabe am Sinn des Lebens nur jenen möglich ist, deren Horizont eine Ewigkeit einschließt, in der Gott so mächtig ist wie in der Zeit. Erfüllung gehört deshalb nicht in das gegenwärtige Zeitalter, und kein Christ sollte sie sich als Ergebnis von Gottes Herrschaft in der Welt erwarten. Christ sein heißt mit Demut — ein Schlüsselwort für Augustinus — alles hinzunehmen, was Gott schickt, heißt anzuerkennen, daß Gott durch das Leiden die Menschen läutert und befreit, die er liebt. Geschichte hat also Sinn und Richtung: Richtung durch Gott zu dem von Gott bestimmten Ziel, dem Gericht und dem ewigen Frieden seines Reiches. Sichtbar wird diese Richtung in der ewigen Kirche, dem „Gottesstaat", dem für alle Zeit die Verwirklichung göttlichen Willens übertragen ist.

Doch gegen diese Gemeinschaft steht ein anderer Staat, das „Reich der Welt". „Zwei Staaten sind durch zwei Formen der Liebe gebildet worden: der irdische durch die Liebe zum Selbst, auch unter Mißachtung Gottes; der himmlische durch die Liebe zu Gott, auch unter Mißachtung des Selbst . . ." Immer ist die Geschichte des Menschen auch ihre Geschichte. Überall läßt sich verfolgen, wie die beiden Staaten miteinander ringen und sich auf ihre vorherbestimmten Ziele zubewegen: hier Verdammnis, dort Ewigkeit. Nicht Glück oder naturgegebene Prinzipien entscheiden über den Verlauf dieser Entwicklung, sondern der unerforschliche Ratschluß des allmächtigen Gottes, der die Zahl der von ihm Erwählten festlegt. Was Augustinus darlegt, ist das eschatologische Geschichtsverständnis des Urchristentum. Sogar die Vorstellung von den zwei Staaten übernimmt er — vom Donatisten Ticonius. Augustinus' Leistung liegt darin, als erster eine Geschichtsphilosophie geschaffen zu haben. Und der „Gottesstaat", die ewige Kirche, sollte sich für die mittelalterliche katholische Konzeption der Christenheit als ebenso einflußreich erweisen wie für die protestantische Vorstellung von der „unsichtbaren Kirche", die die einzelnen Kirchen nur unzulänglich widerspiegelt.

Wenn die göttliche Souveränität Augustinus' Geschichtsdenken beherrschte, so entspricht diesem Gedanken auf dem Gebiet individueller Erlösung die Abhängigkeit des Menschen von göttlicher Gnade. Wenn Gnade nur bedeuten würde, daß Gott dem menschlichen Willen beisteht, dann könnte sich ein Mensch von den Folgen seiner Sünde selbst befreien. Kann er sich nicht selbst erretten, dann ist Gnade keine Hilfe, sondern unabdingbare Voraussetzung. Wenn wir sagen, daß Gott den Menschen rettet, heißt das, daß der Mensch sich nicht selbst retten kann. Gewiß ist er beteiligt; aber erst durch die Wirkung der Gnade verwandelt sich die natürliche Unfähigkeit des Willens in die gottgegebene Fähigkeit, sich Gott zuzuwenden. Alle Gedanken Augustinus' über individuelles Heil bewegten sich also zwischen den Polen von göttlicher Macht und menschlicher Ohnmacht.

Wie die große Mehrheit seiner Vorgänger und Zeitgenossen ging auch Augustinus davon aus, daß die menschliche Natur zwiespältig sei. Der Mensch ist ein „vernunftbegabtes Tier" aus Körper und Seele. Tiefen Eindruck hatte auf ihn die Lehre Plotins gemacht. Aus ihr gewann er die unumstößliche Überzeugung von der Geistigkeit der Seele. Entschieden lehnte er die Idee ab, daß die Seele der „wirkliche Mensch" sei, eingeschlossen in den Körper, aus dem die Erlösung sie schließlich befreien würde. Der Mensch ist eine Verbindung beider. Der Körper ist ebensosehr Teil des Menschen wie die Seele.

Was Augustin mit „Seele" meint, zeigt sich darin, daß er die Ausdrücke „Seele" und „Geist" austauschbar verwendet. Die Seele ist der innere Mensch, das vernünftige, geistige, intellektuelle Wesen, während der Körper der äußere Mensch ist, der materielle, greifbare, sichtbare. Wo die Bibel zwischen Körper, Seele und Geist unterscheidet, ist die Seele das geistige Prinzip, das den Körper beseelt. Der Geist ist das gleiche Prinzip, nur daß es sich in der Verstandestätigkeit auswirkt. Folglich wird das Heil, soll es vollständig sein, Körper und Seele erfassen. Denn die Seele wie der Körper müssen erlöst werden. Der Sündenfall zerstörte jene heikle Beziehung, durch die der Körper der Seele unterworfen war. Stattdessen wurde die Seele jetzt durch die Knechtschaft des Willens den fleischlichen Begierden des Körpers unterworfen. Da die Erbsünde im wesentlichen ein Akt des Willens — der vernünftigen Seele — war, sind Seele und Körper gemeinsam in Sünde gefallen.

In seinen letzten Lebensjahren sah sich Augustinus in der Lehre von Pelagius mit einer ganz anderen Deutung der menschlichen Natur konfrontiert. Pelagius reduzierte die Gnade auf Anreize, die Gott liefert und die den Menschen zur Vollkommenheit führen sollen. Gott verlangt Vollkommenheit. Der menschliche Wille kann sie erreichen. Deswegen ist Vollkommenheit die Pflicht aller, die Gott folgen. Für Pelagius ist die

Vorstellung, der Mensch sei prinzipiell nicht in der Lage, das Gute zu tun, lediglich eine schwächliche Entschuldigung für sündiges Verhalten. Augustinus sah die Gefahr dieses Ansatzes darin, daß er den Menschen an die Stelle Gottes setzt und die Demut verwirft, die nach Augustinus' Vorstellung das Hauptmerkmal der Beziehung des Menschen zu Gott ist. Um Pelagius zu widerlegen, berief Augustinus sich auf Paulus. Der Rest seines Lebens war der Auslegung der Heilsbotschaft dieses Apostels gewidmet. Die Bibelstelle, auf die Augustinus sich stützte, war Römer 9:16: „So liegt es nun nicht an jemandes Wollen oder Laufen, sondern an Gottes Erbarmen."

Augustinus kann jedoch nicht der Frage ausweichen, warum, wenn das Heil im wesentlichen die durch die Gnade gewährte Freiheit zum Guten sei, diese nicht universell gewährt werde. Wie Paulus ist auch Augustinus hier gezwungen, sich auf den unerforschlichen Ratschluß Gottes zu berufen. Die Gnade zeigt sich darin, daß Gott sich aus der Masse der sündigen Menschheit einige auserwählt, denen er Gnade schenkt. Solche Gnade ist unverdient, oder sie ist keine Gnade. Über den Rest hätte Augustinus sich lieber ausgeschwiegen. Das Dekret der Prädestination, die höchste Erscheinungsform von Gottes Herrlichkeit und bedingungsloser Gnade, steht menschlichen Spekulationen nicht offen. Aber er konnte nicht Halt machen, vor allem nicht unter dem Druck der ständigen Auseinandersetzungen. Selbst die Ablehnung derer, die nicht erwählt werden, ist „verdient", weil sie teilhaben an der universellen Sünde des Menschen.

Augustinus war sich über die Gefahr des Pelagianismus im klaren. Dieser entthronte Gott und machte den Menschen zum Richter über sein Heil. Aber welcher Mensch, der sich selbst kennt, kann auf ein Heil vertrauen, das unter solchen Bedingungen erworben wird? Zu Recht befürchtete Augustinus, daß der Pelagianismus letztlich jenes Bewußtsein äußerster Abhängigkeit schwächen mußte, das allem wahren Glauben innewohnt.

Augustinus hat die christliche Tradition des Abendlandes nachhaltig geprägt. Thomas von Aquin hat zwar letztlich das Gebäude der katholischen Orthodoxie errichtet, doch der begriffliche Rahmen war das Werk Augustinus'. Das Erbe Augustinus' gehört so sehr der Römisch-Katholischen Kirche wie der mittelalterlichen Kirche. Luther war ein Augustinermönch. Augustinus' bedeutendste Kommentatoren waren Johann Calvin und Cornelius Jansen. Durch den Einfluß eines Mannes, der im 5. Jahrhundert Bischof von Hippo war, sind die Grundsätze der abendländischen Christenheit ein für allemal niedergelegt worden.   D. S.

Thomas von Aquin

Vor Thomas hatte es den Anschein, als müsse das Christentum das Denken des Menschen in zwei streng geschiedenen Abteilungen unterbringen. Eine für Vernunft und Philosophie, die andere für Religion und Glauben. Thomas faßte beide Abteilungen zur natürlichen Theologie zusammen, in der Vernunft und Logik ihren Platz neben Glauben und Offenbarung fanden. Das gelang ihm durch eine Neufassung des Aristoteles.

ca. 1225—1274

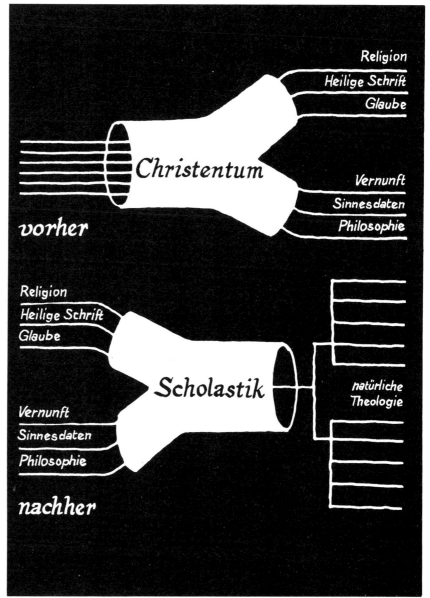

Ein Dominikaner, der im 14. Jahrhundert heiliggesprochen wurde und dessen Lehre zur offiziellen Doktrin der römisch-katholischen Kirche wurde, läßt sich kaum als Rebell auffassen. Rein äußerlich signalisiert alles am heiligen Thomas — dem rundlichen „Doktor angelicus" mit dem breiten friedlichen Gesicht — die gleiche monumentale Zuverlässigkeit wie sein berühmtestes Werk, die *Summa Theologica*. Doch die Sicherheit und Ordnung, die wir dort finden, sind das Werk eines Mannes, der sich seiner Familie, seinen Kollegen und den geheiligtesten Vorstellungen seiner Kirche widersetzte.

Der Heilige Thomas wurde 1225 als Sproß einer mächtigen Adelsfamilie in der Nähe von Neapel geboren und starb, bevor er fünfzig war. Mit zwanzig beschloß er, in den Dominikanischen Bettelorden einzutreten, statt Abt von Monte Cassino zu werden. Seine Familie war darüber so zornig, daß seine Brüder ihn ein Jahr lang gefangen hielten. Während dieser Zeit betete er, studierte er, weigerte er sich einzulenken. Als er Magister der Theologie an der Universität von Paris wurde, hat er nicht nur in seiner Lehre neue Methoden und Beweise eingeführt, sondern auch die säkularen Magister bekämpft, die keine Angehörigen von Bettelorden zur Lehre zulassen wollten. Außerdem mußte er sich gegen zwei einander bekämpfende Parteien verteidigen: gegen die Averroisten, die Aristoteles in der philosophischen Fakultät lehrten, und gegen die Anhänger des Augustinismus an der theologischen Fakultät. Die Anfeindungen gegen den heiligen Thomas endeten auch nicht mit seinem Tode. Im Jahre 1277 wurde er in das Verdammungsurteil eingeschlossen, das der Bischof von Paris gegen die 219 averroistischen und aristotelischen Artikel erließ. 1282 wurde er von der Generalversammlung des Franziskanerordens für verdächtig erklärt. 1285 verwarf schließlich der Erzbischof von Canterbury den Thomismus in Bausch und Bogen.

Und doch wirken seine Schriften so stürmisch wie ein konventionelles mittelalterliches Turnier. Die Dispute entfalten sich in einer Folge von Artikeln. Jeder wird mit der zu erörternden Frage eröffnet. Die Herausforderer bringen ihr Argument mit einer Reihe von Einwänden vor. Dann meldet sich der Doktor zu Wort, um den Irrtum abzuweisen und die Wahrheit zu verteidigen. Er kündet seinen Angriff mit den Worten an: „Im Gegenteil". Dann folgen die zu widerlegenden Zeilen aus der Schrift. Woraufhin er erklärt: „Ich antworte, daß . . .". Nun entwickelt er das Urteil, das den falschen Schluß widerlegt. Schließlich vernichtet er den Gegner mit einer Flut von Erwiderungen auf die Einwände. Das ist die Quintessenz der scholastischen Disputation. Doch hinter der formalen Exaktheit verbirgt sich eine leidenschaftliche Kontroverse über die entscheidenden Fragen der Christenheit.

Der heilige Thomas bezog zu einer Krise Stellung, die die Kirche im 13. Jahrhundert erschütterte und die in der Reformation lediglich ihre Fortsetzung fand. Den christlichen Philoso-

phen war eine vollständige Übersetzung der aristotelischen Physik zugänglich geworden. Dort entdeckten sie eine beeindruckend vollständige Erklärung der Ordnung des Universums, die den lückenhaften Begriffen älterer Scholastiker unendlich überlegen war. Aber die unwiderstehliche Physik war mit Vorstellungen verknüpft, die christlichem Denken sehr fern lagen.

Denn das aristotelische Universum hat keinen Anfang. Es wird von einem Gott regiert, der kein Schöpfer ist. Es kennt keine Seligsprechung, keine unsterblichen Seelen, keine göttliche Gnade. Zu Aristoteles bekehrte Kleriker begannen zu lehren, daß das ganze Menschengeschlecht nur eine Intelligenz besitze. Sie leugneten die göttliche Vorsehung, den freien Willen und die persönliche Unsterblichkeit. Obwohl diese Aristoteliker die Auffassung vertraten, daß, was ihre Vernunft akzeptiere, ihren Glauben nicht beeinträchtige, durfte man gewiß mit einigem Recht vermuten, daß die Physik des Aristoteles eine Gefahr für den christlichen Glauben darstellte. Das Gegenmittel fand der heilige Thomas in seiner Überzeugung, daß Vernunft und Offenbarung nicht im Widerspruch zueinander stehen könnten, da doch beide von Gott kämen. Wenn die Philosophie des Aristoteles wahr sei, müsse sie mit der Schrift vereinbar sein, ja, von ihr bestätigt werden. Dies zu beweisen, hatte sich der heilige Thomas zur Aufgabe gemacht.

In einer solchen Synthese fand der heilige Thomas auch die Antwort auf andere Fragen — etwa in dem Streit über die Universalien, der seit mehr als einem Jahrhundert geführt wurde. Es ging um die Frage, ob unsere abstrakten Ideen — wie die des „Menschen" im Gegensatz zu unserer Wahrnehmung „dieses" Menschen — unabhängig existieren und von uns nicht durch die Sinne, sondern durch „Illumination" erkannt werden, wie Augustinus gelehrt hatte. Nicht nur eine Erkenntnistheorie oder Logik stand zur Debatte. In den Meinungsverschiedenheiten über die Universalien spiegelt sich die tiefe Spannung zwischen zwei unvereinbaren Tendenzen des Christentums — einerseits der Tendenz zu radikaler Askese, zur Abkehr von dieser Welt und zur Hinwendung zum himmlischen Staat, andererseits zum Humanismus, der das Leben auf Erden als einen Wert an sich begreift. Die Augustinische Partei vertrat die Auffassung, die Askese sei für die rechte Aufnahme der Evangelien wesentlich. Mit der Leugnung der „Illumination" zerstöre man die apriorischen Gottesbeweise und schade dadurch dem Glauben. Die Gegner behaupteten, daß Erkenntnis von der Sinneswahrnehmung ausgehen müsse und daß die Universalien keine Eigenexistenz hätten. Doch besaßen sie keine zusammenhängende Theologie, um ihre Ansichten zu belegen.

Der heilige Thomas führte alle Streitigkeiten, die die Kirche seiner Zeit beutelten, auf den in die Augustinische Lehre eingegangenen Irrtum Platons zurück, der die Materie aus der

Wirklichkeit der Welt verbannt; damit schließt er die Sinneswahrnehmung aus dem Denken aus und nimmt dem Menschen jede Möglichkeit, die gewöhnlichen und greifbaren Dinge zu erkennen. Die Antwort fand der heilige Thomas bei Aristoteles. Allerdings lieferte er eine eigene Deutung, die sich auf eine neue Übersetzung aus dem griechischen Original gründete. Von zentraler Bedeutung für den thomistischen Aristoteles ist die Lehre, daß die Erkenntnis nicht aus Trennung oder Flucht von dieser Welt erwächst, sondern aus der Kraft des Intellekts, unwandelbare Wahrheiten aus unseren veränderlichen Sinneswahrnehmungen zu abstrahieren. Daraus folgte, daß all unsere Ideen sinnlichen Ursprungs sind und daß die Menschen, um zu Gott zu gelangen, dem menschlichen Leben nicht den Rücken zu kehren brauchen, ja es nicht dürfen.

Natürlich erkannte der heilige Thomas als Christ an, daß es Wahrheiten gibt, die der Vernunft nicht zugänglich sind. Doch ebenso sicher war er sich, daß der menschliche Intellekt einige Wahrheiten ohne die Hilfe göttlicher Offenbarung erfassen kann und daß die Wahrheiten der Vernunft nicht im Widerspruch zur Offenbarung stehen können. Deshalb sei es seine Aufgabe als christlicher Philosoph, die Verträglichkeit von Vernunftbehauptungen und Heiliger Schrift zu beweisen oder nachzuweisen, daß erstere falsch seien.

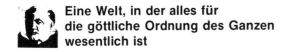

Eine Welt, in der alles für die göttliche Ordnung des Ganzen wesentlich ist

Rechts: *„Himmelfahrt des heiligen Thomas"* von Zubaran. Unten: *Thomas von Aquin im theologischen Disput mit Papst Urban IV.,* Ausschnitt aus *„Der Disput",* Fresko von Raffael.

Zu diesem Zweck errichtete der heilige Thomas ein umfassendes, elegant formuliertes Gedankengebäude, in dem eine bemerkenswerte Vielfalt von Wissensgebieten untergebracht ist — von Beweisen für die Existenz Gottes und die Natur der Engel bis zu der Frage, von welchem Zeitpunkt an ein Fötus als Mensch zu betrachten sei, was Tugend und Laster in fleischlicher Liebe charakterisiere und wodurch staatsbürgerlicher Ungehorsam gerechtfertigt sei. Der Thomismus ist so systematisch, weil er auf wenigen Prinzipien errichtet ist, die alle aus verschiedenen Aspekten der Idee des Seins gewonnen werden. Die außerordentliche Vielfalt und Ordnung seines Werkes besitzt eine dichterische Kraft, die so unterschiedliche Autoren wie Dante und James Joyce in ihren Bann gezogen hat.

In dem Universum, das der heilige Thomas beschrieben hat, fügt sich alles zu einer Wirklichkeit, die wie eine Leiter zu Gott führt. Wir können unsere Beziehung zu ihm und dem Rest der Schöpfung verstehen, weil alles, was existiert, in größerem oder geringerem Maße an jenem Sein teilhat, dessen unwandelbarer Ursprung Gott ist, wenn er auch von seiner Schöpfung

grundlegend verschieden und unabhängig ist. Den Rahmen dieser Hierarchie übernahm Thomas von Aristoteles. Aber die Stufen und die Schrittfolge innerhalb dieses Rahmens werden von seinem Gottesbegriff bestimmt. Die Erkenntnis erwachse aus dem Nachdenken über die Sinneswahrnehmungen. Er ließ auch mystische Erkenntnis zu, beschrieb sie jedoch als Ergänzung, nicht als Fortsetzung natürlicher Erkenntnis.

Eine radikale Neuerung für das christliche Denken und ein Vorbote moderner Auffassungen war seine Synthese, weil sie nicht die Mängel des weniger vollkommenen Seins in den Blick rückte, sondern den Beitrag des weniger Vollkommenen zum Vollkommeneren. Daraus resultiert eine Welt, in der alles für die göttliche Ordnung des Ganzen wesentlich ist. Der heilige Thomas verstand die Verbindung von Körper und Seele als ein Mittel, durch das die Seele Vollkommenheit erlangt.

Doch wenn diese freundlichere Einstellung zum weltlichen Reich auch von festem christlichen Glauben beseelt war, und die Fortdauer des Thomismus in der modernen Welt erklären mag, so hat sie dem heiligen Thomas auch die Anfeindung durch andere Christen zugezogen. Das zeigte sich besonders deutlich in der Reformation. Luther war nicht der einzige, der die „Leiter zu Gott" als Erfindung gottloser Männer verunglimpfte. Damit leugneten diese Gegner, daß dem Christen irgendeine systematische Erkenntnis über Gott möglich sei, oder — anders gesagt —, daß es keine vertretbare natürliche Theologie geben könne.

Wir finden in der politischen Philosophie des heiligen Thomas den Glauben an universelle Prinzipien gepaart mit der klaren Erkenntnis, daß menschliche Erkenntnis fehlbar ist. Was er vorschlägt ist keine Theokratie. Die Notwendigkeit von Herrschern und Gesetzen sah er unabhängig von der augustinischen Verknüpfung mit der Erbsünde. Er verstand politische Vereinigung nicht als Behebung eines Mangels, sondern als wesentlichen Zug der natürlichen Bedingung des Menschen.

Wenn die politische Vereinigung zur göttlichen Weltordnung gehört, muß sie einem höheren universellen Gesetz entsprechen. Die thomistische Unterscheidung zwischen drei verschiedenen Rechtsauffassungen ist vielleicht geeignet, eine Zusammenfassung seiner Ansichten zu geben. Das ewige Recht ist die göttliche Ordnung des Universums, welche alle Dinge in ihm erfaßt. Das Naturrecht ist die Einsicht des Menschen, daß er teilhat am ewigen Recht, welches ihm die Kriterien zur Beurteilung bestimmter menschlicher Entscheidungen liefert. Das menschliche oder positive Recht umfaßt die besonderen Vorschriften, die zu verschiedenen Zeiten und an verschiedenen Orten je andere konkrete Umstände berücksichtigen müssen, ohne dabei von den Grundsätzen des Naturrechts abzuweichen.   S. L.

Kolumbus

Ein Beispiel dafür, wie eine beherrschende Idee Denken und Handeln leiten kann. Kolumbus hat Amerika nicht zufällig entdeckt, sondern durch sorgfältige Berücksichtigung aller Zeugnisse und durch die Entschlossenheit, den Versuch zu wagen. Er brach auf, um nach Indien zu gelangen, da er nicht wissen konnte, daß ihm Amerika im Weg lag. Mit der gleichen Ausrüstung hätte jeder sich an eine ähnliche Aufgabe wagen können; doch kein anderer bewies die gleiche Entschiedenheit des Denkens.

ca. 1451—1506

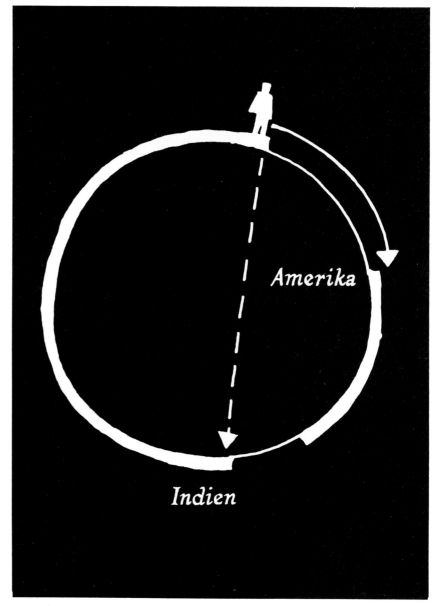

Amerika

Indien

Vielleicht ist der Verlauf der Geschichte ebenso durch falsches wie durch richtiges Denken beeinflußt worden. Das Denken des Kolumbus beruhte auf falschen Informationen, und es schlug einen falschen Weg ein. Doch für die materiellen Bedingungen der Menschheit und für den Fortschritt menschlicher Erkenntnis war es wohl ebenso förderlich wie das Denken irgendeines Menschen vor ihm oder nach ihm. Seine Leistung bestand in der ersten historisch verbürgten Atlantiküberquerung und in der Entdeckung eines unbekannten Erdteils, von dessen Existenz man eigentlich nicht gewußt hatte. Das unmittelbare Ergebnis war die gründlichste Revision des menschlichen Weltbildes, die die Christenheit bis dahin erlebt hatte.

Kolumbus wurde zu einem Leben der Tat, nicht des Denkens geboren; vermutlich 1451 oder Ende 1450. Seine Geburtsstadt Genua spielte zwar die dominierende Rolle bei der maritimen Expansion des späten Mittelalters, blieb in geistiger Hinsicht aber hinter den großen italienischen Städten zurück. Darüber hinaus war Kolumbus von einfacher Herkunft — sein Vater war ein Weber, der seine Erzeugnisse auf dem Markt verkaufte — und ist, soweit wir wissen, nie in den Genuß einer geregelten Ausbildung gekommen. Ein gewisser Eindruck von seinem geistigen Format ist dem Umstand zu entnehmen, daß er als Autodidakt genügend Lateinkenntnisse erworben haben muß, um sich das geographische Wissen seiner Zeit anzueignen und um die anspruchsvollen Gelehrten zu beeindrucken, die er später am spanischen und am portugiesischen Hof traf. Aber er war nie wirklich gelehrt. Er las viel, aber unkritisch, schrieb reichlich, aber verworren. Wahllos eignete er sich sein Wissen an und konstruierte unwahrscheinliche Theorien auf zweifelhafter Gundlage. Wann immer er etwas las, was seine Vorurteile nicht stützte, lehnte er es ab oder bog es zurecht. Darüber hinaus war er unausgeglichen und empfindlich. Jedes Mißgeschick brachte ihn aus dem Gleichgewicht.

Seine praktische seemännische Ausbildung hat in der Kindheit begonnen. Trotzdem müssen seine Erfahrungen auf See begrenzt gewesen sein, da aus genuesischen Dokumenten hervorgeht, daß er noch mit einundzwanzig im Familiengeschäft tätig war. Die Richtung, die sein Leben nehmen sollte, wurde durch einen Schiffbruch vor Lissabon im Jahre 1476 besiegelt, der ihn zu einem langen Aufenthalt in Portugal zwang. Das Land übertraf selbst Genua an Entdeckerlust. Alle Energien und geistigen Kräfte der Nation waren der Suche nach einem wirtschaftlich nutzbaren Seeweg nach Osten, dem Ursprung von Gold und Gewürzen, gewidmet. Kolumbus knüpfte Verbindungen zu genuesischen Geschäftskreisen in Lissabon an, besuchte die Atlantischen Inselgruppen und beschleunigte seinen allmählichen sozialen Aufstieg erheblich durch die Heirat mit der Tochter eines Edelmannes und Entdeckers. Es war eine Verstandesheirat. Kolumbus hatte die Entdeckung als seine Lebensform gewählt.

In Lissabon begann er vermutlich auch damit, geographische Bücher zu verschlingen. Von Ptolemäus lernte er, daß die Erde eine vollkommene Kugel sei — eine ungenaue, aber nützliche Beobachtung — und daß die bekannte Welt sich in einer zusammenhängenden Landmasse vom äußersten Westen Europas bis zu den östlichsten Grenzen Asiens erstrecke. Theoretisch schien es also möglich, von Europa quer über den Atlantik nach Asien zu gelangen. Nur die Entfernung erschien zu groß. Aus der Lektüre Marco Polos schloß Kolumbus jedoch, daß Asien sich mit seinen vor der Küste gelagerten Inseln über die von Ptolemäus vermuteten Grenzen hinaus ausdehne und folglich etwas näher liege. Bei Pierre d'Ailly, einem Reformkardinal und Kosmographen des 15. Jahrhunderts, stieß Kolumbus schließlich auf die wichtigsten und unzuverlässigsten Sachverhalt seines Datenmaterials: die Bemerkung des Aristoteles, es sei nur ein kurzer Seeweg von Indien nach Spanien, und die Schätzung des arabischen Geographen Al-Fargani, derzufolge ein Grad am Äquator 56 2/3 Meilen betrage. Hier wurde Kolumbus durch seine unkritische Informationsaneignung in ein phantastisches Labyrinth von Irrtümern gestürzt. Al-Fargani hatte mit arabischen Meilen gerechnet. Kolumbus aber hielt sie irrtümlich für römische Meilen und kam in seiner Rechnung so zu einer lächerlichen Unterschätzung der Erdkugelgröße. Folglich beurteilte er auch die Ausdehnung des Ozeans, den er auf seinem Weg zu überqueren hatte, viel zu gering. „Der Herr zeigte mir mit Seiner offenbarenden Hand", schrieb er, „daß es möglich war, von hier nach Indien zu segeln." Tatsächlich beruhte sein Plan zur Ozeanüberquerung jedoch nicht auf göttlicher Eingebung, sondern auf einem mathematischen Fehler. Von da an wurde die Idee zum Ehrgeiz, der Ehrgeiz zur Besessenheit.

Kolumbus brauchte einen Gönner, der reich genug war, das Unternehmen zu finanzieren, und mächtig genug, einen Anteil an allen Gewinnen zu garantieren. Die achtziger Jahre des 14. Jahrhunderts verbrachte er damit, bei den Adligen und Monarchen Westeuropas für sein Unternehmen zu werben; doch traf er anfangs nur auf die fast einhellige Ablehnung der herrschenden wissenschaftlichen Auffassung. Es ist darauf hinzuweisen, daß es nicht um die Form der Erde ging: wahrscheinlich glaubten im 15. Jahrhundert nicht mehr gebildete Menschen an eine flache Erdscheibe als heute. Man konnte an seinem Plan einfach nicht die Überzeugung akzeptieren, die Ausdehnung ließe eine Überquerung zu. In dieser Hinsicht teilten nur eine Handvoll von *Gelehrten*, vor allen Dingen in Florenz und Nürnberg, sein Weltbild. Es gab andere in Portugal und Kastilien, die die Möglichkeit eines unbekannten „antipodischen" Kontinents im westlichen Ozean einräumten. Doch hielten die meisten Kosmographen diese Annahmen für zu unsicher, um sich für die beabsichtigte Reise des Kolumbus auszusprechen. Kolumbus aber hielt an seinem Vorhaben fest und richtete

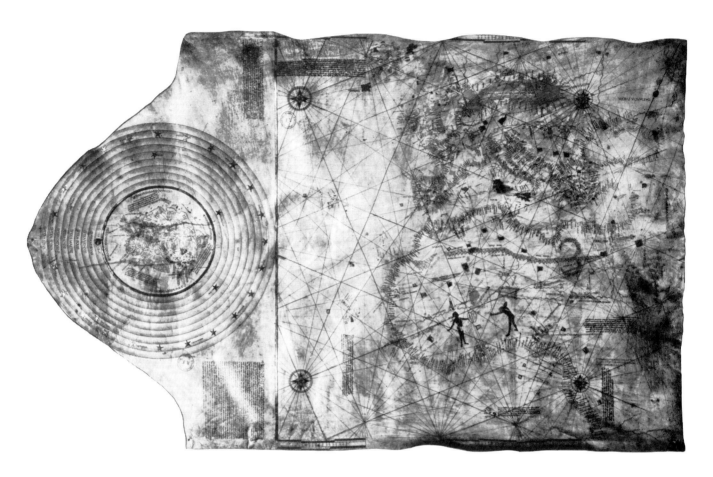

seine Bemühungen vor allem auf den Hof von Ferdinand und Isabella von Kastilien. Von Natur aus unfähig, einen Mißerfolg in Betracht zu ziehen, wurde er zum Teil wohl auch durch seinen festen Glauben an die religiöse Vorsehung motiviert. Mehr und mehr Ermutigung fand er bei einer wachsenden Partei von einflußreichen Freunden am Hofe, die er durch unermüdliches Werben für seine Person und seine Pläne gewonnen hatte. Vor allem aber besaß er die Bewunderung der Königin Isabella, die er ohne Zweifel durch seine religiöse Inbrunst für sich einnahm. Doch schienen diese Fortschritte kaum ins Gewicht zu fallen angesichts der einhelligen Ablehnung durch die Gelehrten und der heiklen Situation, in der sich die königlichen Finanzen zur Zeit des Krieges mit den Mauren in Granada befanden.

Schließlich, nach einem Jahrzehnt unablässigen Bemühens, wendete sich sein Schicksal. Das triumphale Ende des Krieges machte Mittel zu neuen Abenteuern verfügbar, und am 3. August 1492 wurde die große Idee endlich in seemännische Tat umgesetzt. Wie sich herausstellte, sicherte der Weg über die Kanarischen Inseln, den Kolumbus wählte, seinen Erfolg, da er ihm ermöglichte, die herrschenden Winde auszunützen. Doch die Wechselfälle der Reise stellten seine Führungsqualitäten auf eine äußerst harte Probe.

Auf den vier Reisen, die Kolumbus zwischen der ersten denkwürdigen Landung in San Salvador am 12. Oktober 1492 und seiner letzten Rückkehr nach Spanien im Dezember 1502 unternahm, entdeckte, erforschte und kartographierte er die südlichen Bahamas, die Südküste von Kuba, Jamaika, Puerto Rico, die Kleinen Antillen, Trinidad, die Mündung des Orinoko und die unmittelbar nördlich gelegene Küste sowie die gesamte zentralamerikanische Küste von Honduras bis zum Fuß der Landenge von Panama. Er hat den Europäern Kenntnis von einem neuen Erdteil und einer neuen Menschenrasse gebracht. Doch wenn wir die Bedeutung seines Denkens und Handelns ermessen wollen, müssen wir berücksichtigen, inwieweit er die neuen Länder als das, was sie waren, erkannt hat. Anfangs sah er sich in seiner ursprünglichen Auffassung bestätigt, daß es sich bei der fernen atlantischen Küste, auf die er stieß, um die Ausläufer Asiens handle. Als er jedoch 1497 auf das amerikanische Festland traf, war er gezwungen, seine Ansicht zu revidieren. Er schrieb in sein Logbuch die bedeutsamsten Worte der Entdeckungsgeschichte: „Ich glaube, dies ist ein sehr großer Kontinent, der bis heute unbekannt geblieben ist."

Die meisten Geographen, die die Neuigkeit von Kolumbus' Entdeckungen erfuhren, vertraten die Auffassung, die neuen Gebiete seien nichtasiatischer und kontinentaler Natur. Zwar hatte man schon vorher die vage Vermutung gehabt, es könne einen solchen „antipodischen" Erdteil geben; doch erst Kolumbus erbrachte den Beweis. Mit seinen Reisen setzte sich die Vorstellung rasch durch, daß es einen von der eurasischen Landmasse unabhängigen Kontinent gibt. Nie ist das geographische Wissen der Menscheit durch eine einzelne Entdeckung so vorangebracht worden.

Kolumbus' Ruhm wird beeinträchtigt durch das Unglück seiner letzten Jahre. So erfolgreich er als Navigator war, so unglück-

CRISTO: COLOMBO

**Eher die Macht
des Willens als
die des Denkens**

Linke Seite: *Karte aus Ochsenhaut, die Kolumbus verwendet haben soll.*
Links: *Porträt des Kolumbus von unbekannter Hand.*
Unten: *Die Entdeckung der Antillen, Holzschnitt aus dem 1493 veröffentlichten Bericht des Kolumbus über seine erste Reise.*

lich scheiterte er als Verwalter der Territorien, deren Kenntnis ihm zu verdanken war. Rasch wurde er abgelöst und fiel in Ungnade. Nur höchst widerwillig erlaubten ihm die kastilischen Monarchen 1502 eine vierte Reise in die Neue Welt. Noch war nicht bekannt, wie weit sich der amerikanische Kontinent nach Norden ausdehnte, und Kolumbus hoffte eine Meerenge zu finden, die durch Amerika hindurchführte und jenen Weg nach Asien freigab, den er so lange ohne Erfolg gesucht hatte. Von einem Hurrikan heimgesucht, von widrigen Winden auf eine allzu harte Geduldsprobe gestellt, durch Malaria geschwächt, an der Küste Panamas von feindseligen Indianern angegriffen, schließlich auf Jamaika ausgesetzt, vom Hungertod bedroht, um seine Hoffnungen betrogen und von vielen seiner Männer abgelehnt, wurde Kolumbus buchstäblich verrückt und floh in eine Phantasiewelt aus Wunschdenken und Mystizismus. Unbeeindruckt von allen Tatsachen und Beweisen, die seine eigenen Entdeckungen lieferten, beharrte er starrsinnig darauf, daß die neu entdeckten Gebiete nur die Ausläufer Asiens seien.
Bei seiner Rückkehr nach Spanien, wo ihn nach dem Debakel die unwiderrufliche Ungnade erwartete, war Kolumbus ein enttäuschter, verbitterter, frühzeitig gealterter und physisch geschwächter Mann. Er widmete seine Zeit der Schriftstellerei, mystischen Betrachtungen und der Ordnung seiner finanziellen Angelegenheiten. Er hinterließ ein Testament, das auch zum Schluß sein Wunschdenken noch einmal unter Beweis stellte: er vermachte weit mehr, als er sich leisten konnte. Er starb am 20. Mai 1506.
Wer ein Urteil über das Denken des Kolumbus fällt, sollte sich nicht an die Verwirrung seiner letzten Jahre halten, sondern betrachten, wie seine eine große Idee entstanden ist. Die Vorzüge und Mängel seines Denkens sind typisch für einen scharfsinnigen, aber ungebildeten Geist. In gewisser Weise war er als Denker repräsentativ für seine Zeit. Sein blinder Glaube an die Autorität der geographischen Texte gepaart mit der widersprüchlichen Freude, die er empfand, wenn er sie aus eigener Erfahrung berichtigen konnte, weisen ihn zugleich als Nachzügler des Mittelalters und als einen der ersten Vorläufer der wissenschaftlichen Revolution aus. Die Vertreter der neuen Zeit schöpften ja, da sie das Experiment über die anerkannte Autorität stellten, ihre Kraft aus sich selbst. In einer Hinsicht war es ein großartiger Triumph der empirischen Methode, daß jemand Tausende von Meilen in eine unbekannte und allgemein gefürchtete Umwelt hineinfuhr, um eine Theorie zu überprüfen. Es ist jedoch daran zu erinnern, daß das Motiv des Kolumbus nicht nur wissenschaftlicher Wissensdrang war, sondern auch eine Mischung aus religiösem Eifer, persönlichem Ehrgeiz und der Hoffnung auf materiellen Lohn. Wenn das Denken des Kolumbus auch aus historischer und psychologischer Sicht interessant sein mag, gewinnt es seine eigentli-

che Bedeutung erst in Hinblick auf das Handeln, das es hervorbrachte. Er war eher ein Beispiel für die Macht des Willens als für die des Denkens. Die Klarheit des Denkens, an der es Kolumbus gebrach, mag notwendig sein, um die Grenzen des Möglichen zu erfassen. Aber manchmal kann sich eine Willensanstrengung wie die des Kolumbus von den Fesseln praktischer Erwägungen befreien, das scheinbar Unmögliche versuchen und einen Beitrag zum Fortschritt der Menschheit leisten.

F. F.-A.

Rückwärtsdenken

**Die Ziele waren
durch Dogma und Autorität
bestimmt**

Für das Denken von Augustinus, Thomas und Kolumbus ist kennzeichnend, daß sie genau wußten, wohin sie wollten. Wie Bergsteiger, die den Mount Everest bezwingen wollen, wußten sie, daß es den Gipfel gibt. Sie sahen ihn deutlich vor sich. Ihre Aufgabe war es, dorthin zu gelangen. Dazu mußten sie einen Weg suchen, finden und beschreiten. Für Kolumbus war es wichtig, anzukommen; für Augustinus und Thomas war der Weg, den sie festlegten, der entscheidende Gesichtspunkt.

Dieser Prozeß des Rückwärtsdenkens war typisch für das Mittelalter. Die Ziele waren durch Dogma und Autorität bestimmt. Dem Tatendrang des menschlichen Geistes blieb nur jene Form der Erkundung, die die von vornherein bekannten Schlußfolgerungen erweiterte, detailliert darlegte und untermauerte. All das stand in deutlichem Gegensatz zum Vorgehen der griechischen Philosophen, denen mehr an der Entdeckung als an der sorgfältigen Pflege des Erworbenen lag. Die griechischen Philosophen brachen auf, ein Wissensgebiet zu erforschen, ohne zu wissen, wohin sie dieser Weg führte und was sie an seinem Ende finden würden. Die Denker des Mittelalters wußten sehr gut, wo sie ankommen würden. Auf diese Weise werden die beiden Denkweisen üblicherweise unterschieden, und üblicherweise fällt der Vergleich auch zugunsten der Griechen aus. Vergessen wird dabei gewöhnlich der Umstand, daß außerhalb der Mathematik und vor allem der Geometrie die griechische Methode nicht mehr Erkundungscharakter hatte als die des Mittelalters. Die Griechen mochten keine Experimente und waren der Meinung, daß geistige Experimente, die sich an Begriffe halten, völlig ausreichten, um Aufschluß über das Wesen der Welt zu gewinnen. Die Mathematik ist insofern von Natur aus experimentellen Charakters, als in ihr eine Feststellung unvermeidlich zur nächsten führt.

Der Fehler der Griechen lag in der Vorstellung, daß alle Denkuniversen dem der Mathematik glichen. Diese Annahme veranlaßte sie, Experiment und Beobachtung zugunsten der Deduktion zu verwerfen. Außerhalb der Mathematik bedeutete dies, daß ihr Denken weitgehend zirkulär war, da die Erkundung mit bestimmten sprachlichen Begriffen begann und bei den Implikationen dieser Begriffe endete. Nun waren aber die Begriffe an die besondere Form ihrer Kultur und vor allem der kleinen Stadtstaaten gebunden. Nur weil unsere Kultur diese Begriffe fast vollständig übernommen hat, erscheinen sie uns „wahr" und „nützlich". Einem Besucher von einem anderen Stern würden sie vielleicht auch innerhalb des besonderen „Universums", für das wir uns entschieden haben, nützlich erscheinen, keineswegs aber als einzig möglicher Begriffsapparat.

Kurzum, die scharfe Unterscheidung zwischen der freien philosophischen Erkundung der Griechen und dem festumschriebenen Denken des Mittelalters ist gar nicht so grundlegend, wie man annimmt. Die Angehörigen beider

Denkschulen wußten, wo sie hinwollten. Richtig ist, daß die Griechen ihr Denken nicht dazu benutzt haben, ihr Pantheon oder bestimmte Glaubensfragen logisch zu untermauern. Ihr Denken diente dazu, ihre Begriffe von gutem säkularem Verhalten und der rechten Natur des Menschen zu stützen. Platons berühmte Suche nach dem „Guten" ist nicht weniger zirkulär als irgendein anderer Schluß (doch äußerst praktisch: Wahrheit ist das, wonach wir suchen, wenn wir nach Wahrheit suchen). Für die Denker des Mittelalters war die christliche Religion ein so mächtiges und befriedigendes Universum, daß säkulare Ethik und religiöse Überzeugungen miteinander verschmolzen. So kann es kaum überraschen, daß sie ihr Denken dazu verwendeten, diese Begriffe zu untermauern.

Eine gefährliche Gewohnheit

Zu Recht nehmen wir an, daß Rückwärtsdenken eine gefährliche Angewohnheit ist, da es zur Rechtfertigung eines jeden Vorurteils oder Aberglaubens verwendet werden kann. Tatsächlich ist der auffälligste Zug alltäglichen Denkens, wie es von den brillantesten Köpfen praktiziert wird, die Gewohnheit, rasch zu einer Entscheidung zu gelangen, um sie dann mit Hilfe des Denkens abzusichern. In einer Untersuchung des Denkens von Schulkindern zeigt sich dieser Effekt so deutlich, daß er fast zur Karikatur wird. Hastig wird ein Urteil gefällt, das dann mit allem Geschick untermauert wird, dessen der Denker fähig ist. Dieses Verfahren findet sich keineswegs nur bei Schulkindern, sondern auch und gerade bei äußerst gelehrten Geistern. Die Tragik, die darin liegt: Je brillanter der Verstand, desto erfolgreicher der Versuch, das ursprüngliche Urteil zu erhärten — wie immer es auch lauten mag. Das heißt, je brillanter der Geist, desto geringer die Aussicht, daß er seine Ideen je ändert.

Abermals mag der Eindruck entstehen, daß diese Gewohnheit, rückwärts zu denken, ein offensichtlicher Mangel des Denkens ist — und auf der individuellen Ebene ist sie es auch gewiß. Doch letztlich bestimmen die Gefühle und das Glück eines Menschen über das Ziel seines Denkens, sie lassen sich nicht durch noch so viel Denken innerhalb des Systems hervorbringen, weil ein System nicht sein eigenes „Metasystem" schaffen kann. Sie kommen von außen, entweder als Dogma oder Offenbarung der mittelalterlichen Denker oder als „Konsensgefühl", das die moderne Gesellschaft anstrebt. Letztlich ist also gegen Rückwärtsdenken solange nichts einzuwenden, wie wir es uns als solches nicht eingestehen. Heimlich muß es geschehen, unter dem Vorwand, daß es eine schreckliche Sache sei. Daraus folgt auch, daß Rückwärtsdenken absolut in Ordnung ist, solange wir die Überzeugungen teilen, von denen aus wir rückwärts denken — und völlig unzulässig, wenn wir diese Überzeugungen nicht unterschreiben.

Es sei außerdem angemerkt, daß wir selbst in der Wissenschaft, wo wir behaupten, in rein exploratorischer Weise zu denken, die Schuld des Rückwärtsdenkens auf uns laden. Das soll nicht heißen, daß wir Fakten und Experimente fälschen, um eine Idee zu beweisen — obwohl auch dies, wie im Falle von Lysenko in Rußland, manchmal geschieht —, sondern daß Wissenschaft ohne Hypothesen nicht möglich ist. Es heißt, die chinesische Wissenschaft sei zum Stillstand gekommen, weil sie niemals den Begriff der Hypothese entwickelt hat. Wir geben vor, eine Hypothese sei eine vorläufige, provisorische Idee in der Vorstellung des Wissenschaftlers. Tatsächlich ist sie häufiger eine felsenfeste Überzeugung, die in jeder Hinsicht so unerschütterlich ist wie die Überzeugung des Kolumbus, daß er in westlicher Richtung nach Indien segeln könne. Theoretisch geht man davon aus, der Wissenschaftler führe seine Experimente durch, um zu beweisen, daß seine eigene Hypothese falsch ist. Praktisch trägt der Wissenschaftler eifrig die nötigen Daten zusammen, um eine Hypothese zu belegen, die definitionsgemäß nicht mehr als eine Art persönlicher Offenbarung ist.

Er hat sich vorgenommen, die Bibel mit Platon in Einklang zu bringen

Der heilige Augustinus hat den Begriffsrahmen des christlichen Glaubens gezimmert. Er hat den Rahmen für die katholische Kirche geschaffen und mehr noch für die protestantische Kirche, die von der römischen Kirche abfiel, um sich zu einer noch reineren Form des Augustinismus zu bekennen. Luther war ein Augustinermönch, und Calvin wie Jansen forderten die Menschen auf, sich vor allem um Prädestination, Sündhaftigkeit und moralische Verantwortung zu kümmern, jene Begriffe also, die auf Augustinus zurückgehen. Man könnte sagen, daß Augustinus für den Hauptunterschied zwischen den moralischen Begriffen der westlichen und der östlichen Welt verantwortlich ist. Er war richtungsweisend in dem Sinne, daß er andere und alternative Entwicklungen abblockte, vor allem die des Pelagius. Man hat gesagt, Augustinus habe sich vorgenommen, die Bibel mit Platon in Einklang zu bringen, wie Thomas von Aquin sich die Aufgabe gestellt habe, sie mit Aristoteles in Einklang zu bringen. Das ist eine treffende Formulierung, die viel Wahrheit enthält. Der heilige Augustinus wurde relativ spät in seiner geistigen Entwicklung zur Kirche bekehrt. Vorher hatte er sich mit vielem beschäftigt. Doch war er kein Konvertit des Verstandes. Seine Bekehrung scheint eher gefühlsmäßiger Art gewesen zu sein: Er übernahm den christlichen Glauben mit allem, was in der Heiligen Schrift stand. In seinem besonderen Fall hatte das Rückwärtsdenken die Aufgabe, diesen Begriff des christlichen Gottes mit dem platonischen Denken in Einklang zu bringen. Denn Platon hatte ihn, vor allem über Plotin, stark beeinflußt.

Ganz allgemein läßt sich sagen, daß damals erhebliche intellektuelle Anstrengungen in der Kirche unternommen wurden. Eine Zeitlang hatte das Judentum mit seinem untheologischen Wesen und der schlichten Hinnahme Jahwes das Vorbild für die christliche Kirche abgegeben. Doch dem Einfluß des griechischen Denkens, besonders dem Platons und Aristoteles, konnten sich die Intellektuellen in der Kirche nicht entziehen. Bald begannen auch sie zu denken. Für sie ging es darum, den christlichen Glauben zu akzeptieren und dann rückwärts zu denken, um ihn mit dem säkularen griechischen Denken zu vereinbaren. Bei Augustinus verlief der Prozeß in gewisser Weise umgekehrt, da er zuerst zum griechischen Denken gekommen war. Doch dadurch wurde sein Bemühen, einen solchen Einklang herzustellen, nur verstärkt.

Leicht läßt sich feststellen, daß Augustinus durch drei Dinge beeinflußt wurde: durch seine angeblich lasterhafte Jugend, durch die Jahre, die er als Manichäer verbrachte und durch seine Kenntnisse platonischen Denkens. Wie viele Dinge, die leicht festzustellen sind, trifft es vermutlich zu. Der heilige Augustinus glaubte an die platonische Idee Gottes als die absolute Wahrheit oder die Idee des „Guten", die seine ganze Schöpfung durchdringe. Er erklärte: „Alle Erkenntnis kommt unmittelbar oder mittelbar von Gott." Dem kann man den entgegengesetzten Ansatz des Thomas von Aquin gegenüberstellen, der gesagt hat: „Nichts ist im Intellekt, das nicht zuerst durch die Sinne gegangen ist." Das Dilemma war, daß nach platonischer Vorstellung Gott etwas war, was alle Dinge in pantheistischer Weise durchdrang, während die Schrift den Gott des Alten Testamentes verlangte, einen Schöpfer, der außerhalb seiner Schöpfung weilt. Der heilige Augustinus hat dieses Dilemma schließlich dadurch gelöst, daß er den Begriff der Gnade schuf, mit der Gott den Geist des Menschen durchdringt.

Wenn Gott in allen seinen Geschöpfen wäre, müßten sie so vollkommen sein, wie er selbst. Das nähme der Kirche ihre Existenzberechtigung. Sie soll doch die Menschen zu Gott führen. Außerdem ließ sich die offensichtliche Unvollkommenheit der Menschen ihrer übertriebenen Eigenliebe anlasten — doch was bedeutete das tatsächlich? Hier erwies sich die manichäische Vergangenheit Augustinus' als sehr einflußreich. Die Manichäer glaubten,

Nebenstehend: *Die Erwählten, eine Miniatur aus einer Handschrift von Augustins* Gottesstaat, *15. Jahrhundert.*

selon ce que nous auons promis
on suir precedent cy dessus. ce
liure cy qui est le derrenier de
toute ceste euure contenir la
disputoison de la beneurte par
durable de la cite de dieu. la este
nest pas ainsi appellee paidurable pour la longueur
diage qui doye apres finer en aucun temps. mais pour
que selon quil est escript en leuangile Ja ne sera fin
de son regne ou royaume) Ne aussi nest elle pas ap

pellee paidurable par tele maniere que la semblance
de perpetuite y appaire par ce que quant les vnes
trespassent en mourant les autres succedent en
naissant aussi comme) Il semble que vne mesme
verdeur demeure en larbre qui tousiours est vestu de
fueille quant les vnes des fueilles cheent) montent
les autres qui naissent y gardent lespece de verdeur.
ayns en ceste cite tous les citoyens seront) immortelz
et acquerront les hommes ce que les saints anges
ne perdirent onques. ce sera dieu le trespuissant q̃

daß das Gute und das Böse zwei unabhängige materielle Prinzipien seien, die sich in unterschiedlichem Maße in Dingen und Menschen mischten. Das Böse war nicht einfach die Abwesenheit des Guten, sondern etwas ebenso Substantielles und Mächtiges. Nach seiner Bekehrung wandte sich Augustinus ebenso gegen die manichäische Häresie, wie er es sich zur Aufgabe machte, die donatistische und pelagianische Irrlehre zu bekämpfen. Unschwer läßt sich jedoch erkennen, daß seine Vorstellungen von manichäischen Begriffen stark beeinflußt waren. Wenn die Menschen eine Beimischung des Bösen in sich tragen, dann können sie in gewissem Maße vom göttlichen Geist (im platonischen Sinne) durchdrungen werden. Dann haben auch Kirche und Gott ihre Berechtigung, die die Menschen zum Heil führen. Doch offensichtlich war dieser Ansatz viel zu manichäisch.

Die Begriffe, mit denen Augustinus das Problem gelöst hatte, blieben die Grundbegriffe des Christentums. Man ging davon aus, daß der Sündenfall im Garten Eden den menschlichen *Willen* zum Guten geschwächt habe. Dieser Gedanke gewann feste Gestalt im Begriff der Erbsünde. Die Erbsünde war nicht wirklich böse, sondern schwächte den Willen zum Guten — bedeutete eine Abkehr von Gott. Unter dem Druck der Auseinandersetzung mit den Pelagianern wurde daraus die Vorstellung, daß der Mensch prinzipiell verdammt und sündhaft sei, was die Notwendigkeit der Kirche direkt bewies. Sie muß zwischen Gott und Mensch vermitteln, um für sein Heil zu sorgen.

Nur die göttliche Gnade könne das Wollen des Menschen Gott zuwenden

Die Anhänger des Pelagius meinten, der Mensch könne sich durch gute Werke und die Vervollkommnung seiner selbst am eigenen Schopfe aus dem Sumpf ziehen und das Heil gewinnen. Das hätte natürlich Kirche wie Gottes Hilfe überflüssig gemacht. Augustinus betonte, der Mensch an sich sei ohnmächtig. Nur die göttliche Gnade, die unverdient geschenkt werde, könne sein Wollen Gott zuwenden. Die Pflicht des Menschen sei also, diese Gnade anzunehmen und seinen Willen in die richtige Richtung zu lenken. Bei leichten Akzentverschiebungen (beispielsweise in bezug auf die Prädestination) lassen sich diese Vorstellungen als Grundbegriffe der katholischen wie der protestantischen Kirche erkennen. Interessant ist die Überlegung, was wohl aus dem Christentum geworden wäre, wenn die Lehre von der positiven Selbsthilfe des Pelagius statt der augustinischen Lehre von der prädestinierten Verdammung übernommen worden wäre. Sehr wahrscheinlich wäre die Kirche aus Mangel an Zielen und Aufgaben langsam von der Bildfläche verschwunden.

Thomas von Aquin ist als Denker aus zwei Gründen von ungeheurer Bedeutung. Erstens wurde er zum offiziellen Philosophen der Kirche und damit zum Lieferanten des ideologischen Fundaments für das vielleicht verbreitetste Denksystem aller Zeiten. Leo XIII. verfügte in einer Enzyklika aus dem Jahre 1879, daß die Lehren des heiligen Thomas die Grundlage der Theologie bilden sollten. Die Erklärung war überflüssig, da seine Lehren schon seit Jahrhunderten diese Aufgabe erfüllten. Der zweite Grund für die Bedeutung des heiligen Thomas liegt darin, daß er Aristoteles wieder mit der Hauptströmung abendländischen Denkens vereinigt hat. Damit tat er vermutlich mehr für Aristoteles, als dieser für sich selbst hätte tun können. Da alle Kontrolle über die Ausbildung durch Universitäten und Mönchsorden in der Hand der Kirche lag, wurde die aristotelische Art von Logik als die grundlegende abendländische Denkweise begründet. Sie hat bis in unsere Zeit überdauert, insbesondere an unseren Universitäten und akademischen Einrichtungen.

Der heilige Thomas wollte christlichen Glauben mit aristotelischem Denken in Einklang bringen. Sein Ansatz war dem platonischen Vorgehen des heiligen Augustinus genau entgegengesetzt. Nach platonischer Auffassung gelangt man von der Betrachtung absoluter Wahrheit zu ihrer Manifestation in verschiedenen Sonderformen: von Gott zu seinen Geschöpfen. Nach aristotelischer Auffassung schließt man aus der Beobachtung und der Analyse der einzelnen Sinnesdaten auf die Existenz Gottes.

Der heilige Thomas räumte die Existenz zweier Erkenntnisquellen ein: Vernunft und Offenbarung. Die Vernunft bedient sich der Kraft des Intellekts, um unwandelbare Wahrheiten aus veränderlichen Sinneswahrnehmungen zu abstrahieren. Vernunft liefert natürliche Erkenntnis; und die Art und Weise, wie diese natürliche Erkenntnis schließlich zu ihrem von vornherein festliegenden Bestimmungsort (dem christlichen Glauben) führt, heißt natürlich Theologie. Die Offenbarung transzendiert die Vernunft und gelangt unmittelbar zu diesen Wahrheiten. Für den heiligen Thomas konnte es keinen Konflikt zwischen den beiden geben, da jeder Konflikt einfach die Unzulänglichkeit der natürlichen Schlußfolgerungen bezeichnet hätte.

Diese Methode bildete das Fundament der Scholastik, die das Denken zwischen dem 11. und 14. Jahrhundert in Europa beherrscht hat. Zu keinem Zeitpunkt war der Bestimmungsort des Denkens unbekannt. Zu keinem Zeitpunkt bestand irgendeine Möglichkeit, daß der Verlauf des Denkens die letzten Wahrheiten, die es zu erreichen galt, verändern konnte. Anders gesagt, der Weg, den man zur Besteigung des Berges wählte, konnte die Lage oder Form des Gipfels nicht verändern. Trotzdem war es ein verdienstvolles Unternehmen, den Weg zu suchen.

In seinen vielen Schriften, vor allem in der *Summa contra Gentiles* und der *Summa Theologica*, errichtete Thomas ein imposantes und kohärentes Gebäude der Philosophie. Daß es nur beweist, was es zu beweisen galt, nimmt dieser Philosophie nichts von ihrem Wert. Der Kartograph, der das Innere eines Landes erforscht, ist ebenso wichtig wie derjenige, der seine Grenzen entdeckt.

Das Ziel war stets bestimmt

Die berühmten fünf Gottesbeweise des Thomas sind typisch für die Methode seiner natürlichen Theologie. Der erste Beweis legt dar, daß jede Ursache von einer anderen verursacht sein muß. Wenn wir diese Kette zurückverfolgen, müssen wir zu einer nicht verursachten Ursache kommen, die Gott ist. Der zweite Beweis macht gleiches für Bewegung geltend und geht zurück bis zu einem letzten Beweger, der wiederum Gott ist. Der dritte Beweis besagt, daß alle Existenz zufällig ist, insofern sie von etwas anderem abhängt, und daß von rechts wegen nur eine Wesenheit notwendige Existenz besitzen kann. Diese nennen wir Gott. Der vierte Beweis legt dar, daß alle Dinge einen gewissen Grad an Vollkommenheit enthalten und daß folglich diese Vollkommenheit gesondert und an sich als Gott existieren muß (ein platonischer Ansatz). Der fünfte Beweis schließt von der offensichtlichen Ziel- und Zweckbestimmtheit in der Natur auf einen Erfinder.

Thomas hat versucht, die beiden Universen von Glauben und Vernunft zu verschränken und sie in einem Gebäude unterzubringen. Er hatte damit weitgehend Erfolg. Aber es gab auch viel Widerspruch. Besonders die franziskanischen Philosophen (Roger Bacon, Duns Scotus, William von Ockham) waren sehr bemüht, Vernunft und Glauben auseinanderzuhalten und sie voneinander unabhängigen Universen zuzuweisen. Sie behaupteten, die Kriterien der Vernunft seien nicht auf religiöse Fragen anwendbar und das religiöse Dogma dürfe das Nachdenken über natürliche Phänomene nicht beeinträchtigen. Einerseits eröffnete diese Haltung den Weg für die Beobachtung und wissenschaftliche Behandlung der Natur, die nicht mehr zu den von der Heiligen Schrift vorgegebenen Schlußfolgerungen zu gelangen brauchten. Andererseits führte sie zu Zweifel und Skepsis in religiösen Fragen, da sich die Grenzen zwischen beiden Sphären nicht leicht ziehen ließen. Hinzu kam, daß, sobald man der Vernunft ihren Herrschaftsbereich zuerkannt hatte, der Glaube als die Nachhut zur Verteidigung jener Gebiete erscheinen mußte, die der natürlichen Vernunft noch nicht anheimgefallen waren. So war es für das Überleben der Kirche ein weiser Entschluß der Behörden, die dominikanische Methode des heiligen Thomas der franziskanischen vorzuziehen. Die Vernunft müsse — so meinte man — ins Chaos führen, wenn man ihr zugestehe, ihre eigenen Überzeugungen zu schaffen. Kolumbus ist das augenfälligste Beispiel für den Prozeß des Rückwärtsdenkens. Wir unterschätzen Kolumbus, wenn wir ihn für einen halsstarrigen Seemann halten, der es sich in den Kopf gesetzt hatte, nach Westen zu segeln, und das Glück hatte, den amerikanischen Kontinent zu entdecken. Wir unterschätzen ihn noch mehr, wenn wir annehmen, daß er zufällig über Amerika stolperte und daß es jedem anderen genauso hätte ergehen können. Gewiß kann man sagen, daß Amerika früher oder später entdeckt worden wäre und daß derjenige, der dieses Glück gehabt hat, nur dieses Glückes wegen Erwähnung verdient. Tatsache ist jedoch, daß Kolumbus keine besonderen Schiffe oder Ausrüstungen gehabt hat, die nicht auch anderen Seeleuten vor ihm zu Verfügung gestanden haben. Er hat Amerika entdeckt, weil er es verdient hat. Kolumbus war davon überzeugt, daß er Indien auf westlichem Wege erreichen könne. Für ihn war das eine ebenso fixe Idee oder Offenbarung wie die Heilige Schrift für den heiligen Augustinus und den heiligen Thomas. Von dieser Idee ausgehend bewegte er sich methodisch rückwärts. Er hat sich sogar genügend Lateinkenntnisse angeeignet, um die Texte der Geographen zu studieren. Seine fixe Idee untermauerte er mit drei prinzipiellen Argumenten: der natürlichen Vernunft; der Theorie der Geographen; den Anekdoten, Berichten und Überlieferungen der Seeleute. Von Ptolemäus übernahm er die Vorstellung, daß die Welt eine Kugel sei. Von Marco Polo bezog er die Vorstellung, daß Indien sich weiter nach Osten ausdehne als angenommen. Aus den Messungen der Araber zog er Schlüsse, die falsch genug waren, um annehmen zu können, sein Plan sei realisierbar. Dreimal mußte er seinen Fall einem gelehrten Rat vortragen. Dreimal wurde sein Plan mit dem völlig zutreffenden Argument abgelehnt, daß die Entfernung nach Indien zu weit war. Wir wissen, daß sein *fehlerhaftes* Denken sich schließlich ausgezahlt hat. Genau das gleiche passierte Marconi, als er das erste Mal versuchte, den Atlantik mit drahtlosen Wellen zu überqueren. Alle Physiker wußten, daß die Wellen der Erdkrümmung nicht folgen, sondern in den Weltraum hinausstrahlen würden. Auch Marconi wußte das; aber er war hartnäckig, und es gelang ihm, drahtlos Wellen von England nach Amerika zu senden. Die unbekannte und nicht vermutete Ursache, die Marconi half, war die ionisierte Heaviside-Schicht, die die drahtlosen Wellen auf die Erde zurückwarf. Die unbekannte und nicht vermutete Ursache, die Kolumbus half, war ein ganzer neuer Kontinent — ja, eine ganze neue Welthälfte. Kolumbus ist ein schönes Beispiel für das Paradoxon der Vernunft: Sollen Ideen die Vernunft leiten, oder soll die Vernunft die Ideen leiten?

Sein fehlerhaftes Denken zahlte sich aus

Machiavelli

Der Idealist geht seinen Weg und hofft, daß die Dinge sich nach seinen Wünschen entwickeln. Glückliche Umstände nimmt er als selbstverständlich hin, Schwierigkeiten bewältigt er, ist aber der Meinung, daß im Grunde alles glatt gehen müßte. Der Realist Machiavellis reagiert auf die Dinge, wie sie sind, statt sie sich so zu wünschen, wie sie sein sollten. Sein Realist ist ein Opportunist, der größtmöglichen Gewinn aus glücklichen Umständen schlägt und selbst Unglück in seinen Vorteil zu verwandeln sucht.

1469—1527

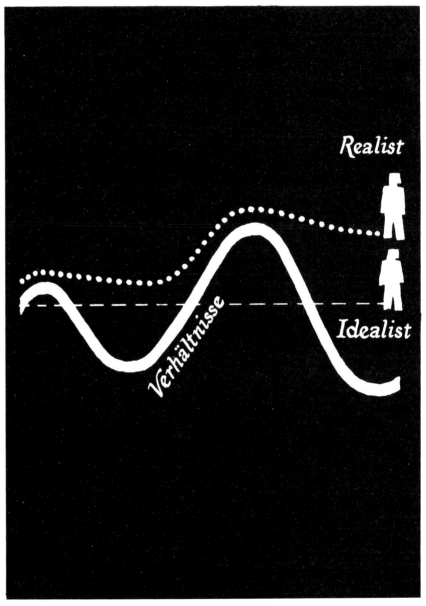

Realist

Idealist

Verhältnisse

**Ein neuer Weg,
der die Grundsätze
der Staatskunst darlegt**

Machiavelli wurde 1469 als Sohn eines Florentiner Rechtsgelehrten geboren. Sein Vater hatte Mühe, den Lebensunterhalt zusammenzubekommen, so daß die literarische Erziehung Nicolos unvollständig blieb. Zwar gelang es ihm, Latein zu lernen, doch ist fraglich, ob er — von einigen klassischen Wendungen abgesehen — auch nur die Anfangsgründe des Griechischen beherrscht hat. Aber er hatte Zugang zu Büchern und fand Gefallen an der „ständigen Lektüre antiker Ereignisse".

1498, nach dem Sturz des dämonischen Savonarola und der Vertreibung der Medici aus Florenz, wurde er zum Sekretär der „Kanzlei der Zehn" gewählt, die die diplomatischen und militärischen Geschäfte der Stadt führten. In dieser Funktion brachte er es unter der Protektion von Piero Sonderini, dem Gonfaloniere von Florenz, eine Zeitlang zu einem bescheidenen Wohlstand und gewissem Ansehen.

Mit der Vertreibung Sonderinis und der Rückkehr der Medici im Jahre 1512 verlor er seine Stellung und seine Illusionen, während seine Finanzen wieder ihre einstige Dürftigkeit annahmen. Er zog sich auf seinen kleinen Besitz nach San Casciao zurück, um dort zu schreiben, weil er — wie er sagte — nicht in der Lage war, „irgendetwas Besseres" zu tun.

Im Laufe der nächsten 15 Jahre veröffentlichte er bis zu seinem Tode im Jahre 1527 eine Reihe erstaunlich inhaltsreicher und vielseitiger Schriften. Berühmt ist er vor allem durch *Il Principe* (Der Fürst) und die *Discorsi sopra la prima deca di Tito Livio* (Betrachtungen über die erste Dekade des Titus Livius). Er schrieb jedoch auch einige Komödien, eine *Geschichte von Florenz*, eine Abhandlung über *Die Kriegskunst* und viele Briefe, die — gelinde gesagt — sehr menschliche, auch sexuelle Interessen zum Ausdruck bringen. Das Motiv für seine schriftstellerische Tätigkeit war wohl vielschichtig. Ganz gewiß hat er gern Geschichten gelesen, in denen von „großen Taten" und „bedeutenden Männern" die Rede ist und in denen der Gegensatz zwischen antiker Tugend und zeitgenössischer Lasterhaftigkeit herausgestrichen wird. Man darf auch annehmen, daß er bei seiner schriftstellerischen Betätigung auf eine mögliche Rückkehr ins öffentliche Leben spekulierte. Den *Principe* versah er mit einer überaus schmeichelhaften Widmung für Lorenzo de Medici, während die *Discorsi* auch der Gruppe gewidmet waren, die Florenz regierte. Es gelang ihm, sich einige politische Aufträge beim Kardinal Giulio de Medici zu verschaffen, der 1523 Papst Clemens VII. wurde. Bevor seine Karriere jedoch wieder nach oben führen konnte, wurde er krank und starb.

Machiavelli beschloß, über jenen Bereich zu schreiben, den er „Die Geschäfte der Welt" nennt. Außerdem nimmt er für sich in Anspruch, „einen neuen Weg zu beschreiten, dem noch keiner gefolgt ist", wenn er die Grundsätze der Staatskunst darlegt. Als weitschweifiger Autor zeigt er zwei Gesichter: das des

allgemeinen Moralisten, der sich mit dem Gesamtgebiet menschlicher Geschäfte auseinandersetzt, und das des politischen Wissenschaftlers, der sich eingehend mit der Beziehung zwischen Regierung und Untertan und zwischen Regierung und Regierung beschäftigt.

Es mag überraschen, daß hier der Autor des *Principe*, der die Zuverlässigkeit der Menschen so verbittert und pessimistisch beurteilt und für den Umgang mit ihnen rücksichtslose Gerissenheit empfiehlt, als Moralist bezeichnet wird. Doch unverkennbar verbirgt sich hinter Machiavellis Ratschlägen eine feste Vorstellung vom rechten Zusammenleben der Menschen. Sie sollten Selbstvertrauen besitzen, die Gesetze achten, zuverlässige Freunde und gute Nachbarn sein. Kurzum, sie sollten die Tugenden zeigen, die — laut Machiavelli — die Bürger der alten römischen Republik auszeichneten. Bei seiner Lektüre antiker Autoren war ihm das Idealbild einer öffentlichen Haltung begegnet, das der Welt des 16. Jahrhunderts abhanden gekommen war. Die Menschen begeistern sich nicht

mehr für ihre Gesetze, schließen sich nicht mehr frohgemut zu Bürgerarmeen zusammen, um ihr Land zu verteidigen, bekennen sich zu keiner Religion, die auf Patriotismus beruht. Statt dessen sind sie selbstsüchtig geworden und ziehen es vor, ihre Verteidigung Söldnerarmeen zu überlassen. Und mit dem Christentum haben sie eine fremde Religion angenommen, keinen einheimischen, sondern einen Konvertitenglauben, der die Tugend der Sanftmut predigt, statt prahlerische Unabhängigkeit.

Seine Einstellung zum christlichen Glauben war ambivalent. Während er das neue Testament geringschätzte, weil es lehrt, daß dem Sanftmütigen die Welt gehören wird, und die Korruption des zeitgenössischen Papsttums beklagte, bewunderte er Jesus (neben Solon, Lykurg und Moses) in seiner Eigenschaft als Gesetzgeber. Außerdem schätzte er die Gründer von Mönchsorden, dazu einige Päpste wie Julius II., der Mut und eine außerordentlich glückliche Hand in der Führung seiner diplomatischen Geschäfte bewiesen hatte. Zwei prinzipielle

Ein Führer, der bereit ist, lieber gefürchtet als beliebt zu sein

Sichtweisen bestimmten Machiavellis Religionsverständnis. Einerseits war er fest davon überzeugt, daß die menschlichen Verhältnisse in regelmäßigen Abständen unbedingt eines Neuanfangs, einer Erneuerung bedürften, die entweder von einem Religionsstifter oder einem Gesetzgeber kommen könne. Andererseits räumte er patriotischen Tugenden absoluten Vorrang ein.

Für Machiavelli besteht der erste Schritt aus dem Chaos heraus in der Kürung eines Führers, der den Nerv und die moralischen Voraussetzungen besitzt, entschlossen zu handeln und Gesetze durchzusetzen, und der bereit ist, lieber gefürchtet als beliebt zu sein. Furcht gewährt eine direktere Kontrolle über das Handeln anderer als Liebe. Man kann beliebt sein und sogar Gehorsam finden, aber die Wirkung ist indirekt und völlig ungewiß. Machiavelli hoffte, daß sich Lorenzo als ein solcher gefürchteter und fähiger Führer erweisen würde. Der *Principe* legt detailliert dar, an welche Grundsätze sich eine gestrenge Herrschaft zu halten hat. Man lerne, Schmeichler zu meiden und Verschwörungen schon im Anfangsstadium zu erkennen. Denn die Früherkennung politischer und anderer Krankheiten ist ebenso schwer wie späte Heilung. Nach Möglichkeit lasse man seinen Untertanen Besitz und Frauen. Die meisten Menschen sind eher Viehzüchter als Räuber und werden zum Dank für Sicherheit gehorchen. Sie werden lieber den Vater töten lassen, als auf ihr Erbteil zu verzichten. Wenn man töten muß, besorge man es rasch und gründlich. Läßt man seine Schmutzarbeit von jemand anderem erledigen, zögere man nicht, ihn anschließend dem öffentlichen Verlangen nach Vergeltung zu opfern. Halbherzige Maßnahmen vermeide man. Man zeige Entschlossenheit. Man wahre den Anschein von Liberalität, bleibe aber niederträchtig, weil öffentliche Liberalität höhere Besteuerung bedeutet und einen letztlich unpopulär macht. Man stelle ein Bürgerheer auf. Es kommt billiger und ist motivierter als Söldner. Man verwende es als Infanterie, statt es in Festungen einzuschließen, weil es dadurch an Beweglichkeit gewinnt. Man bemühe sich um den Ruf von Frömmigkeit, Schlichtheit und Rechtschaffenheit. Man halte sein Wort, solange es geht, aber breche einen Vertrag, wenn die Staatsräson es verlangt. Dabei erwecke man den Anschein, als halte man ihn ein, um die andere Seite in den Geruch der Unzuverlässigkeit zu bringen.

Staatsräson: Dieser Ausdruck bringt das Neue an Machiavelli auf eine kurze Formel. Das christliche Europa des Mittelalters hatte keinen Mangel an Ratgebern für Herrscher. Doch hatten sich die Ratschläge bislang an den allgemeinen Forderungen christlicher Moralvorstellungen orientiert, ohne den speziellen Aufgaben und Problemen von Herrschern besondere Aufmerksamkeit zu schenken. Dabei dachte man sich eine ideale Gesellschaft von Staatsbürgern, die eine Mischung aus moralischer Überzeugung und einer manchmal unzulänglichen Praxis darstellten. Machiavelli dagegen erklärte die Praxis zum normalen Maßstab. Gefährlich sei es, vom menschlichen Verhalten etwas anderes als Habsucht, Verrat und Prahlsucht zu erwarten.

Solch politischer Rat ist neu. Unverbrämt konstatiert er, die Politik sei ein spezielles Berufsfeld wie die Medizin oder das Bankgeschäft. Politische Maßstäbe sind von eigener Art. Weder sind sie Teil, noch sind sie hergeleitet von den allgemeinen moralischen Maßstäben, die informelle und zufällige zwischenmenschliche Beziehungen regeln. Machiavelli vergleicht die Staatskunst häufig mit der Medizin, einer Kunstfertigkeit, von der diagnostische und prognostische Fähigkeiten erwartet werden. Ein Arzt, der sich auf abstrakte Gesundheitsprinzipien verließe, wäre für die Behandlung seiner Patienten schlecht gerüstet. Ähnlich würde ein Prinz, dem nur hochherzige Prinzipien vertraut wären, der Katastrophe kaum entgehen, es sei denn, sie bliebe ihm durch reines Glück erspart. Selbst das Prinzip der „Staatsräson" ist eine Waffe, die man erst nach dem Handeln, nicht vorher verwenden sollte. Über die Notwendigkeit des Handelns entscheidet nur das eigene Urteil. Und wie der hippokratische Eid, der die Gesundheit des Patienten zur alles beherrschenden beruflichen Verpflichtung des Arztes erhebt und gelegentlich verlangt, daß dem Patienten *nicht* die Wahrheit gesagt wird, so ist die Staatssicherheit — vor inneren wie äußeren Feinden — die Richtschnur politischen Handelns. All dies ist unter der Autonomie der Politik zu verstehen. Man kann Politiker nicht nach den gleichen Maßstab beurteilen wie den guten Hausvater oder Freund.

Wie fällen Politiker nun aber ihr spezielles Urteil? Nach der Ablehnung abstrakter Verhaltensprinzipien empfiehlt Machiavelli den bescheideneren Weg der Orientierung an Präzedenzfällen als Entscheidungsgrundlage. Wer sich in der Geschichte, besonders derjenigen der römischen Republik, umsieht, wird Präzedenzfälle sowohl erfolgreichen wie erfolglosen politischen Handelns entdecken. Richtig verhält sich der Staatsmann — wie der Arzt —, der versucht, unter den Fällen, die er oder andere früher erlebt haben, jene herauszufinden, die seinem derzeitigen Problem gleichen. Das ist schwer, und jede Reaktion ist Glückssache. Aber reagieren muß man, und wie der Angehörige jedes anderen Berufes wird man nicht nach seinen Absichten, geschweige denn tieferliegenden Motiven beurteilt werden, sondern nach den Ergebnissen. Wer ein dem eigenen Vorhaben günstiges Ergebnis erzielen möchte, muß außerordentlich selbstdiszipliniert, tapfer und weitsichtig sein. Ihm darf nicht am bescheidenen Lohn des gewöhnlichen Daseins gelegen sein; er kann als Entschädigung für eine extrem gefährliche Laufbahn nur auf Ruhm hoffen, der ihm vielleicht erst nach seinem Tode zuteil wird.

Machiavellis moralische Auffassungen stehen am Ende eines Abschnitts, der seine politischen Empfehlungen enthält. Die

Cesare Borgia, der grausame Tyrann der Romagna. Machiavelli bewunderte Borgias politischen Realismus und hatte bei Abfassung des Fürsten *Borgias Laufbahn vor Augen.*

besonderen Merkmale des Herrschers sind nicht seine Charaktereigenschaften, sondern die strengen Bedingungen seines Amtes. Wenn Machiavelli nach seinem Tode Anfeindungen ausgesetzt war, so hat das seinen Grund zum Teil in der schwachen Ahnung, daß er einen weiten Bereich christlicher Moralvorstellungen von der Warte eines wiederbelebten Stoizismus aus angriff. Er versteht das menschliche Tier als Geschöpf der Verhältnisse. Dazu gehört auch die unausweichliche Notwendigkeit zu wählen und zu entscheiden; eine paradoxe Vorstellung, die ein deutliches Bild von der Aufregung und dem Elend des Lebens vermittelt. Der Mensch sieht sich ständig Situationen gegenüber, die neu und potentiell feindlich

sind. Einige von ihnen sind unmittelbares Ergebnis seiner oder der Absichten anderer Menschen. Häufiger noch sind sie teilweise, wenn nicht ganz, Fortuna zu verdanken.

Anspielungen auf Fortuna sind in der klassischen Literatur und in den Kunstformen des mittelalterlichen Europa keine Seltenheit. Sie hat im Laufe der Zeit verschiedene Bedeutungen angenommen. Sie war die Göttin mit dem Füllhorn, Weltregentin und — nach christlicher Lesart — Dienerin Gottes, deren Aufgabe es war, dem Menschen die Augen für die völlige Unberechenbarkeit der irdischen Welt zu öffnen, um seine Aufmerksamkeit statt dessen auf den Himmel zu lenken, wo Gott in unwandelbarer und verläßlicher Gerechtigkeit regiert. Machiavelli fügt die alte Gottheit nahtlos in seine allgemeinen moralischen Auffassungen ein. Sie ist verräterisch und macht rationale Bemühungen und allzu starr geplante Vorhaben zunichte. Wenn sie Menschen überhaupt beisteht, läßt sich dieser Beistand weder vorhersehen noch einplanen.

Was soll der Mensch angesichts dessen tun? Er kann wählen, sich dorthin treiben zu lassen, wohin Fortuna ihn trägt. Doch ist das kein empfehlenswerter oder sicherer Weg. Er könnte auch beschließen, sich an seine Waffen und Soldaten zu halten. Auch das ist unbefriedigend. Trotz einer möglicherweise nützlichen Beharrlichkeit leidet diese Haltung unter dem gleichen Mangel wie die Befolgung abstrakter Prinzipien. Sie nimmt dem Menschen die Möglichkeit, die konkreten Umstände in ihrer vollen Bedeutung zu würdigen und vereitelt dadurch jeden unvoreingenommenen Versuch, sie den eigenen Zwecken dienstbar zu machen.

Machiavelli empfiehlt Flexibilität, Voraussicht und ein Empfinden für die Dinge, die sich ankündigen. Man denke im voraus, plane im voraus und wenn die Flut kommt, sehe man zu, daß man den Kopf über Wasser behalte, um zu erkennen, wem Fortuna ihre Gunst schenkt. Man entscheide rasch, ob es ratsam ist zu warten, bis sich der Gang der Ereignisse soweit verlangsamt, daß Planung und Voraussicht wieder Erfolg versprechen, oder ob man sofort zum Gegenangriff antreten will. Obgleich Machiavelli die Tugend der Umsicht immer wieder gebührend würdigt, kann er seine Bewunderung für den wagemutigen Mann nicht verhehlen, der gewillt ist, Fortuna zu packen, bevor sie ihm entrinnt. Das Wesen wagemutigen Handelns ist die rasche Reaktion auf Herausforderung. Sie ist das Erkennungszeichen seines ebenso entschlossenen wie kühnen Charakters.

So ist die Tugend in einer Welt zufälliger Verhältnisse beschaffen, wo es keine sicheren Stege, kein „gewisseres Wort Gottes" gibt, nur ein paar wertvolle Fingerzeige, aus menschlicher Erfahrung gewonnen und am besten als die fehlbaren Richtlinien hingenommen, die sie sind. Menschen, die sich nach mehr sehnen, sind entweder in der Ewigkeit oder bereiten sich auf sie vor.   R. O.

Kopernikus

Kopernikus vertrat eine der grundlegenden Wahrheiten: daß die Erde nicht der Mittelpunkt des Universums ist. Er zeigte, daß nicht die Sonne sich um die Erde, sondern daß die Erde sich um die Sonne dreht. Der Gedanke selbst war schon vorher vertreten worden, doch löste erst Kopernikus die Revolution im Denken aus, die folgen sollte.

1473—1543

Nicholas Koppernigk oder Kopernikus wurde am 19. Februar 1473 in Thorn geboren, einer Stadt an den Ufern der Weichsel und etwa 180 Kilometer nordwestlich von Warschau gelegen. Sein Vater, ein wohlhabender Kaufmann und Patrizier, starb, als Nicholas erst zehn Jahre alt war. Daraufhin kam die Familie unter die Vormundschaft seines Onkels Lukas Watzelrode. Nur vier Jahre, nachdem Watzelrode die Familie seines Schwagers adoptiert hatte, wurde er zum Bischof von Ermland geweiht — eine hohe Stellung von nicht geringer weltlicher Macht. Auf Anraten des Onkels wurde Kopernikus für eine kirchliche Laufbahn bestimmt. Nach dem Schulbesuch in seiner Heimatstadt wurde er auf die Universität von Krakau geschickt. In dieser Universitätsstadt, in der sein Vater geboren und seine ältere Schwester verheiratet war, kam Kopernikus mit einer lebhaften geistigen Atmosphäre in Berührung. Hier machte er die Bekanntschaft der neuen humanistischen Gelehrsamkeit, die sich damals in Europa ausbreitete; hier zeigte sich seine Vorliebe für Mathematik und Astronomie.

Drei Jahre lang blieb Kopernikus in Krakau, verließ es aber wie viele Studenten seiner Zeit, ohne einen Universitätsgrad erworben zu haben. Nach seiner Rückkehr verbrachte er zwei Jahre zu Hause, bevor er zu weiteren Studien aufbrach, diesmal nach Italien. Kopernikus' Onkel hatte mittlerweile entschieden, seinem Neffen ein Kanonikat am Dom von Frauenburg an der Küste der Ostsee anzubieten. Die tatsächliche Ernennung mußte aber so lange warten, bis eine geeignete Stelle frei war. In der Zwischenzeit wurde der junge Mann zum Studium des kanonischen Rechts nach Bologna gesandt, das damals wegen seiner Rechtsfakultät berühmt war. Die Studenten wählten den Rektor und den Rat, und das Studentenleben war recht unabhängig und ausgelassen. Was zur Folge hatte, daß Kopernikus und sein Bruder Andreas, der ihm nach zwei Jahren dorthin folgte, ihr Geld durchbrachten und um weitere Mittel bitten mußten. Obgleich Kopernikus und sein Bruder 1501 zu Domherren gewählt und eingesetzt wurden, bewilligte man ihm das Medizinstudium in Padua, das damals eine der führenden medizinischen Fakultäten Europas besaß. Von Padua begab er sich 1503 nach Ferrara, wo er zum Doktor des Kirchenrechts promovierte. Anschließend ging er wieder nach Padua und kehrte erst 1506 nach Ermland zurück.

Den Rest seines arbeitsreichen Lebens blieb Kopernikus im Ermland, zuerst in der Umgebung seines Onkels am Dom zu Heilsberg, dann entweder in Frauenburg oder in Allenstein, wo sein Domkapitel über Landbesitz verfügte. Das heißt nicht, daß er sich nicht gelegentlich auf Reisen begab, um Kranke zu behandeln — er galt als medizinische Kapazität — oder um seine administrativen Pflichten im Ermland wahrzunehmen. Als Administrator bewies Kopernikus außergewöhnliche Fähigkeiten. So führte er unter anderem eine Münzreform durch, zu der er sich durch wirtschaftliche Schwierigkeiten nach

Einfällen des Deutschritterordens veranlaßt sah, dessen Gebiete einen Großteil Ermlands umgaben. Er war auch ein Mann von beträchtlicher Entschlußkraft. Als die Deutschherren Allenstein belagerten, bewies er Standhaftigkeit und organisierte den bewaffneten Widerstand, bis Verstärkung kam und die Stadt entsetzt wurde.

Kopernikus war im Denken genauso kühn wie im Handeln. Vielleicht hat er die Astronomie nur als Steckenpferd betrieben; doch schon zu Lebzeiten war er für seine wissenschaftliche Kühnheit bekannt. Man fragte ihn bei der Kalenderreform um Rat, und als seine neuen Gedanken über das Universum öffentlich und allgemein niedergelegt waren, hielt man in Rom Vorlesungen darüber. Dennoch vertrat Kopernikus seine Theorie mit Vorsicht — nicht aus Angst, sondern weil seine Hypothese so revolutionär war. Verständlicherweise wollte er seinen Kritikern so wenig Ansatzpunkte wie möglich geben und war deshalb bemüht, sein System zu vervollkommnen. Wir wissen nicht, wie lange er gezögert hat, doch wurde er schließlich von dem protestantischen Mathematiker Georg Joachim aus Rätien (dem österreichischen Tirol) — meist als Rheticus

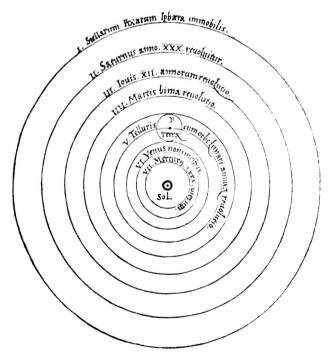

Das Studierzimmer von Kopernikus im Hause seines Onkels in Frauenburg.

**Der Erde den Status
eines bloßen Planeten zuweisen,
der die Sonne umkreist**

bezeichnet — überredet, seine Theorie vollständig zu veröffentlichen. Rheticus hatte davon gehört, Kopernikus sei der Auffassung, die Sonne und nicht die Erde bilde den Mittelpunkt des Universums. Im Frühjahr 1539 besuchte er·ihn. Angesichts der allgemeinen Feindseligkeit zwischen Protestanten und Katholiken zu einem Zeitpunkt, da die Exkommunikation Luthers 18 Jahre zurücklag, überrascht es, wie gut sich die beiden Männer verstanden. Denn Rheticus blieb zwei Jahre bei Kopernikus. Nach einjährigen Studien erlaubte Kopernikus Rheticus, eine Zusammenfassung der Theorie zu veröffentlichen. Schließlich ließ er sich von seinem jüngeren Kollegen und seinen Freunden dazu überreden, den vollständigen Text zu veröffentlichen.

Die Publikation seiner folgenschweren Theorie stieß auf praktische Schwierigkeiten. Rheticus übernahm es, sie in Nürnberg von dem Mann drucken und veröffentlichen zu lassen, der die Drucklegung der Kurzfassung so gut besorgt hatte. Mit diesem Ziel vor Augen, händigte Kopernikus das Manuskript seinem Freund Bischof Giese von Kulm aus, der es nach der Lektüre an Rheticus weitergab. Doch Rheticus nahm bald darauf einen Lehrstuhl in Leipzig an und mußte seine älteren Lehrer Johannes Schoner und Andreas Osiander, einen lutherischen Geistlichen, bitten, sich die Publikation vorher anzusehen. Osiander hatte Bedenken: Die Theorie stand im Widerspruch zur wörtlichen Auslegung der Schrift, die von einer unbeweglichen Erde spricht, nicht von einem Planeten, der sich um die Sonne bewegt. Deshalb schrieb er ein anonymes Vorwort, in dem er behauptete, die Theorie sei ein rein mathematischer Entwurf und stelle keinen Versuch dar, die Wirklichkeit zu beschreiben. Auf diese Weise hoffte er, der protestantischen Kritik den Wind aus den Segeln zu nehmen. Es scheint auch, daß er den Titel des Buches verändert hat. Denn es erschien als *De Revolutionibus Orbium Coelestium* (Über die Umläufe der Himmelskörper) und führte so die jahrhundertealte Lehre fort, nach der das Universum eine Sammlung von ineinandergreifenden Himmelssphären ist. Rheticus aber strich in seiner Ausgabe die Wörter *Orbium Coelestium*. Daraus und aus dem Wortlaut des Buches scheint hervorzugehen, daß Kopernikus den Titel absichtlich unbestimmt gelassen hat. Kopernikus selbst hat dazu keine Stellung genommen, doch nur, weil ihn ein Vorabzug erst auf seinem Totenbett erreicht hat.

Im wesentlichen sollte die kopernikanische Theorie der Erde ihre privilegierte Stellung im Zentrum des Universums nehmen und ihr den Status eines bloßen Planeten zuweisen, der die Sonne umkreist. Sicherlich kam Kopernikus auf diese Idee, als er die antiken griechischen Autoren las, doch ist seine Theorie kein sklavisches Abbild der früheren Hypothese. Er hatte die Erklärungen seinerzeit untersucht und festgestellt, daß sie unvollständig waren, nicht zuletzt deshalb, weil sie zur Erklärung der Planetenbewegung nicht die gleichförmige Kreisbe-

wegung heranzogen. Gewiß stützten sie den Gedanken von der Planetenbewegung; doch bereits im 2. Jahrhundert vor Christi hatte sich der alexandrinische Astronom Ptolemäus gezwungen gesehen, die Zentren der Planetenkreisbahnen vom Mittelpunkt der Erde zu entfernen. Nur so konnte er Theorie und Beobachtung zur Deckung bringen. Das mißfiel Kopernikus, der der Meinung war, es sei angesichts eines vollkommenen Himmelssystems ein unbefriedigendes Ergebnis, außerdem eines, das sich vermeiden ließe, wenn man davon ausginge, daß die Erde ebenfalls eine Umlaufbahn beschreibe. Die Annahme, daß die Erde sich bewegt und täglich um ihre Achse rotiert, schien noch weitere logische Vorteile zu bieten. Allem Anschein nach paßte sie besser zu den eigenen Beobachtungen und denen seiner Vorgänger, die ihm zugänglich waren. Er war also der Meinung, daß alles für die heliozentrische Theorie sprach.

De Revolutionibus wurde 1543 veröffentlicht und erregte heftige Kritik. Zum Teil kam sie von protestantischen Gelehrten, zum Teil von Leuten der Wissenschaft, kaum jedoch aus den eigenen katholischen Reihen. Das Buch war Papst Paul III. gewidmet und wurde von ihm angenommen. Auf den Index der verbotenen Bücher kam es erst später. Die protestantischen Einwände orientierten sich an der Bibel. Der wissenschaftliche Widerspruch ging vor allem von zwei Gesichtspunkten aus — der offensichtlichen Unwahrscheinlichkeit, daß sich ein so riesiger und scheinbar ruhiger Körper wie die Erde überhaupt bewegen könne, und dem unveränderlichen Sternenhimmel. Denn wenn sich die Erde bewegte, wie Kopernikus behauptete, müßten sich daraus — so meinte man — jährliche Veränderungen in der Position der Sterne ergeben. Nun wurden solche Veränderungen aber nicht beobachtet. Kopernikus sah diese Kritik voraus und begegnete ihr durch die Behauptung, daß der Abstand zwischen Saturn, dem äußersten damals bekannten Planeten, und den Sternen sehr groß sei. Doch wer einen so riesigen Raum annahm, ging nach damaliger Auffassung von einer Ziellosigkeit des Schöpfers aus, die ihm nicht ähnlich sah. Andererseits besaß die Theorie unleugbare mathematische Vorteile und bedeutete einen Bruch mit einer Überlieferung, die vielen Renaissancegelehrten scharfe Zensurmaßnahmen eingetragen hatte. Im Laufe der Zeit wurde sie von mathematisch ausgerichteten Astronomen bevorzugt.

Die bedeutendsten Fürsprecher der neuen Theorie waren Thomas Digges in England, Johannes Kepler in Deutschland und Galileo Galilei in Italien. In England gab es verschiedene Anhänger des Kopernikus, doch die Bedeutung von Digges lag darin, daß er 1576 eine Neuauflage der Schrift *Prognostication Everlasting* herausgab, die sein verstorbener Vater verfaßt hatte. Dort vertrat er nicht nur die heliozentrische Theorie, sondern nahm auch ein Schaubild auf, das die Sonne als einen der zahllosen Sterne zeigte, die nach seiner Meinung endlos in

Nikolaus Kopernikus, posthumes Porträt.

anderen Vorstellungen auch für die kopernikanische Lehre eingesetzt hatte, war damit die neue wissenschaftliche Auffassung in den Augen einiger frommer Geister mit einem Makel behaftet. Als Galilei die geltenden Theorien vom Universum anzugreifen begann und sich der kopernikanischen Lehre zuneigte, zögerte er eine Zeitlang, seine Ansichten bekanntzumachen. Seit 1609 arbeitete er mit dem Teleskop. Dabei hatte er Beobachtungen zusammengetragen, die die Unzulänglichkeit früherer Auffassungen belegten und nach seiner Meinung einen positiven Beweis für die heliozentrische Theorie darstellten. Daraufhin gab er seine Meinung öffentlich bekannt. Erst jetzt brachte der Verruf, in den die kopernikanische Lehre durch Bruno geraten war, zusammen mit dem oft ungeschickten Vorgehen Galileis, die neue Theorie in offenen Konflikt mit der römischen Kirche, was zum berühmten Widerruf Galileis führte.

Johannes Kepler war ein Zeitgenosse Galileis. Er hatte die heliozentrische Theorie schon in seiner Studienzeit kennengelernt. Sein Lehrer hatte ihn auf sie aufmerksam gemacht, wenn er sie auch nicht offen lehren konnte. Keplers eigene Vorstellungen vom Universum und seiner göttlichen Harmonie beruhten von Anbeginn auf der kopernikanischen Theorie. Sie führte ihn, als ihm die außerordentlich genauen Beobachtungen Tycho Brahes zur Verfügung standen, zu der Entdeckung, daß die planetarischen Umlaufbahnen elliptisch und nicht kreisförmig sind — eine Entdeckung, die sich später Newton sehr zunutze machte.

Die kopernikanische Theorie war von großer astronomischer Bedeutung, da sich die Astronomie des 16. Jahrhunderts fast ausschließlich mit dem Planetensystem beschäftigte. Ein totales Umdenken in der Auffassung vom gesamten Planetensystem mußte einfach eine Revolution verursachen, vor allem, da die alten physikalischen Gesetze bei Annahme einer heliozentrischen Theorie grundlegend revidiert werden mußten. Die Ideen von *De Revolutionibus* blieben fast 100 Jahre lang umstritten; doch schließlich setzte sich die heliozentrische Hypothese durch, wenn auch modifiziert durch die Beiträge von Digges und Kepler.

Doch die von Kopernikus vorgeschlagene Theorie besaß nicht nur astronomische Bedeutung. Die gesamte Auffassung des 16. Jahrhunderts beruhte auf der Vorstellung vom Menschen als dem Mittelpunkt der göttlichen Schöpfung, als dem Brennpunkt des Kosmos. Er war der Mikrokosmos, in dem sich der Makrokosmos des Universums spiegelte. Dadurch, daß die Sonne die Erde als Mittelpunkt aller Dinge verdrängte, daß die Erde sich mit einem niedrigeren Status zufriedengeben mußte, wurde auch die Stellung des Menschen grundlegend verändert, abgewertet. Sein göttlicher Status war dahin, und der Weg stand offen für eine neue und andere Bewertung der ganzen Schöpfung.

C. A. R.

den Raum hinaus verteilt waren. Es lag also an Digges, daß sich die kopernikanische Theorie allmählich mit der Vorstellung eines unendlichen Universums verband.

Die moderne Forschung hat außerdem gezeigt, daß Giordano Bruno, ein ehemaliger Dominikanermönch, mit mystischen und neuartigen Vorschlägen zur Kirchenreform, die kopernikanische Theorie von Digges bezog — ein Umstand, der sich ebenfalls als wichtig erwies. Bruno wurde 1600 wegen Ketzerei, nicht wegen der Neigung zu heliozentrischen Ideen, auf dem Scheiterhaufen verbrannt. Da er sich jedoch neben seinen

Luther

Die Kirche hatte stets betont, daß der Mensch sie als Führer auf seinem Weg zum Heil brauche. Wenn der Mensch zu Gott aufsteigen soll, dann nur mit Hilfe der Riesenstruktur der Kirche. Luther behauptete, der Mensch solle sich selbst die Leiter zum Heil halten. Der Mensch könne ohne Intervention der Kirche direkt und persönlich mit Gott in Verbindung treten.

1483—1546

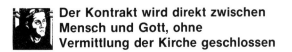
Martin Luther, Holzschnitt, auf das Jahr 1520 datiert.

Luther war in mancherlei Hinsicht eher ein Mann der Tat als der Kontemplation. Es liegt sogar eine gewisse Ironie darin, ihn zu den größten Denkern zu zählen, da sein Intellekt, wenn er auch großer Einsichten fähig war, durchaus nicht der klarste war. Nicht selten widersprach er sich, wenn er in die Enge getrieben wurde. Trotzdem besteht kein Zweifel, daß er seinen Platz unter diesen Denkern verdient. Das Denksystem, das er mehr formuliert als geschaffen hat, verursachte eine in der Weltgeschichte fast beispiellose Umwälzung intellektueller, geistlicher und politischer Art.

Mehr als alles andere hat der Ausdruck seiner Ideen die Reformation entzündet, die Einheitskirche Westeuropas in zwei immer noch wieder miteinander versöhnte Lager gespalten, das Schicksal der Kirche als weltlicher Macht, wenn auch lange nach seinem Tode, besiegelt, philosophische Spekulationen über das Wesen von Gott und Mensch neu entfacht, wobei Zweifel an der Autorität des Papstes und der anerkannten Theologie der katholischen Kirche nicht unbedingt als Ketzerei galten, und schließlich — entsetzlicherweise — Europa in eine Reihe von Religionskriegen gestürzt, die ein Jahrhundert andauern sollten.

An all dem — und vieles davon wirkte sich erst nach seinem Tode aus — war Luther nur widerstrebend beteiligt. Die Gründung neuer Kirchen gehörte nicht zu seiner Philosophie. Die Ereignisse stießen ihn vorwärts. Zufällig war er der Mann, der die Kraft und den Mut hatte, seine Stimme im richtigen Augenblick zu erheben. Und über das Wort gebot er wirklich — das einfache, derbe, unverblümte Wort, das nötig war, um das Empfinden jener anzusprechen, die geistig oder politisch mit den von ihm formulierten antipapistischen Auffassungen sympathisierten. In anderer Hinsicht hatte Luther das Glück, zu einem Zeitpunkt geboren zu werden, da es dreißig Jahre her war, daß Gutenberg die erste europäische Druckpresse mit beweglichen Lettern eingerichtet hatte. Das gedruckte Wort machte Luther zum ersten großen Denker, der seine Argumente jenem Publikum vortragen konnte, das man die große Öffentlichkeit nennen könnte. In seinen Streitgesprächen mit Theologen bediente er sich des Lateins, der Einheitssprache für geistige Auseinandersetzungen, doch gleichzeitig schrieb er seine Kampfschriften auf Deutsch. Diese wurden gedruckt und einem großen Publikum von Klerikern und Laien zugänglich gemacht.

Luther wurde 1482 in Eisleben in Mitteldeutschland geboren. Sein Vater war ein freier Bauer, der später Grubenarbeiter in einer Kupfermine wurde. Die Familie war fromm. Luther sollte später schreiben, daß seine Erziehung streng war, und daß von der Rute zu Hause wie in der Schule fleißig Gebrauch gemacht wurde. Früh erwies sich der kleine Martin als vielversprechend, mit dem Ergebnis, daß er im Alter von 14 nach Magdeburg geschickt wurde, um sich auf die Universität vorzubereiten. In

EFFIGIES DOCTORIS MARTINI LVTHERI
AVGVSTINIANI WITTENBERGĒSIS ಾ
ಾ 1520 ಾ

Magdeburg sang er im Domchor und traditionsgemäß auch auf den Straßen für seinen Lebensunterhalt. 1501 begab er sich an die Universität von Erfurt, die damals als die beste in Deutschland galt. Sein Vater leitete inzwischen vier Hüttenwerke und hatte es zum Ratsherren gebracht. Er konnte seinem Sohn ein juristisches Studium ermöglichen. Vier Jahre später legte Martin als zweitbester von 17 erfolgreichen Kandidaten seine Magisterprüfung ab. Als Student hatte er eine Gruppe um sich geschart, die über Philosophie und Musik diskutierte. Überraschenderweise standen diese jungen Männer kaum unter dem Einfluß des Humanismus der italienischen Gelehrten. Sie hielten sich immer noch streng an die Auffassungen der mittelalterlichen scholastischen Theologen. Luther selbst allerdings neigte eher zur „modernen" Schule. Sie war geprägt vom englischen Franziskaner William von Ockham, der sich an Augustinus orientierte, nicht an den „Realisten" Thomas von Aquin und Duns Scotus.

Luther begann mit dem juristischen Studium, änderte dann plötzlich am 17. Juli 1505 seine Meinung und trat in das Kloster der Augustiner-Eremiten zu Erfurt ein. Luther war sehr impulsiv — manisch würden wir ihn heute nennen. Seine depressiven Phasen waren berühmt. So besteht kein Anlaß, anzunehmen, dieser Wechsel sei von langer Hand geplant gewesen. Nach eigener Aussage wurde er von einem Gewitter überrascht. Er betete zur heiligen Anna und versprach, ins Kloster zu gehen, wenn er verschont würde. Welchen Grund sein Entschluß auch immer gehabt haben mag, er fügte sich rasch ins Ordensleben. Die Augustiner entsprachen seiner Wesensart: Luther brauchte die Herausforderung. Keiner befolgte die Ordensregeln strenger als er. Er fastete, geißelte sich und stürzte sich in theologische Studien. Bereits drei Jahre später wurde er als Dozent der Theologie an die Universität von Wittenberg entsandt.

Aus den überlieferten Vorlesungsnotizen geht hervor, daß er zu dieser Zeit noch in jeder Hinsicht ein orthodoxer katholischer Theologe war. Zwar fühlt er sich auf einer Reise nach Rom vom Überfluß am Hofe von Papst Leo X. abgestoßen; doch bleiben seine Auffassungen unverändert. Die Wandlung fiel in den Winter 1512/13, als Luther — jetzt Subprior seines Ordens — im Kloster zu Wittenberg lebte. Obgleich er nach wie vor seinen religiösen Pflichten genau, ja übergenau nachkam, befriedigte ihn das Klosterleben nicht mehr. Langsam — denn rasches Denken war nicht seine Sache — rang er sich zu der Vorstellung durch, daß die traditionelle Auffassung, nach der gottgefällige Werke zum Heil führen, falsch sei. Das Heil lasse sich nur von einer persönlichen Bindung zwischen dem Menschen und seinem Schöpfer erwarten.

Zu diesem Schluß — einer Erweiterung augustinischer Vorstellungen — führte ihn das eingehende Studium der Verse 16 und 17 des ersten Kapitels des Briefs des Paulus an die Römer mit dem Schlußsatz: „Der Gerechte wird aus dem Glauben leben." Glauben war nach Luthers Auffassung das alles entscheidende Wort. Alle Menschen, so meinte er mit Augustinus, sind Sünder ohne Hoffnung auf Erlösung. Gottes unendliche Gnade wird über sie urteilen und einige erretten, andere verdammen. Luther glaubte fest an die Erbsünde. Daraus folgt, daß der Kirche, wenn der Mensch aus seiner völligen Verderbnis nur durch die Gnade Gottes errettet werden kann, keine besondere Rolle zufällt. Der Klerus besitzt keine höhere Macht, um Vergebung von den Sünden zu gewähren. Die Kirche kann nur für Verstöße gegen ihre Gesetze, nicht für Verstöße gegen göttliche Gesetze Absolution erteilen. Sie kann nur gute Werke für eigene, nicht für göttliche Zwecke empfehlen.

Luther mußte noch einen Schritt weitergehen, nicht sofort, sondern ein paar Jahre nach der Darlegung seiner Lehre von der Rechtfertigung durch den Glauben allein. Und erst jetzt kam es zum Bruch mit einigen seiner Zeitgenossen, die er beim ersten Schritt, der Lehre, daß der Kontrakt direkt zwischen Mensch und Gott, ohne Vermittlung der Kirche geschlossen sei, noch auf seiner Seite gehabt hatte. Er begann jetzt eine extreme Form der Prädestination zu predigen: Er sagte, durch seinen Willen, der unwandelbar, ewig und unfehlbar sei, sehe Gott alle Dinge voraus, sage sie voraus und lasse sie Wirklichkeit werden. Dieses Prinzip sei wie ein greller Blitzschlag, der die menschliche Freiheit von Grund auf verbrenne und zerstöre. Wenn es also keine menschliche Freiheit gibt, müssen einige zum Heil bestimmt sein, während der Rest, komme, was da wolle, verdammt ist. Damit konnte Erasmus sich nicht einverstanden erklären, wenn er Luther auch von ganzem Herzen zustimmte, soweit es die Auswüchse in der nichtreformierten Kirche anbetraf. Nach seinem humanistischen Verständnis besaß der Mensch einen freien Willen und die Kraft, sein Schicksal selbst zu bestimmen.

Luther glaubte, Gott erlege dem Menschen Pflichten auf, die er unmöglich erfüllen könne. Der Mensch muß sich in die ewige Strafe fügen, doch im Moment äußerster Verzweiflung kann Gott ihn erretten. Dieses Heilsversprechen enthält das Neue Testament: Jesus ist gestorben, uns zu retten. Wenn wir glauben, können wir gerettet werden, wie wenig wir auch immer getan haben mögen, es zu rechtfertigen. Als er diese Auffassung das erste Mal in Wittenberg äußerte, hatten sie kaum Aufsehen erregt, wenn sie ihm auch in seinem engeren Umkreis Ansehen verschafft hatten. Ein gänzlich äußerliches Ereignis bewirkte, daß Luther vom unbekannten Universitätslehrer zum anerkannten Führer einer großen religiösen Bewegung wurde.

Seit einigen hundert Jahren nahmen die Päpste fortgesetzt das Recht für sich in Anspruch, Sünden aufgrund von Bußen zu vergeben, die aus Fasten oder guten Werken bestehen, die aber auch mit einer Summe Geldes abgegolten werden konnten.

... daß er sich in alle Ewigkeit nicht mit dem Papst versöhnen werde

Oben: *Titelseite der Bannbulle von Papst Leo X., 1520.*
Nebenstehend: *Bösartige satirische Angriffe beider Seiten begleiteten Luthers Rebellion gegen das Papsttum: oben der Papst als Antichrist;* unten *eine katholische Gegenattacke, etwa 1535: Der Teufel spielt auf Luther wie auf einem Dudelsack.*

Das war eine Form päpstlicher Besteuerung. 1517 gab Leo X. dem Erzbischof von Mainz die Erlaubnis zum Ablaßhandel in seiner Diözese. Offiziell sollte der Erlös für den Umbau des Petersdoms verwendet werden. Doch wurden mit seiner Hilfe auch die Schulden des Erzbischofs bezahlt. Am 31. Oktober desselben Jahres schlug Luther seine 95 Thesen an die Tür der Schloßkirche zu Wittenberg. Damit waren, wenn es auch noch niemand wußte, die Würfel gefallen. Eigentlich forderte Luther nur nach der Sitte der Zeit zu einem akademischen Disput über den Ablaßhandel und verwandte Fragen auf, indem er eine Kurzfassung seiner Auffassung bekanntgab. Ungewöhnlich war allein, daß die Thesen bei ihrer Drucklegung nicht nur auf Latein erschienen, der Sprache, die Luther beim Anschlag an der Tür der Schloßkirche benutzt hatte, sondern auch auf Deutsch.

Rein zufällig war die Zeit überreif für die Stellungnahme Luthers, die in der für ihn typischen deutlichen Art ausfiel. Viele Menschen aus allen Schichten hatten genug von Ablaßhändlern, prachtliebenden Klerikern und weltlicher Macht der Bischöfe. Luther hatte zum Ausdruck gebracht, was sie hören wollten. Anfangs meinte der Papst, es handle sich um eine der vielen nicht weiter ernstzunehmenden Ketzereien, und war gewillt, die Sache im Sande verlaufen zu lassen. Doch die politische Situation, der Tod Kaiser Maximilians und die Wahl seines Enkels Karls V. ließen die von Luther eingeleitete antiklerikale Bewegung zu einem Politikum werden. Viele Fürsten des Heiligen Römischen Reiches waren von der Machtentfaltung Karls beunruhigt, zu dessen Herrschaftsbereich neben dem Reich auch Spanien und die Niederlande gehörten. Der öffentliche Beifall machte Luther Mut, und bald griff er die Autorität des Papstes an.

Von Karl V. vor den Reichstag zitiert, lehnte Luther den Widerruf ab. Als der Papst eine Bulle (ein formelles Edikt) erließ, die Luther zum Ketzer erklärte, verbrannte er das ihm ausgehändigte Exemplar. Daraufhin wurde Luther exkommuniziert und 1520 auf dem Reichstag zu Worms von Karl V. mit der Reichsacht belegt. Fraglos wäre Luther vor die Inquisition gebracht worden, wenn er nicht den Schutz des Kurfürsten von Sachsen genossen hätte, der ihn auf der Wartburg verbarg. Dort blieb Luther einige Zeit und verfaßte in seiner derben Sprache eine Flut von Predigten und Streitschriften. Er konnte schreiben, daß die Würfel gefallen seien, daß er die Wut und die Gunst Roms verachte, daß er sich in alle Ewigkeit nicht mit dem Papst versöhnen werde. In der Auseinandersetzung mit den Argumenten seiner Widersacher, unter ihnen Heinrich VIII. von England, der sich in einer kritischen Schrift gegen seine Auffassungen wandte, wichen seine Ideen immer entschiedener vom traditionellen Denken ab. Schon bald vertrat er die Priesterehe, und um zu zeigen, daß er es ernst meinte, heiratete er 1525 Katharina von Bora, eine ehemalige Zisterziensernonne,

Doctor
Murnar Ar-
gentinen.

Doctor bock
Emfer Lipsii

Leo papa.r.
Antichrist'

Doctor Eckius.
Ingelstatensis

Doctor Lemp.
Tubingensis.

Lieber Eck nym also von mir zu gut
Ich waiß noch ein gutten Cardinals hut
Machstu den Luther Concludieren
Will ich dir dein Servkopff mit zieren.

Herr Löw all büberey vnd faule sachen
Kan ich durchs gelt widerumb gerecht mache
Mit meiner Sophistrey vnd grossem geschrey
Hab ich den Luther vnd Gots wort entzwey.

Den seytten pfeiff ich hin vnd her
Aus solchen Pfeiffen dicke vnd mer
Vil fabel lerrnen vnd fortebacher
Ist verwirrt auff vnd gar mutterey
Das er mir leyd auch schwer vnd bang
Doch hoff ich es wer auch mit lang
Sie treyt die weit so ferren ist
Eündelich dochsich vol anger ist.

die das Kloster verlassen hatte, nachdem sie sich zu seinen Auffassungen bekannt hatte. Aus der Ehe gingen zwei Kinder hervor.

Damit hatte Luther eigentlich seine wichtigsten Beiträge zum Denken der Reformation geleistet. Nur eine große Kontroverse stand noch aus — die Frage nach der Natur des Sakraments. Er wehrte sich gegen das katholische Dogma von der Transsubstantiation, der Verwandlung von Brot und Wein in das Fleisch und Blut Christi im Augenblick des Sakraments, war aber andererseits auch nicht bereit, dem Schweizer Theologen Zwingli zuzustimmen, der die Auffassung vertrat, das Sakrament sei rein symbolischer Natur. Er schlug den Kompromiß der Consubstantiation vor, worunter er verstand, daß zwar keine Verwandlung stattfinde, man jedoch von der Gegenwart Christi ausgehen könne.

Als Luther auf die Fünfzig zuging, wurde die Reformation im wesentlichen eine politische Angelegenheit. Er schrieb weiterhin seine Streitschriften, übersetzte beide Testamente ins Deutsche und dichtete aufrüttelnde Kirchenlieder. Mit der politischen Seite befaßten sich andere, während die geistige Faszination jetzt von jüngeren Männern wie Melanchton, Calvin und Cranmer ausging. Luther, der im Grunde kein Revolutionär war, fühlte sich ein bißchen hilflos. Als junger Theologieprofessor hatte er von der Freiheit und Gleichheit aller Christenmenschen geträumt, hatte aber die Pflicht, für sie zu sorgen, den weltlichen Herrschern überantwortet. Viel vom einstigen Einfluß und Besitz Roms war jetzt an nationale Kirchen übergegangen.

1546 starb er erschöpft von langer Krankheit in Eisleben, seinem Geburtsort. Auf seinem Totenbett fragte ihn ein Schüler, ob er unerschütterlich zur Lehre stehe, die er vertreten habe. Seine Antwort, in der sich die ganze Schlichtheit und Unmittelbarkeit seines Denkens spiegelte, bestand aus einem einzigen Wort: „Ja." Es war sein letztes.			D. H.

Abkehr von alten Ideen

Trotz all des Aufhebens, das um die Renaissance, vor allem die italienische Renaissance, gemacht wird, hat sie nur wenige große Denker hervorgebracht. Gewiß läßt sich die allgemeine Auffassung teilen, daß die Renaissance eine Zeit großer geistiger Aktivität war. Doch betrachtet man sie genauer, so weist sie — wenn überhaupt — nur wenige Geister auf, die sich mit den Vertretern der vorangehenden oder nachfolgenden Zeit messen können. Meist wird die philosophische Richtung dieses Zeitraums als Humanismus bezeichnet. Darunter fallen Denker wie Erasmus und Thomas Morus. Ihre Ansichten sind gewiß äußerst kultiviert und gelehrt. Vernünftig, wie sie waren, haben sie den Grundstein für vieles, was folgte, gelegt. Doch kann man sie nicht für die radikale Abkehr von alten Ideen verantwortlich machen, die zu unserer Vorstellung von der Renaissance gehört.

Vielleicht hat die Renaissance keine großen Denker hervorgebracht, weil sich das Denken selbst erschöpft hatte. Die alten Themen waren von Meistern wie dem heiligen Thomas abgegrast worden, und die neuen Themen hatten sich noch nicht genügend durchgesetzt. Vielleicht waren die Denker der Zeit auch in ihrer Bewunderung für die wiederentdeckten griechischen Philosophen so rückhaltlos, daß sie sich gern mit Textkommentaren begnügten. Trotzdem führte diese Epoche zu einer endgültigen Abkehr von der Sichtweise des Mittelalters. Allerdings vollzog sie sich als mehr oder weniger undramatische Richtungsänderung, nicht als strahlende Tat eines strahlenden Geistes. Nur der grimmige und heftige Widerstand der Kirche verwandelte diese kleinen Schritte manchmal in trennende Abgründe.

Richtungsänderungen

Eine Reihe von Mechanismen führte zum Bruch im Denken und in der Vorstellung. Oft haben wir das Gefühl, daß der Zeitpunkt kommen muß, wo sich die Summe unserer Erfahrungen und Kenntnisse nicht mehr in die Form einer alten Idee zwingen läßt. Die Form zerbricht, und sogleich fügt sich das verfügbare Wissen zu einer neuen, ihm weit besser entsprechenden Idee zusammen. Tatsächlich kommt es selten zu diesem Prozeß. Wahrnehmung und Denken des Menschen sind so flexibel, daß sie sich neue Informationen, die die alte Idee eigentlich zerstören müßten, geschickt einverleiben. Erfahrung wird nur dann zu Information, wenn wir sie im Rahmen einer Idee erfassen. Wenn wir uns am Rahmen der alten Idee orientieren, liefert die Erfahrung Informationen, die die alte Idee untermauern. In der Mehrzahl der Fälle ist eine neue, bahnbrechende Idee, die sich radikal von der alten unterscheidet, nur um weniges geeigneter, die alte Erfahrung zu erklären. Die Auffassung, daß die Grenzen der alten Idee durch akkumulierte Erfahrung gesprengt würden, ist eine hübsche Metapher, aber keine Realität.

Langeweile, krankhafte Selbstsucht und mangelhafte Ausbildung können sehr wirksame Mechanismen zur Erzeugung einer bahnbrechenden Idee sein. Langeweile stellt sich ein, wenn die alten Ideen so vernünftig scheinen, daß dem Denker wenig zu tun bleibt, sofern er sich nicht damit zufrieden geben will, das vorhandene Gedankengebäude zu stützen und auszuarbeiten. So scheint es in der Renaissance gewesen zu sein. Die herausragende Fähigkeit von Männern wie dem heiligen Thomas hatte dem offiziellen Denken der Kirche eine mehr oder minder zeitlose Gestalt verliehen — und andere Aufgaben stellten sich dem Denken nicht.

Krankhafte Selbstsucht war der Mechanismus, der viele Philosophen nach neuen Wegen suchen ließ. Das Bedürfnis, irgendeine eigene schöpferische Leistung vorweisen zu können, hat sie dazu getrieben, sich gegen die jeweils herrschende Lehre zu wenden. Nachdem sie ihren oppositionellen Standpunkt bezogen hatten, machten sie von ihrem Denkvermögen Gebrauch, mit Hilfe von Rückwärtsdenken den neuen Standpunkt zu rationalisieren und ihn auf eine vernünftige Grundlage zu stellen. Gewöhnlich hatten sie damit Erfolg.

Eine mangelhafte Ausbildung, vielleicht der mächtigste Mechanismus zur Hervorbringung bahnbrechender Ideen

Eine mangelhafte Ausbildung ist vielleicht der mächtigste Mechanismus zur Hervorbringung bahnbrechender Ideen. Jemand, der nicht umfassend vertraut ist mit vorhandenen Wahrnehmungsweisen, entwickelt unter Umständen eigene Wahrnehmungsformen und betrachtet die Dinge ohne künstliche Anstrengung auf neue Weise. Diese neue Betrachtungsweise kann unpraktisch, verschroben und weit weniger befriedigend als die vorhandene sein. Doch gelegentlich kann sie zu einer völlig neuen und unvoreingenommenen Einsicht führen, die schon lange fällig war.

Es gibt eine Krebstheorie, derzufolge sich in jedem Körper ständig Bündel von Krebszellen bilden. Gewöhnlich werden die selbstimmunisierenden Mechanismen des Körpers mit ihnen fertig. Wir bemerken den Krebs nur, wenn die Zellen aus irgendwelchen Gründen in ihrem Wachstum nicht gehindert werden, sondern sich in bedrohlichem Ausmaße entwickeln. Eine ähnliche Theorie gibt es hinsichtlich der Entstehung bahnbrechender Ideen. Wahrscheinlich tauchen während der Herrschaft bestimmter Ideen ständig neue auf. Doch bleiben sie ohne Wirkung und dringen nicht einmal in das öffentliche Bewußtsein. Niemand hört auf ihren Urheber, weil dieser als wunderlicher Kauz erscheint — und es sehr häufig auch ist. Verleger sind nicht daran interessiert, sein Buch zu veröffentlichen, weil sie keinen Markt dafür sehen. Wenn sie sich ihres Urteils nicht sicher sind, werden sie das Buch einem Fachmann zur Prüfung vorlegen, der als sachverständiger Vertreter der herrschenden Vorstellung gezwungen ist, die neue Idee abzulehnen. Beginnt sie sich dennoch durchzusetzen, wird sie gewöhnlich zur willkommenen Zielscheibe für engstirnige Intellektuelle, deren Fähigkeit eher kritischer als schöpferischer Art ist. In den Zeiten, da die Kirche noch über politische Macht verfügt hat, wäre die Idee als Ketzerei verworfen worden, und hervorragende Denker wie der heilige Augustinus hätten gegen sie gewettert. Dagegen ist nichts einzuwenden. Die meisten Ideen sind verworren und bedeuten gegenüber der herrschenden Idee keine Verbesserung. Die meisten Ideen würden mehr Uneinigkeit als Nutzen bringen. Leider gibt es keinen Mechanismus, der darüber entscheidet, wann wir es mit der seltenen Ausnahme einer möglicherweise nützlichen neuen Idee zu tun haben. Sie kündigt sich wie alle anderen an und kann ihren Wert nie unter Beweis stellen, wenn sie nicht zufällig auf einen außergewöhnlich fruchtbaren Boden fällt.

Neue Ideen melden sich also wahrscheinlich ständig zu Wort. Den Unterschied macht das Klima der Aufnahme aus, auf das eine bestimmte Idee zu einer bestimmten Zeit trifft. Das hat wenig mit dem Verdienst der Idee oder des Denkers zu tun, der sie entwickelt hat. Die Idee mag in das politische Konzept eines Herrschers passen, der aus persönlichen Gründen mit den bestehenden Verhältnissen unzufrieden ist. Das heißt nicht, daß die Ideen, die sich durchgesetzt haben, wertlos waren und nur Erfolg hatten, weil sie irgendwelchen politischen Machenschaften entgegenkamen. Vielmehr mögen die Ideen ihren Erfolg durchaus verdient haben, wären aber ohne den politisch motivierten Beistand unverdient gescheitert. Die bahnbrechende Idee, die im Kopf eines genialen Menschen entsteht, kann in jeder Beziehung neu sein; die bahnbrechenden Ideen anderer Menschen schöpfen sehr häufig aus früheren Ideen. Jede herrschende Idee besitzt eine enorme Durchsetzungskraft, die alle alternativen Wege verschüttet. Das Aufzeigen neuer Richtungen kann darin bestehen, daß man zu diesen Wegen zurückgeht und sie freilegt. Das hat Kopernikus getan.

Machiavelli hat in seinem Denken eine deutliche Richtungsänderung vorgenommen. Denker vor ihm waren kontemplativ und spekulativ. Sie haben über Gedanken nachgedacht. Sie meinten wie die Griechen, man müsse sich erst über das Wesen des Denkens klar sein, bevor man es auf die Umwelt anwenden könne. Der Aufstieg des Christentums und das neue Universum christlicher Überzeugung verlieh metaphysischem Denken eine noch größere Bedeutung. Das Reich Gottes war nicht das materielle Reich dieser Welt, sondern das Reich des Glaubens, mit dem sich der Mensch innerlich auseinandersetzte. So widmeten sich die Menschen ihren Geschäften zwar weiterhin mit praktischem Sinn, doch ihr Denken richtete sich nach innen und nach oben und versenkte sich in die Beziehung zwischen Seele und Heil. Machiavelli dagegen richtete sein Denken nach unten und nach außen. Er beschäftigte sich mit der opportunistischen Natur des Menschen und seinem politischen Ränkespiel.

Vor Machiavelli fragten sich kluge Menschen, wie die Dinge und der Lauf der Welt sein *sollten*. Die Bücher, die für Herrscher geschrieben wurden, waren voller moralischer Ratschläge und voller Grundsätze, die es zu befolgen galt. Manchen Herrschern mag es gelungen sein, diese Grundsätze zu verwirklichen, andere mögen es vergeblich versucht haben. Die Mehrheit wird den Prinzipien wahrscheinlich Lippendienste geleistet haben und ansonsten der Meinung gewesen sein, solche Grundsätze seien für fromme Menschen oder für Herrscher mit weniger dringlichen Problemen geeignet. Ein besonders augenfälliges Beispiel dafür ist die Demut und die Sanftmut christlicher Ethik. Sie ist unmittelbar auf die andere Welt gerichtet. Statt dieser anderen Welt rückte Machiavelli kompromißlose Zweckdienlichkeit in den Blick. Machtstrategien ersetzten die Demut.

Machiavelli beschäftigte sich mit handfestem praktischem Handeln. Der Opportunismus war sein Gott. Er trieb seine amoralische Philosophie so weit, daß er Cesario Borgias bevorzugten Mördern Don Michelotto zum Chef der florentiner Miliz ernannte, die er unter großer Mühe aufgestellt hatte. Er ließ keinen Zweifel daran, daß Herrscher nicht an die üblichen moralischen Maßstäbe gebunden sind. An ihre Stelle setzte er die neue Moral der Zweckdienlichkeit, die später „Staatsräson" genannt wurde und im nachhinein für jede Maßnahme in Anspruch genommen werden konnte, die moralische Empfindlichkeiten zu verletzen schien.

Der Opportunismus war sein Gott

Machiavelli interessierte sich nicht für die Frage, wie die Dinge sein müßten oder wie Menschen sich verhalten sollten, sondern für das, was *ist*. Er war ein Realist, ein Realist des Machbaren. Als praktischer Politiker, Diplomat und Ränkeschmied vertrat er nicht den Standpunkt akademischer Theorie. Er versuchte, jene Regeln zu kodifizieren, die man sonst Daumenregeln oder Instinktregeln nennen würde. Er trat nachdrücklich für Religion und Moralkodex ein — weil sie für politische Stabilität sorgten und die Menschen leichter regierbar machten.

Die Herrscher meinten — häufig mit der politischen Unterstützung der Kirche —, daß ihr Amt auf göttlichem Recht, auf dem gesetzlichen Recht von Erbfolge oder Konstitution oder auf moralischer Anerkennung durch ihre

Untertanen beruhe. Machiavelli sah das anders. Seiner Meinung nach gewannen oder behielten Herrscher ihre Macht mit Hilfe politischer Fertigkeiten, die häufig unmittelbar aus dem Dschungel zu stammen schienen. Seine Sehnsucht nach einem starken Führer, der Italien vereinen und es aus den Fängen ekklesiastischer Machenschaften befreien könnte, orientierte sich an dieser Maxime vom Überleben des Stärksten.

Es ist Mode, in Machiavelli einen objektiven soziologischen Beobachter und den Vater der politischen Wissenschaft zu sehen. Man behauptet, er sei eher amoralisch als unmoralisch gewesen. Man sagt, daß seine wissenschaftliche Unvoreingenommenheit zur Abkehr vom Denken seines Zeitalters geführt habe. Sie unterscheidet sich jedoch in keiner Weise von der Objektivität der Leute, die das geistige Verhalten ihres Verstandes beobachtet und kommentiert haben. Die Abkehr liegt eher in der Ablehnung des christlichen Universums und der Rückkehr zum Universum der „Realpolitik". Seine Schriften wurden von kirchlicher Seite rundweg verurteilt, ohne daß sie sich sonderlich auf das Verhalten der Herrscher auswirkten. Diese waren vermutlich der Auffassung, daß sie schon immer so gehandelt hatten, wie er es empfahl, und zwar in einer Weise, die der jeweiligen Situation besser entsprach. Männer der Tat besitzen einen natürlichen Hochmut, der sie glauben macht, daß reagieren besser als denken und Instinkt nützlicher als Beobachtung ist.

Kopernikus ging bei seiner radikalen Abkehr von hergebrachten Denkweisen nicht vorwärts, sondern rückwärts. Für uns liegt die Bedeutung dieser Abkehr in ihrer geometrischen Eleganz. Der Schritt von der Auffassung, die Erde sei der Mittelpunkt des Universums, und die Sonne umkreise sie, zu der Ansicht, die Sonne sei der Mittelpunkt und die Erde umkreise sie, ist ästhetisch ansprechend. Läßt sich eine größere Veränderung vorstellen als eine totale Umkehr — besonders in einer Frage, die uns so zentral wie die Erde selbst angeht?

Eine totale Umkehr

Es scheint fast sicher, daß Kopernikus erstmals bei seinen Studien der griechischen Philosophie auf die heliozentrische Idee stieß. Aristarchos hatte sie als erster vorgebracht. Zu seiner Zeit trug ihm das das vernichtende Urteil der Stoiker ein, die ihm vorwarfen, er versuche die Ordnung der Dinge auf den Kopf zu stellen. In seiner Überzeugung, die Ordnung des Universums könne vollkommener sein, als die herrschenden Erklärungen es vermuten ließen, ging Kopernikus auch auf Pythagoras zurück. Als er sein heliozentrisches System vorschlug, verwendete er deshalb regelmäßige Kreise als Umlaufbahnen, weil sie schöner und vollkommener waren. Vollständig wurde die bahnbrechende Idee von Kopernikus erst in seinem Todesjahr veröffentlicht, was jede Verdammung überflüssig machte. Jedenfalls reagierte die Kirche so gelassen, daß das Material damit mehr oder weniger gebilligt war. Interessanterweise kam viel heftigerer Widerstand von den Lutheranern der neuen revolutionären Kirche. Es ist ja eine Eigentümlichkeit von Revolutionären, daß sie gegeneinander weit intoleranter sind als gegen die (meist konservative) Gruppe, gegen die sie revoltieren.

Kopernikus lieferte eine Menge vernünftiger Gründe für die Neubelebung der heliozentrischen Theorie, aber wenig experimentelle Daten. Wie so häufig bei bahnbrechenden Ideen hätte das ganze Gebäude in sich zusammenbrechen können (vor allem, da die vorgeschlagenen kreisförmigen Umlaufbahnen so unzutreffend waren), wenn sich nicht Tycho Brahe und Kepler gemeinsam der Sache angenommen hätten. Tycho Brahe lieferte die Instrumente und Beobachtungen, und Kepler fügte sie zum Beweis der heliozentrischen Theorie zusammen. Kepler ging noch einen Schritt weiter und kam im Anschluß an sieben aufgezeichnete Oppositionen des Mars zu dem Schluß, daß die Umlaufbahnen der Planeten elliptisch sind. Später

Jam poſtquam ſemel hujus rei periculum fecimus, audacia ſubvecti porro liberiores eſſe in hoc campo incipiemus. Nam conquiram tria vel quotcunque loca viſa Martis, Planeta ſemper eodem eccentrici loco verſante: & ex iis lege triangulorum inquiram totidem punctorum epicycli vel orbis annui diſtantias a puncto æqualitatis motus. Ac cum ex tribus punctis circulus deſcribatur, ex trinis igitur hujusmodi obſervationibus ſitum circuli, ejúsque augium, quod prius ex præſuppoſito uſurpaveram, & eccentricitatem a puncto æqualitatis inquiram. Quod ſi quarta obſervatio accedet, ea erit loco probationis.

Primvm tempus eſto anno MDXCX D. v Martii veſperi H. vii M. x eo quod tunc ♂ latitudine pene caruit, ne quis impertinenti ſuſpicione ob hujus implicationem in percipienda demonſtratione impediatur. Reſpondent momenta hæc, quibus ♂ ad idem fixarum punctum redit: A. MDXCII D. xxi Jan. H. vi M. xli: A. MDXCIII D. viii Dec. H. vi. M. xii: A. MDXCV D. xxvi Octob. H. v M. xliv. Eſtq; longitudo Martis primo tempore ex Tychonis reſtitutione 1. 4. 38. 50´´: ſequentibus temporib. toties per 1. 36´´ auctior. Hic enim eſt motus præceſſionis congruens tempori periodico unius reſtitutionis Martis Cumq; Tycho apogæum ponat in 23¼ ♌, æquatio ejus erit 11. 14. 55´´: propterea lógitúdo coæquata anno MDXC 1. 15. 53. 45´´.

Eodem vero tempore & commutatio ſeu differentia medii motus Solis a medio Martis colligitur 10. 18. 19. 56´´: coæquata ſeu differentia inter medium Solis & Martis coæquatum eccentricum 10. 7. 5. 1´´.

Primvm hæc in forma Copernicana ut ſimpliciori ad ſenſum proponemus.

Sit a punctum æqualitatis circuitus terræ, qui putetur eſſe circulus ♂ γ ex a deſcriptus: & ſit Sol in partes β, ut a β linea apogæi

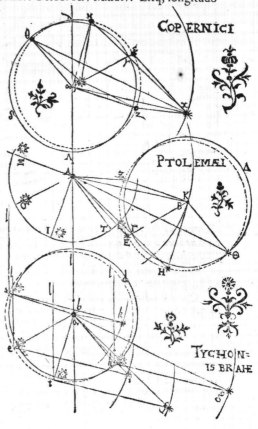

COPERNICI

PTOLEMÆI

TYCHO=
NIS BRAHE

Eine Graphik aus Keplers Astronomia Nova *(1609), in der er sich, auf die Marsbeobachtungen Tycho Brahes gestützt, für die kopernikanische Kosmologie ausspricht. Gezeigt wird die Bahn des Mars nach Kopernikus, Ptolemäus und Brahe.*

wurden diese Ideen wie so viele neue Ideen in die Kirchenpolitik hineingezogen, weil Dissidenten sie als Waffe gegen die Kirche verwendeten. Deshalb kam es zu Galilei und seiner unglücklichen Entwicklung (wenn auch sein Ende nicht so tragisch wie das des Sokrates war).

Kopernikus hat eine alte Idee neu belebt, um einer anderen alten Idee zu genügen. Er hat sie nicht ganz zu Ende gedacht. Aber er hatte das Glück, daß ihm Brahe und Kepler nachfolgten. Trotzdem gebührt die Ehre dem ersten Schritt zur Abkehr von alten Ideen.

Er wollte die Kirche von innen reformieren und läutern

Luther hat seine Abkehr von der Kirche nie beabsichtigt. Er wollte sie *von innen* reformieren und läutern. Daß die Kirche versuchte, ihn mundtot zu machen, zeigt, wie außerordentlich erfolgreich sie in dieser Beziehung mit den aufmüpfigen Geistlichen, die sich immer und überall zu Wort gemeldet hatten, gewesen sein muß. Durch Luthers Charakter und Temperament und durch die politische Unzufriedenheit der deutschen Fürsten mit Rom eskalierte die ganze Affäre Schritt für Schritt, bis es schließlich zum endgültigen Bruch kam, der die Kirche spaltete und an die Stelle der übernationalen Kirche nationale Kirchen setzte. Zweifellos wäre Luther ohne den besonderen militärischen und politischen Schutz des Kurfürsten von Sachsen der Erfolg versagt geblieben. Die Bannbulle, die Kaiser Karl V. gegen Luther durchsetzen mußte, und die anschließende Verurteilung Luthers auf dem Reichstag zu Worms wären sein Ende gewesen. Der unmittelbare politische Schutz des Kurfürsten rettete ihn. Die spätere politische Unterstützung durch andere Fürsten sorgte dafür, daß die Bewegung von Rom nicht unterdrückt werden konnte. Sogar das Wort Protestant selbst stammt aus der Protestation der evangelischen Stände, die von einer Reihe deutscher Fürsten unterzeichnet wurde und sich gegen die abermals lutherfeindlichen Beschlüsse vom zweiten Reichstag zu Speyer wendete.

Doch ohne die erforderlichen geistigen und charakterlichen Voraussetzungen hätte Luther den allmählich eskalierenden Bruch mit der Kirche nicht vollziehen können — das Verbrennen der Bannandrohungsbulle, die Fortsetzung theologischer Dispute, die deutsche Bibelübersetzung, das Studium und die Erarbeitung schlüssiger Anklagepunkte gegen die Kirche. Temperament und Situation Luthers ähnelten denen Augustinus' in bemerkenswerter Weise. Beide trafen scheinbar impulsive Entscheidungen: Luther diejenige, Augustinermönch zu werden, und Augustinus die, der Kirche beizutreten.

Beide waren von einem persönlichen Sündenbewußtsein besessen. Beide waren überzeugt, die rettende Gnade Gottes zu brauchen. Beiden machte Prädestination und Verdammnis zu schaffen. Beide wurden durch dialektisch geschulte Gegenspieler zu immer radikaleren Thesen getrieben. Man könnte sagen, daß der Widerspruch in beiden ein System theologischer Begriffe herausgebildet hat. Luther begann mit dem Protest gegen den Ablaßhandel, der angeblich für den Umbau des Petersdoms in Rom bestimmt war, tatsächlich jedoch für die Schulden des Erzbischofs von Mainz.

Die Kirche reagierte sofort, verurteilte Luther als Rebell und Ketzer und verlangte, er solle in Rom erscheinen. Im Streitgespräch von 1519 antwortete er mit einem Angriff auf die Autorität der Kirche, gegen die er die Autorität der Schrift geltend machte. Die päpstliche Bannandrohungsbulle von 1520 verbrannte er. Daraufhin folgten die Bannbulle und die Reichsacht auf dem Reichstag zu Worms. Die Abkehr war jetzt unwiderruflich. In seiner Stellungnahme vor dem Reichstag zu Worms erklärte er, es sei weder gefahrlos noch rechtens, gegen das Gewissen zu handeln. Mit diesen Worten begründete er die Sichtweise des Protestantismus, der allen Gläubigen die innere Priesterwürde verleiht. Kurzum, Luther mißbilligte wie viele andere den Anspruch der Kirche, alleinige Führerin zum Heil zu sein.

Vom Standpunkt der offiziellen Lehre aus waren Luthers Ansichten nicht radikaler als die des Augustinus zu seiner Zeit. Doch von dem Augenblick an, da sich die Lager gebildet und polarisiert und da sich die politischen Kräfte zu ihrer Unterstützung formiert hatten, gab es kein Zurück mehr. Zur Festigung ihrer Überzeugungen waren die Menschen auf Taten und Verfolgung angewiesen. Die Religionskriege folgten. Luthers Angriff auf Zwingli und die Wiedertäufer und Heinrichs VIII. Angriff auf Luther machen deutlich, wie die Selbstgerechtigkeit Reformer blind macht für die Tatsache, daß sie mit alten Ideen brechen, wie sie aus der Selbstgerechtigkeit die Gewißheit gewinnen, daß sie zum Hauptstrom des Denkens zurückgekehrt sind, von dem die herrschende Idee abgewichen ist.

Da die Natur selbst in so hohem Maße von Glücksfällen abhängig ist, auf die sie keinen Einfluß hat, überrascht es nicht, wenn sich das Denken bei der Abkehr von alten Ideen des gleichen Mechanismus bedient. Ob die bahnbrechende Idee als Kristallisationspunkt für vorhandene Unzufriedenheit oder als Ausgangspunkt für neue Untersuchungen dient, sie kann nur Erfolg haben, wenn die Umstände ihr entweder Schutz gewähren oder wenn sie auf positive Rückmeldung stößt. Nur das Überleben einer Idee scheint uns darüber Aufschluß zu geben, ob sie es verdient zu überleben. Aber das anfängliche Überleben hat kaum irgend etwas mit der Qualität der Idee zu tun.

Bacon

Im Anschluß an Platon waren Philosophen der Meinung, die Wahrheit wohne im menschlichen Geist. Von dort aus falle ihr Licht auf die Außenwelt und erkläre sie. Zuerst mußte das Denken kommen, dann folgte die Beobachtung zur Bestätigung des Denkens. Bacon war der festen Überzeugung, die Wahrheit könne nur aus sorgfältiger Beobachtung der Natur resultieren. Die Wahrheit fließe in den menschlichen Geist hinein und nicht aus ihm heraus. So erwarb er sich seinen Ruf als Vater der wissenschaftlichen Methode.

1561—1626

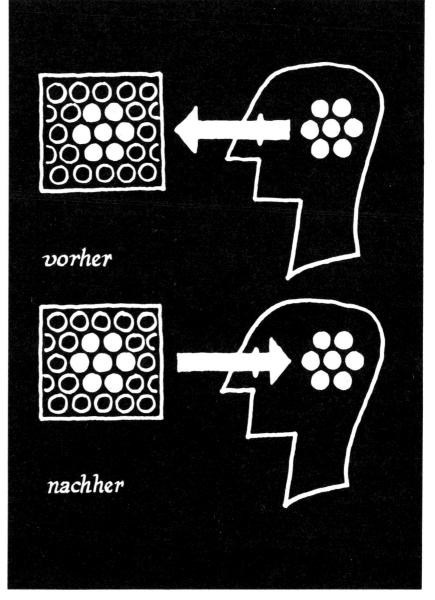

vorher

nachher

Francis Bacon ist häufig als Vater der wissenschaftlichen Methode bezeichnet worden, das heißt als Schöpfer einer Methode, die wenig später Newton als ihren ersten und größten Exponenten hervorbringen sollte.

Das ist nur die halbe Wahrheit. Bacon hat den Aspekt wissenschaftlicher Haltung, der aus Beobachtung, Klassifikation, Verallgemeinerung und Experiment besteht, nachhaltig beeinflußt. Er war gewiß einer der ersten, die an wissenschaftliche Kongresse und Gesellschaften dachten. Andererseits hat er im Unterschied zu dem ihm zeitlich nahestehenden Descartes kaum eine Vorstellung von der zentralen Bedeutung der Mathematik für die Wissenschaft gehabt.

Francis Bacon wurde 1561 geboren. Sein Vater kam aus einer protestantischen Familie, die bei der Auflösung der Klöster ihr Schäfchen ins Trockene gebracht hatte. Der Vater bekleidete die Stellung eines Lordsiegelbewahrers. Bacons Onkel mütterlicherseits war William Cecil, Lord Burghley, der Elizabeth während ihrer ganzen Regierungszeit als erster Ratgeber diente. Bacon wurde Jurist und bemühte sich in der Hoffnung auf rasche Karriere um die Gunst der Regierung. Ständig spekulierte er auf Beförderung. Er erklomm die Leiter auch, stolperte aber über den Mißbrauch seiner Ämter. In vieler Hinsicht war er kalt und berechnend. Insofern rechtfertigt sein Verhalten die berühmte Beschreibung des Papstes, der ihn als den „vernünftigsten, klügsten und niedrigsten aller Menschen" bezeichnete.

1593 verscherzte er sich die Gunst der Königin durch eine Rede vor dem Unterhaus. Daraufhin schloß er sich einer Gruppe um den Earl of Essex an, dem Günstling der Königin. Essex bewies ihm gegenüber größte Freundlichkeit und forderte die Königin auf, ihn zu befördern. Als sich diese Bemühungen als fruchtlos erwiesen, erhielt Bacon von Essex selbst einen Landsitz in Twickenham. 1599 zettelte Essex einen Aufstand an, der fehlschlug. Er wurde gefangengesetzt und des Verrats beschuldigt. Einer der beiden Kläger war sein Freund Bacon, und er nahm seine Aufgabe mit einer Gehässigkeit wahr, die man selbst in einer Zeit, da gute Gründe dafür sprachen, politische Erwägungen persönlichen Bindungen vorzuziehen, als Armutszeugnis für seine moralische Haltung empfand. Bacon hat später seine Handlungsweise in einer Schrift verteidigt, in der er behauptet, er habe seine Pflicht als Staatsbürger über seine freundschaftlichen Gefühle gestellt.

Weit mehr Erfolg hatte Bacon mit seiner Karriere unter James I.; 1603 wurde er zum Ritter geschlagen, und 1618 erreichte er den Zenit seiner Macht als Lordkanzler von England, was er wesentlich dem Einfluß des königlichen Günstlings Georges Villiers, Duke of Buckingham, verdankte. Umsichtig hatte Bacon die Beziehung zu ihm gepflegt. 1621 wurde er zum Viscount of St. Albans ernannt. Bald darauf wurde er der passiven Bestechung angeklagt und seines Postens enthoben. Er wurde mit einer schweren Geldstrafe belegt und in den

Tower gesperrt, aus dem er allerdings von James bald wieder freigelassen wurde. Er zog sich auf seinen Landsitz in Hertfordshire zurück und widmete seine Zeit ausschließlich der Schriftstellerei, die stets einen Großteil seiner im Übermaß vorhandenen Energie beansprucht hatte. Die Art und Weise, wie er 1626 den Tod fand, gilt seit jeher als Sinnbild für das Hauptinteresse seines Lebens. Um festzustellen, wie sich Kälte auf die Konservierung von Tierfleisch auswirkt, stieg er aus seinem Wagen und stopfte ein Huhn mit Schnee aus. Dabei holte er sich eine Erkältung und starb eine Woche später.

Linke Seite:
*Francis Bacon,
Baron Verulam und
Viscount of St. Albans,
Porträt von unbekannter
Hand.*
Links: *Stammbaum der
Bacons; ganz unten ist
Francis Bacons Vater Ni-
cholas mit seinen beiden
Frauen zu sehen. Unter
den Tudors nahm die
Familie einen beträchtli-
chen Aufschwung und
erreichte den Höhepunkt
ihrer Bedeutung, als
Francis 1618 von James
I. zum Lordkanzler von
England berufen wurde.*

Bacon hat viele geschichtliche Werke geschrieben; doch sein literarischer Ruhm gründet sich weitgehend auf den schmalen Band der *Essays*, die zuerst 1597 als kleine Sammlung von zehn Essays erschien. In nachfolgenden Ausgaben wurden sie schließlich auf die endgültige Zahl von 58 Essays erweitert. Sie sind vielleicht der konzentrierteste Ausdruck praktischer Klugheit in der englischen Literatur. Viele Sätze daraus, wie etwa die Bemerkung, daß Frau und Kinder die Pfänder sind, durch die sich ein Mann dem Glück ausliefert, sind zu stehenden Redensarten geworden. Jeder, der sich für die politischen und moralischen Einstellungen der Menschen zu Anfang der Neuzeit interessiert, kann keine bessere Quelle finden.

In größerem Zusammenhang wissenschaftlichen und philosophischen Denkens beruht Bacons Bedeutung jedoch auf drei Merkmalen seines Denkens: seiner Neigung zu methodischem Vorgehen, seinem Glauben an die technologische Ausbeutung der Natur und der Entwicklung des Induktionsverfahrens als wissenschaftlicher Methode. Soweit es Methode und Technologie angeht, war er eine Stimme unter vielen, wenn auch eine einflußreiche. Sein Induktionsverfahren wurde jedoch die Grundlage seines gewaltigen Ruhms in späteren Jahrhunderten.

Bacon wird häufig mit Descartes in Zusammenhang gebracht. Beide gelten sie als Gründer der modernen Philosophie in ihrem Lande. Sie waren die beiden einflußreichsten Vertreter der Auffassung, daß das Wissen des Mittelalters voller Fehler stecke und daß die Menschen von vorn beginnen müßten. Dazu müßten sie die Grundlagen sichern und das Denken von allem Schutt der Vergangenheit befreien. Während Descartes seine Grundlage jedoch auf klare und fest umrissene Prinzipien zu stellen suchte und deshalb als Rationalist bezeichnet wird, war für Bacon das Studium der Natur die Quelle einer neuen und

Er hat die Karte gezeichnet, die den Menschen zeigte, was sie zu lernen hatten

verläßlichen Erkenntnis. Deshalb wird er gewöhnlich als Empirist bezeichnet. In gewissem Sinne ist diese Beschreibung jedoch irreführend, da Bacon wie Descartes der Meinung war, daß man die traditionelle Erkenntnisweise aufgeben müsse, daß man nach Sicherheit zu suchen habe und daß sie dafür die Ansätze einer rationalen Methode entdeckt zu haben glaubten.

In dieser wichtigen Hinsicht können beide Männer als „Rationalisten" bezeichnet werden, wobei man eine der vielen Lesarten dieses in seiner Bedeutung äußerst schillernden Wortes in Anspruch nimmt. Denn ein Rationalist ist jemand, der die Erkenntnis in der Vernunft, nicht in der Erfahrung sucht, er ist aber auch jemand, der an eine rationale Methode glaubt. Solch eine Methode meint, daß weder Tradition noch Intuition zur Erkenntnis führen. In ihrer ehrgeizigsten Form versucht sie sogar die natürlichen Intelligenzunterschiede der Menschen zu leugnen.

Welches Ziel hatte diese Technik? Sie sollte Gott dadurch verherrlichen, daß sie die Natur erforschte und die Ergebnisse solcher Arbeit zu Nutz und Frommen des Menschen verwendete, wie es Gottes Absicht entsprach. Der theologische Ursprung dieser Lehre ist die Genesis. Zu Anfang der Moderne wurde sie überall im christlichen Europa neu ausgelegt, so daß sie die moralische Rechtfertigung für die technologische Expansion lieferte, die das Kennzeichen der Jahrhunderte nach Bacon wurde. Die materiell ausgerichtete Theologie war für Bacon wichtig, weil seine Beschäftigung mit dem Wohlleben und der Bequemlichkeit des Menschen den Christen der Zeit durchaus als Vernachlässigung der wichtigsten Aufgabe erscheinen mochte, der Sorge ums Seelenheil. Bacon konnte jedoch vorbringen, daß nicht derjenige, der die Natur befragte, sondern derjenige, der über göttliche Dinge spekulierte (wie die scholastischen Philosophen des Mittelalters) einen dem Menschen nicht zustehenden intellektuellen Hochmut an den Tag lege. Er wies darauf hin, daß der Wunsch nach moralischer Erkenntnis, nicht nach „reiner und unverdorbener natürlicher Erkenntnis" den Sündenfall verursacht habe. Er geht noch weiter, wenn er — sehr hübsch — meint, daß Gott mit den Menschen Versteck spiele, indem er die Geheimnisse der Natur ihrer unmittelbaren Anschauung entziehe. Diese Argumentation läßt sich vielleicht am besten als der Versuch Bacons verstehen, die Sammlung natürlicher Erkenntnisse gegen die Beaufsichtigung durch Theologen abzuschirmen.

In seiner unvollendeten Utopie *Das neue Atlantis* beschreibt Bacon eine Körperschaft gelehrter Männer, die sich „Salomons Haus" nannte und deren Gründungszweck war, „die wahre Natur aller Dinge zu entdecken (auf daß ihr Werk Gott zu größerem Ruhm und den Menschen zu größerem Nutzen gereiche)". Man hat in diesem Bericht oft das Vorbild der *Royal Society* gesehen, die ein halbes Jahrhundert später im Jahre 1660 begründet wurde. Es wird sich zeigen, daß Bacons Interesse vor allem praktischer Art war. Ihm ging es mehr um Technologie als um jenen Bereich, den wir heute reine Wissenschaft nennen. Er hätte diese Unterscheidung wohl kaum anerkannt. Außerdem warnte er — aus ganz praktischen Gründen — vor dem übereilten Versuch, Erkenntnis praktisch zu verwerten, weil ihm bewußt war, daß für die erfolgreiche Anwendung eine gewisse theoretische Breite erforderlich ist. Bacon hat also entscheidend zu unseren Vorstellungen von der Welt, in der wir leben, beigetragen: einer Welt, aus der Vorzeichen und Weissagungen, Hexen und Kobolde verbannt wurden, damit sie sich so beschreiben und erklären läßt, daß die Menschen sie ausbeuten und glücklich in ihr leben können. Welche Methode soll dem Menschen nun aber beim Abenteuer praktischer Erkenntnis helfen? Allgemein wird sie als Induktion bezeichnet. Man versteht darunter, daß allgemeine Regeln aus der Beobachtung besonderer Fälle gewonnen werden. Doch ist dies nur ein Teil der baconschen Methode. Bacon war keineswegs der geistlose Datensammler, als den ihn seine modernen Kritiker gelegentlich hingestellt haben. Seine Auffassung läßt sich vielleicht am besten mit einer Insektenfabel verdeutlichen, an der er selbst Gefallen fand. Wie Spinnen Fäden aus dem eigenen Körper produzieren, so spinnen die scholastischen Philosophen nach Bacons Auffassung ihre spitzfindigen Spekulationen aus ihrem Denken, ohne die Welt, in der sie leben, in irgendeiner Weise zu berücksichtigen. Kaum mehr Bewunderung verdient die Ameise, die umhereilt und planlos dies und das zusammenträgt — das genaue Abbild des geistlosen Empirikers. Bacons Lieblingsinsekt ist die Biene, die sich von Blume zu Blume — oder Fall zu Fall — begibt, um dann zum Bienenstock zurückzukehren, wo der Pollen in Honig verwandelt wird. Das ist auch das Vorgehen des baconschen Wissenschaftlers, und unstreitig braucht er eine bewußte und überlegte Methode, um Erfolg zu haben, wo frühere Generationen gescheitert sind. Wie sollen wir ihren Mißerfolg erklären? Der menschliche Geist wird — so teilt uns Bacon mit — durch falsche Vorstellungen oder „Idole" (Trugbilder), wie er sie nennt, in die Irre geführt. Vier Arten unterscheidet er, um sie nacheinander zu erörtern. Zuerst sind da die Idole des Stammes, die Wahrnehmungsverzerrungen, die auf den Umstand zurückgehen, daß der Mensch fünf Sinne hat und daß jeder nur einen begrenzten Ausschnitt erfaßt. Zweitens gibt es die Idole der Höhle, die auf Platons Höhlengleichnis im siebten Buch des *Staates* anspielen. Diese Idole resultieren zwangsläufig aus dem persönlichen Geschmack, der Erziehung, dem Temperament und den Fähigkeiten des einzelnen. Hier räumt Bacon ein, daß Erkenntnis einen gewissen Öffentlichkeitscharakter besitzt und teilweise davon abhängt, ob es gelingt, die Subjektivität auszuschalten. Es folgen die Idole des Marktplatzes, deren Grund ist, daß die Menschen ihre Ideen meist voneinander beziehen und eine Sprache sprechen, „in der die

geblieben sind. Das mag eine merkwürdige Bezeichnung für eine solche Klasse von Irrtümern sein, aber Bacon erklärt: „Alle überkommenen Systeme sind lediglich Bühnenstücke, die selbsterschaffene Welten auf unrealistische, bühnenmäßige Weise darbieten." Bacon will diese Theaterstücke absetzen und seine Aufmerksamkeit dem Spiel der Natur zuwenden.

Bacons induktive Methode besteht aus einer Reihe von Schritten, durch die bestimmte Informationen über die Natur gewonnen werden. Dazu müssen eine Reihe von Informationsübersichten über das besondere, zur Untersuchung stehende Phänomen angelegt werden — Bacon selbst verwendet meist das Beispiel der Wärme. Die erste heißt Übersicht der Essenz und Präsenz und ist eine Sammlung bekannter Fälle des Phänomens. Die zweite ist eine Übersicht der Abweichungen, die dem „Verstand" jene Fälle „unterbreitet", in denen man das Phänomen erwarten würde, es jedoch ausbleibt. Die Mondstrahlen erzeugen beispielsweise keine Hitze. Diese beiden Übersichten ähneln ungeachtet ihrer etwas altmodischen Sprache der vereinigten Methode von Übereinstimmung und Widerspruch, die John Stuart Mill in die moderne Methodenlehre eingebracht hat. In Bacons dritter Übersicht wird untersucht, in welchem Grade das Phänomen in der Natur präsent ist. Sie heißt Grad- oder Vergleichsübersicht. Bei Mill erscheint sie als Methode der konkomitanten (begleitenden) Variation. Dies ist das Material über die Natur, das sich zu Axiomen zusammenfassen läßt, und — wie Bacon sagt — die „erste Lese" der Wissenschaft darstellt. Es ist der Niederschlag jener Methode, die zu Erkenntnissen von immer höheren Allgemeinheitsgraden führt. Bacon bezeichnete den Prozeß als „das Streben des Menschengeschlechts, sein Recht über die Natur zurückzugewinnen".

Dieser Induktionsprozeß wird durch eine Reihe weiterer Beobachtungen erhärtet, die Bacon „prärogative Instanzen" nannte. Es gibt 27. Aus diesem Programm zur Akkumulation natürlicher Erkenntnis wird eine Reihe von Naturgeschichten entstehen, die zu den Gesetzen der Metaphysik (die einen praktischen Bereich in einer besonderen Spielart der „Magie" besitzt) und der Physik führt, deren praktischer Bereich die Mechanik ist. Wir werden lernen, was die Natur leistet und zu welchen Leistungen sie veranlaßt werden kann.

Aus der Sicht des 20. Jahrhunderts ist Bacons Wissenschaftsphilosophie das Manuskript einer Aufführung, die in dieser Form nie stattgefunden hat. Den Weg der Wissenschaft haben mathematisch ausgerichtete Leute mit brillanten und phantasievollen Hypothesen bestimmt, nicht die fleißigen Naturgeschichtler, die Bacon sich vorstellte. Doch wenn er auch nicht der Philosoph der Wissenschaft war, so war er doch ihr Prophet. Seine Vision hat die nachfolgenden Generationen beflügelt. Er hat — wie Diderot später schrieb — die Karte gezeichnet, die den Menschen zeigt, was sie zu lernen hatten. K. M.

Wörter von der Auffassungsgabe des Volkes vorgegeben sind". Diese Schwierigkeit läßt sich durch eine Sprache lösen, in der die Bedeutung der Wörter festgelegt ist, d. h. durch ein terminologisches Vokabular. Sonst verzetteln sich die Menschen „in zahllosen leeren Gesprächen und müßigen Phantasien". Unter den Idolen des Theaters versteht Bacon schließlich die von Philosophen entwickelten Ideen, die durch Autoritätsgläubigkeit oder einfach durch Nachlässigkeit und Trägheit gültig

Descartes

Der Erfolg bei der Entwicklung der analytischen Geometrie überzeugte Descartes, daß selbst die kompliziertesten Situationen sich in einfache Teile zerlegen lassen, welche in einer besonderen Weise miteinander verbunden sind. Mit der Kraft des Denkens suchte er nach den einfachen Teilen, welche zum Denken und Schicksal des Menschen zusammentreten. Durch Analyse hoffte er zu leisten, was Euklid durch Konstruktion gelungen war.

1596 —1650

Die relativ beschauliche, persönliche und zweckbestimmte Auffassung des Universums, die das antike und mittelalterliche Denken des Abendlandes großenteils beherrschte, wurde durch die Revolutionen des wissenschaftlichen Denkens im 17. Jahrhundert im wahrsten Sinne des Wortes in Stücke gerissen. René Descartes hat einen der ersten und wichtigsten Beiträge zu dieser Revolution geleistet. Wahrscheinlich war er der erste Denker, dem ganz klar war, wie gründlich sie mit dem herrschenden europäischen Verständnis von Erkenntnis aufräumen würde.

Er hatte genug geerbt, um sich im liberalen Holland niederzulassen und bequem zu leben. Von dort aus unterhielt er eine lebhafte und bedeutende Korrespondenz mit anderen wichtigen Gelehrten seiner Zeit. Davon überzeugt, die Wahrheit über den Aufbau und die Bedeutung der materiellen Welt entdeckt zu haben, beschäftigte sich Descartes mit der Frage, welche Bedeutung daraus für die wissenschaftliche Erkenntnis erwächst und wie der Geist beschaffen sein muß, der solcher Erkenntnis fähig ist. Bis zu seinem Tode galt das besondere Interesse Descartes' der Unterscheidung zwischen Geist und Materie und den Konsequenzen dieser Unterscheidung.

Leider sind Descartes frühe Spekulationen über die Natur in einer zusammenhängenden Form erst nach seinem Tode veröffentlicht worden, obgleich er schon zu Lebzeiten aufgrund seiner umfassenden Korrespondenz bekannt wurde. Wie er die Welt sah, faßt er jedoch 1637 in der *Abhandlung über die Methode* zusammen, und die Geistesart von Menschen, die fähig sind, die Wahrheit über die Welt zu entdecken, beschrieb er 1641 in den *Meditationen*. Beide sind philosophische Klassiker geworden und haben ihm den Ruf eingetragen, der „Vater" der modernen Philosophie zu sein. 1649 nahm er eine Einladung der Königin Christina von Schweden an, die ihn bat, ihr sein philosophisches System zu erläutern. Zu seinem Vertrag gehörte auch, daß er in dem kalten Klima früh aufstand, um der Königin in den Morgenstunden Unterricht zu geben. Nach der langen Zeit bequemer Zurückgezogenheit, in der er gelebt hatte, war diese Lebensweise zuviel für ihn, und er starb 1650.

Zur wissenschaftlichen Revolution gehörte ein neuer Begriff der physischen Realität, der der früheren unmittelbaren Erkenntnis von Wirklichkeit und Erscheinung sehr fern stand. Das Interesse am Atomismus der alten Griechen lebte wieder auf. Mehr und mehr Denker vertraten die Auffassung, daß sich hinter der Vielschichtigkeit gewöhnlicher Erfahrung eine ganz außerordentliche, nicht erfahrbare und einfache Realität verberge. Sie bestehe aus zahllosen undurchdringlichen Partikeln, die ständig in Bewegung seien und in einer vielfältigen mechanischen Wechselbeziehung zueinander stünden. Die Bewegung selbst war nicht mehr das, was sie zu sein schien. Vorher meinte man, daß bestimmte Formen der Erd- und Himmelsbewegung natürlich und/oder zweckbestimmt seien

(d. h. schwere Körper fallen nach unten, weil sie in der einen oder anderen Weise dazu bestimmt sind). Dagegen brachte Galilei das überzeugende Argument vor, daß viele verschiedene Bewegungsarten keinen bestimmten Zweck zu haben schienen und besser durch die Annahme, daß ihnen unbeobachtete mathematische Komponenten zugrundelägen, beschrieben und erklärt werden könnten. Diese Komponenten verbinden sich auf vorhersagbare Weise und schaffen so die unmathematische Vielschichtigkeit beobachteter Bewegung. Schließlich wurden völlig neue und zur damaligen Zeit verblüffende physikalische Begriffe zu Erklärungszwecken formuliert. Beispielsweise setzte sich allmählich die Vorstellung durch, die Planetenbahnen um den neuen Mittelpunkt der Welt, die Sonne, ließen sich durch eine Art von „Kraft" erklären, die dem Magnetismus analog sei.

Seine ersten intellektuellen Erfolge erzielte Descartes auf dem Gebiet der Mathematik. Zum Beispiel hat er die inzwischen wohlbekannten mathematischen Techniken entdeckt, die dazu verwendet wurden, die neuen heliozentrischen Auffassungen in geometrischen und damit räumlichen Begriffen auszudrükken. Er übernahm die atomistische Auffassung, daß die Welt nur bewegte Materie sei, und meinte, Materie und Bewegung

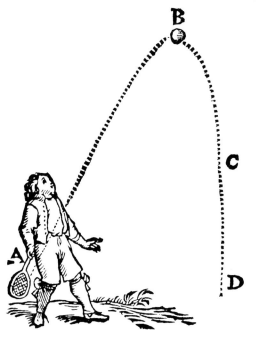

daß die Vielfalt der beobachteten gekrümmten Bewegungen (und die meisten beobachteten Bewegungen sind gekrümmt!) das Ergebnis von mechanischen Wechselwirkungen innerhalb der bewegten Materie sind, die sich rein mathematisch beschreiben und folglich erklären lassen.

Descartes hat kompromißlos versucht, jene Art von Welt zu beschreiben, von der man ausgehen mußte, wollte man die Rolle und den Erfolg der Mathematik innerhalb der neuen Wissenschaft sichern. Später hatte man eingesehen, daß seine Gleichsetzung von Natur und Geometrie zu radikal war. Man kann die Mathematik als Werkzeug zur Erforschung der Natur betrachten, nicht aber als ihr eigentliches Wesen. Doch hat Descartes als erster eine Reihe von Fragen über Grundlage und Bedeutung der neuen Wissenschaft gestellt, die die Basis für praktisch alles bildete, was folgte.

Gewiß hat Descartes seine angebliche Erkenntnis nicht dadurch gewonnen, daß er die Wirklichkeit beobachtet hat, wie sie wirklich ist. Er hat sie aber auch nicht dadurch erworben, daß er sich willkürliche Gedanken über sie gemacht hat. Er war der Meinung, daß sein Naturverständnis im wahrsten Sinne des Wortes außerhalb jeden Zweifels stand. So wurde der Zweifel selbst zur Grundlage seiner Konzeption der wissenschaftlichen Methode, die der neuen Welt geometrischer Realität entsprechen sollte. Von einer denkbar systematischen Skepsis ausgehend, versuchte er zu beweisen, daß seine wissenschaftlichen Ergebnisse dennoch zwingende Schlußfolgerungen seien. Er behauptete, daß man zwar alles in Zweifel ziehen könne, eines jedoch nicht: den Zweifel selbst. Und — so fuhr er fort — wo Zweifel sei, da müsse auch ein Zweifler sein. Die Formel, unter der diese Auffassung heute fast überall bekannt ist, lautet: „Ich denke, also bin ich". Aus diesem angeblichen Beweis der eigenen Existenz leitete Descartes dann auf verschiedene Weise die Beweise für andere Annahmen ab; unter anderem für die Existenz Gottes und für das Weltbild, das er früher behauptet hatte. Descartes Modell der wissenschaftlichen Methode war also mit seinem Modell der geometrischen Methode identisch. Er ging aus von der Evidenz und von universellen Annahmen, um von ihnen auf besondere Eigenschaften der Welt zu schließen, die zwar nicht evident sind, aber ihre Gewißheit von den Annahmen beziehen, aus denen sie folgen. Descartes hat das Problem, das seiner Methode innewohnt, nie wirklich gelöst, die Frage nämlich, was geschieht, wenn zwei Menschen zu widersprüchlichen Grundannahmen gelangen, die sie beide für evident halten. Doch schufen die allgemeinen Maßstäbe, die er sich in dieser Hinsicht setzte, ihrerseits rationale Kriterien, die von nun an die wissenschaftliche Forschung beherrschen sollten.

Aus Descartes Auffassungen von der Natur und der wissenschaftlichen Methode erwuchs sein anderer wesentlicher Beitrag zum modernen Denken: seine Antwort auf die Frage, die

seien in erster Linie mathematischer Natur. Sie besäßen keine Eigenschaften, die nicht zum Gegenstand geometrischer Beschreibung und Analyse gemacht werden könnten.

Descartes geometrisches Weltsystem ging von drei Schlüsselannahmen aus. Erstens behauptete er, das Wesen der Materie sei nichts anderes als geometrische oder räumliche Ausdehnung. Die meßbaren geometrischen Grenzen der Materie konstituierten ihre Wirklichkeit. Zweitens meinte er, das Wesen aller Bewegung seien ihre mathematisch beschreibbaren Merkmale (etwa eine Kurve, die eine bestimmte Geschwindigkeitsvariation über einen bestimmten Zeitraum widergibt). Insofern gäbe es keinen bevorzugten „Ort", „Zustand" oder Zweck vor oder hinter irgendetwas, das sich in Bewegung befindet. Drittens, daß alle Bewegung in der Welt konstant bleibe. Das heißt, sie könne durch unmittelbare Berührung von einem Teil der Welt auf einen anderen übertragen werden, doch insgesamt bleibe das System konstant. Die Bedeutung dieser einfachen Erkenntnis für die Entwicklung des physikalischen Denkens kann gar nicht überschätzt werden. Sie besagt,

Links: *Descartes,
von Frans Hals.*
Rechts: *Descartes in sei-
nem Arbeitszimmer, eine
Abbildung aus* Opera
Philosophica, *1692.*

als Körper-Seele-Problem bekannt ist. Wenn die materielle Wirklichkeit nur geometrische Materie und geometrische Bewegung ist, was für eine Existenzform hat dann die außerdentliche Vielschichtigkeit unserer übrigen Erfahrung, und in welcher Beziehung steht sie zu dieser materiellen Wirklichkeit? Descartes meinte, daß alle nicht unmittelbar meßbaren Eigenschaften unserer Erfahrung buchstäblich in unserem Verstand lägen und durch seine Wechselwirkung mit der materiellen Welt zustande kämen. Beispielsweise scheine ich in der Lage zu sein, meine Hand nach Belieben zu bewegen. Diese Erscheinung läßt darauf schließen, daß die geistige Welt mit der materiellen Welt in Wechselwirkung steht. Seiner Auffassung nach sind die „Ideen" das Verbindungsglied zwischen Geist und Materie. Der Geist — den er in der Nähe des Gehirnzentrums ansiedelt — formuliert und versteht diese Ideen. Die materielle Welt entspricht ihnen.

Kurzum, Descartes erkannte, daß die wissenschaftliche Revolution weitreichende Folgen für unser Bild vom schöpferischen Forscher und Rezipienten der Erkenntnis haben würde. Ihm war klar, daß die einfache Wirklichkeit, die von der neuen Wissenschaft behauptet wurde, für den gesunden Menschen

verstand ebenso fremd war, wie sie der außerordentlichen Vielschichtigkeit unserer Wahrnehmungserfahrung fern lag. Wenn Wirklichkeit mit den materiellen und objektiven Aspekten der Welt gleichzusetzen ist und Erfahrung oder Erscheinung mit den geistigen und subjektiven Aspekten, müßte die Untersuchung letzterer mit anderen Problemen und Methoden zu tun haben und sich auf eine andere Klasse von Merkmalen richten. Und so ist für Descartes der forschende Mensch letztlich auch der Gefangene seiner eigenen Subjektivität. Die wirkliche Welt ist nicht die Welt seiner Erfahrung. Descartes versuchte mit seinen Denkregeln zu zeigen, wie die beiden Welten zusammengebracht werden könnten. Doch sein Glaube an die Vernunft als die Brücke zwischen Geist und Materie konnte sich nicht selbst rechtfertigen. Er rettete sich in den Glauben, daß Gott (dessen Existenz sich — wie er behauptete — durch die Vernunft beweisen lasse!) uns gewiß nicht hinsichtlich dieser uns so zweifelsfrei erscheinenden Ideen täuschen würde.

Dieser tiefe und unüberwindliche Graben zwischen Geist und Materie oder dem subjektiven Forscher und dem materiellen Gegenstand seiner Forschungstätigkeit sollte schließlich zugeschüttet werden, und damit auch der Graben zwischen Erscheinung und Wirklichkeit, aus dem er zu folgen schien. Doch sollte seine Einebnung Jahrhunderte dauern, und in manchen Bereichen westlichen Denkens existiert er noch immer. In den letzten Jahren hat sich herausgestellt, daß Beschreibungen und Erklärungen der physischen wie geistigen Aspekte unserer Welt in ihrer praktischen Bedeutung von den Regeln unserer beschreibenden und erklärenden Sprache abhängen. Unser Wirklichkeitsverständnis richtet sich, wie immer es auch geartet sein mag, entscheidend nach Bedingungen, die man besondere Moden unseres begrifflichen und sprachlichen Verhaltens nennen könnte. Wer also einen Keil zwischen den Erkennenden und das Erkannte treibt, verkennt, daß die verschiedenen Definitionen ihrer Beziehung historisch und gesellschaftlich bedingt sind.

So hält die Debatte an. Selbst wenn sich Descartes Gewißheit, Lösungen für die von ihm aufgeworfenen Probleme gefunden zu haben, als unbegründet herausgestellt hat, rechtfertigt doch die Bedeutung der Probleme seinen außergewöhnlichen Ruf.

L. D.

Descartes' Illustration des Weges, den eine Empfindung über Nervenimpulse zum Gehirn zurücklegt, aus Opera Philosophica, *1692.*

Newton

Vor Newton war die Kreisbewegung nichts weiter als eine Kreisbewegung. Newton hat gezeigt, daß sie aus zwei Komponenten besteht: einer geradlinigen Bewegung als Tangente zum Kreis und einer nach innen, auf den Kreismittelpunkt gerichteten Bewegung. Die zweite resultierte aus der Gravitation. Sein Gravitationsbegriff und die Art, wie er ihn mathematisch behandelte, sollten das Geheimnis der Planetenbahnen und der Erdbewegung lüften.

1642—1727

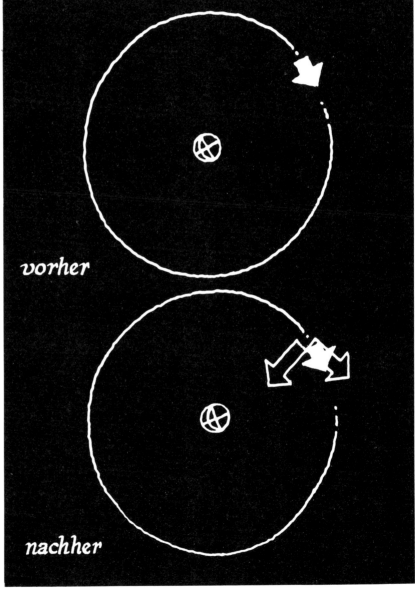

vorher

nachher

Die Zerlegung der Planetenbewegung in zwei Komponenten

Rechts: *Eine Abbildung aus einer populärwissenschaftlichen Erklärung von Newtons* Principia; *gezeigt wird die Entstehung eines Regenbogens durch Streuung und vollständige innere Reflexion.*
Unten: *Newtons Porträt von Charles Jervas.*

Isaac Newton wurde am Weihnachtstag 1642 auf dem kleinen Herrensitz des Dorfes Woolsthorpe in der Nähe von Grantham Lincolnshire geboren. Es schien unwahrscheinlich, daß die kränkliche Frühgeburt überleben würde. Doch zur rechten Zeit war er kräftig genug, um die örtlichen Schulen zu besuchen. Dort blieb er, bis seine zweimal verwitwete Mutter ihn nach Hause holte, damit er die Landwirtschaft erlerne und den kleinen Familienbesitz führen könne. Doch Newton war kein Landwirt. Anekdoten berichten, daß er mehr Interesse daran gezeigt habe, Wasserräder und Stauwehre zu bauen, als die Schafe zu hüten. Doch auch in der Schule zeigte er keine besondere Begabung, obgleich er bei Dingen, die ihn interessierten, Anflüge von jener außerordentlichen Konzentrationskraft zeigte, die ihn später so auszeichnen sollte. Glücklicherweise wurde der Rektor seiner alten Lateinschule zum Pfarrer der benachbarten Gemeinde berufen. Er erkannte nicht nur, daß Newton als Landwirt völlig ungeeignet war, sondern auch, daß in ihm wissenschaftliche Fähigkeiten schlummerten. So überredete er die Mutter, den Jungen nach Cambridge zu schicken, und erklärte sich bereit, Newton unentgeltlich Nachhilfeunterricht zu erteilen. Dank seiner Hilfe trat Newton 1661 in das Trinity College ein. Dort führte er ein ruhiges Leben; wie nicht anders zu erwarten, da er ein Stipendiat war, der zu seinem Unterhalt verschiedene Arbeiten verrichten mußte und kaum Geld gehabt haben dürfte, das er hätte zum Fenster hinauswerfen können.

In seinen Leistungen schien Newton weder besser noch schlechter zu sein als andere Studienanfänger, bis er 1663 unter den Einfluß Isaac Barrows geriet, des ersten Inhabers eines neuen mathematischen Lehrstuhls. Barrow erkannte, welches Genie in Newton schlummerte und förderte ihn so, daß er sechs Jahre später seinen Lehrstuhl an seinen Schüler abtrat.

Newtons Kraft zu unabhängigem Denken zeigte sich das erste Mal in seinem Privatleben, bei seiner Rückkehr nach Woolsthorpe. Er war 1665, im Jahre seiner Magisterprüfung, dorthin zurückgegangen, weil die Pest nach Cambridge gelangt und die Universität geschlossen worden war. Wer konnte, begab sich nach Hause. In Woolsthorpe arbeitete Newton auf den drei Gebieten Optik, Gravitationstheorie und Mathematik. Die optische Arbeit beschäftigte sich mit der Frage, wie Linsen und Prismen das Licht brechen und streuen. Dabei kam Newton zu der Erkenntnis, daß weißes Licht (Sonnenlicht) aus allen Farben des Spektrums zusammengesetzt ist. Aufgrund dieser Forschungsarbeit kam er zu dem falschen Schluß, daß sich kein Linsenteleskop bauen ließe, das nicht das Licht in seine verschiedenen Farben zerlegen und deshalb Bilder mit farbigen Rändern erzeugen würde. Wenn es sich auch später erweisen sollte, daß er in diesem Punkt irrte, so veranlaßte ihn sein Fehler doch, nach Cambridge zurückgekehrt, das erste

Spiegelteleskop zu entwerfen und zu bauen, das anstelle einer Linse, die das Licht bündelt und das Bild entstehen läßt, einen Konkavspiegel enthält.

Newtons Gravitationsarbeit beschäftigt sich mit den Bewegungen der Planeten um die Sonne und der Umlaufbahn des Mondes um die Erde. Zu dieser Zeit befaßten sich verschiedene Astronomen mit der Frage, welche Kraft die Planeten in ihren Umlaufbahnen halten könnte, und man erwog die Möglichkeit einer speziellen Gravitationskraft. Der Haken an der Sache war nur, daß niemand in der Lage war, mathematisch zu beweisen, um was für eine Kraft es sich handelte. Alle waren auf Vermutungen angewiesen. Newton meinte, er könne auf mathematischem Wege zu einer Antwort gelangen. Außerdem sah er eine Verbindung zwischen der Kraft, die erforderlich war, den Mond und die Planeten in ihren Umlaufbahnen zu halten, und der Kraft, die irdische Körper zu Boden fallen läßt. Wie häufig bei solchen Gelegenheiten ranken sich auch um diese Entdeckung Legenden. Newtons Lieblingsnichte Catherine Barton wurde nie müde zu erzählen, wie ihr Onkel unter einem Apfelbaum in einem Garten von Woolsthorpe gesessen habe, als ihm ein Apfel vor die Füße plumpste. Dies habe ihn — so behauptete sie

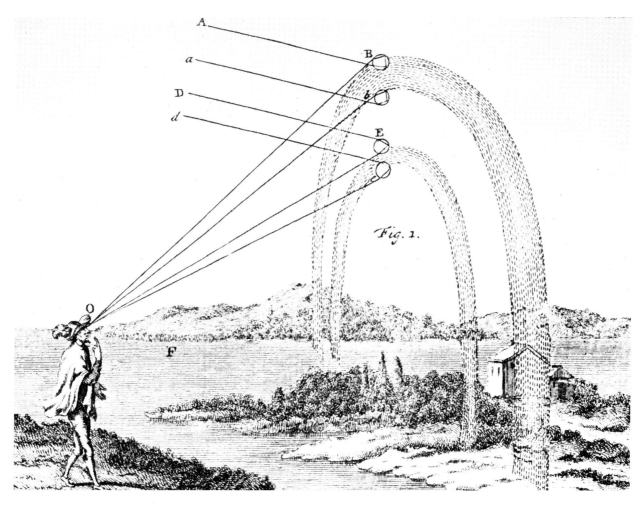

A

a

D

d

B

b

E

O

F

Fig. 1.

— zu der Annahme geführt, es bestehe eine Verbindung zwischen der Bewegung des Mondes und derjenigen der Körper, die zur Erde fallen. Die verbindung konnte Newton dadurch herstellen, daß er sich die Umlaufbahn des Mondes als Verbindung zweier Bewegungen vorstellte: einer Gradlinigen und einer, die senkrecht dazu in Richtung der Erde verläuft. Der daraus resultierende Weg mußte kreisförmig oder elliptisch sein. Wie Descartes, mit dessen Gedanken Newton sich kurz vorher in Cambridge vertraut gemacht hatte, und wie Galilei ging auch Newton von einem ersten grundlegenden Bewegungsgesetz aus, welches besagt, daß ein einmal in Bewegung gesetzter Körper sich mit gleicher Geschwindigkeit und in gleicher Richtung fortbewegt, wenn nicht eine neue Kraft auf ihn einwirkt. Newton ging jedoch noch einen Schritt weiter und behauptete, diese Bewegung könne nur geradlinig sein. Daraus folgte, daß Umlaufbewegungen aus zwei getrennten, geradlinigen Bewegungen zusammengesetzt sein müssen. So war es beispielsweise notwendig, die Umlaufbahn des Mondes als tangentiale Bewegung zur Umlaufbahn und zugleich als Fall zum Erdmittelpunkt zu verstehen. In gleicher Weise mußten die Umlaufbahnen der Planeten behandelt werden.

Die Umlaufbahnen des Mondes und die der Planeten sind nicht kreisförmig, sondern elliptisch, was zur Folge hat, daß ihre Umlaufgeschwindigkeit nicht konstant ist. Das erschwert die mathematische Berechnung erheblich. Geht man von einer Gravitationskraft aus, die in ihrer Stärke je nach dem Abstand

zwischen zwei Körpern schwankt, so wird diese Stärke bei jedem Umlauf ständig variieren. Solch eine Kraft nahmen die Wissenschaftler dieser Zeit an, und ihre stetig veränderliche Wirkung stellte die Mathematiker der sechziger Jahre des 17. Jahrhunderts vor schier unüberwindliche Probleme. Newton löste sie auf brillante Weise mit einer neuen Art von Mathematik, die er „Fluxionen" nannte (heute als Infinitesimalkalkül bekannt). Er hat diese Methode in Woolsthorpe nicht vollständig entwickelt — das sollte später kommen —, aber doch weit genug, um mit ihr die Umlaufbahn des Mondes zu berechnen und Ergebnisse zu erzielen, die die entsprechenden Beobachtungen — wie er fand — „ziemlich genau beantworten". Newton wäre gern zu ganz exakten Ergebnissen gekommen, kannte aber damals noch nicht all die neuen Gesetze der elliptischen Planetenbewegung und konnte auch keine genauen Zahlen über die wechselnde Mondentfernung erhalten. Dazu mußte er davon ausgehen, daß Descartes sich in bestimmten Details seiner Theorie der Kreisbewegung geirrt hatte, obgleich er den Fehler zu diesem Zeitpunkt mathematisch noch nicht beweisen konnte. Auch mußte Newton vermuten, daß die Gravitationskraft von Sonne und Mond in ihren Mittelpunkten liege, eine Tatsache, die er wiederum erst später beweisen konnte.

Doch trotz dieser Mängel hat Newton bei seinem Aufenthalt in Woolsthorpe das Fundament all dessen entdeckt, was er später in Astronomie und Physik leisten sollte. So bedeutsam diese

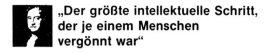

„Der größte intellektuelle Schritt, der je einem Menschen vergönnt war"

Links: *Newtons Spiegelteleskop.*
Rechts: *Eine Seite
aus Newtons Korrespondenz.*

Entdeckungen waren, ließ er bei seiner Rückkehr nach Cambridge im März 1667 nichts über sie verlauten, auch nicht, als er Barrow bei der Vorbereitung seiner Vorlesungen über Optik half. Diese Zurückhaltung lag wohl einerseits daran, daß Newton Kontroversen verabscheute; ihm dürfte klar gewesen sein, daß seine Farbtheorie auf Widerspruch stoßen mußte — was später ja auch geschah. Andererseits lag sie an einer natürlichen Verschwiegenheit, die Newton sein ganzes Leben lang bewies. Als Barrow jedoch im November 1667 zugunsten Newtons auf seinen Lehrstuhl verzichtete, konnte sein Genie der Öffentlichkeit nicht länger verborgen bleiben, und nachdem er sein Spiegelteleskop gebaut hatte, mußte sich einfach die Kunde davon verbreiten. Und so kam es auch. Die Erfindung wurde von der Royal Society in London geprüft, und ein Bericht über sie auf den Kontinent geschickt. Newton wurde zum Mitglied der Society gewählt und angesichts des Aufsehens, das sein Teleskop erregt hatte, überredet, seine Licht- und Farbtheorie niederzuschreiben. Doch sofort wurde die Theorie von Robert Hooke und anderen so heftig angegriffen, daß Newton in seinem Ärger den Schwur tat, die Wissenschaft an den Nagel zu hängen. Glücklicherweise wurde er schließlich doch dazu gebracht, seine Lichttheorie zu entwickeln, seine Gravitationsforschung wieder aufzunehmen und sie in den *Principia* niederzulegen, dem berühmtesten aller wissenschaftlichen Bücher.

Die Niederschrift der *Principia* war bis zu einem gewissen Grade dem Zufall zu verdanken. Im August 1684 besuchte Edmund Halley, der Gravitation und Planetenbahnen mit Hooke und Sir Christopher Wren erörtert hatte, Newton in Cambridge. Er war erstaunt, festzustellen, daß dieser das Problem gelöst hatte. So überredete Halley Newton, seine Ergebnisse in aller Breite aufzuschreiben, und die Royal Society bewegte er dazu, der endgültigen Veröffentlichung zuzustimmen. Tatsächlich hat Halley nicht nur das Manuskript redigiert und die Drucklegung überwacht, sondern auch die Herstellung aus eigener Tasche bezahlt. Damit nicht genug; als Hooke irgendwann protestierte, weil er fand, daß sein Beitrag nicht genügend berücksichtigt werde, war es Halley, der Newton dazu überredete, das Buch zu beenden.

Das Werk erschien im Juli 1687. Sein vollständiger Titel lautete *Philosophiae Naturalis Principia Mathematica* (Die mathematischen Prinzipien der Naturkunde). Obgleich es nur von einer relativ kleinen Zahl von Fachleuten ganz verstanden werden konnte, wurde es als geniales Werk gepriesen. Das war es auch gewiß: Auf 600 Seiten konnte Newton ein schlüssiges mathematisches System des Universums darlegen. Die Bewegungsgesetze der Körper — lange eine umstrittene Frage — wurden überzeugend erklärt. Der allgemeine Gravitationsbegriff wurde entwickelt und dann auf astronomische Fragen angewandt. Es war eine gewaltige Glanztat, ein beeindruckendes Denkmal für

die Kraft des menschlichen Intellektes. Mit ihm wurde Newtons Stellung schier unangreifbar. Er wurde zum Parlamentsmitglied für die Universität von Cambridge gewählt. Doch die geistigen Strapazen der Niederschrift der *Principia* forderten ihren Tribut. 1693 erlitt er einen geistigen Zusammenbruch, von dem er sich nur langsam erholte.

Nach den *Principia* war Newtons Laufbahn eher administrativ als wissenschaftlich. 1696 wurde er während einer staatlichen Umprägung zum Münzprüfer ernannt und bewährte sich dabei so gut, daß er 1699 zum Leiter des Münzwesens ernannt wurde, dem höchsten, aber weit weniger beschwerlichen Posten. Doch trotz seiner Position fühlte Newton sich erst nach Hookes Tod vor Kontroversen sicher genug, um seine *Opticks* zu veröffentlichen. Sein Ruf breitete sich aus, und zwei Jahre später, im Jahre 1706 — inzwischen als erster aufgrund wissenschaftlicher Leistungen zum Ritter geschlagen und zum Präsidenten der Royal Society gewählt — war er zur nationalen Figur geworden. Doch selbst jetzt blieben ihm Konflikte nicht erspart. Es kam zu Auseinandersetzungen mit dem deutschen Mathematiker Leibniz, der behauptete, das Infinitesimalkalkül vor Newton erfunden zu haben, und mit dem ersten königlichen Astronomen John Flamsteed, weil dieser seine Beobachtungen nicht veröffentlichen wollte. Für manche war Newton einfach unfehlbar. Als er 1727 starb, wurde er unter Feierlichkeiten beigesetzt, die einem Staatsbegräbnis gleichkamen.

Man kann Newtons Beitrag zur Naturwissenschaft einfach nicht überschätzen. Er war es, der endlich das 3000 Jahre alte Problem der Planetenbewegung löste und die Verhaltensgesetze des materiellen Universums niederlegte. Seine Gravitationstheorie wurde in den Jahren nach dem Erscheinen der *Principia* wieder und wieder bestätigt: bei der Erklärung der Kometenbahnen, des Verhaltens von Doppelsternen, der Bewegungen neu entdeckter Planeten. Sie wurde ein Grundprinzip zum Verständnis des Universums. Seine Arbeit über Licht und Farben führte zur Entwicklung des außerordentlich wertvollen analytischen Instruments der Spektroskopie, die für Chemiker und Astronomen gleichermaßen unentbehrlich ist, während sich aus der Infinitesimalrechnung völlig neue mathematische Techniken entwickelten. Newtons wissenschaftliche Leistungen waren erstaunlich; vielleicht um so mehr, als man sich klarmachen muß, daß er sie alle in einer relativ kurzen Spanne seines Lebens vollbracht hat. Denn er hat viel mehr Zeit auf theologische und alchimistische Probleme verwandt als auf die Wissenschaft. Dennoch gibt es seit der Renaissance keinen Menschen, der unsere Geisteshaltung nachhaltiger geprägt hat. Letztlich hat Newton das Weltbild des Menschen entscheidend verändert: Die Welt ist nicht mehr eine Schöpfung mit göttlichen Zügen, sondern eine unpersönliche Maschine von der Präzision eines Uhrwerks; nicht mehr ein geistiges Universum, sondern ein mechanisches. C. A. R.

Erkenntnis und Methode

Bacon wie Descartes haben ausdrücklich erklärt, sie seien ganz und gar nicht mit der scholastischen Erkenntnisweise zufrieden gewesen, die man ihnen in der Schule beigebracht habe. Die Scholastik basiert auf der Arbeit von Thomas von Aquin, der die menschliche Erkenntnis wiederum auf das klassifikatorische und syllogistische Verfahren des Aristoteles gegründet hatte. Vor allem hatte er sich vorgenommen zu zeigen, wie menschliche Erkenntnis christlichen Glauben untermauert. Im Anschluß an die Scholastiker war es nicht möglich, über Beschreibungen hinauszugelangen und Erkenntnis praktisch zu verwerten.

William von Ockham und die franziskanischen Philosophen hatten sich für eine Trennung von Glaubensdingen und Dingen der natürlichen Vernunft eingesetzt. Sie gaben sich damit zufrieden, ohne den prüfenden Blick der Vernunft all jene Dinge zu akzeptieren, die unmittelbar zum christlichen Glauben gehörten. Dagegen wollten sie mit Hilfe der Vernunft die natürlichen Erscheinungen der Welt untersuchen, um eine Form von Erkenntnis zu gewinnen, die anwendbar und nicht nur deskriptiv war. Wenn sich die Kirche auch für den heiligen Thomas und die Scholastiker entschied (weshalb dieser Ansatz in den Schulen gelehrt wurde), so erwies sich die Trennung der beiden Bereiche doch allmählich als eine verführerische Möglichkeit, vor allem, da keine Notwendigkeit mehr zu bestehen schien, sich auf dem Gebiet der Theologie noch Gedanken zu machen. Bacon wie Descartes hatten sich vorgenommen, Methoden zur Gewinnung natürlicher Erkenntnis zu entwikkeln. Sie schlugen genau entgegengesetzte Wege ein. Bacon mied das reine Denken der scholastischen Philosophen und legte Wert auf die unmittelbare Beobachtung der materiellen Welt. Descartes legte Wert auf reines Denken; doch handelte es sich um das mathematische Denken der griechischen Philosophen. Newton hingegen beschäftigte sich nicht unmittelbar mit der Methode, sondern war das leuchtendste Beispiel für die Wirkung der mathematischen wie der experimentellen Methode.

Bacon machte kein Hehl daraus, daß er die Natur ausbeuten wollte. Er wollte Wahrheiten entdecken, die sich praktisch verwenden ließen. Das war etwas Neues. Alles in allem waren die Philosophen vorher an reiner Erkenntnis um der Erkenntnis willen interessiert. Dies wurde verstärkt durch die Reinheit des mathematischen Ansatzes.

Wir wollen uns einige Erkenntnismethoden ansehen, die zu verschiedenen Zeiten im Schwange waren. Dazu gehören: Verweis auf Autorität, Klassifikation, Induktion, Deduktion, das mathematische Verfahren, das experimentelle Verfahren, die Schaffung von Modellen. Viele von ihnen überschneiden sich. Viele werden kombiniert verwendet, beispielsweise das mathematische und deduktive Verfahren. Descartes ist mit der Verweismethode sehr unwirsch verfahren. Hauptmerkmal dieser Methode ist ja, eine

Die Wahrheiten, die sich praktisch anwenden ließen

Behauptung dadurch zu beweisen, daß man Zitate einer Reihe von Autoritäten beibringt: Wenn so viele große Geister in dieser oder jener Weise gedacht haben, muß es sich mit der Sache angeblich so verhalten. Wie Descartes aus seiner mathematischen Neigung heraus meint, liegt der einzige Wert der Verweise darin, daß sie von der Belesenheit des Autors zeugen.

Die klassifikatorische Methode wurde von Aristoteles und den Scholastikern verwendet. Alles wurde in seiner klassifizierenden Schublade untergebracht, und die Summe all dieser Klassifikationen galt als der Bestand menschlichen Wissens. Nun war es möglich, über jeden Aspekt der Erkenntnis zu sprechen und zu zeigen, wie alle Dinge im Klassifikationsbaum zueinander in Beziehung standen. Es ist leicht, sich über die Klassifikationsmethode lustig zu machen, weil eine Sache mit einem Etikett versehen noch nicht heißt, Erkenntnis über sie zu gewinnen. Trotzdem hat diese Methode ihren Wert, da sie durch die Schaffung bestimmter Begriffe Aufmerksamkeitsbereiche ausgrenzt, die ins Auge gefaßt werden können. Sobald sich die Aufmerksamkeit auf einen bestimmten Bereich richten kann, kann sie dort Erfahrung sammeln und diese Erfahrung anwenden, wenn sie den Bereich wiedererkennt. Die differenzierten Klassifikationen in der Botanik waren von konkretem praktischem Wert. Der Nutzen der Medizin als praktischer Kunstfertigkeit ist fast völlig dem klassifikatorischen Ansatz zu verdanken. Das wissenschaftliche Fundament der Medizin jedoch wird nur sehr allmählich ihren praktischen Bedürfnissen gerecht, da der menschliche Körper ein sehr komplexes System ist. So lange können die Patienten nicht warten. Sie werden auf der Grundlage von Klassifikation behandelt.

Die Chemie ist ein anderes Gebiet mit klassifikatorischer Basis. Man beobachtet, daß bestimmte Arten von Chemikalien auf bestimmte Weise reagieren und findet für das praktische Verhalten und sogar die theoretische Durchdringung der beteiligten Strukturen eine erfolgreiche Richtschnur. Auch das Rechtssystem hat sich stets mit gutem Erfolg an einem klassifikatorischen Fundament orientiert. Die Theologie schließlich ist durch den Klassifikationsprozeß überhaupt erst entstanden.

Ohne Zweifel hat Klassifikation auch ihre Gefahren. Der üppig ins Kraut schießende klassifikatorische Jargon auf einem Gebiet wie dem der Psychologie erweckt nur einen flüchtigen Eindruck von Verständnis und verhindert vermutlich die Entwicklung vereinheitlichender Konzepte, die quer zu den Klassifikationsschubladen verlaufen würden.

An die Stelle des aristotelischen Syllogismus wollte Bacon ein neues Forschungsinstrument setzen: die Induktion. Auch Aristoteles hatte sich flüchtig mit der Induktion beschäftigt; doch bei Bacon sollte sie ein umfassenderes Instrument werden. Seine Methode sah vor, die Induktion mit einer Art klassifikatorischem Ansatz zu verbinden. Zur Untersuchung einer Erscheinung sollten drei Übersichten aufgestellt werden. Die erste sollte jene Dinge enthalten, die die betreffende Erscheinung zeigte. Die zweite enthielt jene Dinge, die die Erscheinung eindeutig nicht zeigten. Die letzte Übersicht enthielt jene Dinge, die die Erscheinung in unterschiedlichen Graden zeigten. Bacon behauptete, daß sich durch die Analyse solcher Übersichten genau definieren ließe, welches Verhalten das untersuchte Phänomen an den Tag lege. Über dieser Methode machen sich Experimentalforscher und vor allem Mathematiker lustig, indem sie darauf hinweisen, daß sich aus der Untersuchung solcher Daten unmöglich eine Hypothese gewinnen lasse. Außerdem bringen sie vor, daß das Verzeichnis vollständig sein müßte, um von irgendwelchem Nutzen zu sein.

Paradoxerweise waren diese Einwände gegen Bacons Methode zu seiner Zeit überzeugender als heute. Auf bestimmten Gebieten hat sich das unmittelbare Vorgehen mittels Hypothese und sorgfältig geplantem Experiment als weit

Klassifikation hat ihre Gefahren

Ein neues Forschungsinstrument: die Induktion

fruchtbarer erwiesen als die einfache Datensammlung. Doch auf komplexeren Gebieten sind solche Experimente, die auf der Isolierung bestimmter Faktoren beruhen, nicht möglich. Statt dessen sammeln wir eine große Menge von Beobachtungen. Außerdem stehen uns — im Unterschied zu Bacon — hochentwickelte statistische Techniken zur Analyse der Daten zur Verfügung. In vieler Hinsicht ähnelt die Wirkungsweise dieser modernen Korrelationsprozesse den drei Übersichten von Bacon. Schließlich haben wir im Computer das alles entscheidende Instrument, das uns in unvorstellbar kurzer Zeit jene immensen Berechnungen ermöglicht, die sonst gar nicht möglich wären. All das hat dazu geführt, daß sich der größte Teil wissenschaftlicher Forschung heute nach dem Vorbild Bacons richtet: Miß, soviel du kannst, korreliere die Information und gewinne daraus das Resultat.

Die hervorragenden Voraussetzungen, über die wir dank Statistik und Computer verfügen, haben uns allerdings auch zur Übertreibung verführt, so daß wir fast der Meinung sind, die außerordentliche Sachkenntnis, die wir im Umgang mit den Daten an den Tag legen, mache es überflüssig, den die Datensammlung leitenden Ideen noch irgendwelche Aufmerksamkeit zu schenken. Wir haben zwar aus Datensammlungen in großem Maßstab einige nützliche Erkenntnisse gewonnen: die Beziehung zwischen Zigarettenrauchen und Lungenkrebs; die Beziehung zwischen fötaler Mißbildung und Thalidomid; die Beziehung zwischen Röteln in der Schwangerschaft und Schädigung des Fötus. Es läßt sich kaum vorstellen, woher wir solches Wissen sonst hätten beziehen sollen. Trotzdem wird die Methode strapaziert. Groß ist die Gefahr, daß man den Wert von Ideen und Hypothesen unterschätzt.

Überraschenderweise hat Descartes Bacons Methode gelobt, obgleich er sie für sich selbst überhaupt nicht in Anspruch nahm. Seine Methode war das genaue Gegenteil: das mathematisch-deduktive Verfahren, das die Griechen bevorzugten. Tatsächlich hat er im Grunde Euklid Wort für Wort wiederholt. Er wollte eine Reihe „oberster Prinzipien" haben, „die allein durch die Intuition gegeben sind". Auf ihnen wollte er mittels reiner Schlußfolgerung das Gebäude der Erkenntnis aufbauen. Er hielt Erkenntnis für eine Art Illumination, die dem Geist auf dem Gebiet, das er erforscht, wie ein Scheinwerfer voranleuchtet. Vier Prinzipien stellte er auf. Erstens: Akzeptiere niemals irgendetwas, außer klaren und eindeutigen Ideen. Zweitens: Zerlege jedes Problem in so viele Teile, wie nötig sind, um es zu lösen. Drittens: Ordne deine Gedanken so, daß du dich immer vom Einfachsten zum Komplexeren bewegst. Viertens: Überprüfe jeden Punkt auf das genaueste. Diese bewundernswerten Prinzipien waren eine aus der Rückschau verfaßte Beschreibung der Art und Weise, in der Descartes — seiner Meinung nach — die analytische Geometrie entwickelt hatte. Der frühe mathematische Erfolg beeindruckte ihn so, daß er sich vornahm, seine Art universeller Mahematik zu entwickeln, „die sich auf jede Art von Forschung anwenden lassen soll".

Es liegt auf der Hand, warum die mathematische Methode einen so unwiderstehlichen Zauber ausübt. Komplexe Naturerscheinungen scheinen plötzlich in einer einfachen Beziehung aufzugehen, die sich mathematisch ausdrücken läßt. Durch eine mathematische Einsicht erklärte Newton das jahrhundertealte Problem der Planetenbewegung. Und die Erklärung, die er fand, erschien so außerordentlich einfach. Welch ein Unterschied zu der massiven Datensammlung, die Bacon vorschlug! Wie viele andere betete Descartes die Mathematik an, weil ihre Beweise so überzeugend und weil ihre Schlüsse so eindeutig sind. Ein mathematischer Beweis spricht für sich selbst. Es geht nur um die Entwicklung von Begriffen. Bei den meisten anderen Verfahren beansprucht das Stadium, in dem die Ideen entwickelt werden, nur sehr wenig Zeit im Vergleich zu der Zeit, die erforderlich ist, um die Idee in der Wirklichkeit zu überprüfen oder zu testen.

Newton benutzte in seiner Arbeit eine Kombination des mathematischen und des experimentellen Verfahrens. Seine Arbeit über das binomische Theorem sowie über die Integral- und Differentialrechnung war rein mathematisch. Seine Ausführungen über die Bewegungsgesetze waren eine Mischung aus angewandtem Denken und Mathematik. Zuerst stellte er die drei Bewegungsgesetze auf (die teilweise von Galilei und Descartes stammten) und dann deduzierte er den gesamten Bereich der Dynamik. Anhand dieser Erkenntnisse lieferte er schließlich eine so stichhaltige Erklärung der heliozentrischen Theorie, daß seine Konzepte unangefochten blieben, bis Einstein sich zu Wort meldete. In dem Bereich, für den sie eigentlich entwickelt wurden, gelten sie weiterhin.

Der unwiderstehliche Zauber der mathematischen Methode

Dem mathematischen Verfahren liegt das intuitive Gefühl zugrunde, daß anscheinend komplexe Phänomene sich in Wirklichkeit aus einfacheren, miteinander in Wechselwirkung stehenden Erscheinungen zusammensetzen. So zeigte Newton, wie gekrümmte Bewegung sich aus zwei einfacheren, geradlinigen Bewegungen in verschiedenen Richtungen zusammensetzt. Je mehr wir über die Materie erfahren, desto mehr hat es den Anschein, als ob Unterschiede lediglich Unterschiede der Organisation, das heißt der mathematischen Beziehungen, bedeuten. Der Unterschied zwischen Radio- und Lichtwellen ist nur ein Unterschied der Wellenlänge. Es scheint kaum ein Zweifel daran zu bestehen, daß wahre Erkenntnis grundsätzlich mathematisch ist, da sie organisatorischer Natur ist. Trotzdem hat das mathematische Verfahren enge Grenzen, da wir in vielen Bereichen so weit von dieser grundsätzlichen Ebene entfernt sind, daß es erst andere Schritte zu unternehmen gilt. Häufig wird vergessen, daß die Mathematik ein ziemlich beschränktes Universum voraussetzt. Wir haben gesehen, daß Euklids Deduktionen nur für ebene Flächen gelten. Wir wissen, daß sich mathematische Begriffe auch für den Weltraum anwenden lassen, was gleichermaßen für die Planetenbewegung wie für den Weg von Raumschiffen zum Mond gilt. Denn der Weltraum ist ein sehr einfaches Universum, in dem sich die wirkenden Faktoren isolieren lassen. Selbst das einfachste biologische Universum ist dagegen weitaus komplizierter, von den Universen menschlichen Verhaltens ganz zu schweigen. Grund dieser Komplexität sind die verschiedenen Organisationsschichten (molekulare, zellulare, funktionale), vor allem aber der interaktive Charakter solcher Universen. Diese Komplexität läßt es außerordentlich unwahrscheinlich erscheinen, daß ein rein mathematischer Ansatz zu irgendeinem Ergebnis führt. Die Aufgabe besteht nämlich vor allem darin, das Universum selbst genau zu erfassen. Vorher läßt sich durch den Versuch, die Bedingungen des Verhaltens innerhalb des Universums mit mathematischen Mitteln auszuarbeiten, nicht viel gewinnen.

Die Übertragung der mathematischen Methode auf andere Gebiete birgt eine gewisse Gefahr. Das zeigt sich deutlich in einigen Beispielen aus den Arbeiten von Descartes und Newton. Descartes war hinsichtlich der Blutzirkulation anderer Meinung als William Harvey. Der Philosoph meinte, das Blut ströme ins Herz, wo es erwärmt werde. Die Ausdehnung des Blutes infolge der Erwärmung verursache dann die Zirkulation. Unschwer läßt sich einsehen, daß diese Vorstellung einem mathematisch ausgerichteten Wissenschaftler vernünftig erscheinen mußte: Wärme erzeugt Ausdehnung. Das Blut muß irgendwo erhitzt werden, warum nicht im Herzen. In Verbindung mit den Herzklappen verursacht die Ausdehnung des Blutes im Herzen die Zirkulation. So weit kann man durch reines Denken kommen.

Einige wenige Experimente hätten allerdings gezeigt, daß das Maß der Ausdehnung, das durch eine solche Erwärmung erzeugt wird, völlig unzurei-

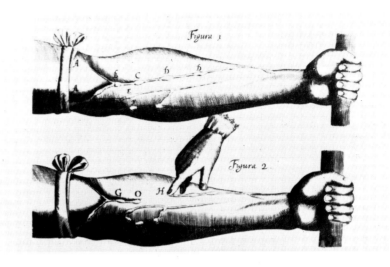

chend wäre, um die Zirkulation zu verursachen (vor allem, da das Herz kein festes Gefäß ist), und daß das Blut, das in das Herz einfließt, nicht kälter ist als das Blut, das das Herz verläßt. Bei genauerer Beobachtung wäre außerdem die physische Kontraktion des Herzens und der dadurch bewirkte Ausstoß des Blutes offensichtlich gewesen.

Überraschenderweise ging Newton in eine ähnliche Falle. Seine brillante Arbeit über die prismatische Zerlegung des Lichtes in die Spektralfarben führte ihn zu der theoretischen Annahme, daß sich die Beugung durch die Einschaltung eines weiteren Prismas, das die Farben wieder bündelt, rückgängig machen ließe. Anders gesagt, wenn eine Linse durch die Zerlegung des Lichts in verschiedene Wellenlängen einen Farbrand schaffe, dann könne diese „chromatische Aberration" nicht rückgängig gemacht werden, ohne den Bündelungseffekt der Linse selbst rückgängig zu machen. Der Gedankengang läßt sich leicht nachvollziehen: Ein Prisma verursacht die Streuung der Farben; wenn wir die Farben durch ein weiteres Prisma wieder bündeln, können wir dadurch die Wirkung des ersten Prismas (oder der ersten Linse) aufheben. Dieser Gedankengang veranlaßte ihn zur Erfindung des Spiegelteleskops, das das Problem dadurch überwindet, daß es Spiegel anstelle von Linsen verwendet. Tatsächlich waren schon einige Jahre nach dem Tode Newtons Linsen in Gebrauch, die frei von der chromatischen Aberration waren. Hätte er ein paar Experimente mehr unternommen, statt sich auf seine Schlußfolgerungen zu verlassen, hätte er seinen Irrtum vielleicht bemerkt.

Noch deutlicher werden die Grenzen der mathematischen Methode, wenn wir uns dem theologischen und metaphysischen Denken von Descartes und Newton zuwenden. Interessanterweise hat Newton viel Zeit auf die Metaphysik und die Alchemie verwandt, ohne auf einem der beiden Gebiete großen Erfolg zu erzielen. Weit besser ist uns die Metaphysik Descartes bekannt, der sich große Mühe gegeben hat, sein mathematisches Verfahren auf diesen Gegenstand anzuwenden. Doch sind seine Ergebnisse noch unbefriedigender als die der scholastischen Philosophen, die er so pauschal verurteilt hat. Er suchte nach einem grundlegenden Ausgangsprinzip und meinte es in dem berühmten Satz „Ich denke, also bin ich" gefunden zu haben. Tatsächlich bezog er sich auf den Zweifel, da man nichts bezweifeln kann ohne die Gewißheit, daß man zweifelt. Von hier führte ihn der nächste Schritt direkt zum ontologischen Gottesbeweis, der vom heiligen Anselm vorgeschlagen

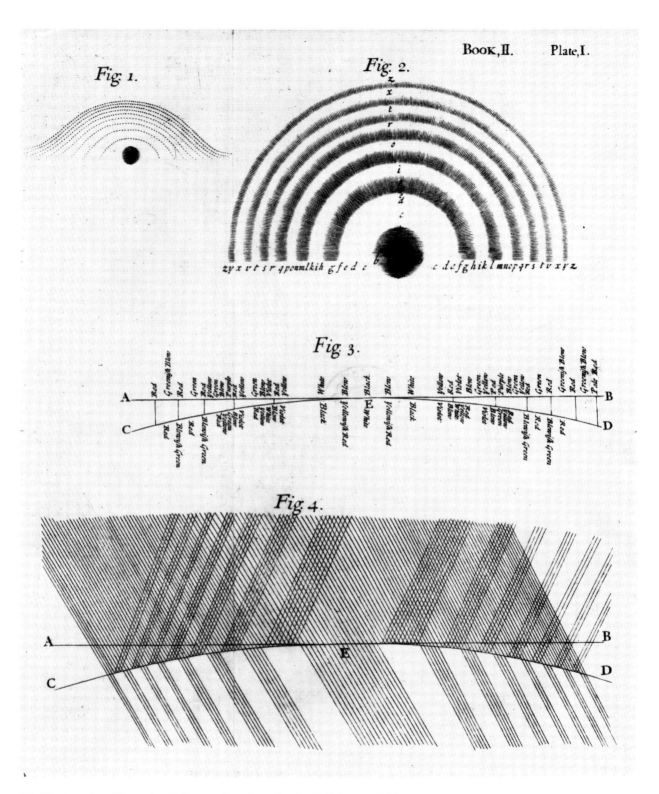

Die Newtonschen Ringe; eine Seite aus einer Ausgabe der Opticks von 1704.

und vom heiligen Thomas verspottet worden ist: Wenn der denkende Geist sich ein vollkommenes Wesen vorstellen kann, muß die Existenz ein Teil dieser Vollkommenheit sein — also muß Gott existieren. Wenn Gott aber existiert, kann er die Außenwelt schaffen. Da es keinen Grund gibt, anzunehmen, daß Gott den Menschen absichtlich täuscht, kann uns unsere Wahrnehmung der Außenwelt nützliches Wissen vermitteln. An diesem Punkt kam Descartes' systematischer Zweifel ins Spiel, da Fehler und Täuschungen offensichtlich ebenfalls auf der Außenwelt beruhen. Descartes berühmte Dualität von Geist und Seele war ebenso unbefriedigend. Frühere Annahmen über die Materie zwangen ihn zur Annahme dieser Dualität. Die Methode, die sich bei der Entwicklung der analytischen Geometrie als so außerordentlich erfolgreich erwiesen hatte, schien sich in der Metaphysik nicht in gleichem Maße zu bewähren.

Für verschiedene Gebiete scheinen verschiedene Verfahren angemessen. Die Experimentalmethode hat sich in den Naturwissenschaften als die wirksamste erwiesen; für die Untersuchung menschlichen Verhaltens war sie jedoch weniger nützlich, da sich die Variablen nicht so leicht isolieren lassen. Die statistische Analyse von Beobachtungen kann hier hilfreicher sein. Dennoch ist es möglich, daß neue Formen der Mathematik entwickelt werden, mit deren Hilfe sich auch komplexe Organisationen bewältigen lassen. Eine Schwäche unserer Methode ist stets die Schaffung von Hypothesen gewesen. Die Experimentalmethode beruht aber auf Hypothesen; doch haben wir kein ein für allemal gültiges Verfahren, sie aufzustellen. Eine Hypothese wird durch Daten nahegelegt, doch ist sie den Daten gewöhnlich so weit voraus (sie muß es sein, um mehr als nur eine Zusammenfassung zu sein), daß der menschliche Geist sie größtenteils als Idee hervorbringen muß. Dem gleichen Problem begegnen wir in den weniger exakten Wissenschaften, wo Ursache und Wirkung anhand von Korrelationen und nicht von wiederholbaren Experimenten ermittelt werden. Unter Umständen nehmen wir eine Ursachenbeziehung zwischen zwei Dingen einfach deshalb an, weil wir uns nicht vorstellen können, daß ein anderer Mechanismus die Korrelation erklären kann. Anders gesagt, in vielen Situationen ist der Beweis nur ein Mangel an Vorstellungsvermögen.

**Der Beweis ist
nur ein Mangel
an Vorstellungskraft**

Rousseau

Rousseau versuchte die Aufmerksamkeit auf den wahrhaft empfindenden Menschen zu lenken, der sich irgendwo unter dem harten, selbstverschuldeten Panzer der sozialen Erscheinung verbirgt. Er lenkte die Aufmerksamkeit auf die Empfindungen und die Verletzlichkeit des Menschen, auf seine seelischen Bedürfnisse. Er wandte sich gegen die Künstlichkeit von Kunst und Wissenschaft und gegen alle Masken, die die Menschen tragen, um den Erwartungen der Gesellschaft zu genügen.

1712—1778

Soziale Beziehungen beruhen auf der Rechtschaffenheit sich und anderen gegenüber

„Errichte auf einem öffentlichen Platz einen Mast mit Blumen bekränzt und versammle das Volk — und du wirst ein Fest haben. Besser noch, laß die Zuschauer am Schauspiel teilhaben, mach sie selbst zu Schauspielern, laß jeden sich *in* den anderen sehen und lieben, und sie werden noch enger verbunden sein."

Dieser Begriff des „Festes" als freudiger und offensichtlich spontaner Ausdruck des „Gesamtwillens" zieht sich durch das ganze Werk von Jean-Jacques Rousseau, der stolz den Titel „Bürger von Genf" trug. In *La Nouvelle Héloïse* (1761 in Frankreich veröffentlicht), einem sehr erfolgreichen Briefroman, nimmt das Fest die Gestalt eines ländlichen Winzerfestes an, in dessen Verlauf die Arbeiter die Ungerechtigkeiten vergessen, die ihren Alltag vergiften. In Rousseaus politischen Schriften tritt das Fest oft als öffentliche Versammlung, als Wettbewerb oder Wettspiel in Erscheinung, in dessen Verlauf die Teilnehmer ihr Empfinden für Brüderlichkeit und gemeinsame Freiheit beweisen: Sie tragen zum Ausdruck des Gemeinwillens bei und haben an ihm teil, und bleiben doch sie selbst. Rousseaus Begriff des Festes soll offensichtlich eine seiner grundlegendsten Ideen vermitteln. Die Menschen in einem politischen Gebilde sollen nicht von anderen abhängig sein, sondern in einer kollektiven gesellschaftlichen Situation unabhängig bleiben. Diese Form von Unabhängigkeit soll sich nicht als „Einzelwillen" äußern (was ins Chaos selbstsüchtiger Wünsche führen würde), noch nicht einmal als „Mehrheitswille" (was „bloßes" Auszählen der Stimmen und Unterdrückung der Minderheit bedeuten würde), sondern als Summe alles Wollens oder als „Gesamtwille". Soziale Beziehungen sollen nicht durch ein repressives System kultureller und sozialer „Regeln" vermittelt werden, sondern unvermittelt (unmittelbar) sein; sie sollen auf der Ehrlichkeit sich und anderen gegenüber beruhen oder, wie Rousseau sagt, „transparent" sein. Die moderne Gesellschaft weise mit nichts so viel Ähnlichkeit auf wie mit einem riesigen Theaterstück, in dem die Rollenverteilung Tausende dazu bringe, ihren *„amour propre"* (jene Form des Selbstgefühls, die ihnen die Meinung der anderen vorschreibt) derart zu entwickeln, daß sie darüber ganz ihren *„amour de soi"* (persönliches Identitätsgefühl oder echte Selbstachtung) vergessen.

Rousseaus „Theater" kann auf die klassische Bühne verzichten. Es genügen ein öffentlicher Platz, eine Versammlung von Bürgern, das ausgeprägte Empfinden, beteiligt zu sein, und ein gerüttelt Maß an „öffentlichem Geist". Seine Version des „Gesellschaftsvertrags" (das „Fest" ist eines seiner zentralen Symbole) unterscheidet sich von dem John Lockes und anderer Apologeten eines „Besitzegoismus" in dreierlei Hinsicht. Erstens betont Rousseau die gemeinschaftlichen Aspekte des Vertrages. Zweitens soll die Gemeinschaft die gewählte Regierung kontrollieren (und zwar in einer Weise, die in keinerlei Hinsicht an einen zweiseitigen Vertrag denken läßt). Drittens sieht er das politische Staatsgebilde als Diener des „Gemeinwillens" oder des „souveränen Volkes" (nicht als „Schiedsrichter", der die Aufgabe hat, die Individuen am Mißbrauch der ihnen eingeräumten Freiheit zu hindern — die Position des klassischen Liberalismus).

Doch selbst das Straßentheater kommt nicht ohne irgendeine Form von Regie aus. Als die Jakobiner während der französischen Revolution die feudalen Symbole des *Ancien Régime* durch rituelle Verbrennungen vernichteten, ersetzten sie sie durch eine Reihe neuer Symbole (das Dreieck für Gleichheit, die Waage für Gerechtigkeit, der Baum für Freiheit, das Auge für Wachsamkeit und das Ruten- oder Liktorenbündel für Einheit und Unteilbarkeit). Viele jüngere Kommentare zu Rousseaus politischen und gesellschaftlichen Ideen weisen darauf hin, daß der Begriff des „Gemeinwillens" zwar „jenes Gefühl individueller Freiheit" bewahren solle, „für das die Menschen geboren zu sein scheinen", und die Frage aufwerfen solle, wieviel persönliche Freiheit wir „veräußern" müssen, um an einer gerechten gesellschaftlichen und politischen Ordnung teilzuhaben. Doch ließen sich Rousseaus Erklärungen zur

Unten links: *Jean-Jacques Rousseau, von La Tour.*
Rechts: *„L'Aqueduc détruit", eine Abbildung aus den*
Bekenntnissen, *nach Monsiau.*

Wirkung dieses Gemeinwillens — so meint man weiter — auch weit weniger positiv deuten, als vermutlich in seiner Absicht gelegen habe.[8]

Der zupackende epigrammatische Stil des *Contract social* (1762 erschienen) ändert nichts an der Tatsache, daß große Teile des Buches die Wurzeln politischer Verpflichtung neu definieren sollten: „Wer dem Gemeinwillen den Gehorsam verweigert, muß durch den ganzen Körper dazu gezwungen werden. Das heißt nichts anderes, als daß man ihn zwingt, frei zu sein." Rousseau meint damit, daß man sich keine Hoffnung machen kann, die Ziele des Gesellschaftsvertrags zu erfüllen, wenn ein einzelner oder eine bestimmte Gruppe sich entschieden von diesem Vertrag oder von dem Gemeinwillen distanzieren. Doch die Verbindung der Wörter „Zwang" und „Freiheit" bleibt beunruhigend.

In *Emile* (1762 veröffentlicht) beschäftigt Rousseau sich mit dem psychogenetischen Prinzip der Erziehung. Die zentrale Beziehung zwischen dem Erzieher und Emile mag explizit in der Absicht entworfen worden sein, traditionellere Theorien über die Lehrer-Schüler-Interaktion zu kritisieren. Doch die bizarren Katz-und-Maus-Spiele, durch die Rousseau diese Theorien ersetzt, deuten abermals auf Anleitung und Regie hin. Emile wird das Lesen nicht formell beigebracht, sondern es wird (durch den Erzieher) eine Situation geschaffen, in der Emile an einer Party seiner Freundin nicht teilnehmen kann, weil es ihm nicht gelingt, die Einladung zu entziffern. In Rousseaus politischem Staat hilft der Gesetzgeber dem „Gemeinwillen", sich darüber klar zu werden, welche Art von „Regierung" (Exekutive) er für geeignet hält. Dann soll sich der Gesetzgeber ausblenden. Seine Funktion als Wegbereiter ist beendet. Kein Wunder, daß Rousseau glaubte, Götter seien notwendig, „um den Menschen Gesetze zu geben". In seiner Liste der Gesetzgeber stehen Moses, Lykurg und Calvin. Sie seien „Ausnahmefälle" gewesen.

Weniger „außergewöhnliche" Gesetzgeber könnten den *Contrat social* durchaus ganz anders auslegen. Die Jakobiner, die sich als Schüler des Genfer Propheten verstanden, haben während der französischen Revolution das Rutenbündel und das Auge als wichtigste Symbole ihrer Herrschaft verwendet, vermutlich um den Eindruck zu erwecken, daß der „Große Bruder" dich beobachtet. Kommentatoren, die diesen Aspekt des Rousseauschen Denkens betonen — und ihn dabei ebenso mit dem Denker verbinden wie mit dem „Ismus", den seine Schüler geschaffen haben — erscheint Rousseaus Version des „Festes", des Naturzustandes und des Stadtstaates als märchenhafte Zuflucht eines kriminellen Romantikers. Selbst Rousseaus volkstümlicher Oper *Le Devin du village* wird eine „totalitäre Tendenz" nachgesagt. Diese Kommentatoren meinen, Rousseaus Absichten seien ebenso finster gewesen wie die der politischen Führer, die sich von seinem Werk inspirie-

ren ließen. Rousseau habe als Zwangsneurotiker selbst nach einem Erzieher, Dienstherrn, ja, einem Gesetzgeber gesucht, der ihm helfen sollte, sich einer unfreundlichen Welt anzupassen. Zu einem späteren Zeitpunkt, da Rousseau bei der Mehrzahl seiner Bekannten bereits als klinisch krank galt (er litt unter akutem Verfolgungswahn), schrieb er seine „Rechtfertigungsschriften", die *Confessions* (1764—70), die *Dialogues* (1772—76) und die unvollendeten *Rêveries du promeneur solitaire* (1776—78). Sie lassen gewiß darauf schließen, daß Rousseau in den zehn Jahren, in denen er seine Hauptwerke über die pädagogische und die gesellschaftspolitische Theorie verfaßte, durch seine fehlangepaßte Persönlichkeit zu Tagträumen neigte. Dort malte er sich Menschen aus, die ihm hätten helfen können, und sogar soziale Situationen, in denen er hätte Frieden finden können. Doch muß das nicht unbedingt bedeuten, daß auch die Schriften aus den Jahren 1756 bis 1762 die Erzeugnisse eines kranken Geistes waren.

Für die frühen Romantiker in Frankreich, England und Deutschland besaß Rousseaus Leben (oder zumindest die Version, die die *Confessions* enthalten) ebenso viel Anziehungskraft wie seine theoretischen Arbeiten. Sie besuchten die Ufer des Genfer Sees. Um ihre Lieblingsstellen aus *La Nouvelle Héloise* nachzuerleben, hielten sie dieses Buch doch für eine autobiographische Schrift. Sie waren davon überzeugt, daß das neu erwachte Interesse an Nostalgie, Folklore, Exotik, Tourismus und am Begriff des mit der Gesellschaft zerfallenen „unverstandenen Genies" Rousseau zu verdanken sei. Entschieden deuteten sie seine sozialen Theorien als Primitivismus im Sinne des „edlen Wilden" und des „Zurück zur Natur", wobei sie verkannten, daß Rousseaus bekannter Ausspruch

„Zurück zur menschlichen Natur"
und nicht
„aus der Gesellschaft aussteigen"

tatsächlich „zurück zur menschlichen Natur" bedeutete und nicht: „aus der Gesellschaft aussteigen". Claude Lévi-Strauss hat mehrfach darauf hingewiesen, daß Rousseau der erste politische Denker war, der die Bedeutung der sozialen Anthropologie für die Untersuchung der Ursprünge von Gesellschaft, Sprache und gesellschaftspolitischen Beziehungen erkannt hatte. Doch Rousseaus Kritiker des 18. Jahrhunderts mißverstanden sogar die fundierte Anthropologie des *Discours sur l'inégalité* als blinde Sehnsucht nach dem Zustand „edler Wildheit".

Die *Confessions* boten diesen frühen Romantikern eine beispielhafte Odyssee — die Lebensreise eines Menschen, der öffentlich versuchte, mit seinem Gewissen ins reine zu kommen und sein Gefühl der Entfremdung zu erklären. Zu diesem Zweck löste er sich von der herrschenden Vorstellung der Biographie als „Profilansicht, die nur die Schokoladenseite zeigt". Rousseau protestierte heftig gegen die beiden berühmten Porträts von ihm (La Tour und Ramsay), weil sie nicht offenbarten, was er für den „inneren Menschen" hielt, sondern ihn nur so zeigten, wie ihn die Gesellschaft sah. Die *Confessions* sind — laut Rousseau — eine beispiellos ehrliche Selbstanalyse ohne die geringste Ähnlichkeit mit jenen „gescheiten Romanen, die um einige äußerliche Handlungen konstruiert sind" und sich als aufrichtige autobiographische Äußerungen ausgeben. Die meisten Memoiren der Zeit waren geschwätzige Fiktionen, die bestenfalls die spektakulärsten Ereignisse aus dem öffentlichen Leben ihres Autors als Vorwand nahmen, um ein paar berühmte Namen einzuflechten. Rousseau dagegen versuchte, die Wirkung der Außenwelt auf den „inneren Menschen" vor Augen zu führen, und er hatte damit nachhaltigen Einfluß auf die romantischen „Entwicklungsromane" von Goethe, Stendhal und anderen.

Das Buch berichtet von Rousseaus Herkunft als Sohn eines Genfer Uhrmachers und von seinen ersten unglücklichen Erlebnissen als Lehrling. Sie hätten ihn — so behauptet er — zu antisozialen Reaktionsweisen getrieben. Er bestahl seine Arbeitgeber, vertat seine Zeit mit müßigen Tagträumen und begab sich schließlich als Vagabund auf die Walze. 1729 begegnete er in Annecy Madame de Warens. Sie vermittelte ihm die ersten sexuellen und gesellschaftlichen Erfahrungen und wurde für ihn zu seiner „Mama". Nach diversen Abenteuern in Savoyen, Paris und Venedig (1740–45) zog ihn die glänzende Welt der literarischen Salons von Paris an. Dort produzierte er modische Unterhaltungskunst, unter anderem leichte Komödien und populäre Orchesterstücke. Außerdem beteiligte er sich mit Artikeln über die Musik an Diderots *Encyclopédie*.

Im Oktober 1749 hatte Rousseau sein „Damaskuserlebnis", als er unter einem Baum in der Nähe von Vincennes im *Mercure de France* las, daß die Akademie von Dijon eine Preisfrage nach dem Einfluß des Fortschritts in Künsten und Wissenschaften auf die Sitten gestellt hatte. Anscheinend sagte sich Rousseau auf der Stelle von seinen früheren gesellschaftlichen Ambitionen los und beteiligte sich an dem Wettbewerb mit der These, die Künste und Wissenschaften hätten nur dazu gedient, den „Geist der Menschen zu versklaven" und hätten wesentlich zur fortschreitenden Verderbnis der Gesellschaft beigetragen. Die These war nicht sonderlich originell, doch trug sie Rousseau den Preis ein und machte ihn berühmt. Als kurz darauf eine Komödie aus ehrgeizigeren Tagen (*Narcisse, ou l'Amant de lui-même*) aufgeführt wurde, versah Rousseau sie mit einem neuen Vorwort, in dem er feststellte: „Gott sei Dank hat dieses Stück keinen Erfolg gefunden. Hätte es das, würde ich an der Menschheit verzweifeln."

Natürlich setzte sich Rousseau mit dieser „Bekehrung" dem Vorwurf geistiger Inkonsequenz aus. So war der erste Anstoß zu den *Confessions* der Wunsch nach Rechtfertigung. Er wollte damit dem Vorwurf der Inkonsequenz und anderen Vorwürfen begegnen. Die 15 Jahre zwischen der Veröffentlichung von Rousseaus *Discours* (er war damals 38) und seiner Flucht vor Verfolgung (wirklicher und eingebildeter) in die *pays des chimères* waren die schaffensreichsten seines Lebens. In der Zeit von 1756 bis 1760 arbeitete er gleichzeitig an *La Nouvelle Héloïse, Emile*, der *Lettre à d'Alembert* und dem *Contrat social* (einem Auszug aus einer weit gehaltvolleren Abhandlung über die politische Theorie, die er nie beenden konnte).

Die Aspekte des reifen Rousseauschen Denkens, die die europäischen Romantiker in der zweiten Hälfte des 18. Jahrhunderts am stärksten fesselten, sind eben jene, die seit dieser Zeit die Kommentatoren seines Werkes in verschiedene Lager gespalten haben: die ausgeprägte Subjektivität (sogar *Du contrat social* beginnt mit dem Wort „Je" und endet mit „moi"); die Schöpfung „anderer Welten" (sind sie Entwürfe oder einfach Märchen, die die Menschen veranlassen sollen, ihre Rolle in der Gesellschaft zu überdenken?); der scheinbare Primitivismus; das Gefühl, auserwählt zu sein; die Vereinigung mit der Natur; Rousseau, der Antichrist, der Kritiker der mondänen Welt, der Schöpfer von Schlagwörtern, der stolze Bürger, das verfolgte Genie, das alle seine Schriften mit seinem Namen versah (statt sich hinter einem Pseudonym zu verbergen) und deshalb die letzten 15 Jahre seines Lebens auf der Flucht verbrachte. Alle diese Aspekte der Schriften Rousseaus sind im Lichte wechselnder politischer und gesellschaftlicher Vorstellungen wieder und wieder interpretiert worden.

Jean-Jacques Rousseau hat sich für einen einfachen Menschen gehalten. Er war der Meinung, auch der Phantasievollste könne seine grundlegenden Ideen nicht als kompliziert bezeichnen. Er hat nie verstanden, was das ganze Getue sollte. Der Rousseauismus hat ihn widerlegt.

C. F.

Kant

Die Rationalisten meinten, die Wahrheit entstehe im Geist und spiegle sich in der Außenwelt. Die Empiristen vertraten den entgegengesetzten Standpunkt und meinten, die Wahrheit wohne in der Außenwelt, lasse sich aber mittels des Geistes beobachten und herausfiltern. Kant war der Auffassung, daß der Geist die Dinge durch bereits festgelegte Anschauungsweisen aufnehme und daß die beobachtende Welt mit diesen festgelegten Anschauungsweisen in Einklang gebracht werde.

1724—1804

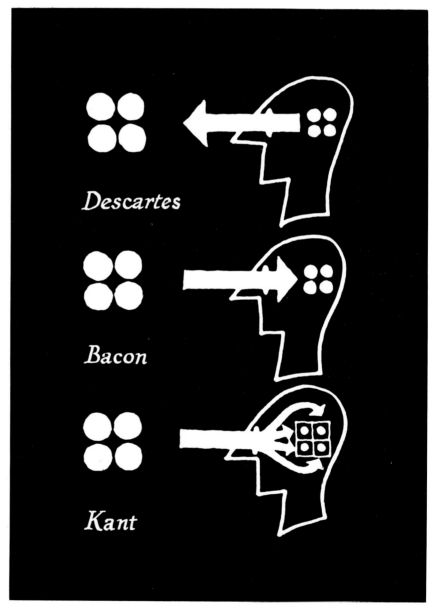

Die Revolution des naturwissenschaftlichen Denkens, die sich im 17. Jahrhundert ereignete, war begleitet von ähnlich dramatischen Veränderungen in den Ansichten über Ursprung und Aufbau der Erkenntnis. Dieser Übergang wird durch zwei verschiedene, angeblich miteinander unvereinbare Tendenzen markiert. Einige Denker (z. B. Francis Bacon) vertraten die Auffassung, Naturerkenntnis müsse sich auf einzelne, gesicherte Erfahrungseinheiten gründen und von ihnen methodisch zu allgemeinen Wahrheiten über die Natur fortschreiten. Die andere Gruppe der Denker (z. B. René Descartes) behauptete, daß Naturerkenntnis sich auf unfehlbare und evidente allgemeine Ideen gründen müsse. Aus solchen Wahrheiten seien dann besondere, möglicherweise nicht evident erscheinende natürliche Konsequenzen zu deduzieren. Diese beiden scheinbar widersprüchlichen Ansätze zur Erkenntnis der natürlichen Welt weisen drei wichtige Gemeinsamkeiten auf. Erstens sehen sie den Forschenden immer als „Zuschauer", der entweder mit Hilfe seiner systematisch verarbeiteten Erfahrung oder seiner systematisch verarbeiteten Vernunft Naturereignisse (d. h. Realität) zu beschreiben und zu erklären versucht, von denen er total abgeschnitten ist. Zweitens sind diese Naturereignisse insofern einfach das, was sie sind, als ihre entscheidenden Merkmale in keinerlei Hinsicht von den Wünschen, Gefühlen oder Gedanken des forschenden Subjekts abhängen. Und drittens wird dem Forschenden die Wahrheit über diese Merkmale offenkundig sein, vorausgesetzt, er verzerrt nicht jene Verbindung zu ihnen, die systematische Beobachtung oder systematische Vernunft herstellen. Zu solchen Verzerrungen würde es kommen, wenn er seine Subjektivität mit der durch die jeweils akzeptierte Erkenntnistheorie bestimmte Verbindung in Konflikt geraten ließe.
Spielarten dieser Erkenntnistheorien beeinflussen die abendländische Kultur noch heute. Das verdient besonderes Interesse angesichts der Tatsache, daß sie beide bereits 1738 in David Humes A Treatise of Human Nature einer vernichtenden Kritik unterzogen wurden. Hume brachte vor, daß beiden Theorien zufolge die Erkenntnis — wenn es überhaupt Erkenntnis sei — von ursächlichen Verknüpfungen zwischen Naturereignissen gewiß und notwendig sei. Diese Annahme sei auch der Grund für die Zuversicht und den Optimismus der Aufklärung und für die allgemeine Überzeugung, Newton habe die grundlegende Wahrheit über alle wichtigen Aspekte der Natur entdeckt. Deshalb stellte Hume die einfache Frage, ob sich der Ursprung jener Annahme oder ihre tatsächliche Verwendungsweise rein experimentell oder rational erklären lasse. Die experimentelle Erklärung verwarf er, weil wir nach seiner Auffassung nur eine regelmäßige und häufig wiederkehrende Ereignisfolge beobachten, wenn wir meinen, eine notwendige Ursachenverbindung entdeckt zu haben. Doch angesichts der zufälligen Regelmäßigkeiten in unserer Erfahrung müßten wir unter solcher

Notwendigkeit natürlich noch etwas anderes verstehen. Heißt das, daß wir unsere Vorstellung von der natürlichen Ordnung der Welt aufgeben müssen? Täten wir es, würden wir mit Sicherheit verrückt werden, da wir dann unfähig wären, irgend etwas mit Gewißheit zu erwarten. Woher gewinnen wir dann die Fähigkeit, jene Kausalurteile zu fällen, auf denen die Ordnung unserer Welt beruht?
Die Antwort darauf lieferte Immanuel Kant. In gewisser Weise traf es sich gut, daß die Aufgabe einer überzeugenden Rechtfertigung unserer Annahmen über Ordnung und Regelmäßigkeit in der Natur von einem Mann aufgegriffen wurde, dessen Privatleben 50 Jahre lang ein Musterbeispiel an Ordnung und Regelmäßigkeit war. Er wurde in Königsberg in Ostpreußen geboren, wo er den größten Teil seines Lebens verbrachte. An der Universität seiner Heimatstadt hielt er unter anderem Vorlesungen über Philosophie. Kant interessierte sich sehr für die Naturwissenschaften, vor allem für Newtons Theorie, und die meisten seiner frühen Schriften fallen in diesen Bereich. Der größte Teil seiner Hauptwerke erschien relativ spät in seinem Leben. Das bedeutendste unter ihnen war die Kritik der reinen Vernunft (1781), in der er seine Theorie von der Erkenntnis der natürlichen Welt artikulierte. In der Kritik der praktischen Vernunft (1788) und der Kritik der Urteilskraft (1790) beschäftigte er sich mit der Frage, welche Unterschiede zwischen Naturerkenntnis und moralischer bzw. ästhetischer Erkenntnis bestehen. Wenn man sich auch zu seinen Lebzeiten nicht völlig über die Bedeutung seines Werkes klar war, so wird es doch heute von eigentlich allen philosophischen Schulen als entscheidende Wende in der Geschichte abendländischen Denkens anerkannt.
Beide „Zuschauer-Versionen" der Erkenntnistheorie setzten voraus, daß der Forschende passiv zu bleiben habe, wenn er durch Erfahrung oder Vernunft die rechte Beziehung zur Realität herstellen will. Kant lehnte diese Position aus dem gleichen Grund wie Hume ab. Zahlreiche Aspekte des Urteils und der Erfahrung, die ihm für unsere alltäglichen Wahrnehmungen wie für ein spezielleres wissenschaftliches Verständnis der Welt gleichermaßen wichtig erschienen, konnte er nicht angemessen erklären. Wollte man nämlich — so meinte er — den unmittelbar bedeutungsvollen Charakter dieser Tätigkeiten überzeugend erklären, mußte man annehmen, daß sie in irgendeiner Weise vor aller faßbaren Erfahrung wirksam seien. Wenn wir beispielsweise augenscheinlich einfache Urteile fällen wie: „Alle Tische sind braun", „Mein Auto braucht nicht repariert zu werden", „Bakterien verursachen bestimmte Infektionsarten" oder „Es ist möglich, daß ich morgen sterbe", so haben wir es mit zwei verschiedenen Arten begrifflicher Aktivität zu tun. Wenn wir nicht bloß Wörter auf verschiedene Weise definieren, fällen wir bestimmte informationshaltige Urteile über verschiedene Aspekte unserer Erfahrung. Andererseits

sind diese besonderen Urteile sämtlich Beispiele für allgemeinere Urteilsformen: „Alle x sind y", „Es ist nicht der Fall, daß x", „x verursacht y" oder „Es ist möglich, daß x statt y". Natürlich stehen die besonderen Werte der fraglichen Variablen alle in unmittelbarer Beziehung zu verschiedenen Aspekten unserer Erfahrung. Kant vertrat die Auffassung, wir könnten die Fähigkeit zu solchen spezifischen Urteilen offensichtlich nicht aus der Erfahrung allein gewonnen haben. Denn Erfahrung erweise sich für die einfachsten oder am wenigsten abstrakten, angeblich aber dennoch allgemeinen Urteilsfähigkeiten als bedeutungsvoll und verständlich, ohne daß diese als solche zum besonderen Erfahrungsinhalt irgendeines gegebenen Urteils in Beziehung stünden. Durch den Aufbau unseres Geistes — so meinte er — würden wir auch der Roherfahrung, die sonst nur chaotisches Durcheinander sein könne, eine bestimmte Struktur auferlegen. Obwohl wir dies ständig täten, würde es uns nie wirklich bewußt. Denn — so versicherte er — unsere innere Selbsterfahrung sei solchen Urteilsweisen ebenso unterworfen wie unsere Erfahrung der materiellen Welt.

Kant nahm in diese Argumentationsweise auch die Begriffe von Raum und Zeit auf. Wie kann man sinnvollerweise annehmen, daß die räumliche und zeitliche Natur unserer aus der realen Welt bezogenen Erfahrung in irgendeiner Weise ursprünglich aus ihr gewonnen wurde? Das kann nicht der Fall sein, da all unsere aus der realen Welt bezogene Erfahrung immer schon räumlich und zeitlich ist. Kurzum, Kant stimmte jenen Philosophen zu, die die Rolle des Verstandes für das Erkennen betonten und die Auffassung vertraten, daß sein Aufbau als eine Art Filter fungiere, durch den wir unsere Roherfahrung in verschiedene Kategorien einordnen. Jede Kategorie entspreche einem bestimmten Beispiel der bereits erwähnten allgemeinen Erkenntnisformen. Beispielsweise verstand Kant die Vielheit als eine Kategorie quantitativer Erkenntnis, die Negation als Kategorie der qualitativen Erkenntnis, Ursache und Wirkung als Kategorie der Relation, und Möglichkeit und Unmöglichkeit als Kategorie der modalen Erkenntnis. Kants entscheidender Gesichtspunkt war, daß der spezifische Inhalt informationshaltiger Äußerungen wie die Bewertung ihrer Wahrheit in der Erfahrung begründet sei; daß sich die Fähigkeit aber, überhaupt informationshaltige Urteile zu fällen, nicht begründen lasse. Er meint, daß solche Erkenntnis die Existenz und angemessene Verwendung von Kategorien wie den oben genannten voraussetzt. Weiter meint er, er

hätte alle Schlüsselkategorien seiner vier Erkenntnisformen entdeckt und insofern eine erschöpfende Liste der Grundbegriffe aufgestellt, die für irgendeine bestimmte und überprüfbare Aussage über die Natur notwendig seien. Im Gegensatz zur Zuschauertheorie verhält sich der Erkennende also aktiv und projiziert sein System von Ordnung und Regelmäßigkeit in das relative Chaos ungeordneter Erfahrung.

Unsere Überzeugung, daß es eine Kausalordnung in der Welt gäbe, wird also — um zu Hume zurückzukehren — nicht aus der Erfahrung gewonnen. Unser Verstand bringt sie in die Erfahrung ein. Das gleiche gilt für unsere quantitativen, qualitativen und modalen Erkenntnisformen. Wenn wir uns — so legt Kant dar — keine aus der realen Welt bezogene Erfahrung ohne sie vorstellen können, müssen sie als solcher Erfahrung „transzendental" sein. Ähnlich müssen Raum und Zeit zu den notwendigen Bedingungen sinnvoller Erfahrung gerechnet werden. Dies zu unserer Fähigkeit, die Möglichkeit sinnvoller Erfahrung unserer Alltagswelt zu verstehen.

Wie steht es aber mit der Newtonschen Welt der Atome? Im 18. Jahrhundert war für die meisten denkenden Menschen Newtons Naturauffassung ebenso gewiß wie ihre eigenen selbstverständlichen Erwartungen hinsichtlich ihres alltäglichen Lebens. Wie können wir jedoch angesichts dessen, was wir von Hume wissen — selbst wenn wir, wie Kant, Newtons Ansichten in gewisser Hinsicht für notwendig halten — diese Notwendigkeit erklären? Kant versuchte die Frage dadurch zu beantworten, daß er die Auffassung vertrat, Newtons Grundannahmen folgten konkret aus den eben genannten unmittelbaren Erkenntniskategorien.

Offensichtlich befindet sich Kants Theorie der Naturerkenntnis in einem Spannungsverhältnis zu seiner Wertlehre. Jener Auffassung zufolge, die wir als Kants naturalistisches Ichverständnis bezeichnen könnten, ist das Ich aus dem gleichen Erfahrungstypus gemacht wie jeder andere Aspekt der Welt und insofern gleichermaßen darauf angewiesen, durch die Erkenntnisformen gefiltert und von ihnen zusammengesetzt zu werden. Doch läßt sich nicht vorstellen, daß diese Formen selbst das Ich konstituieren. Denn all unsere sinnvolle Icherfahrung setzt sie in der dargelegten Weise voraus. Diese Erfahrung ist folglich der Erkenntnisform der Kausalität unterworfen, was bedeutet, daß sie deterministisch erlebt wird. Anders gesagt, was mir in der Vergangenheit zugestoßen ist, wird determinieren, was ich in der Zukunft tue. Doch ungeachtet dieser Auffassung glaubte Kant an die Wirklichkeit unserer Wert- oder moralischen Erfahrung und stellte zu diesem Erfahrungstyp ähnliche Fragen wie zu unserer Naturerfahrung. Eines ist klar: Er meint, wir müssen in irgendeiner Weise die Existenz eines anderen nicht-erfahrenen, aber doch irgendwie wirklichen Ichs voraussetzen, das fähig ist, recht von unrecht, gut von schlecht und schön von häßlich zu unterscheiden.

Sonst würde uns unsere moralische und ästhetische Erfahrung unverständlich bleiben. Menschen sollten gleich behandelt werden, nicht weil es uns momentan befriedigt, sie so zu behandeln, sondern weil es eben Menschen sind. Soll diese Vorschrift jedoch sinnvoll sein, müssen wir zu der Entscheidung fähig sein, Menschen gleich zu behandeln. Kant konnte diese Spannung in seinem philosophischen Werk zwischen Willensfreiheit und Determinismus nie ganz lösen.

Seit Kants Tod sind die Einzelheiten seiner Naturerkenntnis einer grundlegenden und überzeugenden Kritik unterzogen worden. Beispielsweise glaubte Kant bewiesen zu haben, daß Euklidische Geometrie und sogar die Newtonsche Physik Vorbedingungen sinnvoller Erfahrung seien. Die nichteuklidische Geometrie im 19. Jahrhundert und Einsteins Physik im 20. Jahrhundert widerlegten diese Auffassung gründlich. Ebenso gründliche Widerlegungen sind die jüngeren Entdeckungen und Beschreibungen von Kulturen, die etwa ganz andere kausale Erkenntnisweisen als der Westen verwenden. Doch Kants klare Einsicht, daß Forschender und Forschungsgegenstand sich in einer aktiven Beziehung zueinander befinden, beherrscht noch immer die erkenntnistheoretische Diskussion. Der entscheidende Unterschied liegt darin, daß man die notwendigen Bedingungen der aus der realen Welt bezogenen Erfahrung als pluralistisch versteht und einsieht, daß sie historischen und kulturellen Veränderungen unterworfen sind. Schließlich stößt die zeitgenössische Untersuchung der Beziehung zwischen Natur und Sozialwissenschaften beim Unterschied zwischen Erfahrung und Analyse auf die gleichen Probleme wie Kant, als er die Unterschiede zwischen Natur und Sittenlehre erörterte. In der einen oder anderen Weise befindet sich die Philosophie immer noch im Kielwasser der Kantschen Argumentation.

L. D.

Malthus

Malthus lenkte die Aufmerksamkeit auf einen Umstand, der offenkundig wurde, sobald er einmal festgestellt war. Er zeigte, daß, wenn die Nahrungsmittelproduktion arithmetisch (geradlinig) zunimmt und die Bevölkerung geometrisch (in zunehmend ansteigender Kurve), der wachsende Abstand zwischen beiden Kurven nur durch Elend ausgefüllt werden kann. Er sah kein natürliches Mittel, das geometrische Bevölkerungswachstum zu stoppen.

1766—1834

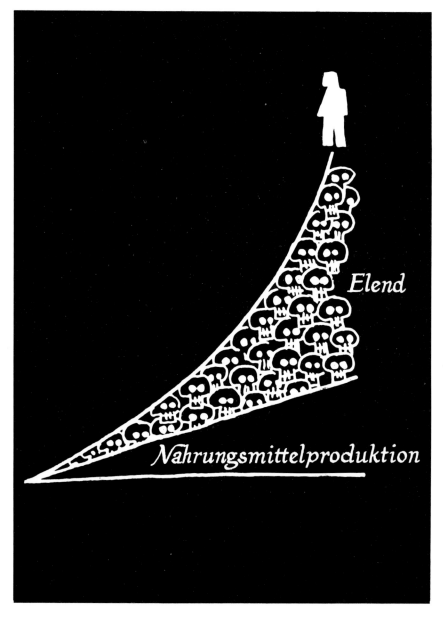

Elend

Nahrungsmittelproduktion

Thomas Malthus erscheint uns auf den ersten Blick als ein ziemlich pathetischer Charakter, der unheilschwanger und besorgt auf die rasche Vermehrung jenes eher unerfreulichen und unerquicklichen Pöbelhaufens blickt, den man die unteren Klassen nennt. Hören wir, was Karl Marx in seinem Essay *Theorien über den Mehrwert* von ihm sagte:
„Der Haß der englischen Arbeiterklassen gegen Malthus — den ‚*mountebank-parson*‘, wie ihn Cobbet *roh* nennt (Cobbet war zwar der größte *politische* Schriftsteller Englands während dieses Jahrhunderts; es fehlte ihm aber die Leipziger Professoralbildung, und er war ein direkter Feind der ‚learned languages‘) — ist also völlig gerechtfertigt; und das Volk ahnte hier mit richtigem Instinkt, daß es keinen *homme de science*, sondern einen gekauften Advokaten seiner Gegner, einen schamlosen Sykophanten (gewinnsüchtigen Denunzianten) der herrschenden Klasse gegenüber habe.“
Und die unheilschwangere Seite? Obgleich er gelegentlich schrieb, er hoffe, daß seine Ängste unbegründet seien, sah er für die Mehrheit der Gesellschaft kaum andere Aussichten als Unterdrückung und Elend. Seiner Beobachtung nach wird die materielle Entwicklungsfähigkeit der Welt allmählich durch schwerwiegende Beeinträchtigungen bedroht. Beide Sorgen werden heute von vielen Autoren und Politikern geteilt. Insofern geht die heutige Wertschätzung von Malthus zweifellos von dem Gefühl aus, daß er alles in allem vielleicht doch recht hatte.
1798 hat er ein Buch veröffentlicht, daß den Titel trug *An Essay on the Principle of Population* (Das Bevölkerungsgesetz). Dort legte er eine ziemlich radikale Auffassung von den Chancen der Menschheit dar.
„Meiner Ansicht nach kann ich mit Recht zwei Postulate aufstellen. Erstens: Die Nahrung ist für die Existenz des Menschen notwendig. Zweitens: Die Leidenschaft zwischen den Geschlechtern ist notwendig und wird in etwa in ihrem gegenwärtigen Zustand bleiben. Diese beiden Gesetze scheinen, soweit wir überhaupt etwas über die Menschheit wissen, festgefügte Bestandteile unserer Natur zu sein. Da wir bisher keinerlei Veränderung an ihnen wahrnehmen konnten, haben wir keinen Anlaß zu der Folgerung, daß sie jemals aufhören, das zu sein, was sie jetzt sind, ohne einen direkten Machterweis jenes Wesens, das das System des Universums erschuf und es gemäß festgefügter Gesetze zum Vorteil seiner Geschöpfe in seinem vielfältigen Geschehen erhält.
... Indem ich meine Postulate als gesichert voraussetze, behaupte ich, daß die Vermehrungskraft der Bevölkerung unbegrenzt größer ist als die Kraft der Erde, Unterhaltsmittel für den Menschen hervorzubringen.
Die Bevölkerung wächst, wenn keine Hemmnisse auftreten, in geometrischer Reihe an. Die Unterhaltsmittel nehmen nur in arithmetischer Reihe zu.“

Wenn also nicht etwas zur Kontrolle des Bevölkerungswachstums unternommen wird (entweder durch gezielte politische Maßnahmen oder durch natürliche Ursachen), wird sich die Zahl der zu stopfenden Mäuler unablässig verdoppeln. Malthus schätzte den Zeitraum, der für diese Verdoppelung erforderlich war, auf 25 Jahre. Entsprechend müßte sich die landwirtschaftliche Produktion verdoppeln. Das hieß, daß jeder Hof nach 100 Jahren im Vergleich zum damaligen Zeitpunkt den achtfachen Ertrag abwerfen müßte, in 200 Jahren den 128fachen, in 300 den über 2000fachen Ertrag. Natürlich war eine solche Ertragssteigerung undenkbar. Es mußte etwas geschehen, um die Zahl der hungrigen Mäuler zu begrenzen.
Die nackten Tatsachen der Tendenzen, die er aufzeigte, lassen sich einfach ausdrücken, wenn sie in Wirklichkeit auch etwas komplizierter liegen. Die Natur hindert das Bevölkerungswachstum entweder durch „positive“ Mittel (wie Hunger, Krankheit, Krieg und so fort) oder durch „vorbeugende“ Mittel (wie etwa späte Heirat, die die Folgen der „Leidenschaft zwischen den Geschlechtern“ mindert). In späteren Ausgaben seines Buches veränderte er das Verzeichnis ein wenig, doch der Grundgedanke blieb.
Noch ein weiterer Gesichtspunkt ist zu berücksichtigen: Was würde geschehen, wenn es dem Menschen auf irgendeine Weise gelänge, sich besser zu ernähren und wohlhabender zu werden? Die Situation wäre noch schlimmer, weil die Bevölkerung noch rascher anwachsen würde. Langsam (wenn nicht rasch) würde der zusätzliche Reichtum vom Bevölkerungszuwachs verzehrt werden und alle abermals in Elend und Armut stürzen. Und schließlich: Wenn die Sterblichkeitsrate beispielsweise durch den Sieg über Krankheit und Hungersnot herabgesetzt würde, müßten die landwirtschaftlichen Erträge in 300 Jahren nicht 2000fach, sondern in noch höherem Maße gesteigert werden. Die Chancen dafür stünden noch schlechter.
Was läßt sich also tun? Eine vorübergehende Lösung — so meinte er — würde sein, die Gebiete in Übersee zu erschließen, z. B. Amerika und Australien. Doch das wäre nur eine Lösung auf Zeit. Allerdings würde die vorgeschlagene Auswanderung „viel Krieg und Vernichtung“ mit sich bringen. (Denkt man an das Schicksal, das die Eingeborenen bei der Ankunft der Kolonisatoren erlitten, kam Malthus hier der Wirklichkeit sehr nahe).
So bleibt wirklich nur eine vernünftige Lösung: die gegenwärtige Situation hinzunehmen. Ihre Hemmnisse für das Bevölkerungswachstum sind die einzige Möglichkeit zur Organisation der Gesellschaft. Jeder Versuch, die Dinge zu verbessern, kann nur von Übel sein.
Und hier liegt die Wurzel der Marxschen Bezeichnung für Malthus: ein gekaufter Advokat der Gegner der Arbeiterklasse. Malthus befand sich im Gegensatz zu jedem wohlmeinenden

„Das Bevölkerungsgesetz und die Gesetzesänderung zu den Armengesetzen gehören untrennbar zusammen"

Versuch, das Los der Armen zu verbessern. Die Armengesetze beispielsweise würden nach Malthus' Meinung schließlich nur in größere Not führen. Maßnahmen gegen die durch eine Kartoffelkrankheit hervorgerufene irische Hungersnot — so brachten seine Schüler beim Parlament (und sogar als seine

Mitglieder) vor — seien unvernünftig. Die 1836 erschienene Ausgabe der *Principles of Political Economy* von Malthus enthielt den Kommentar: „Das *Bevölkerungsgesetz* und die Gesetzesänderung zu den Armengesetzen gehören untrennbar zusammen. Sie haben die gleichen Freunde und die gleichen Feinde . . . (sie) stellen ein großes Experiment dar . . ., von dessen Ergebnis die angemessene und harmonische Angleichung der Beziehung zwischen Reich und Arm in Zukunft wesentlich abhängt." Wie dem auch sei, Malthus hielt die Kluft zwischen reich und arm nicht gerade für schändlich: „Um einem Teil der Gesellschaft die für den Fortschritt von Künsten und Wissenschaften notwendige Muße zu sichern, muß es erlaubt sein, der Gesellschaft dadurch, daß man die Ausbreitung der Bildung beschränkt, einen höchst bemerkenswerten Nutzen zu verschaffen."

Malthus wurde in der Nähe von Guildford geboren. Wie nicht überraschen dürfte, war sein Vater ein Gelehrter, wenn auch zugegebenermaßen nicht von großem Ruf. Er stand mit Rousseau in Verbindung, schrieb selbst verschiedene Bücher, war aber etwas anspruchslos und ermüdend. Prinzipiell war er seinem Sohn nicht unähnlich. Thomas (oder Bob, wie er später genannt wurde) wurde meist von privaten Erziehern unterrichtet, die damals bekannt und geachtet waren. Angesichts dieser Herkunft hatte Malthus gewiß die Möglichkeit, alle angeborenen Talente zu entwickeln, die er möglicherweise von seinem Vater geerbt hatte.

Sinn für Humor würde man nach der Lektüre seiner Schriften gewiß nicht erwarten. Dennoch hat einer seiner Erzieher unter anderem gerade diese Charaktereigenschaft an ihm entdeckt. Bob scheint einer der wenigen Schüler jener Zeit gewesen zu sein, die Bücher wie *Hecyra* von Terenz oder die Satiren des Juvenal komisch gefunden haben. Dieser Humor war — einem Biographen zufolge — „während seiner Jugend ein auffälliger Zug und blieb sogar im Mannesalter teilweise erhalten". In Cambridge war er zu „sehr komischen Grimassen und einer höchst sonderbaren Stimmlage" fähig. Dieser Umstand verdient besondere Beachtung, da seine Sprache „durch eine Fehlbildung des Gaumens hoffnungslos entstellt" war. Dies wiederum erklärt vielleicht, warum Harriet Martineau in ihrer *Autobiographie* erklärt, er sei der einzige Mensch, den sie ohne ihr Hörrohr verstanden habe. Doch als er die Bevölkerungsprobleme auf sich lasten fühlte, verließ ihn dieser Sinn für Humor (und augenscheinlich auch der für Lächerlichkeit).

Malthus war eine Zeitlang am Jesus College in Cambridge. Er war ein fleißiger Student und genoß das prickelnde Gefühl, daß die Kurse in Philosophie und Naturwissenschaft seinen Ansprüchen nicht genügten. Er schuf dadurch Abhilfe, daß er die Vorlesungen des nächsten Jahrgangs besuchte. So hatte er in seinem dritten Jahr Gelegenheit, sich mit Dingen zu beschäftigen, die der Lehrplan nicht vorsah.

Nebenstehend: *Thomas Robert Malthus, ein Porträt nach Linell.*
Unten: *Malthus' Warnung vor den Gefahren der Überbevölkerung bewahrheitete sich im 19. Jahrhundert während der industriellen Revolution in England. Der französische Maler Gustave Doré war entsetzt vom Schmutz und Elend, die er in den fünfziger Jahren in den Londoner Slums erblickte.*

Trotz aller Schwarzmalerei — und obwohl ihn sein Sinn für Humor verlassen hatte — scheint Malthus als Mensch zufrieden gewesen zu sein. Harriet Martineau berichtet, wie sie ihn nach seiner Reaktion auf die Welle von Kritik gefragt hat, die auf ihn niederging: „Ich würde gern wissen, ob sie Ihnen manchmal den Schlaf raubt?" — „Nach den ersten 14 Tagen nie", antwortete er. Es ist schwer zu entscheiden, inwieweit er sich durch seine Widersacher gestört und unter Druck gesetzt

fühlte. Zwar hatte er viele Freunde und Überläufer, er wußte außerdem eine kräftige Auseinandersetzung zu schätzen, doch hat man manchmal den Eindruck, daß er seine Gegner für böswillig hielt, sich selbst im Besitz der Wahrheit wähnte und meinte, seine Gegner weigerten sich aus Gründen, die nur ihnen bekannt waren, sich freundlich und einsichtig zu zeigen. Was man auch sonst über ihn sagen mag, er wird häufig als freundlicher Mann geschildert.

Ein Kommentar aus dem 19. Jahrhundert zur Bevölkerungsexplosion.

Was man sich wünscht

Was man bekommt

Und Freunde hatte Malthus, politische wie persönliche. Harriet Martineau, eine ziemlich produktive Autorin, war beides in einem. Malthus — so sagt sie — habe vor allem den Wunsch gehabt, „häusliche Tugend und häusliches Glück solle für alle in Reichweite sein ... Er stellte fest, daß zu seiner Zeit ein Teil des Volkes unterernährt war, was zu ‚furchterregender‘ Säuglingssterblichkeit und zu einem Leichtsinn unter den Mittellosen führte, welcher Kindermord, Sittenverderbnis und, bestenfalls, Eheschließungen zwischen bettelarmen Jungen und Mädchen bewirkte, während eine Vielzahl achtbarer Männer und Frauen, die Steuern bezahlten, statt sie zu verbrauchen, noch mit vierzig unverheiratet waren oder überhaupt nicht heirateten." War es wirklich zuviel, von den Menschen zu verlangen, sie sollten sich vernünftig verhalten und für sich selbst sorgen?

Malthus scheint uns also in seinen Schriften — wie kaum anders zu erwarten — ein relativ genaues Bild von seinen Meinungen und Sorgen zu entwerfen. Zu fehlen scheint (abgesehen vom Humor seiner Jugend und ähnlichen Zügen) nur seine Freude an intellektueller Betätigung — und der nicht weiter verwunderliche Umstand, daß er bei Freunden und Überläufern sehr beliebt war. Hatte Malthus recht? Der Streit ist auch heute noch nicht entschieden. Seine Auffassung, daß wachsender Reichtum nur zu wachsender Familiengröße führen kann, hat sich mittlerweile als Irrtum herausgestellt (obgleich die zeitliche Verzögerung zwischen Erwerb von Reichtum und Bevölkerungsabnahme sehr erheblich sein kann). Und die landwirtschaftlichen Erträge mögen sich zwar im Vergleich zu seiner Zeit nicht vertausendfacht haben, sind aber gewiß weit höher, als er sich in seinen kühnsten Träumen vorgestellt hat. Mit seinen politischen Auffassungen können sich schließlich — auch wenn sie sich kaum auf Tatsachen gründen — nur noch wenige seiner Schüler ohne weiteres abfinden.

Bob Malthus ist für uns in dreierlei Hinsicht interessant. Erstens vertritt er einen Standpunkt, der viele zeitgenössische Autoren beeinflußt, die sich mit Bevölkerungs- und Ernährungsproblemen beschäftigen, mit natürlichen Ressourcen, Umweltverschmutzung, der Zukunft der Entwicklungsländer und ähnlichen Fragen. Zweitens wird an seinem Beispiel deutlich, welche Gefahr darin liegt, an die unwiderlegliche Logik eines Arguments zu glauben, ohne die zugrundeliegenden Voraussetzungen zu prüfen — keine Seltenheit bei heutigen Prognosen zur Weltsituation. Und schließlich zeigt sich an ihm, wie leicht sich einsehen läßt, daß sich die Dinge in der Vergangenheit verändert haben — und wie leicht man vergessen kann, wie sehr sie sich in Zukunft noch ändern werden.

Ein großer Denker? Das läßt sich vielleicht bestreiten; doch gewiß ein sehr einflußreicher Denker. W. P.

Meisterstücke der Aufmerksamkeit

Anthropologie, Soziologie und Psychologie beschäftigen sich gegenwärtig eingehend mit den festgelegten Wahrnehmungen, durch die die Menschen ihre Umwelt aufnehmen. Wenn wir durch Kultur oder Erziehung prädisponiert sind, die Welt in bestimmter Weise zu sehen, dann werden wir sie so sehen. Die Vorstellung, daß wir eine bestimmte Wahrnehmungsweise in die Welt hineintragen, läßt sich auf Kant und seine Erkenntniskategorien zurückführen.

Es ist zu erkennen, daß Rousseau, Kant und Malthus ihre Aufmerksamkeit auf Gebiete gerichtet haben, die in unserem heutigen Leben noch an Bedeutung gewonnen haben. Rousseau und Malthus waren keine tiefschürfenden, noch nicht einmal exakte Denker. Rousseaus Denken war ungereimt und unfertig. Nie hat er seine Theorien miteinander in Einklang gebracht. Meist sind sie von fadenscheiniger Dürftigkeit. Malthus entwickelte einen logischen Gedanken, ohne seine Prämissen in Frage gestellt zu haben. Die Leistungen dieser beiden waren keine Meisterstücke der Abstraktion oder Logik, sondern Meisterstücke der Aufmerksamkeit. Kant hingegen war exakter in seinem Denken, doch insofern altmodisch, als er auf die scholastische Methode mit ihren Definitionen, Klassifikationen und aristotelischen Kategorien zurückgriff. Trotzdem hat er durch ein Meisterstück der Aufmerksamkeit, das ihm erlaubte, zwischen Verstand und Vernunft zu trennen, ein Problem von größter Bedeutung gelöst.

Nichts wird so vernachlässigt, so wenig verstanden wie die Aufmerksamkeit; und doch gibt es keine wichtigere Eigenschaft des Verstandes. Aufmerksamkeit wurde in den alten Philosophien nicht berücksichtigt, da sie als selbstverständlich galt. In späteren Philosophien wurde sie zur Operation des „Willens", fast zu seiner Definition: die Entscheidung, etwas Bestimmtes zu tun oder in eine bestimmte Richtung zu blicken. Aufmerksamkeit jedoch als Willen zu beschreiben, sagt nichts über sie aus, und scheint überdies nicht ganz richtig zu sein, da Aufmerksamkeit nicht immer Sache des Willens ist.

Aufmerksamkeit ist eine wesentliche Erkenntnisquelle. Auf den Gebieten der Astronomie und Medizin sind die Erkenntnisse größtenteils durch Aufmerksamkeit gewonnen worden. Beispielsweise verdanken wir der Aufmerksamkeit, die Alexander Fleming einer infizierten Kulturschale schenkte, letztlich eines der wirksamsten Präparate, die je entwickelt wurden: das Penicillin. Eine andere wichtige Gruppe von Präparaten — die harntreibenden Mittel — wurde entdeckt, weil man auf die übermäßige Harnmenge aufmerksam wurde, die unter Quecksilberbehandlung stehende Syphilitiker ausscheiden. Die Bedeutung der Beobachtung zu würdigen, heißt nicht zugleich, den Stellenwert der Aufmerksamkeit anzuerkennen. Denn die Aufmerksamkeit geht der Beobachtung voran und bereitet das Feld, auf dem die Beobachtung vorgenommen wird.

Es gibt keine wichtigere Eigenschaft des Verstandes als Aufmerksamkeit

Der gebührende Respekt gegenüber dem Nutzen griechischer Denkweise, wie sie sich am Beispiel des Pythagoras, Euklid, Platon und Aristoteles zeigt, zwingt uns, über ihre unsinnigen Auswirkungen hinwegzusehen. Faszinierend ist die Spekulation, wie unser Denken aussehen würde, wäre es durch diese Einflüsse nicht auf eine bestimmte Richtung festgelegt worden. Es ist durchaus möglich, daß solches Denken überhaupt nie in Gang gekommen wäre, da der Anreiz zur Suche nach Wahrheit und nach Erklärung der zugrundeliegenden Wirklichkeit vielleicht nie in einer anderen Denkweise gefunden worden wäre. Andererseits hätte sich unsere Aufmerksamkeit freier bewegen können. Wie sehr die Aufmerksamkeit durch diese Denkweise eingeschränkt wurde, zeigt sich vielleicht daran, daß wir auf Galilei warten mußten, bis bewiesen wurde, daß Gegenstände unterschiedlichen Gewichts mit gleicher Beschleunigung fallen. Es erscheint unglaublich, daß niemand zuvor dieses einfache Experiment durchgeführt hat. Offensichtlich war die Sache nicht wichtig genug, um besondere Aufmerksamkeit zu verdienen. Es genügte der Vernunftsschluß, der besagte, daß Gegenstände verschiedenen Gewichts mit unterschiedlichen Beschleunigungen fallen müssen.

Die griechische Denkweise verlangte, daß zuerst fundamentale Fragen behandelt wurden. Das Wesen von Mensch, Dasein und Erkenntnis liegt allen anderen Dingen zugrunde; deshalb muß sich die Aufmerksamkeit ihnen und ihnen allein zuwenden. Davon abgesehen waren sie geeignete Gegenstände für die innerliche, sprachorientierte Betrachtung und Erörterung, die griechische Philosophen bevorzugten. Ihre Liebe zu Gespräch und Diskussion prägte weitgehend die Natur ihres Denkens. Außerdem hegte man die später von fast allen Philosophen übernommene Überzeugung, man müsse nur erst die Bausteine von Materie und Erkenntnis gefunden haben, um mit ihrer Hilfe weniger zentrale Dinge erklären zu können. Diese zentrifugale Haltung wurde noch erheblich durch die mathematischen Neigungen dieser Philosophen verstärkt. Die beträchtlichen Fertigkeiten und Leistungen, die sie auf dem Gebiet der Mathematik vorweisen konnten, gaben ihnen die Gewißheit, den richtigen Weg eingeschlagen zu haben. Die Mathematik ist ihrem Wesen nach zentrifugal. Verfahre nach den Gesetzen reiner Vernunft und wende die entdeckten Grundsätze an — wie es Descartes und Newton taten. Wir müssen heute einsehen, daß sich der mathematische Ansatz, gemessen an der Erkenntnis, die er auf den Gebieten alltäglicher Lebenspraxis geliefert hat, als außerordentlich steril erwiesen hat.

Der Aufstieg des Christentums und das Bedürfnis, die besten Köpfe bei der Errichtung theologischer Gedankengebäude zu beschäftigen, hat den Aufmerksamkeitsbereich abendländischen Denkens auch weiterhin eingeschränkt. Gott, die Seele des Menschen und sein Heil wurden dem Zentralverzeichnis der Dinge hinzugefügt, die Aufmerksamkeit verdienten. Die Aufwertung des Reiches Gottes führte zu einer entsprechenden Abwertung diesseitiger Belange. Abermals suchte man nach zentralen Strukturen und Erklärungen, etwa in der *Summa Theologica* des heiligen Thomas, der alle menschliche Erkenntnis in seinem theologischen Bezugssystem unterzubringen suchte. Wenn Gott alle Dinge erschaffen hat, dann braucht man nur ihn und seine Wirkungsweise zu verstehen, um alle Dinge zu verstehen.

Auch darf die Wirkung der Kontinuität nicht unterschätzt werden. Den Schülern wurde die herrschende Philosophie an den Schulen und später an den Universitäten vermittelt. Unter herrschender Philosophie ist weniger die zeitgenössische als die etablierte zu verstehen. Die Philosophie und Logik, die man Kant beigebracht hatte, dürfte sich nicht sonderlich von den Lehren unterschieden haben, die man seit Jahrhunderten vermittelte. Die Philosophie war — wie auch heute noch — Verweis auf Vorangegangenes. Das Denken früherer Denker ist die eigentliche Triebkraft der Philosophie, die

Der eingeschränkte Aufmerksamkeitsbereich abendländischen Denkens

David Hume (1711—66), von Ramsay.

noch nicht genügend Selbstvertrauen besitzt, um ihre Geschichte von ihrer Tätigkeit zu trennen. Ein Philosoph erwarb sich seinen Ruf, indem er einen anderen Philosophen kritisierte. Weniger bedeutende Philosophen profilierten sich, indem sie berühmte Kollegen kommentierten und auslegten. Gelegentlich war ein Philosoph — wie David Hume — so ehrlich, zuzugeben, daß er auf ein unlösbares Problem gestoßen war. Das war ein Geschenk für die nachfolgenden Philosophen, die wie Kant ihr Leben damit verbrachten, das von Hume aufgeworfene Problem zu lösen. Im praktischen Feld von Beschäftigung, Universitätsberufungen und ähnlichen Gesichtspunkten wurde die Kontinuität dadurch gesichert, daß derjenige, der seine Aufmerksamkeit einem neuen Gebiet zuwandte, eben einfach keinen Platz in der philosophischen Fakultät fand.

Rousseaus Aufmerksamkeitsleistung bestand darin, daß er aus dem Bereich der Literatur in den der Philosophie überwechselte. Die Gebiete, die er so sachkundig behandelte, die Leidenschaften des Herzens und die Schönheiten der Natur, waren seit langem Provinzen der Literatur. Rousseau machte aus dem Gefühl einen Gott. In der Philosophie war das bemerkenswert, in der Literatur ein Gemeinplatz. Denn dort hat das Gefühl mit Fortuna zusammen schon immer ein Zwillingsgestirn gebildet. Rousseaus Vision vom edlen Wilden beruhte nicht auf eigener Erfahrung; noch nicht einmal auf erwarteter Erfahrung. Sie war für ihn die Metapher eines Zustands, in dem die Gefühle und nicht die künstlichen, gesellschaftlichen Strukturen, denen der Mensch zu genügen hat, sein Verhalten bestimmen. So tut es nichts zur Sache, wenn uns die Anthropologie zeigen kann, daß einige „Wilde" alles andere als edel sind oder durch gesellschaftliche Strukturen gar noch stärker eingeengt werden.

Die Philosophie hatte all den Gefühlen, die Rousseau zu einer Ethik erhob, keine Aufmerksamkeit geschenkt. Die Griechen hatten es verschmäht, sich mit Gefühlen zu beschäftigen, weil Gefühle ihnen dionysisch und vulgär erschienen und die Tendenz hatten, aus der Klarheit der Mathematik in nebulöse Mystik zu entführen. Das christliche Zeitalter gründete sich kurze Zeit auf Liebe, dann jedoch sehr bald schon auf Verwaltung. Der heilige Paulus, der die internationale Christenheit eigentlich ganz allein ins Leben rief, hielt wenig von Gefühlen und empfahl zu ihrer Überwindung strenge Disziplin. Völlig zu Recht hielt die Kirche das Eigeninteresse der Gefühle für den Ursprung der Selbstsucht, die den Menschen automatisch vom Reich Gottes ausschloß. In gewissem Sinne war die gesamte Struktur der Kirche ein Metasystem, das den Menschen helfen sollte, sein unmittelbares Eigeninteresse (die Befriedigung seiner Gefühle) einem höheren Ziel zuliebe zu opfern. Gefühle wurden mit den sieben Todsünden gleichgesetzt, wenn sie nicht Leidenschaften waren, die Gott galten. Denker wie der heilige Thomas und Luther standen derart unter dem Eindruck von Versuchung und Sündenbewußtsein, daß die reformierte Kirche sich sogar noch weniger mit Gefühlen befaßte.

Gerechterweise muß festgestellt werden, daß Rousseau nicht versuchte, die groben Gefühle zu rehabilitieren, die von der Kirche verdammt wurden. Er bemühte sich, die Aufmerksamkeit auf edlere Gefühle zu lenken, wie die Liebe zur Natur, gemäßigte Lustbarkeit und die Qual seines Verfolgungswahns. Rousseau stellte fest, daß Gefühle in seinem Leben eine wesentliche Rolle spielten. In seinen *Bekenntnissen* machte er sich die moderne Sichtweise zu eigen, daß die ehrliche Beschreibung unverfälschter Gefühle für jeden anderen von Interesse sein müsse — und er hatte recht. Daß Rousseau Gefühle gehabt hat, war kaum bemerkenswert. Daß er eine Philosophie aus ihnen machte — die in ihrer Inkonsequenz der Inkonsequenz von Gefühlen entsprach — war ein Meisterstück der Aufmerksamkeit. Gewiß hat auch zu seinem Ruf beigetragen, daß er von der Französischen Revolution als Idol verehrt wurde, weil er die Künstlichkeit des „Establishment" geschmäht habe. Gewiß hat ihn Byrons Identifikation mit dem verkannten Genie der Empfindsamkeit als Schutzheiligen der romantischen Bewegung installiert. Trotzdem darf nicht verkannt werden, daß er Erfolg hatte, weil er die Aufmerksamkeit auf einen viel zu lange vernachlässigten Bereich lenkte. Gefühle mögen auf gefährliche Weise subjektiv und selbstsüchtig wie Machiavellis Machtspiele sein, doch lassen sie sich weder durch Verurteilung noch durch Nichtachtung verdrängen.

Kants Aufmerksamkeitsleistung war von etwas anderer Art. Malthus lenkte die Aufmerksamkeit auf einen völlig neuen Bereich. Kant jedoch arbeitete auf dem ältesten und am eingehendsten durchforschten aller Gebiete — auf dem vom Wesen menschlicher Erkenntnis.

Die Polarisierung der Philosophen in Rationalisten und Empiristen beruhte — wie so häufig — auf der Blindheit der Parteien dafür, daß sie zwei verschiedene Dinge betrachteten, die zufällig denselben Namen trugen: Erkenntnis. Rationalisten wie Descartes hielten sich an das reine schlußfolgernde Denken und verwendeten das Ergebnis dann zur Erklärung der Außenwelt. Das ist ein Vorgehen, wie es die mathematische und platonische Anschauung nahelegt. Empiristen glaubten, unsere Erkenntnis entstehe aus gesammelter Erfahrung, die wir durch Abstraktion und Generalisierung verarbeiten, um zu universellen Wahrheiten zu gelangen. Die englischen Empiristen wie Locke hielten sich an diesen Ansatz. Kants Aufmerksamkeitsleistung bestand darin, daß er zwischen die entzweiten Gruppen des „reinen Denkens" und der „Erfahrung" ein völlig neues Gebiet einschob, nämlich das des „Verstandes", der sich deutlich von der Vernunft unterscheidet. Kant meinte, reine Erfahrung sei unmöglich. Dem Geist sei die Anschauung roher Sinnesdaten nur mittels ihm innewohnender Organisationssysteme möglich, die Kant Kategorien nannte. Da wir durch dieses System blicken, sehen wir das Phänomen von Ursache und Wirkung und nicht einfach zwei aufeinanderfolgende Ereignisse. Kant hielt die Kategorien für angeborene Eigenschaften des Geistes. Er war außerdem der Meinung, daß die Erkenntnis aufgrund der Kategorien begrenzt sei, da unserer Anschauung nur Erfahrung zugänglich sei, die bereits durch die festgelegten Erkenntnisformen organisiert sei.

Leicht läßt sich erkennen, daß das ganze Erfahrungsproblem und Kants Lösungsversuch aus der philosophischen Gewohnheit erwächst, alles in kleine Einheiten zu zerlegen und dann anzunehmen, Ganzheiten ließen sich dadurch zusammensetzen, daß man Einheiten nach der Art von „Ursache und Wirkung" oder ähnlicher Verfahren aufeinander bezieht. Wenn wir umgekehrt verfahren und annehmen, daß einem Kind alle Wahrnehmungen verschwimmen und sich erst später verschiedene Aufmerksamkeitsfelder herausbilden, stellt sich das Problem überhaupt nicht. Trotzdem bleibt Kants Leistung beträchtlich, denn er hat die Aufmerksamkeit auf die Beteiligung des Geistes am Wahrnehmungsprozeß gelenkt.

Malthus hat eine gewaltige Aufmerksamkeitstat vollbracht. Gewiß hat später der Erfolg der Schutzimpfung die Gefahr der Überbevölkerung deutlicher werden lassen, doch dürfte zu seiner Zeit die Welt immer noch groß genug erschienen sein, um mit jedem möglichen Bevölkerungswachstum fertig zu werden. Nach Malthus ließ sich dieser Aufmerksamkeitsbereich nicht mehr übersehen. So wenig, wie man meint, Darwins Vorstellungen seien unmittelbar von Malthus' Arbeit angeregt worden.

Die Beteiligung des Geistes am Wahrnehmungsprozeß

Clausewitz

Clausewitz beschäftigte sich mit praktischem Geschehen, nicht mit metaphysischen Analysen. Ihm ging es vor allem um die praktische Kriegsführung. Für ihn waren Krieg und Politik nicht zwei verschiedene Dinge: Krieg war für ihn die Fortsetzung der Politik mit anderen Mitteln. Sein Interesse für Strategie, Taktik und Kriegsführung machen ihn zum Vater der Managementwissenschaft. Er war am Handeln interessiert, nicht am Wesen der Dinge.

1780—1831

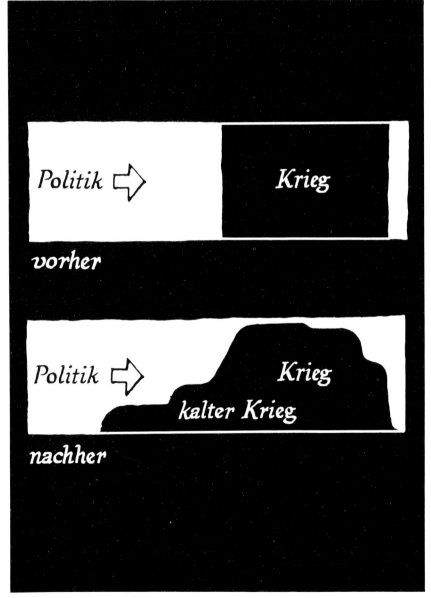

Politik ⇨ Krieg

vorher

Politik ⇨ Krieg
kalter Krieg

nachher

Ein Modell des „absoluten Krieges" entwerfen

Rechts: *Clausewitzscher Krieg im 20. Jahrhundert; die Ruinen Warschaus nach dem Blitzkrieg, 1945.*
Unten: *Carl von Clausewitz, eine Lithographie nach einem Gemälde von Wilhelm Wach, 1830.*

Über Carl von Clausewitz ist nicht viel bekannt. Er wurde am 1. Juni 1780 in Burg bei Magdeburg geboren. 1792 trat er als Gefreiterkorporal in die preußische Armee ein und wurde im Rheinfeldzug gegen die Franzosen (1793/94) zum Fähnrich befördert. Gezwungen, die nächsten Jahre im Garnisonsdienst zu verbringen, widmete er sich dem Studium des Krieges. Diese Bemühungen hatten den Erfolg, daß er 1801 an die allgemeine Kriegsschule in Berlin kam. Dort machte er den Direktor, General Scharnhorst, auf sich aufmerksam, der ihn bei Hofe vorstellte und 1806 seine Ernennung zum Adjudanten des Prinzen August von Preußen bewirkte. Zwei Jahre später, als er einige Kriegserfahrung erworben und eine Zeitlang in französischer Kriegsgefangenschaft verbracht hatte, wurde er zum militärischen Erzieher des preußischen Kronprinzen ernannt. Mit anderen deutschen Patrioten quittierte er jedoch am Vorabend des napoleonischen Rußlandfeldzuges seinen Dienst. Von 1812 bis 1814 diente er als Stabsoffizier in der russischen Armee. Er kehrte in preußische Dienste zurück und war während des Waterloo-Feldzugs Generalstabschef in Thielmanns Armeekorps. Den größten Teil der Zeit von 1815 bis zu seinem Tod am 16. November 1831 war er Direktor der Allgemeinen Kriegsschule, an der er seine Ausbildung erhalten hatte.

Selbst aus dieser kurzen Biographie dürfte ersichtlich sein, daß Clausewitz' militärische Laufbahn zwar beachtlich, aber nicht besonders bedeutend war. Seine Bedeutung für den Historiker liegt nicht in dem, was er getan hat, sondern in dem, was er geschrieben und gedacht hat. Denn Clausewitz war der wichtigste Theoretiker des Krieges in der Zeit nach Napoleon und vor der Erfindung des Panzers. Die ersten drei Bände seiner gesammelten Schriften enthalten die Abhandlung *Vom Kriege*, in der er in höchst interessanter Weise die militärische Erfahrung seiner Epoche sichtet. *Vom Kriege* ist eine eindrucksvolle Lektüre. Das Buch enthält eine Reihe von Aufsätzen, Anmerkungen und Notizen, die Clausewitz in seiner Zeit als Leiter der Allgemeinen Kriegsschule in Berlin verfaßte. Doch da er starb, bevor er sein Werk vollenden, geschweige denn überarbeiten konnte, mag es dem Leser unsystematisch, weitschweifig und widersprüchlich vorkommen. Stilistisch ist es gewiß schwerfällig. Andererseits müssen wir uns fragen, was denn sein eigentlicher Zweck gewesen ist.

Diese Frage ist wichtig, weil Clausewitz häufig mißverstanden wird. Kaum jemand nimmt sich heutzutage die Mühe, sein umfangreiches Werk zu lesen; aber vielen ist sein berühmter Ausspruch bekannt: „Der Krieg ist eine bloße Fortsetzung der Politik mit anderen Mitteln." Folglich gilt er in der landläufigen Vorstellung oft als Kriegshetzer. Allerdings ist er daran bis zu einem gewissen Grad selbst schuld. Seine Schrift ist gespickt mit Bemerkungen, die ein solches Mißverständnis geradezu herausfordern. Beispielsweise definiert er „Krieg" als einen

„Akt der Gewalt, um den Gegner zur Erfüllung unseres Willens zu zwingen". An anderer Stelle sagt er, es sei absurd, in die Philosophie des Krieges ein Prinzip der Mäßigung einbringen zu wollen. Und einmal erklärt er, man möge ihn mit Generälen verschonen, die ohne Blutvergießen siegen wollen. Trotzdem läßt sich Clausewitz keineswegs als Militarist abstempeln. Der eigentliche Zweck seiner Abhandlung war weder, den Krieg zu verherrlichen, noch den Forderungen des Militärs Nachdruck zu verleihen. Er wollte vielmehr das Phänomen des Krieges in seiner eigentlichen Bedeutung erfassen und zeigen, daß die Kriegsmaschinerie unbedingt ziviler Kontrolle unterworfen sein muß.

In seiner Rangordnung der Dinge tragen letztlich die Politiker die Verantwortung für die Strategie. Deshalb fügte Clausewitz die eindringliche Warnung hinzu, sie mögen keine unbesonnenen Kriege beginnen. Krieg könne als Politik nur Erfolg haben, wenn Politiker sich von vornherein klarmachten, was Krieg realistisch bewirken könne und welche der erforderlichen Mittel zur Verfügung stünden.

„Die Theorie fordert also", schrieb er, „daß bei jedem Kriege zuerst sein Charakter und seine großen Umrisse nach der Wahrscheinlichkeit aufgefaßt werden, die die politischen Grö-

ßen und Verhältnisse ergeben." Andererseits darf man das nicht so verstehen, Clausewitz sei der Meinung gewesen, daß der Krieg ein zu ernstes Geschäft für die Generäle sei. Er glaubte vielmehr, Krieg müsse zwar von der Politik geleitet werden, aber die Generäle müßten so eng mit der Politik vertraut sein, daß keine Reibungen zwischen Militär und Politik drohen. Betrachten wir das Argument unter einem etwas weitergefaßten Blickwinkel, so läßt sich erkennen, daß es Clausewitz in seiner Abhandlung um den *politischen* Gesichtspunkt des Krieges ging. Der Krieg sei ein Instrument, das Staatsmänner anwenden könnten, wenn und wann sie zu der Auffassung gelangten, daß sie ihn sich leisten könnten. Er verstand Krieg nicht als Phänomen, das unvermeidlich aus Klassenkämpfen oder internationalen politischen Strukturen erwächst, und gewiß nicht als Ereignis, das es unter allen Umständen zu vermeiden gilt. Krieg war eben eine Tatsache des politischen Lebens und als solche von Politikern zu kontrollieren. An ihnen wäre es, zu entscheiden, ob sie sich des Krieges bedienen wollten oder nicht, und nicht zaghaft, sondern überlegt hätten sie die Entscheidung zu treffen.

Als Schüler Kants entsprach es seiner Methode, das „Ding an sich" zu betrachten und ein Modell des „absoluten Krieges" zu entwerfen. Wer aus der Theorie etwas lernen wolle, schrieb er, dürfe die absolute Gestalt des Krieges nie aus den Augen verlieren und müsse sich angewöhnen, „sie als das ursprüngliche Maß aller seiner Hoffnungen und Befürchtungen zu betrachten, um sich ihr zu nähern, *wo er es kann und wo er es muß.*" Tatsächlich war sein Modell jedoch nicht ganz so abstrakt, wie häufig behauptet. Denn Napoleon hatte seiner Meinung nach den „absoluten Krieg" bereits verwirklicht. So schrieb er: „. . . wenn wir nicht gerade in unseren Tagen den wirklichen Krieg in dieser absoluten Vollkommenheit hätten auftreten sehen." Was hätte er, so fragt man sich, wohl aus dem Ersten Weltkrieg gemacht?

In seiner Analyse des „absoluten Krieges" kam Clausewitz zu folgendem Ergebnis: Die Ziele des Krieges seien: (a) die Streitkräfte des Feindes zu besiegen und zu vernichten, (b) sich seiner materiellen Mittel zu bemächtigen und (c) die Unterstützung der öffentlichen Meinung zu gewinnen. Dies lasse sich erreichen, wenn alle Kräfte, die einem Befehlshaber zur Verfügung stünden, mit äußerster Entschlossenheit eingesetzt, wenn sie auf den schwächsten Punkt des Feindes geworfen und wenn dabei keine Zeit verschwendet würde. Die Überraschung sei, so schrieb er, das wichtigste Element des Sieges. Auch der Begriff vom „Schwerpunkt" der feindlichen Kräfte, den es zu vernichten gelte, spielte in den Darlegungen Clausewitz' eine wichtige Rolle. Der „Schwerpunkt" wird verschieden definiert: „. . . bei Staaten, die durch innere Parteiungen zerrissen sind, liegt er meistens in der Hauptstadt; bei kleinen Staaten, die sich an mächtige stützen, liegt er im Heer dieser Bundesgenossen; bei Bündnissen liegt er in der Einheit des Interesses; bei Volksbewaffnung in der Person der Hauptführer und in der öffentlichen Meinung. Gegen diese Dinge muß der Stoß gerichtet sein." Nach Clausewitz bedeutet die Entscheidung, wo der Brennpunkt der feindlichen Stellung liegt, den höchsten Akt des strategischen Urteils.

Häufig wird die Auffassung vertreten, Clausewitz habe eigentlich nur die Kriegsführung Napoleons systematisch dargestellt, und vielleicht hat er das tatsächlich versucht. Andererseits hat er nicht ganz verstanden, was Bonaparte vollbracht hat. Aus seinem Verständnis napoleonischer Kriegskunst hat er ein Regelsystem entwickelt, es jedoch zu streng und starr angewandt, als er dann Napoleon selbst beurteilt hat. So hatte er beispielsweise unrecht, wenn er Napoleon kritisierte, weil dieser den Angriffs- dem Verteidigungskrieg vorgezogen habe. Auch schätzte er Napoleons Entschlossenheit bei der Verfolgung der Engländer als „Schwerpunkt" des feindlichen Bündnisses falsch ein. Schließlich verkannte er die Fähigkeit Napo-

Der größte Praktiker
Clausewitzscher Kriegsführung
im 20. Jahrhundert war Adolf Hitler

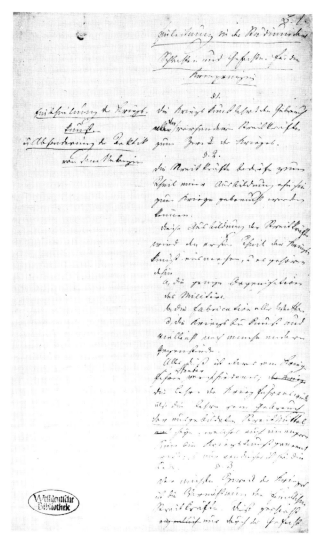

Eine Seite aus Clausewitz' Vorlesungsnotizen für die Allgemeine Kriegsschule in Berlin.

leons, seine Streitkräfte vor einem wichtigen Treffen aufzuteilen und neu zu ordnen. Clausewitz — so scheint es — hat sich von der Zahl der Rekruten, die Napoleon aushob, zu sehr beeindrucken lassen und der Notwendigkeit, Armeen zu „konzentrieren", zu wenig Beachtung geschenkt.

Soweit zum Clausewitzschen Verständnis des eigenen Zeitalters. Welchen Einfluß hatte er auf nachfolgende Generationen? Wohl schwer läßt sich leugnen, daß niemand seine Theorien so getreulich in die Praxis umgesetzt hat wie Bismarck. Bismarck selbst hat zwar behauptet, Clausewitz nie gelesen zu haben. Doch da Moltke und andere es gewiß getan haben, läßt sich vorstellen, daß die Ideen, die sich in *Vom Kriege* fanden, einen gewissen Einfluß auf die Zeit der Reichsgründung gehabt haben. Die militärischen Pläne des deutschen Generalstabs in der Zeit von 1871 bis 1940 waren von ihnen ganz gewiß beeinflußt. Mit dem Ende des Ersten Weltkrieges schienen Clausewitz' Vorstellungen jedoch nicht mehr sehr nützlich oder angemessen zu sein, es sei denn, man erkannte die Bedeutung des Panzers. Nur die Militärs, die in Zukunft anstelle des Grabenkrieges mit einem mechanisierten Krieg rechneten, dachten noch im Clausewitzschen Rahmen. So läßt sich durchaus die Meinung vertreten, daß der größte Praktiker Clausewitzscher Kriegsführung im 20. Jahrhundert Adolf Hitler mit seinem Blitzkrieg gewesen ist.

Doch nach Hitlers Niederlage schienen sich die strategischen Probleme abermals grundlegend gewandelt zu haben. Die Welt war in das Zeitalter des Atom- und Nuklearkrieges eingetreten und wurde von zwei Supermächten beherrscht, die nicht miteinander Krieg führen konnten, ohne ihre beiderseitige Vernichtung befürchten zu müssen. Die kleineren Mächte dagegen sahen sich einfach nicht in der Lage, in Clausewitzschen Begriffen zu denken, oder wurden von den Supermächten daran gehindert, wenn sie es versuchten. Trotzdem entstand Ende der fünfziger und in den sechziger Jahren vor allem in den Vereinigten Staaten eine Gedankenschule, die „neo-Clausewitzisch" genannt wurde. Von Persönlichkeiten wie Herman Kahn und Henry Kissinger repräsentiert, vertrat sie die Auffassung, daß eine „rationale" Nuklearstrategie ebenso notwendig sei wie konventionelles militärisches Denken und daß der Krieg, trotz des Risikos eines Nuklearkriegs, von den führenden Staatsmännern der Welt immer noch als ein Akt der Politik betrachtet werden sollte. Der Einfluß dieser Gedankenschule zeigte sich vielleicht am deutlichsten in Vietnam. Doch Clausewitzsches Denken hat sich Ende des 20. Jahrhunderts auch auf anderen Gebieten des Denkens bemerkbar gemacht — beispielsweise in der Spieltheorie und in Managementstudien. Es hat auch eine Rolle in der Entwicklung von Friedensforschung und Konfliktstudien gespielt, und man kann nur hoffen, daß es hier und nicht auf anderen Gebieten schließlich seinen größten Beitrag leisten wird.   A. S.

Darwin

Mit der Evolutionstheorie vom Überleben des Stärksten lieferte Darwin eine plausible Erklärung für den Ursprung der verschiedenen Arten. Es war nur eine Theorie ohne Beweis. Doch als Theorie führte sie aus der Notwendigkeit heraus, die Entstehung der Arten als Schöpfungsakt Gottes zu erklären. Eifrig wurde die Theorie von all denen übernommen, die meinten, die Wissenschaft würde im Laufe der Zeit Gott als Erklärung der Natur verdrängen.

1809—1882

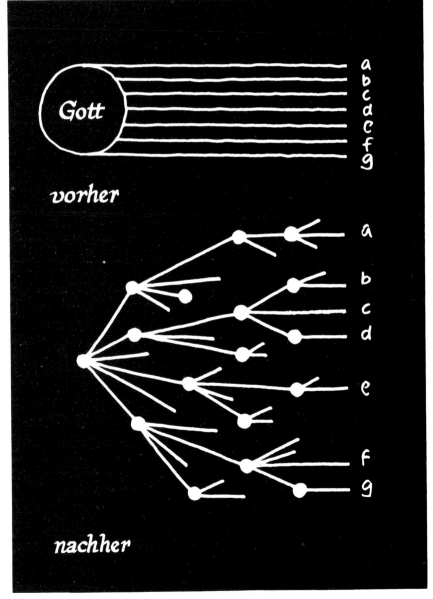

Als kleiner Junge liebte Charles Darwin lange, einsame Spaziergänge, von denen er mit phantasievollen Erzählungen voller seltsamer Abenteuer zurückkehrte. Sein eigenes Leben enthält zwei Abenteuer, die wahrscheinlich merkwürdiger sind als irgendeines, das er damals erdacht hat. Das eine ist die reale Reise, die er an Bord der *Beagle* unternommen hat, das andere jener geistige Sprung, der durch die im Verlauf dieser Expedition erblickten Dinge ausgelöst wurde. Charles hatte zunächst vor, Medizin zu studieren. Nichts an diesem Studium scheint jedoch seine Begeisterung geweckt zu haben. Ein solcher Mangel an Erfolg führte zu dem Entschluß, die kirchliche Laufbahn einzuschlagen. So schrieb er sich 1827 an der Universität von Cambridge ein.

Dort schloß er eine Freundschaft von großer Bedeutung — mit J. S. Henslow, einem Botanikprofessor, der Darwins Liebhaberinteresse an den Naturwissenschaften förderte. Der junge Mann hatte sich nämlich schon immer als Sammler betätigt und während seiner medizinischen Studien zwei Vorträge vor der Plinian Society gehalten. Während seiner Zeit in Cambridge scheint er auch voller Begeisterung die Berichte des großen Naturkundlers Alexander von Humboldt gelesen zu haben, in denen dieser sein Leben und seine Reisen beschreibt.

1831 legte er seine Magisterprüfung ab. Mit 22 Jahren war er trotz seiner Interessen keineswegs ein Naturwissenschaftler geworden, noch rechnete er wirklich damit, je einer zu werden. Zu dieser Zeit rüstete die Admiralität das Schiff *Beagle* für eine Entdeckungsexpedition nach Südamerika und in den Pazifik aus. Man meinte — wie es dem Zeitgeist entsprach —, daß ein Naturwissenschaftler den Kapitän Robert Fitzroy und seine Mannschaft begleiten sollte. Henslow empfahl Darwin, der sich nun im Dezember 1831 auf eine Reise begab, die das seit Generationen gültige Weltbild von Grund auf verändern sollte. Man muß sich vor Augen halten, was Darwin vor Beginn der Reise noch alles zu lernen hatte. Nicht nur die wissenschaftlichen Fakten, deren perfekte Kenntnis jetzt von ihm erwartet wurde, sondern auch die Geisteshaltung, die Arbeitsweise, die alltäglichen Techniken des praktischen Naturkundlers. Er hatte nur wenige Instrumente und kaum Platz. Andererseits kam ihm seine große Begeisterung, eine lange, eingehende Sammlererfahrung und die Freude über eine plötzlich sich öffnende Welt zu Hilfe. Von Anfang an vertraute er auf die eigenen Beobachtungen und war infolgedessen bald geneigt, sich der Auffassung anzuschließen, die Charles Lyell in *Principles of Geology* dargelegt hatte — daß nämlich die Naturgesetze sich immer gleich bleiben, ganz unabhängig von der Frage, welchen Zeitraum wir betrachten. Als erstes schienen ihm die Vulkane auf den Kapverdischen Inseln die bis dahin umstrittene Theorie zu bestätigen. In dieser Auffassung sah er sich durch die vielfältige und verwirrende Geologie Südamerikas noch bestärkt. Das war sehr bedeutsam, da es ihm diese

Auffassung ermöglichte, sich mit einer gewissen Sicherheit in den zurückliegenden Weltaltern zu orientieren, in die seine Ideen später Ordnung bringen sollten. Nach seiner Rückkehr wurde Lyell ihm ein lebenslanger und geistig anregender Freund.

Als Darwin England verließ, waren seine Vorstellungen von den Ursprüngen des Lebens und der Arten, in denen es sich äußert, so orthodox, wie es sich für einen jungen Mann gehörte, der noch immer für die kirchliche Laufbahn bestimmt war. Er glaubte, daß alle Arten unwandelbar seien und in ihrer gegenwärtigen Form im Verlauf eines einzigartigen vehementen Beginns unter der Regie eines gütigen und überaus aktiven Gottes geschaffen worden seien. Doch auf seiner langen Reise, die fünf Jahre dauerte und ihn nach Australasien, zu den Pazifischen Atollen, in die Berge der Anden und in die Isoliertheit der Inseln St. Helena und Ascension führte, drängten sich ihm zahlreiche miteinander verknüpfte Fragen immer unabweisbarer auf. Sie betrafen die Verteilung von Merkmalen. Eine große Zahl von Geschöpfen, durch Tausende von Meilen

Links: *Charles Darwin, etwa 1855.*
Unten: *Eine Seite aus Darwins Manuskript*
zur Entstehung der Arten.

I have now recapitulated the chief facts and considerations, which have thoroughly convinced me that species have been modified, during a long course of descent, by the preservation or the natural selection of many successive slight favourable variations. I cannot believe that a false theory would explain, as it seems to me that the theory of natural selection does explain, the several large classes of facts above specified. It is a valid objection that science as yet throws no light on the far higher problem of the essence or origin of life. Who can explain what is the essence of the attraction of gravity? No one now objects to following out the results consequent on this unknown element of attraction; notwithstanding that Leibnitz formerly accused Newton of introducing "occult qualities & miracles into philosophy." —

p. 514 8. Ed.
of "Origin"

Charles Darwin

getrennt, schienen sich außerordentlich ähnlich zu sein. Gleichzeitig wiesen viele Geschöpfe, die in geringer Entfernung voneinander lebten und in vielerlei Hinsicht identisch waren, signifikante, wenn auch gewöhnlich winzige Unterschiede auf. Am deutlichsten fiel ihm das auf den Galapagos-Inseln auf: In einer identischen materiellen Umwelt zeigten Geschöpfe der gleichen Art auf verschiedenen Inseln winzige, aber doch meßbare Unterschiede.

1836 kehrte Darwin nach England zurück. Er heiratete seine Cousine Emma Wedgwood und zog 1842 in das kleine Dorf Down in Kent. Er litt jetzt unter einem periodisch auftretenden Leiden, das die jüngere Forschung der Chagas-Krankheit zuschreibt, die von einem Insekt übertragen wird, unter dessen Bissen Darwin im Jahre 1835 erwiesenermaßen stark gelitten hat. Mit seiner hochgewachsenen, mageren und sich allmäh-

lich krümmenden Gestalt muß er zugleich beeindruckend intellektuell und lächerlich affenähnlich gewirkt haben, was die Karikaturisten während der Evolutionskontroversen nur zu gern ausgeschlachtet haben. Stets war ihm jedoch eine gewisse Freundlichkeit und fast naive Schlichtheit eigen, die ihn die Freundschaft vieler auch unterschiedlicher Menschen eingetragen hat. Den größten Teil seiner Energie investierte er in seine Arbeit. Und anfangs verfügte er über sehr viel Energie und große Konzentrationsfähigkeit, die ihn die winzigsten Diskrepanzen und Ähnlichkeiten bemerken und festhalten ließen. So wird Wahrheit aus Beobachtung gewonnen.

Etwa in dieser Zeit las Darwin Malthus' berühmten Essay *On the Principle of Population* (Das Bevölkerungsgesetz). Er begriff, daß auch andere Lebewesen solchen unabänderlichen Gesetzen ausgeliefert sein können. Für sie ließ sich das Malthusianische Gesetz vom geometrischen Bevölkerungswachstum, das im Widerspruch zur arithmetischen Steigerung der Nahrungsmittelproduktion steht, nur als Kampf beschrieben.

Auf seinen Reisen hatte Darwin bereits gesehen, wie Organismen, die sich manchmal in einzigartiger Weise ihrer Umwelt anpassen, für das Überleben ausgerüstet sind. Nun verstand er die Triebkraft des Mechanismus, der sie bedrohte. In der natürlichen Ordnung, so schrieb er an einem Septembertag im Jahre 1830 in sein Notizbuch, „ist eine Kraft wie von hunderttausend Keilen..., die Lücken reißt, indem sie schwächere auslöscht". Darwin hatte also bereits zu diesem Zeitpunkt erkannt, daß Arten mutationsfähig sind und im Laufe der Jahrtausende mutiert hatten. Er hatte begriffen, daß der Grund für das Überleben der mutierten Arten die bessere Anpassung war. Er hatte den Gedanken entwickelt, daß dieser Anpassungsprozeß auf einer natürlichen Selektionsmethode beruht, die die konkurrenzunfähigsten Organismen ausmerzt.

Die Idee von der Evolution war nicht unbedingt neu. Darwins eigener Großvater gehörte zu denen, die sie aufgebracht hatten, und vor allem der große Lamarck hatte ein System des evolutionären Fortschritts entwickelt. Doch diese Gedanken hielten sich an die alte Vorstellung von den angeborenen Eigenschaften der Materie. Anders gesagt, sie wichen der Frage aus. Darwins geniale Leistung liegt darin, daß er seine Lösung auf einem anderen, dem wissenschaftlichen Weg fand — dem der Beobachtung. Seine Ideen wurden ihm von dem, was er sah, aufgezwungen, nicht anders herum; und da sie so gut fundiert waren, lieferten sie eine vollständige und überzeugende Erklärung. Anpassung bedeutet Überleben; eine kärgliche Umwelt bedeutet hohe Sterblichkeit; hohe Sterblichkeit bedeutet, daß die am besten angepaßten Organismen am ehesten überleben; diejenigen, die überleben, pflanzen sich fort; sexuelle Reproduktion bedeutet, daß die erwünschten Anpassungsformen die größte Chance haben, übertragen zu werden.

139

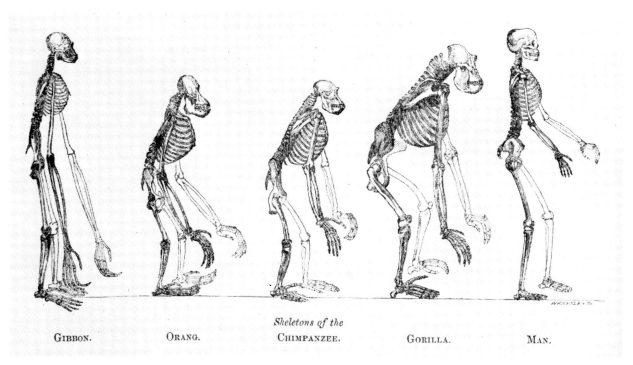

Die Veröffentlichung der Entstehung der Arten *führte zu heftigen Kontroversen und öffentlichen Auseinandersetzungen.*
Rechts: *Darwin selbst war eine beliebte Zielscheibe für Karikaturisten: Die phantastische Evolutionsspirale des* Punch *führt aus dem Chaos über den Wurm, den Affen, den Athropoiden, den Höhlenmenschen und den Stutzer schließlich zu Darwin selbst.*
Unten: *Einer der gewichtigsten Fürsprecher Darwins war T. H. Huxley. Eine Abbildung aus Huxleys Buch über Evolution* Evidence as to Man's Place in Nature, *1863. Gezeigt wird die Entwicklung des Knochenbaus vom Affen zum Menschen.*

MAN · IS · BVT · A · WORM ·

Skeletons of the

GIBBON.   ORANG.   CHIMPANZEE.   GORILLA.   MAN.

Er begann ein gigantisches Werk, in dem er seine Ergebnisse und Theorien darlegte. Etwa neun Kapitel waren fertig, als ein Manuskript erschien, das ihm ein Naturkundler namens Alfred Wallace zugeschickt hatte. Es enthielt Theorien zur Evolution und natürlichen Selektion, die eine auffallende und gefährliche Verwandtschaft mit Darwins Auffassungen aufwiesen.

Darwin gab sein riesiges Vorhaben auf und schrieb in aller Eile ein Buch, das er für eine Zusammenfassung hielt, *Origin of Species* (Die Entstehung der Arten). Es erschien im November 1869 und erlebte in den nächsten zwölf Jahren sechs Auflagen. Heute weiß man, welchen Aufruhr es auslöste — etwa seine Verdammung durch Bischof Wilberforce und Huxleys brillante Verteidigung. Darwin wollte eigentlich zu keiner Zeit mehr als eine Alternative zu der orthodoxen Auffassung bieten. Lange Zeit war er sich unschlüssig und hat sich niemals in vorderster Front an den Auseinandersetzungen beteiligt, die sein Buch ausgelöst hatte. Statt dessen setzte er seine Arbeit mit gleichbleibender Sorgfalt fort. Er schrieb noch zahlreiche botanische Werke. Doch in unmittelbarer Nachfolge des *Origin of Species* standen *The Variation of Animals and Plants under Domestication* (Abänderung von Tieren und Pflanzen bei der Züchtung), wo er eine Vererbungstheorie namens Pangenesis vorschlug, die wenig Schule machte; *The Descent of Man* (Die Abstammung des Menschen), ein Buch, das die alte Kontroverse insofern erneuerte, als es den *Homo sapiens* mit all seinen körperlichen, geistigen und moralischen Eigenschaften in den Evolutionsprozeß einbezog; und *The Expression of Emotion in Man and Animals* (Über den Ausdruck der Gemütsbewegung bei Menschen und Tieren), wo er dem Ursprung der feinsten Ausdrucksformen menschlicher Gemütsbewegungen nachgeht. Auch dieses Buch griff eine Frage auf, die die Öffentlichkeit augenscheinlich bewegte — weit über fünftausend Exemplare wurden am Tag der Veröffentlichung verkauft. In seinen botanischen Schriften — deren wichtigste vielleicht *Climbing Plants* ist — hat Darwin nicht nur die sichtbaren Phänomene mit größter Aufmerksamkeit studiert, sondern sie immer in sein Gedankengebäude vom Überleben durch Anpassung eingeordnet.

Darwin starb im April 1882. Zwanzig Parlamentsmitglieder machten die Eingabe, ihn in der Westminsterabtei zu begraben. Mit Auszeichnungen überhäuft, wurde sein Leichnam dort am 26. April beigesetzt. Seine Ideen ließen sich natürlich nicht so leicht verwahren.

Der entscheidende Beitrag Darwins ist nicht der Evolutionsgedanke an sich. Er hatte sich vielmehr durch seine Beobachtungen von seinem Wert überzeugt und konnte nun seinen Mechanismus ableiten und die Geheimnisse und Anomalien der natürlichen Welt erklären. Darin liegt die Bedeutung Darwins. Denn obwohl man seit über einem Jahrhundert den Evolutionsgedanken theoretisch erwog, hatte ihn nie jemand zu einem befriedigenden Modell verarbeiten können. Die meisten Menschen — und Darwin hatte ursprünglich zu ihnen gehört — glaubten weiterhin, daß die Welt und all das Leben, das sie enthielt, in einem einzigen Augenblick göttlicher Schöpfung entstanden seien.

Darwin hatte als erster auf die Bedeutung einer seit langem bekannten Tatsache hingewiesen — daß verschiedene Arten sehr ähnliche grundlegende Strukturen aufweisen, obgleich sie sehr unterschiedliche Funktionen haben können. So zeigt der Knochenbau eines Vogelflügels, eines Pferdevorderbeins und eines menschlichen Armes eine auffallende Ähnlichkeit, trotz ihrer äußerlichen und funktionellen Unterschiede; ein Bauplan, der auf einen gemeinsamen Vorfahren schließen läßt. Oder: Das Verhalten weitverstreuter Arten läßt allgemeine Ähnlichkeiten erkennen, was — trotz örtlicher Variation — gleichfalls auf einen gemeinsamen Vorfahren hinweist. Andererseits stellte sich die Frage, warum Tiere, die sich in einem Gebiet entdecken lassen, in anderen fehlen. Zum Beispiel gibt es in Europa, Asien oder Afrika keine Beuteltiere.

So wurde Darwin zur zentralen Frage der Variation zurückgeführt, den Unterschieden, die zwischen Organismen derselben Arten auftreten. Nach Darwins Auffassung liefert die Variation den Schlüssel zum zentralen Prozeß der Evolution: der natürlichen Selektion. In jeder Ordnung gibt es allen Einzelwesen gemeinsame Strukturen — so hat jeder Vogel Flügel und einen Schnabel. Einige benutzen die Flügel jedoch zum Gleiten, andere zum Flattern, wieder andere zum Sturzflug. Einige benutzen den Schnabel, um Honig zu nippen, andere, um in Bäumen nach Insekten zu bohren, wieder andere, um im flachen Uferwasser zu fischen. Anders gesagt, der allgemeine Bau wird so angepaßt, daß er jedem Tier seine ökologische Nische bietet. Diejenigen, die am besten angepaßt sind, überleben am leichtesten. Diejenigen, die am schlechtesten angepaßt sind, sterben in Notzeiten als erste. Und Notzeiten gibt es immer. Nicht nur Klimaschwankungen treten auf — sondern die Reproduktion droht ständig das natürliche Nahrungsangebot zu überflügeln. Die Organismen, die diese Notzeiten überleben — also auf natürliche Weise ausgewählt werden — vererben ihre Anpassungsformen einer neuen Generation, in der sich dieser Prozeß wiederholt. Im Laufe der Zeit prägen sich diese Anpassungsmerkmale sehr deutlich aus und führen zu der enormen Vielfalt der Arten und Unterarten bis hin zu örtlich eng begrenzten Varianten in der natürlichen Welt.

Diese Vielfalt folgt also einer bestimmten Logik, die Paläontologen und Embryologen entdecken und bestätigen konnten. Mit dem Beweis für diese Theorie hat Darwin unsere Auffassung vom Leben von jener Willkürlichkeit befreit, die ihr durch religiöse Überzeugung auferlegt war. Allerdings bedurfte es eines langen und harten Kampfes, seine Botschaft durchzusetzen.

P. B.

Marx

Marx meinte, daß die Arbeiter seit der Einführung von Maschinen während der industriellen Revolution einen Wert über ihre unmittelbaren Bedürfnisse hinaus produzierten. Dieser Mehrwert werde die Kapitalisten reicher machen. Nach seiner Vorstellung sollten die Arbeiter in den Genuß des vollen Wertes ihrer Anstrengungen kommen und genügend für Kapitalanlagen übrig behalten. Arbeiter und Kapital sollten die Plätze tauschen.

1818—1883

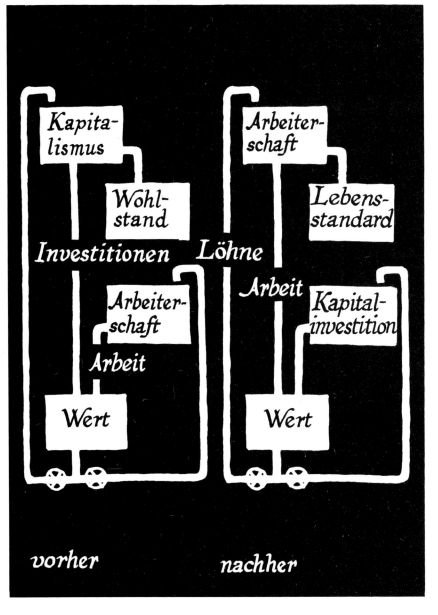

Das *Kommunistische Manifest*, diese frühe und gültige Zusammenfassung der revolutionären Ansichten von Karl Marx, erschien 1848. Das war, zumindest potentiell, ein Schicksalsjahr, das ganz Europa lange erwartete Aufstände bescherte. Trotzdem löste Marx' Aufruf — „Proletarier aller Länder, vereinigt euch!" — letztlich wenig Beachtung, noch weniger Interesse und überhaupt keine Reaktion aus. Marx war damals 30 Jahre alt. Sein Weggefährte Friedrich Engels, dem er einige Ideen und viel Unterstützung verdankte, war zwei Jahre jünger. Marx lebte im Exil in Brüssel und war sich bereits sicher, die der Geschichte zugrunde liegende Logik enträtselt zu haben und anhand der einfachen Gesetze, auf die er dabei gestoßen war, die Zukunft der neuen industrialisierten Welt des Westens exakt vorhersagen zu können.

Karl Marx' Vater war Jurist, Konstitutioneller und Demokrat, eine Mischung, die den immer wachsamen Argwohn der Behörden im heimatlichen Preußen erregen mußte. Daß er Jude war, wird ihren Ingrimm kaum beschwichtigt haben. Selbst im Alter von sechs Jahren getauft, erweist Karl Marx sich in seinen Jugendwerken als Vertreter eines hochfliegenden christlichen Idealismus. 1836 wurde er Student an der Universität von Berlin. Deutsche Studenten dieser Zeit stürzten sich mit furchterregender Begeisterung in die Wogen Hegelscher Dialektik. Denn Hegel — auf der Suche nach der universellen Welttheorie, jener Fata Morgana, die schon so viele deutsche Philosophen betört und ins Verderben geführt hatte — war klug genug einzusehen, daß die Veränderlichkeit der Welt aus jedem ein für allemal Gültigkeit beanspruchenden System Makulatur machte. Deshalb baute er die Veränderlichkeit in seine Welttheorie ein. Jede These — sagte er — bringt ihre Antithese hervor. Der Kampf zwischen ihnen führe zur Vereinigung beider: der Synthese. Auf diese Weise werde eine neue Idee geboren. Nachdem sie die Welt verändert hat, werde sie ihrerseits zur These und müsse sich mit ihrem Gegenteil auseinandersetzen. Obgleich nach Hegel die Energie, die diese Maschine in Gang hält, von Gott geliefert wird, tendierten in Marx' Tagen junge Hegelianer zum Atheismus, oder genauer gesagt: zur Politik.

Von großer Bedeutung für die Entwicklung von Marx' Ideen war 1841 das Erscheinen von *Das Wesen des Christentums*. Diese Schrift von Feuerbach zeigte Marx, wie sich Hegels Dialektik auf den Boden der Wirklichkeit holen ließ. Der dialektische Streit mußte nicht im ätherischen Reich des Ideals stattfinden, sondern konnte Ausdruck realer Widersprüche in der greifbaren Welt sein. Auch Marx' Tätigkeit als Chefredakteur der radikalen *Rheinischen Zeitung* wird seine geistige Entwicklung bestimmt haben.

Das führte jedoch dazu, daß die reale Welt sich rächte — die preußischen Behörden wiesen ihn aus. Nach einem Aufenthalt in Paris, wo er mit den zahlreich entstehenden Kommunisti-

schen Gesellschaften jener unbeständigen Epoche in Berührung kam, wurde er abermals von einer wachsamen Regierung zum Weiterziehen veranlaßt. Anfang 1845 ließ er sich in Brüssel nieder. Die politischen Denker Frankreichs sahen die Polarisierung der Gesellschaft zwischen Arbeiterschaft und Bourgeoisie sehr deutlich. In Paris gelangte Marx zu neuer Klarheit, während er mit großer Überzeugung für eine proletarische Erhebung eintrat.

Engels war es, der ihn mit jenen Volkswirtschaftlern bekannt machte, deren Theorien ihm bei der Formulierung der eigenen halfen. Friedrich Engels, sein lebenslanger Freund und damals ein junger Mann, war weitgehend Autodidakt, aber von bewundernswerter Klarheit des Denkens. Er stammte aus einer wohlhabenden deutschen Familie, für deren kleines Textilimperium er in einer Niederlassung in Manchester arbeitete. Er hatte sich ganz der Sache der proletarischen Revolution verschrieben, was ihn nicht hinderte, Gefallen an den Vergnügungen des gehobenen Bürgertums zu finden. Engels war es aber auch, der Marx mit der Lebenswirklichkeit der Arbeiterklasse in Nordengland vertraut machte, einem augenfälligen Beispiel für die Ausbeutung, die Armut und das schreiende Unrecht der Zeit. Bei seinen Gedanken über das unabänderliche Schicksal des Proletariats in einer kapitalistischen Gesellschaft ging Marx zumeist von der elenden Lage dieser Arbeiter in den englischen Baumwollspinnereien aus.

Engels war es schließlich auch, der Marx zum Deutschen Arbeiterbildungsverein brachte, dem Londoner Ableger einer Pariser Geheimgesellschaft, die sich *Bund der Gerechten* nannte. Als 1847 eine Delegiertenkonferenz stattfand, entfachte Marx mit seiner Prophezeiung, der Klassenkampf sei nun unvermeidbar, einen Sturm der Begeisterung. Er wurde aufgefordert, das Grundsatzprogramm des Bundes aufzustellen. Mit diesem Auftrag versehen kehrte er eilig nach Brüssel zurück. Als Exposé verwendete er eine kurze Darstellung der Ideen des Kommunismus, die Engels in Frage-und-Antwort-Form verfaßt hatte. In etwa sechs Wochen war die Arbeit beendet.

So vereinigt das *Kommunistische Manifest* — flüchtig, beißend und alle rivalisierenden Ideen witzig erledigend — Marx' Hoffnungen und Theorien in einer einzigen, spontanen Gedankenbewegung. Es lehnt alle Alternativen zur Revolution als entscheidender Methode gesellschaftlicher Veränderung ab, wenn es auch einräumt, daß auf diesem Wege bestimmte Stufen, bestimmte Bündnisse notwendig sein können. Es ist kompromißlos in seiner Überzeugung, daß die letzte Revolution, jener Beginn einer endlich gerechten und billigen Herrschaft, die des Proletariats sein werde. Und es definiert die Kommunisten: „Sie haben keine von den Interessen des ganzen Proletariats getrennten Interessen", und ihre Theorie läßt sich „in dem einen Ausdruck: Aufhebung des Privateigentums, zusammenfassen".

1848 kehrte Marx ins Rheinland zurück, wurde aber nach kurzer politischer Aktivität erneut des Landes verwiesen. Die langen Jahre des englischen Aufenthalts begannen. Marx war verheiratet und Vater von vier Kindern. Fast 15 Jahre mußte er sich durchschlagen, manchmal auf überstürzter Flucht vor den Leuten, denen er Geld schuldete. Er wohnte in zwei verwahrlosten Zimmern in Soho und schickte seine Kinder aus, ihm die aufdringlichen Gläubiger vom Halse zu schaffen. Ein Sohn und eine Tochter starben. Engels unterstützte ihn, war aber selbst kaum mehr als ein Angestellter im Familienunternehmen in Manchester, bis er 1864 Teilhaber wurde. Von da an konnte er Marx' Armut lindern.

Marx schrieb regelmäßig für den *New York Tribune*. In diesen Jahren begann er auch, viele Stunden über seine Bücher im Britischen Museum gebeugt, die ökonomischen Theorien auszuarbeiten, die — von seinen anderen Schriften abgesehen — die drei Bände des *Kapitals* füllen sollten. Doch gab es noch eine andere, weniger strenge Seite seines Charakters, einen Riß in der Fassade des unerschütterlichen Revolutionärs, dessen Brauen und Bart in den Städten seiner Jünger von zahllosen Abbildern dräuen. Beispielsweise zeigte er gelegentlich verstecktes Interesse an Pornographie, fand Gefallen an einem Sprung in die trüben Wasser der Börse, hatte ein uneheliches Kind mit dem Dienstmädchen der Familie und überließ Engels jahrelang die Vaterschaftspflichten für dieses Kind.

Die Hauptaufgabe seines Lebens blieb die politische und ökonomische Gesellschaftsanalyse. Die Gründung der Internationalen Arbeiter-Assoziation im Jahre 1864 versah ihn zugleich mit einer Plattform und einem Amt. Er legte die Grundsätze fest (als Mittel zur Befreiung des Proletariats in so fortgeschrittenen Industrieländern wie England empfahl er den allmählichen Erwerb legislativer Macht durch parlamentarische Körperschaften), und er wurde einer der treuesten Anhänger des Generalrats der Assoziation. Diese Position sollte ihm 1870 bei seinem Eintreten für die Pariser Kommune Rückhalt und Breitenwirkung verleihen.

Dies war sein Höhepunkt als Aktivist der revolutionären Bewegung. Bald schon wurde seine Stellung in der Internationalen von zwei Seiten aus unter Beschuß genommen: auf dem rechten Flügel von der rechtlich immer besser abgesicherten englischen Arbeiterklasse, die sich vom Extremismus der Pariser Kommunarden distanzierte, und auf dem linken Flügel von den Anhängern Bakunins, die mit den selbsternannten Wächtern proletarischer Grundsätze ebenso unzufrieden waren wie mit jeder Form von Autorität. Die Internationale versank in Bedeutungslosigkeit. Marx zog sich aufs *Kapital*, auf seine Familie und die Bastion seiner Überzeugungen zurück.

Führer der Arbeiterklasse in Deutschland, Frankreich und England suchten auch weiterhin seinen Rat. Er selbst setzte seine Polemik gegen Rivalen, Ignoranz und Mißverständnisse fort. Seine politischen Vorstellungen waren noch immer zweigleisig. Auf der einen Seite würden sich nach seiner Auffassung Länder wie Holland und England evolutionär entwickeln, bis ein befreites Proletariat die institutionellen Voraussetzungen der Unterdrückung ohne Gewalt werde verändern können (das Blutvergießen werde durch die Konterrevolution der Bourgeoisie verursacht); auf der anderen Seite suchte er weiterhin nach Möglichkeiten für die proletarische Revolution, pries die Mörder des russischen Zaren Alexander II. und setzte seine Hoffnungen auf den europäischen Krieg, der die gesellschaftlichen Strukturen zerschlagen würde, welche die Arbeiterklasse gefangen hielten. Ohne diesen Widerspruch gelöst zu haben, starb er 1883.

Marx war ein Mann des 19. Jahrhunderts, fortschrittsgläubig, überzeugt, daß der Weg des Menschengeschlechts unaufhaltsam zur Vollkommenheit führe. Von dieser Gewißheit ausgehend versuchte er, die Richtung des Weges und die Art der Vollkommenheit vorzuzeichnen. Von dem Augenblick an, da er die Überzeugung gewonnen hatte, daß die Gesellschaft im Interesse der Ausgebeuteten und Entrechteten verändert werden müsse, mußte er in gewisser Hinsicht zum Propagandisten werden, wenn er sich selbst auch als objektiven Denker verstanden haben mag. Wie er selbst es in seinem berühmten Ausspruch formuliert: „Die Philosophen haben die Welt nur verschieden interpretiert, es kömmt darauf an, sie zu verändern."

Marx' Ideen lassen sich unmöglich von seinem Mitgefühl trennen. Er verstand die Geschichte der Menschheit als einen Kampf mit dem Ziel, der Natur die lebensnotwendigen Dinge abzuringen. Die schöpferische Energie des Menschen lieferte nicht nur die erforderlichen Lösungen, sondern im Verlaufe dieses Prozesses auch ein neues Bewußtsein, einen neuen Horizont: Die Menschheit erschuf sich sozusagen selbst und wurde in dem Maße, indem ihr dies gelang, frei. Der Kapitalismus hingegen hat den Menschen seiner Arbeit, dem Produkt dieser Arbeit und sich selbst entfremdet. In dieser Situation ist

die Menschheit zu ihren gegenwärtigen Ideen und Überzeugungen gekommen — denn es „ist nicht das Bewußtsein der Menschen, das ihr Sein, sondern umgekehrt ihr gesellschaftliches Sein, das ihr Bewußtsein bestimmt". Dieser auf den Kopf (oder auf die Füße) gestellte Hegelianismus führte Marx zu seiner menschenfreundlichen Auffassung von der Revolution. Das menschliche Dasein müsse verändert werden, damit sich dem Bewußtsein des Menschen die Wahrheit erschließe und

Marx 1875

damit er zu vollständiger Erkenntnis seiner selbst fähig werde. Die Fronten der kommenden Konfrontation waren durch die Logik des Klassenkampfes abgesteckt. Entscheiden sollte sich das Geschehen auf dem Schauplatz der industriellen Produktion. Dazu lieferte Marx seinen zentralen, einzigartigen und bleibenden Beitrag — ein Grundsatzprogramm, auf dem revolutionäres Handeln aufbauen konnte, eine Logik, die sich losgesagt hatte von der bloßen Empfindsamkeit, der Generationen von überzeugten Anhängern des Egalitarismus gehuldigt hatten. Marx legte dar, daß die Arbeit mehr Wert hervorbringe, als zur Erhaltung der Arbeitskraft notwendig sei. Ein Arbeiter setze seine Tätigkeit weit über den Zeitraum hinaus fort, den er brauche, um seinen Lebensunterhalt herzustellen. Der Mehrwert, den er während dieser zusätzlichen Stunden schaffe, werde zum Kapital des bourgeoisen Besitzers der

Produktionsmittel. Das Kapital, für die Verbesserung der Produktionsmethoden verwandt, führe zu einer weiteren Wertsteigerung dessen, was der Arbeiter herstelle — zumindest eine Zeitlang. Aber zunehmender Wettbewerb werde die Profite wieder senken, und die Arbeiter würden die Konsequenzen zu tragen haben — zumindest eine Zeitlang. Schließlich werde das System durch seine Widersprüche — die Akkumulation von Mehrwert, den Kampf um schrumpfende Märkte — zu Fall gebracht werden. Dieser Zusammenbruch werde den unabwendbaren Sieg des Proletariats ankündigen.

Marx' Analyse der ökonomischen Basis gesellschaftlicher Organisation sollte nicht nur ein Fundament für weitere kritische Gesellschaftsstudien liefern, die ihm steril und irrelevant erschienen wären, sondern auch für revolutionäres, die Gesellschaft veränderndes Handeln. Natürlich wurden seine Theorien von seinen Nachfolgern, vor allem von Lenin, kodifiziert und erweitert. Lenins Interessen waren die des praktischen revolutionären Führers. Er machte deutlich, daß Marx keine unantastbare Autorität sei, sondern nur den Grundstein der neuen politischen Wissenschaft gelegt habe. Diese als Marxismus-Leninismus bekannte Ideenmixtur liegt heute einem Großteil von ansonsten sehr unterschiedlichen politischen Aktivitäten in Osteuropa und der Dritten Welt zugrunde. Ihre Lehre beginnt mit dem Bekenntnis zur Hegelschen Dialektik, jedoch im Sinne der Marxschen Umkehrung: Nicht abstraktes Denken verändere die vom Menschen real erfahrene Welt, sondern diese Welt, die vor allem durch die ökonomischen Strukturen der Gesellschaft repräsentiert werde, verändere den Menschen und seine Institutionen. Diese materielle Welt werde von einem Klassenkampf beherrscht, der unvermeidlich sei, da sich die verschiedenen Interessen nicht miteinander versöhnen ließen. Erst wenn das Proletariat nach der Machtübernahme in den Besitz der Produktionsmittel gelangt sei, werde diese Auseinandersetzung ein Ende finden. Dieses Ergebnis sei unvermeidlich, da der Kapitalismus durch die ihm innewohnenden Widersprüche zum Tode verurteilt sei. Die Revolution jedoch könne und müsse diesen Prozeß beschleunigen, und sie sei notwendig, da keine andere Klasse oder Institution das Proletariat in dem Bemühen unterstützen werde, eine Macht zu gewinnen, die zur Zerstörung dieser Klasse oder Institution führen müsse. Die revolutionäre Phase und die anschließende Diktatur des Proletariats, welche die Errungenschaften der Revolution zu sichern habe, seien Übergangsphasen. Am Ende dieser Entwicklung werde eine gerechte Gesellschaft in ihrer offenkundigen Vollkommenheit keiner Herrschaft mehr bedürfen. Mit dem Versprechen, das dieses kommende goldene Zeitalter bietet, sind — zumindest in der Vorstellung derer, die seiner Schönheit verfallen sind — Handlungen gerechtfertigt worden, die man sonst nie hätte akzeptieren können.   P. B.

Prozeß und Wert

Zum einzigen wirklichen Bruch im westlichen Denken kam es im 19. Jahrhundert. Die christliche Kirche setzte das Denken der griechischen Philosophen unmittelbar fort. Platons höchste Idee, die des „Guten", wurde durch die Idee Gottes ersetzt. Daraus folgte alles weitere. Man könnte sogar sagen, daß die Philosophen der Kirche noch griechischer in ihrem Denken waren als die griechischen Philosophen es jemals hätten sein können. Gewiß waren sie folgerichtiger. Die Renaissance brachte für das Denken überhaupt keine Veränderung, wenn sie auch Kunst, Leben und Kultur veränderte. Zu dieser Zeit hatten sich zwei nur scheinbar verschiedene Gedankenströmungen herausgebildet. Zum einen die rein griechische Denkrichtung, wie sie vor jeder Beimischung christlicher Glaubensinhalte von den griechischen Philosophen praktiziert wurde. Zum anderen das Denken der Kirche. Wenn dann ein Philosoph meinte, er löse sich vom Denken der Kirche, wandte er sich in Wahrheit einfach der nicht-kirchlichen Sichtweise griechischen Denkens zu.

Selbst die Atheisten und Rationalisten, die sich nicht um christliche Dogmen kümmerten, artikulierten ihre Unzufriedenheit durch eine im wesentlichen theologische Denkweise. Sie ähneln darin jemandem, der behauptet, er sei gegen Autos — weil er ein gelbes und kein rotes möchte.

Das 19. Jahrhundert brachte die Abkehr von dieser geschlossenen und ungeheuer einflußreichen Denkweise. Wie nicht anders zu erwarten, war sie nicht das Ergebnis einer gezielten Anstrengung, kein plötzlicher Bruch. Sie entwickelte sich allmählich und zufällig. Dieser Prozeß zeigt sich am deutlichsten am Beispiel von Charles Darwin. Nie war er der Meinung, seine Evolutionstheorie richte sich gegen den christlichen Glauben. Er bot damit nur ein alternatives Verständnis, eine Art Spekulation an. Er war der festen Überzeugung, daß sie sich in den christlichen Glauben eingliedern lasse und zu einem neuen Verständnis der Genesis führen könne, die ja schließlich nie als wissenschaftliche Abhandlung gemeint war. Erst die grimmige Gegnerschaft von Bischof Wilberforce scheint die Kirche gegen Darwins Idee mobilisiert zu haben.

Der Evolutionsgedanke war in keiner Hinsicht neu

Der Evolutionsgedanke war in keiner Hinsicht neu. Anaximander hatte ihn viele Jahrhunderte zuvor vorgeschlagen, und die Form, die Lamarck ihm gegeben hatte, war allgemein bekannt. Neu war der *Prozeß*, den Darwin beschrieb: zufällige Variation und Überleben der am besten angepaßten Formen. Das war nur eine Idee, die keinen wissenschaftlichen Beweis für sich in Anspruch nehmen konnte, abgesehen von der Unfähigkeit unserer Phantasie, eine bessere Idee zu ersinnen.

Bis zum heutigen Tag weist Darwins Theorie einige sehr unbefriedigende Züge auf. Soweit es den Aspekt vom „Überleben des Stärksten" anbelangt, den Darwin direkt aus Malthus' Arbeit zur Überbevölkerung angesichts begrenzter Nahrungsmittel bezieht, ist die Theorie überzeugend. Doch der entscheidende Aspekt „zufälliger Variation" wird überhaupt nicht erklärt, sondern einfach als Glaubenstatsache eingebracht, nicht anders als es im christlichen Dogma geschieht.

Doch sobald Darwins Idee vorgebracht worden war, ließ sich nicht mehr an ihr vorbeidenken. Niemand kümmerte sich noch ernsthaft darum, ob sie der einzige Erklärungsmechanismus oder ob sie zweifelsfrei bewiesen war. Es genügte, daß er einen *plausiblen Prozeß* beschrieben hatte, der mit der traditionellen Überzeugung, daß Gott alle Arten in einem einzigen fleißigen Aufwasch geschaffen habe, konkurrieren konnte. Deswegen brauchte man die Version der Genesis nicht anzugreifen oder auf der wissenschaftlichen Gültigkeit der Darwinschen Idee herumzureiten. Es genügte, daß Darwins plausibler Prozeß verständlich war. Dadurch wurde die absolute Notwendigkeit hinfällig, die Version der Genesis als einzig mögliche Erklärung anzuerkennen.

Dieser Austausch Gottes gegen einen Prozeß

Dieser Austausch Gottes gegen einen Prozeß machte den enormen Wandel im Denken aus. Daraus ergeben sich zwei direkte und wichtige Konsequenzen. Erstens wird aus einer statischen Denkwelt eine dynamische; der Prozeß ersetzt die Definition. Zweitens schafft das Interesse am Prozeß ein ganz neues Wertsystem; der Prozeß erzeugt seine eigenen Werte. Darwin wollte seine Erklärung nie anders als wissenschaftlich verstanden wissen; doch sobald der Prozeß im Blick war, schuf er soziale, politische und philosophische Werte. Marx hielt Darwin für einen Denker, der auf seiner Seite stand, und Materialisten jeder Provenienz meinten, er habe seine Erklärung nur zur Unterstützung ihrer Sache geliefert.

Die Welt des Denkens war statisch gewesen. Ursprünglich beruhte sie auf Platons Auffassung von der *Wahrheit im Ruhezustand*. Denker widmeten sich der Aufgabe, die Wahrheit aufzufinden, die unter der Oberfläche liegt. Sie setzten sich mit Fragen wie Existenz und Essenz, Substanz und Form und ähnlichen Spitzfindigkeiten auseinander. Die Welt galt als zeitlos. Ein wenig glich sie einer Bibliothek, in der die Bücher auf den Regalen die Prüfung durch den Philosophen erwarten. Erheblich verstärkt wurde dieser statische Ansatz, als Gott in Erscheinung trat und sich des griechischen Denkens bemächtigte. Da Gott unendlich und allmächtig war, kam dem konkreten Prozeß seiner Tätigkeit keine Bedeutung zu. In gewissem Sinne war es ungehörig zu fragen, wie Gott die Dinge geschaffen haben könne. Es genügte, davon auszugehen, *daß* sie geschaffen worden waren, und ein statisches System natürlicher und dogmatischer Theologie zu errichten, das alles erklärte und einordnete.

Schöpfer von Systemen verließen sich auf Definitionen, weil man nach Art von Euklid zwei Definitionen aufeinander beziehen konnte, um eine dritte zu erhalten. Dann hatte man schon drei, mit denen man weiterarbeiten konnte — und so fort. Selbst die Mathematik war im wesentlichen statisch, insbesondere wenn man sie dazu benutzte, Bewegung auf eine Reihe festgefügter Beziehungen zurückzuführen. Obgleich die Planeten sich auf ihren Umlaufbahnen bewegen, erklärt Newton ihre Bewegung in erster Linie statisch — indem er die „Angelpunkte" liefert, von denen aus ihre Positionen bestimmt werden.

Philosophen, die sich an die Wortspielereien des Aristoteles hielten, verfielen dem statischen Ansatz in noch höherem Maße. Ein Wort für sich genommen fror Erfahrung gewissermaßen in einem kleinen Block ein, der anschließend als statisch und unwandelbar behandelt werden konnte. Hätte man je fließende und veränderliche Wortbedeutungen zugelassen, wäre das ganze Fundament dieses Denkens zerbröckelt. Wurde ein schwieriger Bereich mit einem Wort anstelle einer Erklärung belegt, meinte man, das Wort enthalte den Bereich und nehme ihm seine Sperrigkeit. Solange das Wort sich im großen statischen System der Dinge mit anderen Bereichen verketten ließ, interessierte sein Erklärungswert nicht. Das Wort „Gnade" versetzte zum Beispiel den heiligen Augustinus in die Lage, das Bild eines göttlichen Handelns zu entwerfen, das den zur Verdammnis prädestinierten Menschen errettete. Zu Prozessen kam man, indem man statische Begriffe verkettete.

In dieser statischen Welt einer „Wahrheit im Ruhezustand" ergaben sich die Werte automatisch. Für die Griechen war die einmal gefundene Wahrheit ein Wert an sich. Wie unbefriedigend diese Art von Wert war, fand man nie heraus, weil die Politiker ihren eigenen Weg gingen und das Volk irgendeine Religion oder spartanische Zucht hatte. Der mosaische Gesetzesansatz lieferte das einfachste Wertsystem überhaupt: Gehorche dem Gesetz in seinen Einzelheiten, und du hast deinen Wert! Die christliche Kirche versah das platonische System mit einer äußerst wirksamen Wertstruktur, indem sie an die Stelle der höchsten Idee des Guten nun Gott setzte. Die Werte ergaben sich automatisch. Die Kirchenväter und die kirchlichen Denker entschieden, was Gott wollte. So entstand das allgemeine Wertsystem. Auf persönlicher Ebene wurden die Werte von der Heilssuche bestimmt. Alles, was zum Heil führte, besaß positiven, alles was von ihm entfernte, negativen Wert. Da das System so sicher verankert war, konnte sich die Aufmerksamkeit mit dem Einzelnen in Form seines Seelenheils beschäftigen. Auf allgemeiner Ebene waren Kirche und Staat vielfältig ineinander verwoben durch Einrichtungen wie Königtum von Gottes Gnaden, politische Macht der Kirche, Inquisition, päpstliche Billigung, das Heilige Römische Reich und Kontrolle des Ausbildungssystems.

An die Stelle dieses statischen, auf die Definition Gottes und seiner Absichten gegründeten Systems trat ein dynamisches, prozeßorientiertes System. An die Stelle der *Wahrheit im Ruhezustand* trat die *Wahrheit in Bewegung*. Wahrheit in Bewegung hieß nicht, daß man seine Macht über die Wahrheit durch die Gewalt verstärkte, mit der man seinen Gegner niederwarf — wenn sich auch solche Züge im marxistischen Erbe finden. Wahrheit in Bewegung hieß, daß der Prozeß in den Blick rückte, daß nicht interessierte, wie die Dinge waren, sondern zu welchem Ergebnis sie kamen. In enger Verbindung damit stand das Wertsystem. Wenn man Werte nicht mehr über Theologen und mosaische Gesetzeshüter auf göttlichen Ursprung zurückführte, brauchte man irgendeine andere Basis. Mit ihrer Hilfe mußte sich entscheiden lassen, *ob die Dinge zu einem Ergebnis kamen*. Wenn der dargelegte Prozeß plausibel und zusammenhängend erschien, konnte er zum Wert werden. In diesem Sinne hatte Darwins Erklärung des Evolutionsprozesses, der nicht mehr als ein plausibel zusammenhängendes Geschehen war, einen „Wert" zu bieten. Das steht in gewisser Beziehung zur mathematischen Grundlage des Wertes: Er ist wahr, wenn man zum richtigen Ergebnis kommt. Clausewitz kümmerte sich nicht im geringsten um die Moral des Krieges. Es gab ihn nun einmal. Wert hatte es, den Krieg gekonnt zu führen. Tapferkeit, Entschlossenheit, Stärke, Gottes Beistand waren weit weniger wichtig als Strategie. Kriege galt es nicht mehr in der Gemütsverfassung gerechten Zorns zu führen, sondern als kalkulierte Fortsetzung politischer Maßnahmen. Nach Clausewitz' Auffassung zeugte es von höchster strategischer Urteilskraft des Befehlshabers, wenn er den „Schwerpunkt" des Feindes zu bestimmen und anzugreifen wußte — der Blitzkrieg des Zweiten Weltkriegs ist ein anschauliches Beispiel dafür.

Die christliche Welt hat ein eigenes Universum geschaffen und ihre Werte dann innerhalb dieses Universums festgelegt. Für die Denker des 19. Jahrhunderts schuf der Prozeß sein eigenes Universum und der Verlauf dieses Prozesses seine eigenen Werte. Die Grundannahme läßt sich schwer in Frage

stellen. Wenn Kriege geführt werden müssen, sollen sie dann wirkungslos, aufs Geratewohl und nachlässig geführt werden oder mit der strategischen Umsicht, zu der Clausewitz rät? Die Auffassung, daß überhaupt keine Kriege geführt werden sollten, bedeutet keine Antwort auf die Frage. Und doch wird, wer Kriege effizienter zu führen weiß, auch eher zum Krieg bereit sein, wie die Politik Bismarcks, das deutsche Oberkommando 1914 und Hitler 1939 zeigen. Paradoxerweise läßt sich aber unter Umständen durch die Clausewitzsche Analyse der Ausbruch eines weiteren Krieges vermeiden. Clausewitz war nie für einen Krieg, der sich nicht gewinnen läßt — und offensichtlich von keiner Seite zu gewinnen ist. Außerdem empfahl er eine leidenschaftslose Situationsanalyse. Es heißt, die Neo-Clausewitzsche Schule im Pentagon bemühe sich um eine solche kühle Lagebeurteilung. Wenn die russische Seite sich entsprechend verhält, müßte die Schwierigkeit, jeden künftigen Atomkrieg zu gewinnen, ein wirksames Abschreckungsmittel sein. Der Clausewitzsche Ansatz ist heute vermutlich außerhalb des kriegerischen Bereiches wichtiger als in direktem Bezug auf das Phänomen Krieg. Seine Überzeugung, daß es auf die Strategie der getroffenen Maßnahmen ankomme, machte ihn zum direkten Ahnherren der Managementwissenschaft. In einer höchst konkurrenzorientierten Welt besteht eine enge Parallele zwischen Management und Kriegsführung. In beiden Situationen zeigt sich die Wirkung des Denkens sofort: Erfolg und Mißerfolg sind konkret. In beiden Bereichen ist die Hierarchie von Macht und Befehlsgewalt ähnlich und demokratischer Kontrolle sehr fern. Mittel sind begrenzt und strategische Entscheidungen von höchster Bedeutung. Die Moral der Situation schließlich hängt allein vom Wert ab, der durch den Erfolg geschaffen wird. Wie Clausewitz stellen Management und Spezialisten nicht die Notwendigkeit von Management oder Konkurrenz in Frage, sondern konzentrieren ihre Anstrengungen darauf, sich ihrer Gesetze nutzbringend zu bedienen.

Marx schenkte dem Abendland seine zweite große Religion. Es ist eine kuriose Laune der Geschichte, daß Jesus aus dem Nahen Osten kam, aber nur in Westeuropa und seinen Ablegern (Nord- und Südeuropa) Erfolg hatte, während Marx in Deutschland und England wirkte, seine größten Erfolge aber außerhalb Europas und ganz gewiß außerhalb dieser beiden Länder erzielte. Gemessen am Einfluß des Marxismus auf das Denken und Verhalten großer Teile der Weltbevölkerung, darf man den Marxismus wohl als Religion betrachten.

Marx' Ansatz orientierte sich in hohem Grade an prozeßhaftem Geschehen — am Prozeß der ökonomischen Geschichte und am revolutionären Veränderungsprozeß. Gewiß stand Marx unter dem Einfluß von Hegel. Denn Hegels dialektische Philosophie war in gewissem Sinne ebenfalls prozeßorientiert. Viel verdankt der Marxismus auch Engels und der energischen Zusammenfassung durch Lenin, der für Marx war, was Paulus für Jesus war. Trotzdem darf man Marx nicht nur als öffentlichen Brennpunkt einer Reihe von Ideen und der Unzufriedenheit der Arbeiterklasse verstehen. Marx war mit seiner unmittelbaren Konzentration auf den Prozeß ebenso wirkungsvoll wie Darwin, weil er eine plausible Erklärung und die mit ihr verknüpften Werte lieferte. Marx verstand die Regierung als Exekutive eines auf den „Produktionsverhältnissen" beruhenden politischen Systems. Bei nomadischen, landwirtschaftlichen oder feudalen Produktionsverhältnissen oblag der Regierung, die Interessen derer zu schützen, die aus diesen Verhältnissen am meisten Nutzen zogen. Nach Marx hatte die industrielle Revolution die Produktionsverhältnisse so verändert, daß ein Arbeiter einen „Mehrwert" produzierte, der seine Bedürfnisse und seinen Lohn überstieg. Diesen Mehrwert eignete sich der Kapitalist unrechtmäßig als Rente, Profit oder Zins an. Fest etablierte gesellschaftliche Institutionen verhinderten die

Veränderung, die sich aus der Veränderung der Produktionsverhältnisse hätte ergeben müssen. Deshalb sei eine Revolution des Proletariats erforderlich, um die Regierung mit den veränderten Produktionsverhältnissen in Übereinstimmung zu bringen. Seiner dialektischen Tendenz folgend gelangte Marx außerdem zu der Überzeugung, daß die kapitalistische Klasse ihre Antithese hervorbringen müsse, welche natürlich das Proletariat war. Der unausweichliche Zusammenprall beider sei der Klassenkampf. Von einem kurzen Zeitraum abgesehen, schloß Marx jede Möglichkeit einer allmählichen Evolution der Gesellschaft aus, wie sie in rot angehauchten, sozialistischen Theorien eingeräumt wurde. Wie den Kirchenvätern war ihm klar, daß Polarisierung und grimmige Kampfesentschlossenheit sehr geeignet zur Stärkung des Glaubens waren, weil sie greifbarere Ziele schufen als die Metaphysik Gottes oder die Wirtschaftslehre. Das Endziel war nicht der Kampf, sondern die Utopie der klassenlosen Gesellschaft, in der der Mensch den Menschen nicht mehr ausbeuten würde. Der Kampf war nur eine Durchgangsstation.

Interessant ist, daß „prozeßorientiertes" Denken sich mit großen Massen, nicht mit Einzelwesen beschäftigt. Darwins Theorie galt generellen Wirkungen. Clausewitz war nicht an ein paar tausend Menschen interessiert, die auf der einen oder anderen Seite getötet wurden, sondern an den politischen Zielen, die erreicht wurden. Marx hat immer an das gesamte Wirtschaftssystem gedacht: alle Arbeiter zusammengenommen, alle Kapitalisten, der Mehrwert insgesamt. Alle drei beschäftigten sich auch mit dem Kampf und dem Überleben des Stärksten: in der Natur, im Krieg und in der Volkswirtschaft. Verständlicherweise, denn als Kampf ist der Prozeß am leichtesten zugänglich. Weit mehr Erfahrung und die Abkehr von Hegel sind erforderlich, um differenziertere und vor allem konstruktivere Prozesse in den Blick zu bekommen.

Die Unterschiede zwischen statischer und dynamischer (prozeßorientierter) Denkweise sind erheblich. Wir sind bereits kurz auf die unterschiedliche Wertschöpfung in beiden Systemen zu sprechen gekommen. Eine letzte Anmerkung soll den Problemen der Meinungsverschiedenheit gelten. Im alten statischen System ließ sich beweisen, daß eine Behauptung logisch falsch war oder — im anderen Fall — im Widerspruch zum christlichen Glauben stand. Im Prozeßdenken läßt sich ein erklärter Prozeß weit schwerer in Frage stellen. Es gab keine Möglichkeit zu beweisen, daß Darwins Theorie falsch war, nicht weil sie so vorzüglich war, sondern weil Prozeßdenken eine Beschreibung von Ereignissen ist und weil eine Beschreibung so gut wie eine andere sein kann. Statt zu vernichten mußte man eine *alternative*, noch plausiblere Erklärung vorweisen. Es ging nicht mehr um die Auseinandersetzung zwischen Wahrheit und Unwahrheit, sondern zwischen Wahrscheinlichkeit und größerer Wahrscheinlichkeit. Im Laufe der Zeit kann jedoch sogar ein prozeßorientiertes System wie der Marxismus das statische Wesen einer Religion annehmen, und wie eine solche mit Schismatikern verfahren.

Als Kampf ist der Prozeß am leichtesten zugänglich

Maxwell

Vor Clerk Maxwell konnte man zwar die Wirkungsweise von Licht, Elektrizität und Magnetismus untersuchen; von ihrer Beschaffenheit hatte man aber keine Vorstellung. Ein konzentrierter Akt des Denkens führte Maxwell zu dem Schluß, daß alle drei Erscheinungen mit elektromagnetischen Wellen zu beschreiben seien, die genau den gleichen Gesetzen gehorchen, aber unterschiedlichen Wellenlängen entsprechen. Er erklärte sogar das Verhalten von Strahlungsarten (Röntgenstrahlen, Radiowellen), die damals noch nicht entdeckt waren.

1831—1879

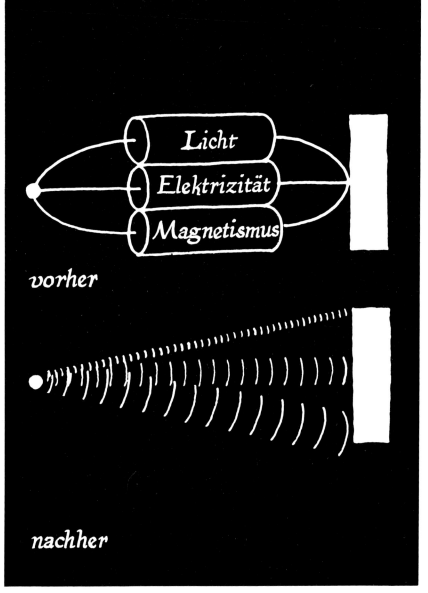

Gewiß war James Clerk Maxwell *auch* ein wunderlicher Verseschmied, ein frommer Viktorianer, spitzfindiger Philosoph, fähiger Administrator, phantasievoller Experimentator; vor allem aber war er ein theoretischer Physiker mit hervorragenden mathematischen Fähigkeiten und großer Vorstellungskraft. Seine Theorie des „elektromagnetischen Feldes" war die Krönung der physikalischen Leistungen im 19. Jahrhundert. In einem einzigen Begriffssystem vereinigte sie eine breite Vielfalt von Phänomenen, zwischen denen man vorher keine Beziehung wahrgenommen hatte. Sie führte unmittelbar zu Technologien, die unser Leben heute nachhaltig beeinflussen.

1831 wurde J. C. Maxwell als Sohn einer wohlhabenden Familie aus dem schottischen Tiefland geboren. Er erhielt die für jene Zeit typische klassische Ausbildung. Ein intensives Interesse für Naturwissenschaft und Technik deutete schon früh seine geistigen Fähigkeiten an. Mit 15 Jahren schrieb er seinen ersten Artikel, der sich mit einer Konstruktionsmethode für bestimmte geometrische Kurven beschäftigte. Damit begann eine glänzende Karriere. Sein Ruf wuchs. Bald hieß es von ihm, er verfüge über eine so ausgeprägte Intuition, daß er zu falschen Schlüssen über irgendein physikalisches Problem gar nicht fähig sei.

Im Unterschied zu Einstein, der sich fast ausschließlich mit den innersten Geheimnissen der Natur in Form ihrer fundamentalsten Gesetze beschäftigte, wiesen Maxwells wissenschaftliche Interessen eine erstaunliche Breite auf. In einer Reihe von Experimenten zur Farbwahrnehmung bewies er zweifelsfrei, daß normale Augen drei verschiedene Arten von Farbrezeptoren enthalten und daß bei Farbenblinden einer dieser Rezeptorentypen fehlt. In dem Artikel *On Hills and Dales* (Von Hügeln und Tälern) lieferte er eine mathematisch präzise Beschreibung von Landschaftsmerkmalen (Wasserscheiden, Flußbecken usw.). In einer komplizierten Arbeit über theoretische Astronomie bewies er, daß die Saturnringe aus einer riesigen Zahl kleiner feinverteilter und fester Körper bestehen müßten. Jede andere Vermutung — etwa daß es sich um starre, feste oder flüssige Ringe handle — widerlegte er.

Auch die Atomtheorie brachte er entscheidend voran. Zu Maxwells Zeiten gab es keine unmittelbare Evidenz für das Vorhandensein von Atomen. John Dalton hatte jedoch vorgebracht, daß die aus der Chemie bekannten Tatsachen nachdrücklich für die alte Vorstellung sprächen, derzufolge Materie aus unzerlegbaren Struktureinheiten aufgebaut sei und kein „Kontinuum" bilde, das sich unendlich teilen lasse. Deshalb versuchte man, das makroskopische Verhalten der Materie als Resultat der mikroskopischen Bewegung ihrer Atome zu erklären. Druck zum Beispiel entsteht durch den Anprall riesiger Mengen von Atomen, wie etwa Regentropfen auf ein Dach prasseln. Frühere Theorien litten darunter, daß man zu wenig über das Wesen der Atombewegung wußte. So mußte man sich

mit der groben Näherung zufriedengeben, die besagte, daß sich alle Atome mit derselben Geschwindigkeit fortbewegen. Maxwell kam zu dem Schluß, diese Annahme könne nicht zutreffen, wenn man es mit Situationen zu tun habe, in denen es zu häufigen Kollisionen zwischen Atomen komme. Durch ein Argument von bemerkenswerter Einfachheit konnte er beschreiben, wie verschiedene Geschwindigkeiten im Mittel auf die Atome verteilt sind. Dadurch war er in der Lage, bessere Vorhersagen über große Mengen von Materie zu treffen, vor allem über die Reibung (Viskosität) fließender Gase.

All das hätte ihn bereits zu einem großen Wissenschaftler gemacht. Doch seinen Platz im Pantheon der Physik hat er sich vor allem durch die vereinheitlichte Theorie elektrischer und magnetischer Wirkungen gesichert, die das Konzept des „Feldes" präzisiert hat. Um dies zu verstehen, müssen wir fast zwei Jahrhunderte hinter Maxwell zurückgehen: zu Newtons Gravitationstheorie. Die Gravitation beruht auf „Fernwirkung" — ohne für den Aufbau der Wechselwirkung Zeit zu beanspruchen, und über ein Vakuum hinweg zieht Materie Materie an; eine magische Idee, die sicher auch für Newton geheimnisvoll war. Doch alle Zweifel wurden bald durch die eindrucksvollen

Erfolge zerstreut, die man bei der Anwendung der Gravitationstheorie auf die Astronomie erzielte. Eine Theorie, die das komplizierte Uhrwerk des Himmels mit solcher Genauigkeit erklären konnte, mußte einfach zutreffen. Zuversichtlich erwartete man, daß die Fernwirkung ein Musterbeispiel für die künftige Entwicklung der Physik abgeben werde.

Und so kam es auch. Man beobachtete zuerst an elektrisch geladenen, dann an magnetisierten Körpern Wechselwirkungen von einer Gesetzmäßigkeit, die große Ähnlichkeit mit Newtons Gesetzen aufwies. Die Kraft zwischen zwei solchen Körpern, gemessen durch die gegenseitig hervorgerufene Beschleunigung, hing von der Menge der elektrischen Ladung und dem Grad der Magnetisierung ab. Sie nahm mit wachsender Entfernung zwischen den Körpern ab. Einen Unterschied gab es allerdings: anders als die Gravitationskraft konnten elektrische und magnetische Kräfte nicht nur anziehen, sondern auch abstoßen. Das änderte jedoch nichts daran, daß es also zwei weitere wichtige Aspekte der physikalischen Welt gab, die sich als Wechselwirkung über einige Entfernung verstehen ließen.

Zuerst glaubte man, es gäbe keine Beziehung zwischen Elektrizität und Magnetismus. Dann stellte Hans Ørstedt 1820 fest, daß ein elektrischer Strom — das heißt ein Fluß elektrisch geladener Teilchen — die Nadel eines Magnetkompasses ablenkte. Elektrische Ladungen konnten also, wenn sie sich bewegten, magnetische Wirkungen hervorrufen. Bald darauf entdeckte Faraday einen anderen Zusammenhang, sein „Induktionsgesetz": die Veränderung der Entfernung zwischen einem Magneten und einem Stromkreis bringt den Strom zum Fließen. Das führte schließlich zur Entwicklung von Elektromotoren und Generatoren, die unsere heutige Technologie beherrschen. Das neue Wissensgebiet des Elektromagnetismus entstand. Was waren seine fundamentalen Gesetze? Zur Beschreibung der Wechselwirkung zwischen elektrischen Ladungen und Magneten mußte offensichtlich eine kompliziertere Fernwirkung vorausgesetzt werden als bei der Gravitation. Die Suche nach den neuen Gesetzen wurde durch immense mathematische Probleme erschwert.

Faraday war kein Mathematiker. Seine Reaktion auf diese Schwierigkeiten bestand in der Entwicklung einer lebendigen, bildhaften Sprache zur Beschreibung elektromagnetischer Erscheinungen. Letztlich berief er sich auf Fernwirkung, führte aber die vermittelnden Begriffe elektrischer und magnetischer „Felder" ein. Beispielsweise nahm man an, daß ein Magnet seine Umgebung mit „Kraftlinien" erfülle. Die Linienrichtung an jedem Punkt gab die Richtung der Kraft an, die auf den Nordpol eines zweiten in die Nähe gebrachten Magneten einwirkte. Die Häufung der Linien bezeichnete das Ausmaß der Kraft. Dieses Kraftlinienmuster im Raum nannte Faraday magnetisches Feld. Das elektrische Feld definierte er auf ähnliche Weise. Die Felder in der Umgebung von Ladungen ließen sich untersuchen, indem man die Kräfte maß, die auf kleine, an verschiedenen Punkten des Feldes angebrachte „Testladungen" und Magneten einwirkten. Obgleich die Felder nur Denkhilfen oder Hilfsmittel waren, um die Wechselwirkungen der Körper zu berechnen, wurden sie für Faraday zu realen physikalischen Bedingungen. Die Kraftlinien waren „Spannungen" im Raum, die auch vorlagen, wenn es keine „Testkörper" gab, um ihre Stärke zu messen. Diese Idee war fruchtbar. Zum Beispiel ließ sich Faradays Induktionsgesetz wie folgt fassen: Ein sich änderndes magnetisches Feld (hervorgerufen durch einen beweglichen Magneten) läßt ein elektrisches Feld entstehen (das in einem dort untergebrachten Draht einen Strom zum Fließen bringt).

Maxwell erkannte, wie schlüssig die Ideen von Faraday waren und stellte sich Anfang der fünfziger Jahre des 19. Jahrhunderts die Aufgabe, ihnen exakte mathematische Gestalt zu verleihen. Statt nach einem allgemeinen Gesetz der Fernwirkung zu suchen, bemühte er sich um die Gesetze, die das elektromagnetische Feld bestimmen. Das heißt er wollte wissen, wie sich bei gegebenen Ladungen und Magneten, die sich in gegebener Weise bewegten, die elektrischen und magnetischen Felder im umgebenden Raum berechnen ließen. Zu seiner Überraschung stellte er fest, daß die vorhandenen Gesetze sich nicht miteinander vertrugen: zur Abrundung der logischen Struktur des Elektromagnetismus mußte es eine bislang ungeahnte Beziehung zwischen Elektrizität und Magnetismus geben. Der Gesichtspunkt des „Feldes" ermöglichte, dieses fehlende Glied zu entdecken. Da sich ändernde magnetische Felder — so meinte Maxwell — elektrische Felder auch hervorrufen, wenn keine Ladungen oder Batterien vorhanden sind, müßten sich ändernde elektrische Felder magnetische Felder produzieren, selbst wenn keine Magneten da sind.

Solche Schlußfolgerungen sind typisch für theoretische Physiker. Sie gründen sich auf den letztlich metaphysischen Grundsatz, die Naturgesetze seien von größtmöglicher Symmetrie. Leider war die Technologie zu jener Zeit noch nicht weit genug entwickelt, um das von Maxwell vorgeschlagene neue Gesetz unmittelbar zu testen. Maxwell stellte jedoch bald fest, daß es ihm erlaubte, Gleichungen für das elektromagnetische Feld aufzustellen, die symmetrisch und widerspruchsfrei waren. Diese Gleichungen besaßen eine bemerkenswerte Eigenschaft: elektrische und magnetische Strömungen bewegen sich nicht mit unbegrenzter Geschwindigkeit, wie anhand der früheren „Fernwirkungstheorien" vorhergesagt worden war. Vielmehr bewirkt jede Veränderung in der Anordnung von Ladungs- oder Magnetgruppen eine „elektromagnetische Welle", die sich mit bestimmter Geschwindigkeit in den umgebenden Raum ausdehnt. Diese Geschwindigkeit ließ sich anhand

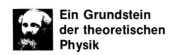

Ein Grundstein
der theoretischen
Physik

Maxwells handschriftliche Notizen
zu Faradays „Thoughts on Ray Vibration".

vorhandener Daten aus elektrischen und magnetischen Messungen berechnen. Sie stellte sich exakt als die bekannte Lichtgeschwindigkeit heraus!

Damit war die Schlußfolgerung unabweislich, daß Licht eine elektromagnetische Welle, ein Gebilde aus gekoppelten oszillierenden elektrischen und magnetischen Feldern ist, die sich im Raum bewegen. Das war für die Physik ein großer Augenblick der Vereinheitlichung. Eine solch fundamentale Verknüpfung von Optik und Elektromagnetismus kam völlig unerwartet. Seit einem halben Jahrhundert war bekannt, daß Licht Wellencharakter hat. „Äther" war die Bezeichnung für das Medium, das — wie man meinte — den Raum fülle und oszilliere. Nun stellte sich heraus, daß dieser Äther auch das Medium war, dessen „Spannungen" durch Faradays Kraftlinien beschrieben wurden. Maxwell entwarf ein kompliziertes Modell des Äthers. Danach war er ein den Raum erfüllendes System von „Zahnrädern". Sie „repräsentierten" den Äther in derselben Weise, wie Faradays Felder die Gesetze der Fernwirkung „repräsentierten". Allerdings behauptete Maxwell nicht, daß seine Zahnräder tatsächlich existierten. Er wußte, daß sein Modell nur eines von vielen möglichen war und daß seine Theorie in Wirklichkeit von der Wahrheit oder Falschheit seiner Feldgleichungen als Beschreibungen der Natur abhing. Darin war er der erste typische Vertreter der Methode der modernen theoretischen Physik: Detaillierte Modelle können zur Entwicklung neuer grundlegender Gleichungen führen; wirklich zählen aber nur die Gleichungen, nicht die Modelle, die deren Ursprung sind.

Die wellenförmigen Felder, die sich als Lösung der Maxwellschen Gleichungen ergaben, konnten jede Wellenlänge annehmen. Offenbar ist sichtbares Licht (dessen Wellenlänge ungefähr ein Zweitausendstel Millimeter beträgt) nur ein Sonderfall, für uns deshalb wichtig, weil unsere Augen für diese Wellenlänge sensibel sind. Es mußte eine ganze Skala von Strahlungen geben: das „elektromagnetische Spektrum", aus Wellen bestehend, die sich sämtlich mit gleicher Geschwindigkeit bewegen. Kurz nach Maxwells tragisch frühem Tod im Jahre 1879 entdeckte Hertz Wellen, die auf rein elektrischem Wege hervorgerufen wurden. Damit lieferte er den schlüssigen Beweis für die Richtigkeit der elektromagnetischen Theorie. „Elektromagnetische Wellen", die in ihrer Länge zwischen Zentimetern und Kilometern schwanken, sind die Grundlage für Radio-, Fernseh- und Radarkommunikation. Am kurzwelligen Ende des elektromagnetischen Spektrums liegen Röntgenstrahlen — von Atomgröße — und Gammastrahlen — von Atomkerngröße. Die „Äthermusik", die Maxwell durch Symmetrisierung der Gleichungen des Elektromagnetismus geschaffen hat, umfaßt gegenwärtig etwa zwanzig Oktaven.

Maxwells Gleichungen gelten für kosmische Ausmaße wie für atomare Abstände. Nur in kleinstem Maßstab zeigen sich die Auswirkungen der quantenmechanischen Gesetze. Einstein hat später nachgewiesen, daß Maxwells Elektromagnetismus Widersprüche zur Newtonschen Mechanik birgt. Dies bedeutete, daß sein „Zahnradmodell" nicht richtig sein konnte. Maxwells Gleichungen selbst behielten jedoch ihre Gültigkeit. Newtons Gesetze mußten abgeändert werden.   M. B.

William James

Seit Platon hat die Suche nach absoluter Wahrheit die Philosophen zu metaphysischen Ausflügen verleitet. William James machte diesen semantischen Schwelgereien ein Ende und erklärte, die Wahrheit werde durch die Nützlichkeit einer Äußerung bestimmt: durch den Unterschied, der in praktischer Hinsicht dadurch entsteht, daß die Äußerung entweder wahr oder falsch ist. Die semantische Analyse ersetzte er durch Pragmatismus.

1842—1910

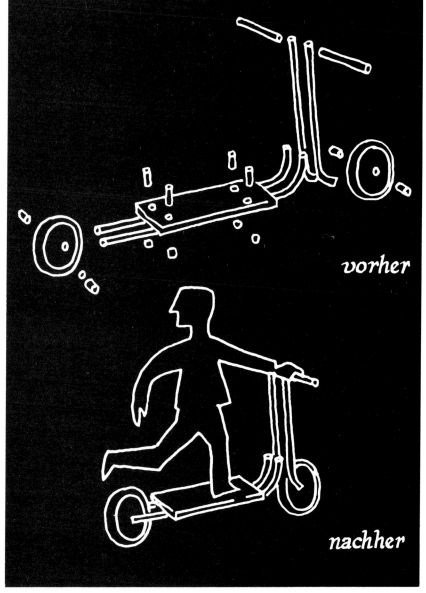

vorher

nachher

Wenn überhaupt, dann haben nur wenige Denker des letzten Jahrhunderts einen so tiefgreifenden und breiten Einfluß ausgeübt wie William James. Seine *Principles of Psychology* (1890) sind immer noch ein Klassiker und Standardwerk. Er ist Wegbereiter sowohl der introspektiven Methode als auch (ironischerweise) des Behaviorismus.

James war Amerikaner, und das mit Entschiedenheit. Dennoch war er im ersten Viertel des Jahrhunderts bestimmend für die europäische Philosophie. Obgleich seine intellektuellen Ursprünge in Amerika lokalisiert waren (über die er gewissenhaft Rechenschaft ablegte), antizipierte oder beeinflußte er Existentialismus und Phänomenologie, aus der der Existentialis-

mus teilweise hervorging. Seine Beobachtungen über die Natur von Denken und Wahrnehmung beeinflußten seinen Bruder Henry, seine Schülerin Gertrude Stein und viele andere Schriftsteller. James' Pragmatismus war der Anstoß für amerikanische Pioniere der Soziologie wie Charles Horton Cooley, George H. Mead und später C. Wright Mills. Der Vorwurf vieler Theoretiker, er habe strenge philosophische Schlüssigkeit vermissen lassen und mit religiösen Phänomenen geliebäugelt, ist ein Schlüssel für seine zeitgenössische Bedeutung: Er mißtraute wissenschaftlicher Methodologie, hielt sie für trocken und in ihrer Wirkung begrenzt. Er besaß ein künstlerisches Naturell und machte ohne Rücksicht auf die Konvention von allem Material Gebrauch, das sich ihm anbot.

James legte die Formulierung seiner Philosophie des Pragmatismus relativ spät vor, nämlich erst im Jahre 1898. Doch seine Grundprinzipien sind überall in seinem Denken gegenwärtig. Es gibt keinen Anhaltspunkt für den Vorwurf, er sei als Denker widersprüchlich gewesen (auch wenn sich nachweisen läßt, daß er kein streng philosophisches System entwickelt hat — was er auch gar nicht wollte).

William James wurde 1842 in New York geboren, ein Jahr vor seinem Bruder, dem Romancier Henry James. Der Vater dieser beiden bemerkenswerten Männer, Henry James sen. (1811—82) war selbst ein angesehener Denker. Zu Ende des 18. Jahrhunderts war die amerikanische Philosophie steril geworden und hatte sich völlig von der notwendigerweise praktischen Erfahrung eines Volkes losgelöst, das gezwungen war, von jedem möglichen Mittel Gebrauch zu machen, um eine lebensfähige Nation zu werden. Henry James sen. legte sich mit dieser philosophischen Tradition an, die borniert und kalvinistischen Geistes war. Er wurde später ein gemäßigter Anhänger Swedenborgs und glaubte an die „göttlich-natürliche" Menschheit. Er war wohlhabend, bereiste mit seiner Familie das Ausland und prägte die Kindheit und Jugend seiner Söhne mit seinem geistig anregenden Gespräch. Obwohl keiner der berühmten Söhne seine Lehren übernahm, hat er sie beide tiefgehend beeinflußt. Für William, der 1884 seine *Literary Remains* herausgab, war sein starker, tüchtiger Charakter wohl in erster Linie ein Beispiel für die Art und Weise, wie sich praktisches Wesen mit Mystizismus vereinbaren läßt.

William war von ruheloser, nervöser, sprunghafter Wesensart. Dem Typus nach war er manisch-depressiv: seine „Aufschwünge" verleiteten ihn dazu, zu viel zu reden und zu rasch zu denken, mit dem Ergebnis, daß er anschließend in tiefe Depressionen verfiel.

Er besuchte die Medical School in Harvard und promovierte 1869. Er hat jedoch nie als Arzt praktiziert, sondern wurde 1872 Dozent für Physiologie in Harvard. Dort blieb er die nächsten 32 Jahre; zunächst als Physiologe, dann als Psychologe und schließlich als Philosoph.

Links: *William mit seinem Bruder Henry, 1900.*
Linke Seite:
William James, 1910.

James' philosophischer Hauptbeweggrund läßt sich auf vielerlei Weise beschreiben. Er meinte, das Bemühen idealistischer Philosophen um das Wesen der Wahrheit sei Verschwendung von Zeit und — schlimmer noch — von nützlicher menschlicher Energie. Er wollte ohne diese Philosophen auskommen. Doch hielt er es für notwendig, die Grenzen des empirischen, ausschließlich wissenschaftlichen Verfahrens auszuweiten, das ihn ursprünglich angezogen hatte. Er wollte gegen die Abstraktion von Idealisten und Metaphysikern die Bedeutung des Willens für die Erfahrung herausarbeiten. Als Psychologe lag ihm vor allem daran, daß die Philosophie entweder für die Menschen nützlich sein, oder ganz aufgegeben werden müsse. Gleichzeitig wußte er jedoch, daß die meisten Menschen „wenn sie denken, daß sie denken, nur ihre Vorurteile umordnen". Deshalb lehnte der Dogmen nicht ab, sondern lieferte eine neue, flexible, *brauchbare* Definition von Wahrheit.

Ihn interessierte der „Nutzwert" irgendeiner bestimmten Behauptung. Seine Frage lautete: „Welchen *Unterschied* bedeutet es, wenn sich dieses oder jenes als wahr (oder falsch) herausstellt?" Wenn ich glaube, daß die Erde eine Scheibe ist, so ist nicht wirklich wichtig, ob diese Überzeugung „wahr" (im philosophischen oder auch religiösen Sinne) ist oder nicht, sondern welche guten oder schlechten Konsequenzen sie nach sich zieht. Die Frage, die wir uns stets zu stellen haben, lautet: „Welche Funktion wird meine Überzeugung für mich und andere haben?" Unsere Überzeugungen oder Theorien sind „Instrumente", die wir zur Lösung unserer Probleme verwenden.

Wahrheit ist für James nicht das, was sie nach Meinung von Philosophen wie Platon war: eine von menschlicher Erfahrung unabhängige Wesenheit. Es gibt kein rein interesseloses Denken. Auf die kürzeste Formel gebracht besagt James' Pragmatismus: „Letztes Kriterium dessen, was Wahrheit bedeutet, ist für uns das Verhalten, das sie vorschreibt oder erweckt." Aus einem solchen Begriff ergeben sich natürlich positive Dinge: „Der Glaube an eine Sache kann zur Entstehung dieser Sache beitragen." Doch wenn wir es dabei belassen (wie es allzu viele Kritiker von James tun), dann haben wir eine plumpe Do-it-yourself-Yankeeideologie, die auch zu schlimmen Resultaten führen kann: Inquisition, Faschismus, „Aversionstherapie" mittels Elektroschock — oder was immer wir als schlecht erkennen. Solche Erscheinungen können durchaus eine Zeitlang funktionieren.

Ferner hat man den Vorwurf erhoben, James habe die Botschaft des Philosophen Charles Sanders Peirce (1839—1914) entstellt, dem er — wie er zugibt — die Formulierung des Pragmatismus verdankt. Peirce hatte darauf hingewiesen, daß „unsere Idee von einer Sache unsere Idee von ihrer spürbaren Wirkung ist"; er verstand diese Aussage aber eindeutig als Teil einer Bedeutungstheorie, nicht einer Wahrheitstheorie. James — so heißt es — habe sie unzulässig in eine Wahrheitstheorie umgeformt und dadurch Peirce sogar veranlaßt, seine eigene Philosophie als „Pragmatizismus" zu bezeichnen, um sie von James' Pragmatismus zu unterscheiden.

Richtig ist, daß James die Anschauungen von Peirce seinen eigenen Absichten angepaßt hat. Aber diese Anpassung (oder dieses Mißverständnis) ist äußerst bedeutsam. Erstens war Peirce ein unzulänglicher Schriftsteller, dessen Äußerungen teilweise völlig unverständlich bleiben. Zweitens war er zwar im Unterschied zu James ein systematischer Philosoph, doch konnte sich sein Einfluß erst bemerkbar machen, als sein Werk gesammelt wurde (1931—51), da er nur gelegentlich Artikel schrieb und vieles unveröffentlicht hinterließ. James hingegen hatte das Bedürfnis, klar zu schreiben und alles in zusammenhängender Form zu veröffentlichen. Denn er hatte eine Botschaft: Er erweiterte die Grenzen der Philosophie. „Er ist so konkret, so lebendig", schrieb Peirce mit einem seltenen Anflug von Genialität; „ich bin bloß ein Inhaltsverzeichnis, so abstrakt, ein wahres Garnknäuel." Womit er recht hatte.

Doch James „funktioniert", ganz wie seine absichtlich begrenzte Wahrheitsdefinition, nur, weil er nicht grob und plump ist. Wenn er auch vom „Nutzwert" von Wahrheiten sprach, so machte er sich doch zugleich über die kruden Materialisten lustig, die in der amerikanischen Gesellschaft den Ton angaben (von ihm stammt der Ausdruck „die käufliche Göttin Erfolg"). Ziel seines Spotts waren auch die hyperabstrakten Metaphysiker.

All seine anderen Ideen lassen sich im Hinblick auf seinen Pragmatismus verstehen: auf sein Interesse am praktischen Aspekt, an dem, was wirklich geschieht, an Ergebnissen, an Hoffnung. Früh kam er zu dem Schluß, Bewußtsein sei keine Folge unterscheidbarer, einzelner „Momente": es sei vielmehr ein Strom, ein Fluß, dessen Wahrnehmungen ständig in Begriffe verwandelt würden. Diese Auffassung, die auch von Bergson vertreten wurde, sollte die Methode zahlloser Schriftsteller beeinflussen.

Wir sind gezwungen — so sagt er in *The Will to Believe* und wiederholt es in *Varieties of Religious Experience* (1902) — über die Evidenz hinauszugehen: Da „unsere nicht-intellektuelle Natur unsere Überzeugungen *beeinflußt*" (Hervorhebung von mir), und da „alle Geisteszustände neural bedingt sind", müssen wir eine Religion oder eine Überzeugung danach beurteilen, wie sie sich für uns auswirkt. James war der festen Meinung, es gäbe keine Möglichkeit absoluter Erkenntnis — doch getreu seinem Pragmatismus vertrat er auch die Auffassung, daß Skepsis gleichbedeutend mit Negation wäre. Für ihn persönlich „funktionierte" der (letztlich dualistische) Begriff eines streng finiten Schöpfers, der im Kampf mit dem Bösen liegt. Aber den drängte er anderen nicht auf. Er wollte vielmehr zeigen, daß es „nüchterne" Menschen gäbe, für die eine realistische Einstellung zur Religion akzeptabel sei — sie seien fähig, den Glauben aus wissenschaftlichen Gründen wegen seines Mangels an Evidenz abzulehnen — und andere weniger nüchterne Menschen, die den Glauben brauchten. Seine undogmatische Vorstellung, daß man die Frage pragmatisch betrachten müsse, ist das innerste Wesen von Toleranz.

James schlug noch zwei weitere charakteristische Ideen vor. Die erste ist die sogenannte „James-Langesche Gefühlstheorie" (C. G. Lange war ein Däne, der freilich sein hervorragendes Material nicht in überzeugende Form zu bringen vermochte). Zusammengefaßt heißt es in dieser Theorie, daß wir nicht schlagen, weil wir wütend sind, sondern daß wir wütend sind, weil wir schlagen: daß eine Stimulussituation physische Veränderungen hervorruft, die nur im nachhinein als Gefühl erlebt werden. In ihrer ursprünglichen Form ist die Theorie aufgegeben worden, sie ist aber Bestandteil der Psychologiegeschichte geblieben. Mit einigem Recht läßt sich behaupten, daß die Forscher, die in jüngerer Zeit auf die ersten Kritiker geantwortet haben, die ursprüngliche Theorie tatsächlich nur anhand der präziseren Daten umformulieren, die James nicht zur Verfügung standen. Jedenfalls war diese Gefühlstheorie für ihn wichtig, weil sie ihn in der Ablehnung der die Metaphysik immer noch beherrschenden Geist-Körper-Trennung bestärkte.

Die zweite Idee, die eines „pluralistischen Universums", gibt bis zu einem gewissen Grad Antwort auf James' Kritiker. Gewiß können wir vom Pragmatismus keine moralischen Leitvorstellungen erwarten: wie sollen wir beurteilen, was „funktioniert", da er uns nur subjektive Wertungen erlaubt? Jedes moralische Bezugsystem muß verworfen werden. Teilweise geht jedoch der Begriff eines „pluralistischen Universums" auf dieses Problem ein. Erfahrung — sagt James — ist kein Objekt, Wahrheit kein „Ding". Erfahrung ist die Summe der Beziehungen zwischen Problemlösungserlebnissen — und der Prozeß endet nie. Wahrheit ist vielfältig. Vielleicht ist es für uns heute von äußerster Wichtigkeit, daß man uns bewußt macht, wie unsere Psyche arbeitet — was „funktioniert". Faschismus funktioniert nicht. Kommunismus funktioniert nicht. Können wir offenen Sinnes größere Klarheit über uns gewinnen, um festzustellen, was funktioniert?   M. S.-S.

Nietzsche

Jahrhundertelang erwartete der Mensch von Gott, daß er ihn durchs Leben führe. Die Religion lieferte ihm die Werte, die sein Leben bestimmten. Nietzsche empfand diese Wertvorstellungen als demütig und unterwürfig. Übermenschen sollten kommen, die dem Menschen moralisch aufrichten und durch Willenskraft und Verstand seinen Weg bestimmen würden, dem es zu folgen galt. Gott war tot.

1844—1900

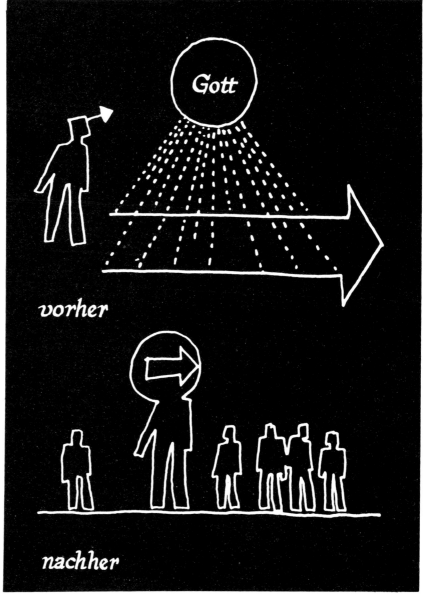

Eine Menge Abschaum werde eines Tages an ihn glauben

Eine Menge Abschaum werde eines Tages an ihn glauben, schrieb Elisabeth Förster-Nietzsche im Oktober 1888 an ihren Bruder Friedrich. Und so kam es tatsächlich. Der Philosoph des *Willens zur Macht* und von *Jenseits von Gut und Böse* wurde von den Übermenschen des faschistischen Europa vereinnahmt.

Nietzsche wurde am 15. Oktober 1844 in Rucken in der preußischen Provinz Sachsen geboren. Er war Sohn und Enkel lutherischer Pfarrer, und in vielerlei Hinsicht läßt sich seine protestantische Herkunft im späteren Werk erkennen. Nach dem Tod des Vaters zog die Mutter im Januar 1850 mit der Familie nach Naumburg an der Saale. Zum Haushalt dort gehörten neben Nietzsches Mutter seine jüngere Schwester Elisabeth, seine Großmutter mütterlicherseits und zwei unverheiratete Tanten. Das mag eine Erklärung für die beißenden Bemerkungen über Frauen sein, die der Philosoph später äußerte. Auch ist es kein Zufall, daß die Werte, gegen die sich Nietzsche später auflehnte, die des deutschen Provinzlebens sind.

Andererseits erwies sich die deutsche Provinz für Nietzsche nicht als gänzlich sterile Umwelt. Wurde er doch 1858 auf eines der angesehensten deutschen Internate im nahegelegenen Pforta geschickt. Dort war er ein ausgezeichneter Schüler, erhielt eine vorzügliche klassische Bildung und legte 1864 sein Abitur ab, um dann an der Universität in Bonn das Studium der Theologie und Altphilologie aufzunehmen. In Bonn verlor er jedoch sein Interesse an der Theologie, während seine Liebe zu den klassischen Sprachen zunahm. Als der Bonner Professor für Altphilologie, Friedrich Ritschl, 1865 nach Leipzig ging, beschloß Nietzsche, ihm zu folgen. Diese Entscheidung muß Ritschl große Freude bereitet haben. Er stellte nämlich später fest, daß er in den 40 Jahren seiner Lehrtätigkeit nie einen hoffnungsvolleren Studenten getroffen habe. Tatsächlich sollte er bald den deutlichsten Beweis für seinen Glauben an die Fähigkeiten Nietzsches liefern: Er druckte nicht nur einen Artikel von Nietzsche in der von ihm herausgegebenen Zeitschrift ab, sondern empfahl seinen nach allen herkömmlichen Maßstäben in keiner Weise qualifizierten Schüler für den vakanten Lehrstuhl für klassische Philologie in Basel. Ungeachtet der Tatsache, daß Nietzsche bislang eher auf dem Gebiet der griechischen Literatur als dem der Philosophie gearbeitet hatte, erklärte Ritschl: „Er wird einfach alles können, was er sich vornimmt." So ging Nietzsche 1869 von Deutschland in die Schweiz. Inzwischen war ihm in Leipzig die Doktorwürde verliehen worden, obwohl er nie eine Dissertation vorgelegt oder sich irgendeiner Prüfung unterzogen hatte. Offenbar kündigte sich eine einzigartige Karriere an.

Während des Jahrzehnts, das Nietzsche in Basel verbrachte, schloß er eine wichtige Freundschaft mit dem Komponisten Wagner — der sich damals im selbstauferlegten Exil in Luzern

befand — und veröffentlichte eine Reihe von Werken. Das erste war 1872 die *Geburt der Tragödie aus dem Geiste der Musik*. Obgleich ursprünglich als Erörterung der Elemente der klassischen Tragödie Griechenlands geplant, enthielt das Werk schon wichtige philosophische Obertöne. Nietzsche vertrat die Auffassung, daß in der griechischen Tragödie auch heute noch die Möglichkeit bestehe, sich der Zukunft positiv zuzuwenden, unabhängig davon, was das Schicksal bereithalte. Er lehnte den Pessimismus Schopenhauers ab, eines Philosophen, der ihn zuvor nachhaltig beeinflußt hatte.

Seine größten Werke schrieb er in den achtziger Jahren. Rastlos und häufig in völliger Einsamkeit arbeitend veröffentlichte er fast jedes Jahr ein Buch. Seine Schriften fanden oft zunächst keine öffentliche Resonanz. Doch ließ er sich da-

durch nicht beirren. So schrieb er *Also sprach Zarathustra, Jenseits von Gut und Böse, Zur Genealogie der Moral, Der Fall Wagner, Götzen-Dämmerung,* außerdem *Der Antichrist* und *Ecce Homo.* Nietzsche stand beim Schreiben unter einer ungeheuren physischen und psychischen Anspannung. Im Januar 1889 erlitt er in Turin auf offener Straße einen Zusammenbruch; wenig später verfiel er in Paralyse und Irrsinn. 1901 veröffentlichte seine Schwester einige seiner Aufzeichnungen unter dem Titel *Der Wille zur Macht.* Nietzsche selbst aber schrieb zwischen 1889 und 1900 nur noch ein paar Briefe und einige Postkarten. Sein Wille konnte ihn nicht heilen.
Vom Standpunkt des Biographen muß daran erinnert werden, daß Nietzsche auf dem Höhepunkt seiner schriftstellerischen Laufbahn einsam und krank gewesen ist. Er hatte nur sehr wenige Freunde — die meisten von ihnen aus dem Universitätsbereich — und, soweit bekannt, kaum Berührung mit Frauen.

Möglicherweise hat er der deutschen Schriftstellerin Lou Salomé einen Heiratsantrag gemacht. Doch ist das nicht bewiesen. Bald nach Antritt seines Militärdienstes im Jahre 1867 zog er sich beim Reiten eine ernsthafte Verletzung zu. Während des deutsch-französischen Krieges infizierte er sich als Krankenpfleger in preußischen Diensten mit Ruhr und Diphtherie. Außerdem litt er lebenslang an großer Augenschwäche, so daß die Belastungen durch Lesen und Schreiben zu Migräneanfällen und allgemeinen körperlichen Erschöpfungszuständen führten. All diese Beeinträchtigungen mußte er überwinden. Und so überrascht es nicht, daß „Überwinden" zum Leitmotiv seiner Philosophie werden sollte. Da der Puritanismus seiner protestantischen Herkunft durch Leiden und Isolierung verstärkt wurde, wurde er zu einem erbitterten Kritiker der Gesellschaft, in der er lebte. Er behauptete, daß sie nur durch eine „Umwertung aller Werte" regeneriert werden könne; oder anders gesagt, daß die Gesellschaft selbst überwunden werden müßte.
Offensichtlich sah Nietzsche eine Zeit weltweiter moralischer und politischer Krisen voraus. Er glaubte, die moralischen Werte seien so ausgelaugt, daß der Mensch im leeren Raum existiere, niedergedrückt von der Tragik und Sinnlosigkeit des Lebens. Christliches Denken und abendländische Philosophie hätten den Menschen so sehr von der Wirklichkeit entfernt, daß er — darauf abgerichtet, das Heil in einem ewigen Gott oder einer Idee zu suchen — die Möglichkeit, die Welt durch eigenes Handeln zu verändern, gar nicht mehr wahrnähme. Ihm fehle der Wille, sich zu behaupten, sich zu engagieren, und seinen Zustand politischen und moralischen Verfalls zu überwinden. Gott war also „tot"; der Mensch lebte im „nihilistischen" Eustand, und zur Überwindung dieser elenden Lage bedurfte es eines „Übermenschen". Insofern war Nietzsche vor allem Moralist. Er lehrte die Menschen, die kraft- und leblosen Werte seines Zeitalters zu verwerfen und wieder Erfüllung zu suchen. Im Grunde wollte er ein Menschengeschlecht entstehen sehen, das für sich selbst dachte und handelte und die moralische Kraft besaß, den Konformitätszwängen zu widerstehen. Seine Schrift *Menschliches, Allzumenschliches* trägt den bezeichnenden Untertitel „Ein Buch für freie Geister".
Aber wer sollten die Übermenschen sein? Welche Handlungsfreiheit sollten sie besitzen? Welche Werte sollten sie an die Stelle der abgelehnten Werte der Gesellschaft setzen? Nietzsche war sich selbst über die Bedeutung dieser Fragen nur allzu klar, obgleich er sie nie beantwortet hat. So schrieb er einmal, er sei ein gefährliches Tier und eigne sich nicht sonderlich zur Anbetung. Und ein andermal, er habe ganz und gar nicht den Wunsch, als Prophet, als wildes Tier und als Moralungeheuer zu erscheinen. Aus ähnlichen Gründen haben Nietzsche-Interpreten jenem Abschnitt aus dem *Zarathustra* große Bedeutung beigemessen, in dem dieser folgenden Rat

T. W. Nietzsche
1867.

Links: *Nietzsche im Alter von 20 Jahren.*
Unten: *Ein begeisterter Soldat; Nietzsches militärische Laufbahn fand durch einen Reitunfall ein jähes Ende.*
Ganz unten: *Nietzsche (links) mit seinen Freunden, dem Philologen Erwin Rohde (rechts sitzend) und Mitgliedern ihres philologischen Zirkels.*

„Nun heiße ich euch,
mich verlieren und
euch finden"

gibt: „Ihr sagt, ihr glaubt an Zarathustra? Aber was liegt an Zarathustra? . . . Nun heiße ich euch, mich verlieren und euch finden; und erst, wenn ihr mich alle verleugnet habt, will ich euch wiederkehren."

Aber warum hat Zarathustra Angst, früher zurückzukehren? An diesem Punkt müssen wir auf die Verbindung zwischen Nietzsche und dem deutschen Nationalsozialismus zurückkommen. Denn nur wenn wir Nietzsches Furcht vor den Deutschen verstanden haben, können wir auch seine Warnungen verstehen.

Nietzsche hatte nichts als Verachtung für die Deutschen seiner Tage übrig. Er glaubte nicht, daß sie ihn verstehen könnten, und fürchtete sich vor dem, was geschehen könnte, wenn sie seine Gedanken mißbrauchen würden. Deshalb brach er beispielsweise mit Wagner, als der musikalische Rebell sich mit dem deutschen Establishment arrangierte. „Was ich Wagner nie vergeben habe?" fragte er in *Ecce homo* und erwidert: „daß er zu den Deutschen *condescendirte* . . .". Nietzsche fürchtete sich stets vor dem, was folgen würde, wenn er je dasselbe tun würde. Einmal schrieb er, soweit Deutschland reiche, verderbe es die Kultur. Es scheint, als habe er eine „germanische" Verfälschung seiner Ideen vorausgesehen. Die Wahrheit ist also, daß Nietzsche, statt dem deutschen Nationalismus das Wort zu reden, ihn vielmehr abgelehnt hat. Man sollte das vielleicht angesichts des populären Nietzsche-Bildes betonen. Nietzsche glaubte, die Deutschen würden um ihre Macht bezahlen, da Macht korrumpiert und verdummt. „,Deutschland, Deutschland über alles', ich fürchte, das war das Ende der deutschen Philosophie", sagte er. Bismarcks Triumph würde sich als Deutschlands Niederlage erweisen, die Niederlage und sogar die Vernichtung des deutschen Geistes zu Gunsten des Deutschen Reiches. Er lehnte auch den Antisemitismus ab, der so häufig den Nationalismus von Menschen wie Wagner begleitet, und schrieb in einem seiner Briefe an den Historiker Jacob Burkhardt, daß Wilhelm und Bismarck ebenso wie alle Antisemiten beseitigt werden müßten, und er auf der Stelle alle Antisemiten erschießen lassen würde. Wo Rassen sich mischen — so meinte er — sei der Ursprung großer Kulturen. Moderne Revisionisten unter den Geistesgeschichtlern können deshalb ein Bild von Nietzsche entwerfen, das ihn als überzeugten Antinationalisten zeigt. Sie beklagen nur, daß sein moralisches Engagement für das Individuum später von einigen antisemitischen Führern Deutschlands pervertiert worden ist. So können sie ein Bild von Nietzsche präsentieren, das das genaue Gegenteil der herkömmlichen Vorstellung ist. Der Haken jedoch ist, daß dieses letzte Porträt dem Philosophen nicht ähnlicher ist als dasjenige, das es verdrängt hat. Zwar kann man mit den Revisionisten insofern übereinstimmen, als Nietzsche nicht das Urbild des Faschisten ist; doch läßt sich durchaus die Auffassung vertreten, daß seine Philoso-

phie den Faschismus im Keim enthalten hat, und zwar in der Rolle, die er seinen „Übermenschen" zuschrieb.

Besonders in seinen späteren Schriften neigte Nietzsche so sehr dazu, die Notwendigkeit zur Überwindung zu betonen, daß es den Anschein hatte, er wollte seine „Übermenschen" mit despotischer Macht ausstatten. Gott mußte ersetzt werden, doch die „Herren der Erde", die ihn ersetzen sollten, drohten selbst zu Talmigöttern zu werden. Zarathustra hatte ihnen befohlen, hart zu werden, zu herrschen und zu rauben, Krieg zu führen und gefährlich zu leben. Sie sollten eine Elite bilden und die Teilnahme an Religionen und Verfassungen nach dem Rang verteilen. Die Übermenschen waren deshalb wohl kaum als ein Geschlecht frommer Alter gemeint. Sie ähnelten mehr dem Großinquisitor aus den *Gebrüdern Karamasow* als irgendeinem freundlichen Propheten. Nietzsche war seiner Verzweiflung zum Opfer gefallen. Während er einerseits die Erneuerung des Individuums vertrat, glaubte er andererseits, nur eine Minderheit von Individuen sei zu einer solchen Verwandlung fähig. Und er war bereit, dieser Minderheit das Schicksal aller übrigen zu überantworten.

Der Kritiker hat jedoch noch eine letzte Frage zu stellen. Und zwar diese: Wenn Nietzsche die möglichen Konsequenzen seines Denkens so gefürchtet hat, warum hat er dann keine Anstalten gemacht, sein Werk zu überarbeiten? Will man diese Frage beantworten, sieht man sich dem Paradoxon Nietzsches unmittelbar gegenüber. Denn ebenso wie der Prophet der Lebensbejahung an der Menschheit verzweifelte, hat der Ankläger Wagners letzten Endes einen Wagner-ähnlichen Wunsch bezeugt, sich zu den Deutschen herabzulassen. Mit vielen großen Denkern teilte Nietzsche den Wunsch nach Unsterblichkeit. Er hat zwar zu Lebzeiten Gesellschaft und Ruhm gemieden, war jedoch verzweifelt bemüht, seiner Stimme auch jenseits des Grabes Gehör zu verschaffen. Die Heftigkeit seiner Sprache ist ein Indiz dafür; die Zahl seiner Proteste ein anderes. Tatsächlich hat er zu oft protestiert. Die Wahrheit scheint zu sein, daß es Nietzsche nicht besonders interessierte, wer ihn nach seinem Tode hören würde, solange er sich überhaupt einer Hörerschaft sicher sein konnte. Deshalb war es ausschließlich sein Fehler, daß die Nazis ihn mißbraucht haben. Er hätte die moralische Kraft aufbringen müssen, die Schwächen seiner Philosophie zu beseitigen. Sein Vermächtnis war jedoch keineswegs vorwiegend negativ. Viele entdeckten in seinen eigenwilligen, poetischen Schriften die Vision einer inneren Verfassung des Menschen, die sie trotz allem begeisterte. So bezeichnete Freud ihn als großen Psychologen, während andere in ihm einen Wegbereiter des Existentialismus sehen. Sein Einfluß zum Guten wie zum Schlechten ist ungeheuer gewesen, und fast jeder deutsche Schriftsteller nach ihm ist irgendwann seiner Faszinationskraft erlegen.

A. S.

Entmystifizierung

Die Definition des Menschen als glaubendem Tier ist nicht besser oder schlechter als all die anderen Kurzdefinitionen des Menschen. Glaube muß die Lücken in der unmittelbaren Erfahrung füllen. Das Kind, das ohne Unterlaß „Warum" fragt, sucht nicht nach einer Erklärung, die tiefer reicht als oberflächliche Erfahrung, sondern möchte eine neue Erfahrung irgendwie mit denen verbinden, über die es bereits verfügt. Glaube und Überzeugungen sind für den Überzeugungstransfer erforderlich: Die Erwartung, die im Glauben enthalten ist, ermöglicht uns zu verallgemeinern. Schließlich scheint Glauben als Bezugssystem für Handeln und Interesse nötig zu sein.

Das 19. Jahrhundert war robust und voller Selbstvertrauen. Die Wissenschaft schickte sich an, alles zu erklären. Eisenbahnstrecken waren mit Hilfe großer Brücken und anderer Glanztaten der Ingenieurkunst erbaut worden. Technische Genies wie Brunel hatten gezeigt, daß es anscheinend keine Grenzen für das Vermögen des Menschen gab, in Stahl und Eisen zu bauen. Der Drang, die Dinge greifbar und kontrollierbar zu machen, führte zu einer gewissen Ungeduld gegenüber Mythen und Mysterien. Diese Ungeduld nahm viele Gestalten an. Das Denken von Clerk Maxwell, James und Nietzsche illustriert ihre wichtigsten Erscheinungsformen.

Das Geheimnis der „Fernwirkung"

Clerk Maxwell nahm sich vor, das Geheimnis der „Fernwirkung" zu lüften. Sie war gewiß der geheimnisvollste Aspekt der Natur. Es gab den Magnetismus und die magnetischen Felder, die Faraday beschrieben hat. Es gab Hitze, Licht und Schwerkraft. Es war natürlich leicht, diesen Phänomenen Namen zu geben und sie damit für erklärt zu betrachten. Aber Clerk Maxwell mochte sich damit nicht zufriedengeben. Er wollte ihre Natur klären. Seine erfolgreiche Erklärung der elektromagnetischen Natur des Lichtes, des Magnetismus und der damals noch nicht entdeckten Radiowellen und Röntgenstrahlen muß als eine der größten geistigen Leistungen aller Zeiten angesehen werden. In vielerlei Hinsicht war sie größer noch als die Leistung Newtons. Beschäftigte sich dieser doch mit dem Verhalten beobachtbarer Körper, während sich Maxwell mit unbekannten Kräften befaßte.

Clerk Maxwells Wunsch nach Entmystifizierung von Naturerscheinungen unterschied sich nicht von dem irgendeines anderen Wissenschaftlers, der nach grundlegenden Mechanismen und vereinheitlichenden Erklärungen sucht. Nur hatte er dabei mehr Erfolg als sonst irgend jemand — und das auf einem höchst komplizierten Gebiet. Von einem kleinen Kreis von Mathematikern und Physikern abgesehen hatten seine Erklärungen wahrscheinlich keine große Wirkung, gewiß weit weniger als etwa Darwins Erklärung vom Ursprung der Arten. Doch als Beispiel für die Fähigkeit des Menschen, in scheinbar unlösbare Rätsel einzudringen, charakterisierten sie den Drang nach Entmystifizierung.

William James begann mit der Philosophie; aber er wurde rasch ungeduldig über die traditionelle metaphysische Suche nach dem Wesen der Wahrheit. Nach seiner Auffassung befasse sich die Philosophie mit einem komplizierten Spiel, in dem es um unbelegbare Konstruktionen gehe. All das unterschied sich grundlegend von der praktischen Effektivität seiner Umwelt. Um der Mystik traditioneller Philosophie zu entkommen, schuf er zwei Instrumente zur Entmystifizierung. Das erste bestand darin, die „Psychologie" aus der Geistesphilosophie herauszulösen und sie als Laborwissenschaft statt als semantische Spekulation zu behandeln. Das gelang ihm in seinem Buch *Principles of Psychology*. Das zweite Instrument zur Entmystifizierung war das außerordentlich einfache Konzept des Pragmatismus. Der Grundbegriff kam von Charles Peirce, der gesagt hatte, Wahrheit sei nur anhand ihrer überprüfbaren Konsequenzen zu erkennen. James ging viel weiter und errichtete darauf seine Philosophie des Pragmatismus, die Wahrheit durch „Nützlichkeit" ersetzte. James sagte nicht: „Dies ist wahr, deshalb muß es nützlich sein", sondern er meinte, wir sollten sagen: „Die Wahrheit dieser Sache wird durch ihre Nützlichkeit bestimmt". Ihn interessierte, welchen Unterschied es macht, ob etwas sich als wahr oder falsch erweist. Er war der festen Überzeugung, Wahrheit müsse am Verhalten gemessen werden, das sie auslöst oder diktiert.

Die pragmatische Einstellung zum christlichen Glauben war einmal von Origines vorgeschlagen worden, der der sozialen Nützlichkeit des Glaubens Bedeutung beigemessen hatte. Machiavelli hatte sich für die Religion ausgesprochen, weil sie das Volk besser regierbar mache. Die gleiche Auffassung bekundete Marx, als er die Religion Opium fürs Volk nannte. James stand dieser Auffassung gar nicht so fern, nur daß er an die Realität religiöser Erfahrung glaubte. Entscheidend an James' Pragmatismus war, daß er subjektive Überzeugungen nicht zugunsten harter Fakten vernachlässigte oder jene Formen materialistischer Doktrin vorzog, die Pawlow inspirieren sollte. Sein Pragmatismus veranlaßte James vielmehr, die Wahrheit von Traum und Glauben zu akzeptieren, weil sie offensichtlich bestimmte Verhaltensweisen diktieren konnten. Für ihn war subjektive Wirklichkeit genauso gültig wie objektive. Außerdem legte er großen Wert auf den „Willen", da er für die Erfahrung eine so wesentliche Rolle zu spielen schien. Der Haken beim Pragmatismus ist, daß er es James und einigen seiner Schüler schwer machte, zwischen Wahrheit, Wert und Wirklichkeit zu unterscheiden. Traditionell standen Wahrheit und Wert in enger Beziehung, weil Wahrheit den höchsten Wert in der platonischen Tradition darstellte. Die Entmystifizierung der Wahrheit durch James schien den Schluß nahezulegen, daß die Nützlichkeit einer Idee ihre Wahrheit wie ihren Wert bestimme. Das schuf Probleme, da verschiedene Menschen verschiedene Wertsysteme haben können. Wenn der Nutzen den Wert bestimmt und das Wertsystem die Nützlichkeit, gerät man in gewisser Weise in einen Zirkelschluß. Kurzum, mit dem Pragmatismus ließ sich jedes Glaubenssystem rechtfertigen. Eine Regierung, die es für nützlich hielt, ihre Gegner ins Gefängnis zu stecken, konnte ihre Handlungsweise mit der offensichtlichen Nützlichkeit des Verfahrens rechtfertigen. Hätte James sich damit zufriedengegeben, das Wort „Nützlichkeit" anstelle von „Wahrheit" zu verwenden, wäre alles in Ordnung gewesen. Hätte er gesagt: „Die Wirklichkeit einer Idee wird durch ihre Wirkung bestimmt", hätte er damit die Wertfrage ausgeklammert, denn eine reale Idee kann ebenso einen negativen wie einen positiven Wert besitzen. Anders als „Wirklichkeit" hat Wahrheit in unserer Kultur nur einen positiven Wert. Es scheint, daß Peirce bei seinem Pragmatismus an „Wirklichkeit" gedacht hat. Und auch James hat sie wohl eigentlich im Sinne gehabt. Ihm war jedoch klar, daß das Wort „Wirklichkeit" äußerst schwach und zur

„Die Wahrheit dieser Sache wird durch ihre Nützlichkeit bestimmt"

*Nietzsches Übermenschen?
Hitler nimmt am 1. September
1939 nach der Kriegserklärung
an Polen im Reichstag Ovationen entgegen.*

Entmystifizierung völlig ungeeignet war. Die Mystik der Philosophie beruhte auf der Suche nach Wahrheit. Philosophen hätten jeden mit einem Achselzucken abgetan, der die Vermutung geäußert hätte, Wirklichkeit habe irgendeine Wirkung. Aber sie mußten es zur Kenntnis nehmen, wenn jemand sagte, Wahrheit werde nur durch ihre Wirkung bestimmt.

Der entmystifizierende Einfluß von William James war so stark, weil er durch die Frage nach dem „Nutzwert" philosophischer Spekulationen die Axt an ihre Wurzeln legte. Das entmystifizierende Verfahren Nietzsches war noch radikaler, weil er das gesamte christliche Moralsystem traf.

Für Nietzsche war die christliche Sittenlehre keineswegs naturgegeben. Ihre Betonung von Demut, Mitleid, Gleichheit und Nächstenliebe hielt er für eine Sklavenmoral, die der Schwache der Gesellschaft untergejubelt hatte. Er schrieb die Urheberschaft dieser Sklavenmoral den Juden und ihrem Einfluß über das Christentum auf uns wirkenden Einfluß zu. Er wollte der Gesellschaft den mythischen Charakter dieser Moral vor Augen führen und durch ihre Entmystifizierung die Entwicklung einer Moral fördern, die er Herrenmoral nannte: Stärke, Härte, Macht, Gesundheit und Intelligenz. Er griff den Gleichheitsmythos an und hielt Sozialismus für das Evangelium in modernem Gewand. Für ihn war die Gesellschaft nicht eine Möglichkeit für Gleichheit und Glück von jedermann, sondern ein Nährboden für aristokratische Übermenschen, die sich die Herrenmoral zu eigen machen und deren

Aufgabe es sein würde, die Gesellschaft aus ihrer Schwäche und Willenlosigkeit zu erretten.

Nach Nietzsches Wunsch sollte die Gesellschaft nicht auf der Basis von Mythen und Glaubensgesetzen des Christentums geführt werden, sondern nach dem Gesetz von Wille und Macht — wie es sich die Übermenschen zu eigen machen. Glaubensbekenntnis und Vorgehensweise der Nationalsozialisten war eine fast vollkommene Verkörperung der Ideen Nietzsches. Das war auch — so ließe sich sagen — Platons Staat. Als Übermenschen hätten sich überdies die ersten Christen besser als irgendjemand sonst geeignet, auch wenn ihre Charakter- und Willensstärke auf jener Moral beruhten, die Nietzsche verachtete. Ebenso wie James in Schwierigkeiten geriet, weil er Wirklichkeit und Wahrheit austauschbar machte, versäumte Nietzsche es, zwischen Stärke des Charakters (und der Moral) auf der einen und der Stärke von Willkürherrschaft auf der anderen Seite zu unterscheiden. Wie Wahrheit und Wirklichkeit treten sie oft zusammen auf — allerdings nicht zwangsläufig. Die Ausübung gesellschaftlicher Macht ist oft ein Zeichen für moralische Schwäche. Ebenso spüren Menschen, die unablässig vom Willen reden, häufig ihre Willensschwäche am deutlichsten.

An die Stelle der Mystik christlichen Glaubens wollte Nietzsche eine auf den *Willen* gegründete Religion setzen. Damit stand er nicht allein. Jeder, der sich Entmystifizierung zum Ziel setzt, stellt fest, daß es eine der Hauptaufgaben eines Glaubenssystems ist, die natürliche Neigung zu Selbstsüchtigkeit und unmittelbarer Befriedigung zu überwinden. Der Glaube liefert das Metasystem, das erforderlich ist, um das natürliche Verhalten des Ich-Systems aufzuheben. Wenn das Glaubenssystem beseitigt ist, bleibt nur der „Wille" als eine Art inneren Metasystems. Selbst die Existentialisten, die in der Existenz keinen übergeordneten Zweck anerkannten, legten großen Wert auf den Willen. Denn ohne ihn konnte es offensichtlich nur noch eine Art deterministischer Strömung geben. Der Mensch mußte von seinen gegenwärtigen Umständen und vergangenen Erfahrungen wie ein Korken im Fluß davongetrieben werden.

Die Schwierigkeit liegt darin, daß der Wille ohne Glaubenssystem wie ein Revolver ohne Ziel ist. Sehr bald sucht sich der Revolver dann selbst seine Ziele mit keiner anderen Rechtfertigung als der, daß diese Ziele zerspringen, wenn er schießt. Der gemeinsame Fehler der Entmystifizierer war, daß sie sich nicht klargemacht haben, daß Entmystifizierung wirklichen Wert nur im Rahmen des Glaubens besitzt, den sie zu zerstören trachten. So sind Nietzsches Ideale innerhalb des Rahmens christlicher Moral außerordentlich sinnvoll, werden aber außerhalb dieses Rahmens zu gefährlichem Unsinn. Ebenso war James' Pragmatismus innerhalb des Bezugssystems traditioneller Philosophie sehr sinnvoll; er wurde jedoch außerhalb des Systems zu schwächlichem Opportunismus. Und auch Marx' Ideen waren sinnvoll nur im kapitalistischen System und im zeitgebundenen Kampf gegen den Kapitalismus. Außerhalb mußten sie sich bald in der Gestalt von Totalitarismus zeigen.

Wie so häufig ließ sich die Geschlossenheit und Einheitlichkeit mathematischer Entmystifizierung, wie sie sich in Clerk Maxwells Leistung zeigt, nicht auf menschliche Verhältnisse übertragen. Das liegt an der interaktiven Beschaffenheit dieses so ganz anderen Universums. Außerhalb dieses Universums gibt es kein Bezugssystem, es sei denn, es würde durch Glauben geschaffen.

Eine auf den Willen gegründete Religion

Pawlow

Pawlow zeigte, daß sich der Input der Psyche mit Hilfe des konditionierten Reflexes direkt auf den Output beziehen läßt. Diese direkte Verbindung beseitigte die Notwendigkeit, geheimnisvolle psychische Phänomene anzunehmen. Wenn der Geist des Menschen nicht mehr als ein komplexes Schaltsystem zur Verbindung von Input und Output war, dann ließ sich menschliches Verhalten unter Ausschaltung des freien Willens kontrollieren und vorhersagen.

1849—1936

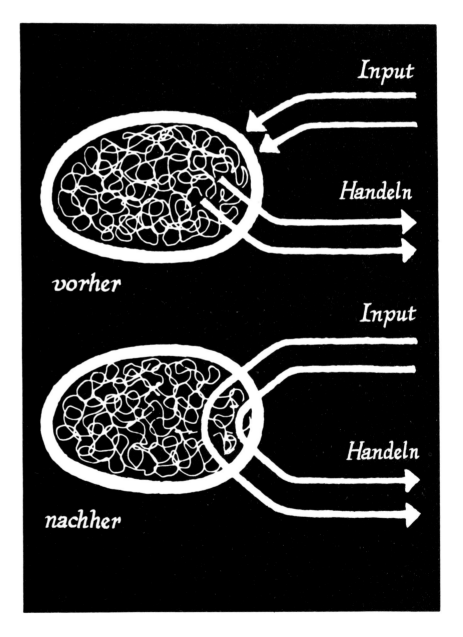

Bis zur Mitte des 19. Jahrhunderts hatte sich im Verlaufe der vorhergehenden Jahrhunderte die wissenschaftliche Beschäftigung mit der Natur von Lebewesen im allgemeinen kaum verändert. Das Verhalten von Mensch oder Tier war nur in eingeschränktem Maße untersucht worden. Erstens und vor allem wurde solche Tätigkeit vom religiösen Dogma bestimmt und zweitens von der mangelnden Bereitschaft des Menschen, seinen selbstbestimmten Platz an der Spitze der Schöpfung zu verlassen und sich wissenschaftlicher Forschung zu unterwerfen. Dieses Dogma schrieb jeder philosophischen oder experimentellen Untersuchung als Ausgangspunkt die doppelte Annahme vor, daß der Mensch sowohl eine unsterbliche Seele wie auch einen freien Willen besitze. Es erklärte, daß alle menschlichen Verhaltensweisen Ergebnis „freier" Entscheidungen einer Kraft oder „Psyche" in seinem Inneren seien. Doch Mitte des 19. Jahrhunderts ließ sich bereits in Ansätzen erkennen, daß man dieses Dogma ernsthaft in Frage stellte. Zwar gilt nach allgemeiner Auffassung Darwins *Ursprung der Arten* als Anstoß zum Zweifel an der besonderen Stellung des Menschen in der Natur, doch lassen sich die Ursprünge der wissenschaftlichen Beschäftigung mit dem Menschen und seinem Verhalten bis ins Rußland der Zeit von 1840 bis 1870 zurückverfolgen. In diesem Zeitraum begründeten eine Reihe von russischen Physiologen — unter ihnen Herzen, Pisarew und Chernyschewsky — einen „militant materialistischen Ansatz zur Untersuchung des Menschen", in dem in erster Linie die Anwendung objektiver physiologischer Methoden zur Untersuchung komplexer psychischer Phänomene empfohlen wurde. Diese Tradition lieferte den Hintergrund für die Leistungen und Theorien von I. P. Pawlow.

Iwan Petrowitsch Pawlow wurde am 26. September 1849 als erster Sohn eines armen Priesters in der zentralrussischen Stadt Rjasan geboren. Mit 15 Jahren trat er in ein theologisches Seminar ein. Doch als sein Interesse an philosophischen Fragen zunahm, ließ Pawlow den Gedanken an eine kirchliche Laufbahn fallen und verließ 1870 das Seminar, um sich an der Universität von Sankt Petersburg einzuschreiben. Er promovierte nach dem Studium der Chemie und Physiologie. In den nächsten Jahren beschäftigte er sich — oft in verzweifelter Armut — mit den Techniken physiologischer Forschung, wie sie von hervorragenden Physiologen in Rußland und Europa entwickelt worden waren. 1891 nahm er am Institut für Experimentelle Medizin in Sankt Petersburg die Arbeit an der ersten chirurgischen Abteilung eines physiologischen Laboratoriums auf.

Während der Periode intensiven physiologischen Experimentierens, die sich anschloß, entwickelte Pawlow eine Reihe grundlegender Annahmen, die die Forschung anleiten und äußerst wichtig für sie werden sollten. In dieser Zeit wandte sich seine Arbeit allmählich von der Untersuchung rein physiologischer Probleme weg und zu mehr psychologischen Problemen hin. Stark beeinflußt hatten ihn die umweltorientierten Auffassungen von I. M. Sechow, besonders diejenige, daß „der Organismus nicht existieren kann ohne die äußere Umwelt, die ihn erhält. Deshalb muß die wissenschaftliche Definition des Organismus auch die ihn beeinflussende Umwelt einschließen". Pawlow übernahm diesen Ansatz in seine Interpretation konditionierender Phänomene. Die Tradition des russischen Materialismus, die Pawlow vorausgegangen war, versorgte ihn mit einer intimen Kenntnis der experimentellen Methode: „Beobachtung sammelt alles, was die Natur zu bieten hat, während sich das Experiment aus ihr nimmt, was es braucht. Die Macht biologischer Experimente ist wahrhaft kolossal." Je komplexer das Phänomen war, das Pawlow betrachtete, desto größer war sein Bedürfnis nach Experimenten. Folglich war dieses Bedürfnis am größten, wenn er das Leben selbst untersuchte. Ein weiterer Faktor, den Pawlow in seiner Arbeit für wichtig hielt, war die Untersuchung der physiologischen Prozesse „normaler" und „ganzer" Organismen, das heißt von Tieren, die sich von seinen chirurgischen Eingriffen vollständig erholt hatten. Er meinte: „Nur wer fähig ist, den gestörten Gang des Lebens wieder zur Normalität zurückzuführen, darf sagen, er habe wirklich Kenntnis vom Leben erlangt."

Obgleich es viele bedeutende russische Physiologen vor Pawlow gab, hat er wohl als erster die Vorstellung vom adaptiven Charakter physiologischer Phänomene entwickelt und die damals verbreitete Assoziationstheorie mit der Reflexologie zusammengebracht. Seine frühen Arbeiten beschäftigten sich vor allem mit zahlreichen Beobachtungen über die Reaktionen der Drüsenzellen des Verdauungstraktes auf gewisse natürliche Stimuli wie Brot, Fleisch oder Milch. Nachdem er sich eine Zeitlang mit diesem Thema befaßt hatte, wurde ihm allmählich klar, daß sich die Nervenregulation der Verdauungssekretion häufig nicht nur durch rein physiologische Faktoren konditionieren ließ, sondern auch durch Einflüsse, die er ursprünglich als „psychisch" bezeichnete. Zuerst stellte er fest, daß der Anblick von Nahrung ähnliche Drüsensekretionen hervorrief wie Nahrung, die sich tatsächlich im Maul des Tieres befand. Erste Reaktion seiner Zeitgenossen — selbst seiner engsten Mitarbeiter — war, diese Ergebnisse als Manifestation von psychischer Aktivität des Tieres anzusehen: Die Sekretion der Speicheldrüse in diesen Situationen widerspiegele nur einen bestimmten inneren Zustand der Organismus, der Untersuchung durch wissenschaftliche Methoden nicht zugänglich sei. Doch Pawlow war — getreu seiner materialistischen Ausbildung — überzeugt, daß der Begriff der „psychi-

Die Wirkung „konditionierter Stimuli" auf „unkonditionierte Reflexe"

schen Sekretion" durch objektive physiologische Begriffe ersetzt werden müsse. So fest war diese Überzeugung, daß schließlich alle Mitarbeiter an seinem Laboratorium gehen mußten, die diesen Auffassungen entschieden widersprachen!

Seine Studien führten Pawlow endlich zu den klassischen Experimenten mit der Konditionierung der Speichelsekretion beim Hund. Im prototypischen Experiment wurde einem eingesperrten, hungrigen Hund mehrfach in Verbindung mit einem Glockenklang Nahrung dargeboten. Zuerst wurde die Glocke geläutet, danach erhielt der Hund Nahrung — gewöhnlich Fleischpulver. Zum Schluß beobachtete Pawlow, daß das Tier allein schon beim Glockenklang reichlich Speichel absonderte, und daß die Zusammensetzung des Speichels der des Speichels glich, welcher abgesondert wurde, wenn sich die Nahrung in der Schnauze befand. In seiner Rede anläßlich der Verleihung des Nobelpreises im

Jahre 1904 legte Pawlow dar, wie er diese Beobachtungen interpretiert hatte:

„Wir bemühten uns, unser Denken und unsere Sprache hinsichtlich dieser Phänomene zu disziplinieren und uns nicht um die imaginäre Geistesverfassung des Tieres zu kümmern. Wir schränkten unsere Aufgabe darauf ein, den Effekt des aus der Ferne auf die Speicheldrüsen einwirkenden Objekts genau zu beobachten und zu beschreiben. Die Ergebnisse entsprachen unseren Erwartungen — die beobachteten Beziehungen zwischen den externen Phänomenen und den Schwankungen in der Funktion der Speicheldrüsen erschienen ganz regelmäßig, ließen sich wie gewöhnliche physiologische Phänomene nach Belieben wieder und wieder reproduzieren und konnten vollständig systematisiert werden."

Die Gesetze, mittels derer Pawlow die Wirkung „konditionierter Stimuli" auf „unkonditionierte Reflexe" bezog, sind heute allgemein als klassische oder „Pawlowsche" Konditionierung bekannt. Er meinte, es gäbe zwei Arten von Reflexen — angeborene oder unkonditionierte Reflexe und individuell erworbene oder konditionierte Reflexe. Diese zweite Art von Reflexen würde zu Lebzeiten des Organismus durch Verknüpfung physiologisch „neutraler" Stimuli mit solchen Stimuli erworben, die naturgemäß reflexhafte Reaktionen hervorrufen. Vor Pawlows Forschungsarbeiten galten nur angeborene Reflexe — etwa die Speichelabsonderung des Hundes beim Anblick von Futter — als Mittel, durch die sich Organismen ihrer Umwelt anpaßten. Pawlows Experimente lieferten den Nachweis für eine Methode zur Schaffung eines neuen, des konditionierten Reflexes. Dazu bot man einen neuen, neutralen Stimulus unmittelbar vor dem Auftreten des vorhandenen unkonditionierten Reflexes dar. Er nannte den ursprünglich unwirksamen Stimulus einen konditionierten Stimulus (CS), weil die Auslösung der Speichelabsonderung nach diesem Stimulus bedingt (konditioniert) war durch ihre zeitliche Nähe mit Fütterung in der Vergangenheit. Entsprechend nannte er die Fütterung in dieser Situation einen unkonditionierten Stimulus (US), um deutlich zu machen, daß zur Auslösung der Speichelabsonderung keine anderen Bedingungen notwendig sind, als die, daß sich das Futter in der Schnauze des Tieres befindet.

Andere Beispiele für unkonditionierte Stimuli und die dazugehörigen unkonditionierten Reaktionen sind der dem Bein verabreichte Elektroschock, der eine Flexion hervorruft, oder der Luftstoß in den Augenwinkel, der ein Zwinkern veranlaßt. Verknüpft man einen neutralen Stimulus beispielsweise mit einem Glockenklang oder einen anderen Laut mit diesen unkonditionierten Stimuli, führt das am Ende dazu, daß auch der Glockenklang oder der andere Laut — allein dargeboten — Flexion oder Zwinkern auslö-

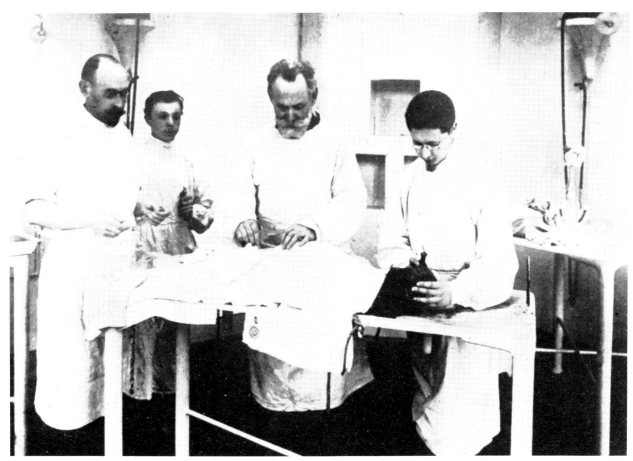

sen. Mit dieser Formulierung seiner Beobachtungen hat Pawlow die „psychischen" Interpretationen seiner Ergebnisse verworfen, die so viele seiner Zeitgenossen bereitwillig aufgenommen hätten. Er blieb den materialistischen Auffassungen der russischen Schule treu, indem er seine Befunde einfach als Wechselwirkungen zwischen Umwelt und Verhalten auslegte und bewußt die Gedanken, Wünsche und Gefühle des Tieres ausklammerte, das dem Experiment unterworfen wurde.

Pawlows Auffassung, nach der sich das Verhalten von Organismen allein als Interaktion mit der Umwelt verstehen läßt, ließ Anfang des 20. Jahrhunderts jene einflußreiche amerikanische Psychologieschule entstehen, die als Behaviorismus bekannt ist. J. B. Watson, der häufig als Begründer des Behaviorismus angesehen wird, berief sich in seinen Schriften weitgehend auf die von Pawlow entworfenen Konditionierungskonzepte und führte sie zu ihrem logischen Extrem, indem er behauptete, praktisch alles bedeutungsvolle menschliche Verhalten sei das Ergebnis von zufälligen Umwelteinflüssen, die in Übereinstimmung mit den Konditionierungsprinzipien wirkten.

Trotz seines materialistischen Menschenbildes war sich Pawlow stets bewußt, welche Gefahren der menschlichen Würde drohten, wenn man den freien Willen mißachten,

173

„Nur die Wissenschaft ... wird in die gegenwärtige Dunkelheit des Menschen Licht bringen"

Pawlow bei der Rückkehr nach einem Besuch in London, 1935.

dem Menschen die Kontrolle über sein Geschick entziehen und sie einer mitleidslosen Umwelt überlassen würde. Als Antwort auf diesen Vorwurf schrieb er 1932:
„Aber ist das wirklich so? Ist nicht nach Auffassung der Evolutionstheorie der Mensch das Höchste in der Natur? ... Genügt das nicht, die Würde des Menschen zu bewahren, indem man ihm größte Zufriedenheit gibt? Und es bleibt dem Leben immer noch all das, was in der Idee der Willensfreiheit mit ihrer persönlichen, sozialen und staatsbürgerlichen Verantwortung enthalten ist. Für mich bleiben diese Dinge bestehen und folglich auch die Verpflichtung, mich selbst kennenzulernen und diese Information ständig anzuwenden, damit ich auf dem Gipfelpunkt meiner Fähigkeiten bleibe. Sind nicht die gesellschaftlichen und staatsbürgerlichen Pflichten und Erfordernisse Situationen, die sich meinem System darbieten und die zu angemessenen Reaktio-

nen führen, wodurch die Rechtmäßigkeit und Vollkommenheit des Systems vorangebracht wird?"
Die gravierendste Kritik an wissenschaftlicher Verhaltensanalyse ist uns heute sicher bewußter als den Zeitgenossen Pawlows: das Problem einer Verhaltenstechnologie. Wenn wir objektive Verhaltensgesetze aufstellen können, aus denen hervorgeht, daß Verhalten durch Ereignisse in der Umwelt kontrolliert wird, können wir dann nicht durch unsere Manipulation das Verhalten anderer kontrollieren — und zwar nicht nur einzelner, sondern auch ganzer Gesellschaften? Solche Möglichkeiten sind von einem Wortführer der behavioristischen Tradition, B. F. Skinner, in seinem Buch *Jenseits von Freiheit und Würde* (1973) in den Blick gerückt worden. Und die auf Konditionierungsprinzipien basierenden Techniken zur Verhaltensmodifikation breiten sich in klinischen wie natürlichen Umfeldern immer stärker aus. Wenn man auch gegenwärtig gegen die vielfältige und manchmal wahllose Anwendung der Verhaltenstechnologie Vorbehalte anmelden mag, hat Pawlow selbst nie daran gezweifelt, daß eine solche Technologie der Menscheit eines Tages zum Heil gereichen würde. Er schrieb: „Nur Wissenschaft, exakte Wissenschaft von der menschlichen Natur und ihre gewissenhafteste Behandlung mit Hilfe der *allmächtigen wissenschaftlichen* Methode wird in die gegenwärtige Dunkelheit des Menschen Licht bringen und die Schande von ihm nehmen, die er augenblicklich im Bereich zwischenmenschlicher Beziehungen auf sich lädt."
Aus dieser Darstellung geht wohl hervor, daß die Reaktionen gegen Pawlows Verhaltensanalyse nicht so sehr Kritik an der Gültigkeit der Konditionierungsgesetze bedeuten, sondern eher Reaktionen zur Verteidigung der Unantastbarkeit menschlicher Individualität und der Verantwortung des Menschen für sein Verhalten sind. Es ist wenig wahrscheinlich, daß das radikal mechanistische Menschenbild, das seine Wurzeln in Pawlows Arbeiten hat, je in der Lage sein wird — wie es einige gern sehen würden —, das gesamte Spektrum menschlichen Lebens und menschlicher Leistungen einzufangen. Es hat jedoch den Schleier des Geheimnisvollen gelüftet, der die Verhaltensursachen umgab, und es hat dem Menschen geholfen, seine Stellung im natürlichen Plan der Dinge besser einzuschätzen. Pawlows Wunsch, das Selbstverständnis des Menschen zu erweitern, war so groß, daß er erst in den letzten Stunden seines Lebens seine wissenschaftlichen Beobachtungen einstellte. An seinem Todestag, dem 21. Februar 1936, rief er einen Neuropathologen an sein Bett, um mit ihm die Symptome des eigenen Sterbens zu diskutieren und die Frage zu erörtern, ob sie für die Wissenschaft von Interesse sein könnten. Wenige Stunden später war der „Vater der modernen russischen Physiologie" tot.   G. D.

Freud

Der Mensch hatte sich der Objektivität seines bewußten Geistes gerühmt. Dieser Geist war das großartige Instrument, mit dem er alles andere beobachtete und verstand. Freud vertrat die Auffassung, daß das Bewußtsein ganz und gar nicht objektiv, sondern damit beschäftigt sei, die Wünsche des mächtigeren Unterbewußtseins zu verdrängen und zu verschleiern. Die Konflikte des Unterbewußtseins könnten einen Großteil menschlichen Verhaltens erklären.

1856—1939

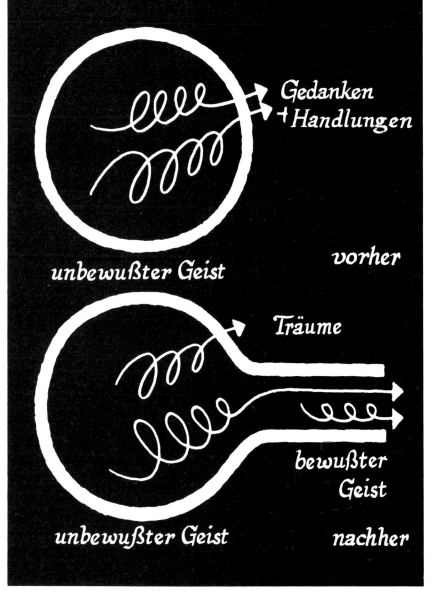

Träume ...
die „verschleierte Erfüllung eines verdrängten Wunsches"

Rechts: *Das Labor am physiologischen Institut, in dem Freud als Student gearbeitet hat.*
Unten: *Ein handschriftlicher Vorlesungsplan von Freud, 1885.*

Sigmund Freud sollte der Selbstachtung des Menschen und seiner Meinung, er stehe als Herr seiner selbst und der Schöpfung im Mittelpunkt des Universums, den nächsten harten Schlag versetzen.

In der Schule zeigte Freud eine gewisse Neigung für die Rechtswissenschaft. Doch es sollte anders kommen: „Indes, die damals aktuelle Lehre *Darwins* zog mich mächtig an, weil sie eine außerordentliche Förderung des Weltverständnisses versprach" (Freud 1925). Als er kurz vor Beendigung seiner Schulzeit Goethes Aufsatz über die Natur hörte, beschloß er, Medizinstudent zu werden.

1873 schrieb Freud sich an der medizinischen Fakultät der Universität Wien ein, machte sein Examen aber erst 1881, weil er sich vor allem im Physiologielabor von Ernst von Brucke herumtrieb und an eine Universitätslaufbahn dachte. Zu dieser Zeit kam die verständliche Hoffnung auf, daß alle Krankheiten, die den Menschen heimsuchten, sich physikalisch verstehen und durch Entdeckungen der Grundlagenforschung besiegen ließen. Brucke hatte die Überzeugung geäußert, daß keine anderen Kräfte als die aus Physik und Chemie bekannten im Organismus wirksam seien. Von früh an teilte Freud diese Hoffnung, und er gab sie nie ganz auf, was etwa darin deutlich wird, daß er später die heute noch recht junge Mode der medikamentösen Behandlung in der Psychiatrie vorhersagte.

1885 erhielt er ein Auslandstipendium bei dem bedeutenden Neurologen Charcot in Paris. Damals inszenierte Charcot theatralische Demonstrationen neurologischer Fälle (manchmal in Anwesenheit fürstlicher Persönlichkeiten). Vorgeführt wurden hysterische Patienten mit Lähmungen, Gefühllosigkeit und bizarrem Gang. Freud bemerkte, daß Charcot durch Hypnose Bedingungen schaffen konnte, die identisch waren mit jenen, welche bei hysterischen Patienten spontan auftraten. Außerdem folgte das Muster der Störung den Vorstellungen des Patienten und nicht irgendeinem organisch vorgegebenen Weg (wie im Falle tatsächlicher neurologischer Läsionen zu beobachten ist). Deshalb kam er zu dem Schluß, daß hysterische Störungen, wenn sie sich durch Hypnose hervorrufen ließen, auch spontan durch Autosuggestion entstehen könnten, und zwar in Reaktion auf eine *unbewußte* Vorstellung in der Psyche des Patienten.

1886 kehrte Freud nach Wien zurück und heiratete. In seiner neurologischen Praxis hatte er den üblichen Anteil hysterischer Fälle. Anfangs versuchte es mit hypnotischer Behandlung, um die Symptome durch Suggestion zu beseitigen. In Zusammenarbeit mit Josef Breuer, mit dem er die *Studien über Hysterie* (1895) schrieb, fand er heraus, daß bei Patienten, die in einen leichten hypnotischen Trancezustand versetzt und ermutigt wurden, sich frei zu äußern,

Erinnerungen über Vorstellungen wiederauflebten, die verdrängt und unbewußt waren, weil sie sich mit den bewußten Idealen nicht vertrugen. So wurde die „talking cure" geboren. Bald gab Freud die Hypnose als direkte Interventionsmethode auf und verzichtete kurze Zeit später auch darauf, mit ihr die Äußerungsbereitschaft seiner Patienten zu steigern.

Nun ist die Idee der „talking cure" an sich nichts Neues. Seit Jahrhunderten hat die seelische Läuterung in der katholischen Beichte das Schuldgefühl gelindert. Viele Redensarten („Sich etwas von der Seele reden", „geteiltes Leid ist halbes Leid") zeugen von ihrem Wert. Auch ist die

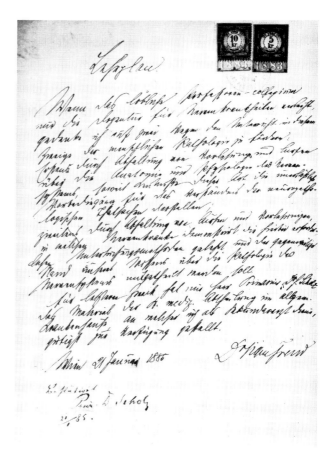

176

Vorstellung, daß wir mit unseren Gefühlen und Erinnerungen häufig in Konflikt geraten, keineswegs revolutionär.

Die Idee des Unbewußten ist von Psychologen des 19. Jahrhunderts eingehend erörtert worden — vor allem von J. F. Herbart, der sich intensiv mit dem Konflikt zwischen bewußten und unbewußten Vorstellungen beschäftigt hat. Noch frühere Ursprünge dieser Idee sind von Whyte (1962) und Ellenberger (1970) nachgezeichnet worden. Mit dem Autoritätsschwund Gottes seit dem Mittelalter wuchs das Interesse des Menschen an der Erkenntnis seiner selbst. Besonders intensiv wurde diese Bewegung um 1600. Den Höhepunkt bedeutete Descartes' Dualismus mit der Behauptung, daß geistige Prozesse auf das Bewußtsein beschränkt seien. Das Wort „bewußt" erscheint in den europäischen Sprachen erstmals im 17. Jahrhundert. Damit war (so meint Whyte) auch die Vorstellung unbewußter geistiger Prozesse unvermeidlich geworden.

Freuds Leistung lag darin, diese Ideen in einen medizinischen Zusammenhang gebracht zu haben. Dadurch befreite er den neurotischen Patienten von der Erniedrigung, die er auf der öffentlichen Bühne von Charcots Vorführungen erlitt. Er schuf die Privatheit des analytischen Behandlungszimmers, wo fortan unaussprechliche und nicht eingestandene Aspekte der inneren Welt des Menschen ins Auge gefaßt werden konnten. Symptome, die man für bedeutungslose Nebeneffekte bislang unentdeckter somatischer Prozesse gehalten hatte, gewannen neue Bedeutung als wichtige Mitteilungen über innere Konfliktzustände.

Freud hat im Laufe seines Lebens die eigenen Versuche, seine klinischen Erfahrungen begrifflich zu fassen, oft revidiert. Uns interessieren diese verschiedenen Fassungen hier nur in gröbsten Zügen. In den neunziger Jahren des letzten Jahrhunderts beschrieb er den psychischen Apparat einfach als bewußte und unbewußte Schicht. Dann folgte (mit Traumdeutung, 1900) die topographische Theorie mit der Vorstellung eines bewußten, vorbewußten und unbewußten Bereichs. 1923 entwickelte er (in Das Ich und das Es) die Strukturtheorie und die Konzepte von Über-Ich, Ich und Es (wobei Ich und Es in etwa Bewußtem und Unbewußtem entsprachen und das Über-Ich dem Gewissen). Durchgehend bleibt die Vorstellung eines Konflikts zwischen verschiedenen psychischen Ebenen.

Freud hat Träume immer für den Königsweg zum Unbewußten gehalten. Er unterschied zwischen dem häufig scheinbar absurden manifesten Inhalt eines Traums und dem dahinter verborgenen latenten Inhalt, zu dem man durch freie Assoziation gelangen konnte. Träume seien die verschleierte Erfüllung eines verdrängten Wunsches. Die entstellende Traumarbeit wird dabei durch Verdichtung, Affektverschiebung und sekundäre Bearbeitung geleistet. Der Aufbau von Träumen und neurotischen Symptomen wurde jetzt in gleicher Weise verstanden als Kompromisse zwischen den Anforderungen eines verdrängten Impulses und dem Widerstand einer Zensurinstanz im Ich. Das präsentierte auch Straftaten in einem neuen Licht. Sie ließen sich nicht mehr als Zeichen moralischer Entartung abtun, sondern mußten als mögliche Hinweise auf tieferliegende Konflikte verstanden werden. Fehlleistungen (Ausrutscher beim Sprechen und Schreiben u. ä.) waren keine technischen Versehen mehr, sondern psychisch determiniert.

Freud faßte die Elemente seines Denkens Anfang des 20. Jahrhunderts zusammen: Konflikte zwischen verschiedenen Aspekten des Selbst (Gedanken, Gefühlen, Erinnerungen, instinktmäßigen Trieben) waren aufgrund der Angst, die sie erregten, für das Bewußtsein nicht akzeptierbar. Deshalb wurden sie durch eine Reihe von Abwehrmechanismen

Nebenstehend: *Freuds Behandlungszimmer in London. Von den Nationalsozialisten vertrieben, verbrachte Freud seine letzten Lebensjahre in England.*
Unten: *Freud 1920.*

bewältigt — durch Verdrängung, Verleugnung, Projektion oder Konversion in körperliche Symptome. Aber welche Aspekte des Selbst riefen so schwere Konflikte hervor, daß sie unbewußt bleiben mußten? Häufig wird Freud fälschlicherweise so verstanden, daß er alle Probleme der Sexualität zugeschrieben hätte. Die Psychoanalyse wird mit dem Hinweis abgetan, sie sei gebunden an eine bestimmte bürgerliche Kultur in Wien zu Ausgang des 19. Jahrhunderts. Ihr fehle es an allgemeiner Bedeutung. Tatsächlich stellte Freud fest, daß viele seiner weiblichen Patienten unter sexuellen Konflikten litten, aber es ist interessant, seine eigenen Worte dazu zu hören: „In allen von mir analysierten Fällen war es das Sexualleben, welches einen peinlichen Affekt ... geliefert hatte ... Es ist theoretisch nicht ausgeschlossen, daß dieser Affekt nicht gelegentlich auf anderen Gebieten entstehen könnte; ich habe bloß mitzuteilen, daß eine andere Herkunft sich bei mir bisher nicht ergeben hat" (1894). Das ist eine bescheidene und dennoch prophetische Bemerkung. Inzwischen ist uns die immense Bedeutung von Konflikten klargeworden, die durch aggressive Gefühle ausgelöst werden. Diese können sich in Depressionen und in

Selbstmordversuchen gegen das Selbst kehren oder in psychosomatische Symptome verwandelt werden (etwa als Migräne oder Bluthochdruck).

Zweifellos war Freud am Anfang seiner Forschungen von der Häufigkeit sexueller Konflikte beeindruckt. Zunächst glaubte er die Geschichten, in denen seine Patienten berichteten, wie sie in früher Kindheit von Erwachsenen sexuell verführt worden wären. Er meinte, die Verdrängung solcher traumatischer Erinnerungen führe zum neurotischen Konflikt. Seine Selbstanalyse (ab 1897) und die Erkenntnis, daß Kindesverführung nicht so verbreitet sein könnte, wie man aufgrund seiner Theorie annehmen müsse, brachten ihn zu der Auffassung, er müsse sich geirrt haben. Der Widerruf derart revolutionärer Ideen hätte einen weniger bedeutenden Forscher wohl aus der Bahn geworfen. Wenn die Dinge, die er von seinen Patienten hörte, nicht Berichte von tatsächlichen Ereignissen waren, mußten sie — so erkannte Freud — Ausdruck von Kindheitsphantasien, von Wunschgeschehen sein. Ihm war jetzt klar, daß *psychische Realität* häufig weit wichtiger ist als die tatsächlich geschehene Realität.

Die anschließende Entdeckung infantiler Sexualität führte zur Veröffentlichung der *Drei Abhandlungen zur Sexualtheorie* (1905). Bislang hatte man feinfühligerweise gemeint, daß sich normale Heterosexualität erst ab der Pubertät entwickle. Freud erkannte, daß diese Darstellung die Phänomene Homosexualität, sexuelle Perversion oder Masturbation und sexuelle Neugier in früher Kindheit außer acht ließ. Er kam zu der Überzeugung, der Sexualtrieb müsse von Geburt an vorhanden sein und in seiner Entwicklung eine Reihe von Phasen (die orale, anale, phallische usw.) durchlaufen. Dabei wird in verschiedenen Phasen aus verschiedenen *erogenen Zonen* Lust gewonnen. Am bekanntesten dürfte die ödipale Phase sein. Freud hat sie (im Anschluß an seine Selbstanalyse) nach der Sage von Ödipus benannt, der nichtsahnend seinen Vater tötet, seine Mutter heiratet und sich blendet (symbolisch kastriert), als er sein Verbrechen entdeckt. Freuds Vermutung, ödipale Konflikte stünden im Mittelpunkt der meisten neurotischen Störungen, ist oft viel zu konkret verstanden und dann fallen gelassen worden. Natürlich hat ein Kind nicht den gleichen Begriff von Mord oder sexuellem Verkehr wie ein Erwachsener. Doch würden heute nur wenige bestreiten, daß die Kindheit eine Zeit leidenschaftlicher Liebe und leidenschaftlichen Hasses, der Anhänglichkeit und Rivalität und daß ihre Erlebnisse und Ergebnisse von entscheidendem Einfluß auf die spätere Charakterentwicklung sind.

Der Dualitätsgedanke bleibt ein zentrales Merkmal Freudschen Denkens, ob er nun den Kampf zwischen Selbsterhaltungs- und Sexualtrieb, zwischen Selbstliebe (Narzißmus)

**Der Konflikt, der
nicht-akzeptierbaren Aspekten
des Selbst gilt**

und Liebe zu anderen oder zwischen Lebens- und Todestrieb vor Augen hatte. Welche triebtheoretische Fassung auch immer den Vorzug hat, es bleibt das zentrale Merkmal des Konfliktes, der irgendwelchen nicht-akzeptierbaren Aspekten des Selbst gilt, welche abgewehrt, unterdrückt, verleugnet oder nicht anerkannt und mehr oder minder unbewußt werden. Diese Auffassung wurde zum theoretischen Kern aller späteren Formen von dynamischer Psychotherapie — von Psychoanalyse, Gruppen- oder Einzelpsychotherapie bis zur Familien- oder Ehetherapie — ganz abgesehen vom Einfluß, den sie auf anderen Gebieten wie der Literatur und Theaterkritik, der Ausbildung und Erziehung hatte.

Obgleich er sich in einigen seiner späteren Werke (z. B. *Das Unbehagen in der Kultur*, 1930) pessimistisch über den unvermeidlichen Widerspruch zwischen dem Triebanspruch und den Einschränkungen der Kultur äußerte, würden ihn heute wohl viele als Befreier bezeichnen, der geholfen hat, das abendländisch-europäische Denken aus übermäßigem Rationalismus heraus und zu einem ganzheitlichen Persönlichkeitsdenken hin zu führen. Freud hat uns neue Wege zum Verständnis bislang verwirrender Aspekte menschlichen Verhaltens gezeigt. Sein zentrales Konzept — der Konflikt, der aus nicht-akzeptierbaren unbewußten Antrieben entsteht — ließ neurotische Symptome, Träume und Fehlleistungen in neuem Licht erscheinen. Was vorher bedeutungslose Epiphänomene (Begleiterscheinungen) eines gestörten Nervensystems zu sein schienen, ließ sich jetzt als bedeutungsvolle Mitteilung eines kranken Menschen verstehen. J. R. P.

Einstein

Einstein zerstörte die traditionellen Begriffe von Raum, Zeit, Energie und Materie. Er zeigte, daß die Dinge sich nicht mit Newtonscher Bewegung durch einen neutralen Raum bewegen; sondern durch ein Raum-Zeit-Kontinuum, das selbst gekrümmt sein kann. Die Konsequenzen seiner Theorie führten direkt zur Entwicklung der Kernenergie.

1879—1955

vorher

nachher

1895, als Sechzehnjähriger, schrieb Albert Einstein einen Brief an seinen Onkel, in dem er sich fragte, was wohl jemand sehen würde, der sich so schnell fortbewegen würde, daß er mit einem Lichtstrahl Schritt halten könnte. Zehn Jahre später löste er das Problem — in der ersten einer Reihe von blitzartigen Erkenntnissen, mit deren Hilfe er die Widersprüche im System der vom 19. Jahrhundert ererbten grundlegenden physikalischen Gesetze bloßlegte. Inzwischen hatte der kosmopolitische junge Mann (der bereits in Deutschland, Italien und der Schweiz gelebt hatte) eine traditionelle Ausbildung hinter sich, die einen lebenslänglichen Haß auf jede Form von Autorität in ihm zurückließ. Seine Universitätslaufbahn war bescheiden. Trotz grenzenlosen Selbstvertrauens und traumverlorener Versunkenheit in sein Thema sah er sich außerstande, eine Anstellung als Physiker zu finden. Stattdessen erhielt er einen Posten als technischer Experte des Schweizer Patentamtes in Bern. Die Arbeit war nicht schwer. So konnte er seine Abende den tiefsten Rätseln der Physik widmen und zum Problem jenes Lichtstrahls zurückkehren.

40 Jahre zuvor hatte Maxwell nachgewiesen, daß Licht ein Muster elektrischer und magnetischer Felder in Bewegung ist — eine „elektromagnetische Welle". Einstein dachte zunächst, daß er, hielte er mit dem Licht Schritt, ein statisches Muster von Feldern erblicken würde, etwa wie ein Wellenreiter eine erstarrte Turbulenz sieht, während die Beobachter am Strand eine sich bewegende Welle sehen. Die Schwierigkeit lag darin, daß Maxwells Gleichungen keine Lösung zuließen, die solchen statischen Feldern entsprochen hätte: Die Wellen mußten sich stets mit gleicher Geschwindigkeit fortbewegen. Vielleicht galt Maxwells Theorie nur für Beobachter, die sich in Beziehung zum „Äther", durch den sich das Licht bewegen sollte, in Ruhe befanden. Nun hatten aber A. A. Michelson und E. W. Morley einige Jahre zuvor die Lichtgeschwindigkeit in verschiedenen Richtungen mit einer Apparatur gemessen, die sich selbst mit unterschiedlicher Geschwindigkeit fortbewegte. Sie stellten fest, daß die Lichtgeschwindigkeit, selbst wenn der Beobachter sich bewegte, gleich blieb. Das war ein Triumph für Maxwells Theorie, doch eine Katastrophe für den gesunden Menschenverstand. Wieso vermindert sich die Geschwindigkeit eines Lichtstrahls nicht entsprechend der Geschwindigkeit desjenigen, der ihm nachjagt?

Einstein nahm das Ergebnis von Michelson und Morley ernst. Er zeigte, daß Maxwells Theorie eine gültige Beschreibung des Lichtes liefert, unabhängig von der Frage, wie schnell sich der Beobachter bewegt. Einstein kümmerte sich nicht um Widersprüche zum „gesunden Menschenverstand" — schließlich war die Lichtgeschwindigkeit unvergleichlich viel höher als irgendein Reisetempo der damaligen Zeit. In einer solchen Situation war der gesunde Menschenverstand ohnehin kein verläßlicher Anhaltspunkt. Stattdessen untersuchte Einstein, welche logischen Konsequenzen sich aus der Unmöglichkeit ergaben, mit dem Licht Schritt zu halten. Betrachten wir zwei Ergebnisse: die Emission eines Lichtblitzes und seinen Empfang nach der Reflexion durch einen entfernten Spiegel. Einstein wies nach, daß das Zeitintervall zwischen diesen Ereignissen und die Entfernung zwischen ihnen je anders sein würden, wenn sie von Beobachtern gemessen würden, die sich relativ zueinander bewegten, selbst wenn sie über gleiche Uhren und Zollstöcke verfügten.

Das war tödlich. Man hatte gemeint, die gesamte Physik sei im Einklang mit Newtons Mechanikgesetzen, und diese wiederum beruhten auf der Annahme, daß Zeiten und Entfernungen zwischen Ereignissen absolut seien, das heißt unabhängig von der Geschwindigkeit sie messender Beobachter. Einsteins Ergebnis zeigte, daß Maxwells Elektromagnetismus in Widerspruch dazu stand, und das Michelson-Morley-Experiment ließ darauf schließen, daß Newton Unrecht hatte. Es galt, die Newtonsche Mechanik zu ersetzen. Es mußte eine Möglichkeit geben vorherzusagen, wie Objekte sich bewegen, wenn Kräfte auf sie einwirken. Im übrigen hatte die alte Theorie mehr als 200 Jahre lang beunruhi-

**Der größte Triumph, den
disziplinierte Phantasie
je zu verzeichnen hatte**

gende Erfolge in Astronomie und Technik zu verzeichnen. Deshalb mußte die neue Theorie bei niedrigen Geschwindigkeiten praktisch zu gleichen Vorhersagen kommen; bei relativen Bewegungen nahe der Lichtgeschwindigkeit konnten sich aber Änderungen ergeben.

Einstein war in der Lage, eine neue Mechanik zu entwerfen, die diese Bedingungen erfüllte und mit Maxwells Lichttheorie in Einklang stand. Eine Schlußfolgerung lautete, daß es zunehmend schwerer werde, ein Objekt zu beschleunigen, je schneller es sich relativ zu einem Beobachter bewege. Die Masse des Körpers wachse nämlich mit seiner Geschwindigkeit und sei bei Lichtgeschwindigkeit unendlich. Deshalb ist diese Geschwindigkeit eine natürliche Grenze, die kein materielles Objekt erreichen kann. Abermals zeigte sich: Man kann mit diesem Lichtstrahl nicht Schritt halten. Eine andere Schlußfolgerung besagte, daß die Masse eines Körpers — selbst eines ruhenden — als eine Form von Energie zu betrachten ist. Mathematisch ausgedrückt, die Energie (E), die in einem Objekt enthalten ist, wird durch die berühmte Gleichung $E=mc^2$ auf seine Masse (m) und die Lichtgeschwindigkeit (c) bezogen. Wenn Kernreaktionen in der Sonne Masse in Energie verwandeln, wird das Ausmaß durch diese Gleichung bestimmt. Die Energie erreicht uns als Sonnenstrahlung, während die Sonne Masse in einem entsprechenden Verhältnis verliert. Unsere eigenen Nuklear-

technologien zur Energiegewinnung und zur Herstellung von Massenvernichtungswaffen beruhen auf derselben Gleichung. Alle anderen Vorhersagen der Einsteinschen Mechanik werden ebenso wie die erstaunlichen Beziehungen zwischen Zeit und Entfernung durch die Messungen verschiedener Beobachter an schnellen subnuklearen Partikeln bestätigt, die in Beschleunigungsanlagen auftreten.

Bislang haben wir die sogenannte „Spezielle Relativitätstheorie" erörtert, die Einstein im Jahre 1905 vollendet hat. Sie ist eine Theorie der „Relativität", weil sie eine konsistente Beschreibung von Bewegungen, Entfernungen usw. liefert, wie sie von verschiedenen Beobachtern je nach ihrer *relativen* Bewegung gemessen werden. Sie ist „speziell", weil sie mit Newtons Mechanik zwei Schwierigkeiten teilt, die beide mit der Gravitation zu tun haben. Einstein verbrachte weitere zehn Jahre damit, eine „Allgemeine Relativitätstheorie" zu entwickeln, die auch diese Probleme löste.

Das erste betrifft die Besonderheit der durch die Schwerkraft hervorgerufenen Bewegung: Alle Körper fallen mit gleicher Beschleunigung — ein Mensch und ein Auto, die gleichzeitig einen steilen Abhang hinabgestoßen werden, werden im selben Augenblick auf dem Boden aufschlagen. Das war schon Galilei bekannt, und natürlich berücksichtigte es auch Newton. Doch andere Kräfte wirken nicht in gleicher Weise: Beispielsweise kann eine elektrische Kraftquelle, ein geladener Körper, andere Körper je nach ihrer Masse und elektrischen Ladung in unterschiedlicher Weise abstoßen oder anziehen. In der Newtonschen Mechanik und auch in der Speziellen Relativitätstheorie wurde die Besonderheit der Schwerkraft nur teilweise berücksichtigt, insofern die „träge Masse", die bei Einwirkung von Kräften den Widerstand des Körpers gegen Bewegung bestimmt, der „Gravitationsmasse" gleichgesetzt wurde, die seine Reaktion auf die Schwerkraft bestimmt. Für diesen bemerkenswerten Umstand gab es bis zu Einstein keine Erklärung.

Zum Verständnis des zweiten Problems führe man das folgende Experiment aus: Man gehe in einer sternenklaren Nacht hinaus und blicke nach oben. Die Arme lasse man locker herabhängen. Dann drehe man sich rasch im Kreis. Zwei Dinge werden gleichzeitig geschehen: die Sterne werden rotieren, und die Arme werden sich in eine fast waagerechte Lage heben. Man kann unmöglich annehmen, diese Effekte hätten nichts miteinander zu tun; doch geben weder die Newtonsche Mechanik noch die Spezielle Relativitätstheorie Aufschluß darüber, wie die Gravitation der Sterne auf rotierende Körper einwirkt.

Einsteins kühne Lösung dieser Probleme war vielleicht der größte Triumph, den disziplinierte Phantasie je zu verzeichnen hatte. Stellen wir uns ein Labor vor, das sich unter Einwirkung von Schwerkraft im freien Fall befindet (sagen

The Four Equations

The heart of the generalized theory of gravitation is expressed in four equations, shown in the accompanying illustration.

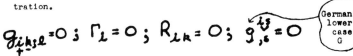

The equations have the mathematical properties which seem to be required in order to describe the known effects, but they must be tested against observed physical facts before their validity can be absolutely established.

wir zwischen den Sternen oder in einer Bahn um die Sonne). Innerhalb des Labors lassen sich keine Gravitationswirkungen feststellen („Schwerelosigkeit"). Die Spezielle Relativitätstheorie liefert eine korrekte Beschreibung aller dort ausgeführten Experimente. In großem Maßstabe beschreibt das Labor eine Bahn durch Raum und Zeit („Raumzeit") in der — nach eigener Uhr gemessen — kürzest möglichen Zeit. In gewissem Sinne ist Bewegung unter Einwirkung von Schwerkraft die „geradlinigste" Bewegung, die überhaupt möglich ist. Warum schließen sich in diesem Falle die Kreisbahnen nie wie die der Erde? Weil Raumzeit *gekrümmt* ist. Da Raumzeit vierdimensional ist (drei Dimensionen des Raumes, eine der Zeit), läßt sie sich nur durch Analogie vergegenwärtigen: eine „kürzeste" Strecke auf einer gekrümmten Oberfläche (z. B. der Erde) kann eine Kurve sein. Streng genommen ist jede solche Analogie überflüssig, weil Einsteins Gleichungen allein ausreichen, um Bahnbewegungen vorherzusagen, sobald der Grund für die Krümmung der Raumzeit erkannt ist. Die Krümmung wird durch *Materie* hervorgerufen — in der Nähe eines Sterns ist die Raumzeit verzogen, so daß die kürzeste Strecke gekrümmt sein kann. Nach dieser Theorie stellt sich Gravitation also nicht als spezielle Kraft dar, sondern als Eigenschaft der Raumzeitgeometrie, in der die Objekte die einfachsten Bewegungen ausführen, die möglich sind.

Begrifflich unterscheidet sich die „Allgemeine Relativitätstheorie" vollständig von Newtons Theorie. Statt absoluten Raum und absolute Zeit als passive Bühne anzusehen, auf der die Ereignisse stattfinden können, wird die besondere Struktur der Raumzeit durch die darin befindlichen Körper bestimmt, während sie gleichzeitig die Bahn dieser Körper bestimmt. Doch decken sich die Vorhersagen der Allgemeinen Relativitätstheorie in den meisten Fällen mit denen Newtons. Nur bei starken Gravitationsfeldern (z. B. nahe der Sonne) unterscheiden sich die beiden Theorien. Einstein sagt voraus, daß das Licht in der Nähe der Sonne aufgehalten und gekrümmt werde, daß sich das Licht, das von der Sonne ausgestrahlt werde, beim Austritt aus dem Gravitationsfeld leicht röte und daß die Umlaufbahnen der Planeten, die der Sonne am nächsten sind, leicht verändert würden. All diese Effekte sind beobachtet worden. Die Messungen bestätigen Einstein und nicht Newton.

Gravitation ist die Kraft, die den Makrokosmos beherrscht. So ist Einsteins Theorie natürlich auf die Kosmologie angewandt worden. Die gemeinsame Wirkung aller Galaxien soll eine allgemeine Krümmung des Raumes hervorrufen, und die Gleichungen zeigen, daß das resultierende Universum nicht statisch sein kann: Es muß sich entweder ausdehnen oder zusammenziehen. Tatsächlich haben die Beobachtungen von E. P. Hubble aus den zwanziger Jahren gezeigt, daß

es sich ausdehnt. In den letzten Jahren hat sich der Wissenschaftszweig der Kosmologie durch den Anstoß der Radioastronomie lebhaft entwickelt. Sein theoretisches Hauptinstrument bleibt die Allgemeine Relativitätstheorie.

Die Evolution von Sternen wird von der Schwerkraft bestimmt, und die astrophysikalische Anwendung der Einsteinschen Theorie führt zu der Voraussage, daß letztlich jeder Stern, der mehr als ein paarmal schwerer als die Sonne ist, unter seinem eigenen „Gewicht" zusammenstürzen muß. Wenn er während dieses Zusammenbruchs eine bestimmte Größe unterschreitet, kann seiner Oberfläche kein Licht entrinnen. Der Stern ist nicht mehr sichtbar, obwohl er auch weiterhin Gravitationswirkung ausübt. Solche zusammengestürzten Objekte werden „schwarze Löcher" genannt. Inzwischen sind zahlreiche solcher Objekte aufgrund ihrer Wirkung auf benachbarte sichtbare Sterne vorläufig als schwarze Löcher identifiziert worden.

Mit einigem Recht läßt sich die Auffassung vertreten, daß bedeutende Theorien in der Wissenschaft „auftauchen", wenn das intellektuelle Klima dafür geeignet ist. Wenn Newton, Maxwell und Einstein nie gelebt hätten, hätten wahrscheinlich andere die Theorien von Mechanik, Elektromagnetismus und Spezieller Relativität entwickelt. Doch die Allgemeine Relativität bildet eine Ausnahme. Das Problem und seine Lösung sind allein Einstein zu verdanken.

Einsteins wissenschaftliche Leistungen beschränken sich nicht allein auf die Relativität. Er leistete auch einen Beitrag zur Entdeckung der Gesetze, denen die subatomare Welt gehorcht: die geheimnisvolle „duale" Natur des Lichtes, das seinem Verhalten nach aus Wellen besteht, wenn es sich durch den Raum bewegt, und aus Partikeln („Lichtquanten"), wenn es von Materie absorbiert oder ausgesandt wird. Seine Formulierung der Gesetze von Absorption und Emission hat schließlich zur Erfindung des Lasers geführt. Doch die entscheidende Synthese dieses Teils der Physik, die Theorie der Quantenmechanik, kam nicht von Einstein, sondern von Erwin Schrödinger und Werner Heisenberg. Dieser Theorie zufolge läßt sich die Bewegung von atomaren Systemen unmöglich detailliert voraussagen: Nur statistisches Wissen in Form von Wahrscheinlichkeiten und Erwartungswerten ist möglich. Einstein hat nie aktzeptiert, daß es solche fundamentalen Einschränkungen für unsere Welterkenntnis geben könnte. Zwar hat die Quantenmechanik spektakuläre Erfolge bei der Erklärung von physikalisch-chemischen Tatbeständen und dem Verhalten fester Materie ermöglicht; doch Einstein, der in wachsende Isolierung geriet, als seine Kollegen in der Physik sich mit der Anwendung der neuen Theorie beschäftigten, blieb für den Rest seines Lebens bei der Überzeugung: „Gott spielt nicht Würfel mit der Welt."

M. B.

Grundbegriffe

**Materie in Ruhe
ist nur eine
spezielle Form von Energie**

Meistens schließt sich Denken an die Übernahme bestimmter Grundbegriffe an. Grundbegriffe wie Raum, Zeit, Energie und Materie gründen sich auf unsere Sinneserfahrung, die Überlieferung und den allgemeinen Konsens, so daß sie nicht jedesmal, wenn sie zur Sprache kommen, definiert werden müssen. Philosophen und Mathematiker haben viel Zeit damit zugebracht, diese Begriffe zu erörtern, was sie allerdings immer erst taten, nachdem sie ihre augenscheinliche Natur akzeptiert hatten. Auf einer solchen Akzeptanz beruht ein Großteil unserer Gedanken über die Welt. Einstein sah sich durch sein Denken nicht nur veranlaßt, unser Denken über Raum, Zeit, Energie und Materie in Frage zu stellen, sondern auch die Grundbegriffe selbst.

Nach herkömmlicher Meinung waren Energie und Materie grundsätzlich voneinander unterschieden. Nichts da, sagt Einstein in seiner Speziellen Relativitätstheorie: Materie in Ruhe ist nur eine Sonderform von Energie. Und wenn man Materie bis zur Lichtgeschwindigkeit beschleunigt, wird sie schwerer und schwerer, bis sie bei Lichtgeschwindigkeit unendliche Masse besitzt. Diese merkwürdige Idee hätte sich als mathematischer Fieberwahn eines Wolkenschiebers abtun lassen — wenn die Theorie nicht sehr praktische Konsequenzen gehabt hätte. Einsteins Spezielle Relativitätstheorie lieferte den begrifflichen Rahmen für die Entwicklung der Atombombe und der Kernenergie. Viele Leute wie Rutherford, Bohr und Fermi haben die praktische Entwicklungsarbeit geleistet; doch den Grundbegriff lieferte Einsteins Theorie. Gegenwärtig können wir nur die durch Spaltung gewonnene Kernenergie nutzen, und das durch ausgesprochen unsaubere Verfahren, weil dabei gefährliche radioaktive Stoffe erzeugt werden, die Hunderte und Tausende von Jahren erhalten bleiben. Doch werden wir wahrscheinlich bald in der Lage sein, Kernverschmelzungsenergie wie in der Wasserstoffbombe zu nutzen. Damit wird der Mensch auf den Gipfel praktischer Physik gelangt sein, denn er wird die grundlegende Energieform der Natur selbst benutzen — die gleiche Energie, die Sonne und Sterne versorgt. Und all dies wurde möglich, weil der Verstand eines Menschen die fundamentale Unterscheidung zwischen Materie und Energie in Frage stellte.

In seiner Allgemeinen Relativitätstheorie hat Einstein die Begriffe von Raum, Zeit und Schwerkraft in Frage gestellt. Newtons Erklärung der Schwerkraft hatte sehr gute Dienste geleistet und Planetenbahnen so wie andere astronomische Beobachtungen ausgezeichnet erklärt. Eine neue Theorie schien also kaum notwendig zu sein. Einstein stellte sein immenses Begriffsvermögen in den Dienst des Zweifels, nicht weil er unzufrieden gewesen wäre, sondern weil ihn die wahre Natur dessen interessierte, was wir aus Bequemlichkeitsgründen Schwerkraft nannten. Das Ergebnis seines Denkens veränderte die Grundbegriffe von Zeit und Raum ebenso tiefgreifend, wie es die Begriffe von Energie und Materie verändert hatte. Newtons

Raum war eine passive Bühne gewesen, auf der die Körper sich nach Maßgabe bestimmter auf sie einwirkender Kräfte wie der Gravitation bewegten. Für Einstein gab es keinen Unterschied mehr zwischen Zeit und Raum. Sie wurden zu einer vierdimensionalen Bühne. Überdies war diese Bühne nicht unbeteiligt, sondern krümmte sich in Gegenwart von Materie. Die Krümmung der Raumzeit durch Materie war das, was wir als Schwerkraft kannten. Wenn Objekte dem „Sog" der Schwerkraft folgten, bewegten sie sich einfach auf direktem Wege durch die gekrümmte Raumzeit. Die Zeit selbst war nicht mehr unveränderlich. Wenn der Beobachter sich rasch genug fortbewegte, ließ sich die Zeit so verlangsamen, daß der Beobachter nach einer solchen Reise weniger „gealtert" war als jemand, der zu Hause geblieben war. Die Begriffe sind tiefreichend in ihrer Bedeutung und grundlegend in ihrer Einfachheit. Schwer verständlich sind sie nur, weil wir sie ständig in unsere alten, traditionellen Begriffe von Zeit und Raum rückübersetzen müssen.

Einstein hat auch intensiv über Quantentheorie gearbeitet, vor allem über die photoelektrische Absorption und Emission. Hier ergab sich eine Überraschung. Als Heisenberg nachwies, daß auf einer bestimmten Ebene das Partikelverhalten nicht mehr deterministisch ist (Unschärferelation), war Einstein nicht bereit zu akzeptieren, daß das Verhalten der Teilchen auf Zufall beruhen könnte. Ein Verstand also, der selbst andere Grundbegriffe mit Erfolg in Frage gestellt hatte, war hier nicht bereit, den Grundbegriff des Determinismus aufzugeben, der besagt, daß alles eine unmittelbare Ursache haben muß.

Der Zweifel setzte sich in anderer Richtung fort. Freud und Pawlow stellten die Grundbegriffe vom Menschen selbst in Frage. Der Mensch war ungeheuer stolz auf seinen Geist und seine Verstandeskräfte. Allein schon Einsteins Denken rechtfertigt diesen Stolz. Das gesamte Gebäude unserer Philosophie beruht auf der Selbsterkenntnis des Menschen und seiner Fähigkeit, den Geist bei der Arbeit zu beobachten. Der Mensch war sein Geist. Und sein Geist war sein bewußter Geist. Es erübrigte sich stets, von bewußtem Geist zu sprechen: Es gab keinen anderen. Natürlich gab es Erinnerungen und Erlebnisse, die dem Bewußtsein momentan nicht gegenwärtig waren, doch sie waren im Vorratsraum des Gedächtnisses gespeichert. Freuds Begriffe machten dieser Selbstgefälligkeit ein Ende. Nach ihm durfte sich niemand mehr seiner Selbsterkenntnis sicher sein. Nie wieder konnte er sich seiner Absichten und Motivationen gewiß sein, nie der Kontrolle über sich selbst. All diese Grundbegriffe, die unseren Stolz, unsere Besonderheit als denkende Geschöpfe ausmachten, waren in Frage gestellt und sollten nie wieder sein, was sie gewesen waren.

Für Freud war der bewußte Geist nur das Schaufenster, das wir der Öffentlichkeit präsentieren. Ein bißchen wie das künstliche Lächeln, das wir auf unserem Gesicht zeigen, um selbst jene Menschen höflich zu grüßen, die wir nicht ausstehen können. Schlimmer noch: hinter dem Schaufenster und dem falschen Lächeln steht das Bewußtsein von dem, was wir tun. Freud vertrat die Auffassung, daß hinter unserem bewußten Geist der unbewußte Geist stehe und daß die Vorgänge in ihm noch nicht einmal uns selbst erkennbar seien. Der ganze Zweck der Psychoanalyse war, uns bewußt zu machen, was in unserem Geist geschah. Nach Freud waren wir aus eigener Kraft nie imstande zu erkennen, was in unserem Geist wirklich geschah.

Der Begriff von Konflikt und Verdrängung war für Freuds Vorstellung vom Unbewußten von zentraler Bedeutung. Danach sind wir uns über den Konflikt, der im Unbewußten vorliegt, nicht im klaren und erfahren von ihm nur das, was ins Bewußtsein steigen darf. Freud betonte die Bedeutung sexueller Verdrängung als Konfliktursache so nachdrücklich, weil sie bei

Ganz oben: *der Internationale
Psychoanalytische Kongreß in
Weimar am 21. September
1911.*
*Zu den Delegierten gehörten
Freud und Jung* (oben).

vielen seiner Patienten vorzuliegen schien. Andere Forscher wie Adler und
Jung setzten die Akzente anders. Der Konflikt zwischen sexuellen Wünschen
und den Denkweisen, die das Individuum — von der Gesellschaft ganz zu
schweigen — anerkennen konnte, waren gewiß Rechtfertigung genug für den
unbewußten Geist. Kindheitserlebnisse — vor allem die „ödipalen" Empfindungen für einen Elternteil — wurden als wichtig erkannt. Obgleich diese
Aspekte zentral für Freuds Entwicklungstheorien wurden, waren sie es für
seinen Grundbegriff des Unbewußten nicht.
Die Grundbegriffe, die Freud direkt oder indirekt in Frage stellte, waren
Selbst und Selbsterkenntnis, der bewußte Geist und die rationalen Entscheidungen des Bewußtseins, Motivation und Intention, die Objektivität unserer
Wahrnehmungen. Wenn nach Freud jemand meinte, er handle aus einem
bestimmten Grunde, konnte er sich nie sicher sein, ob das bewußte Motiv
nicht die „Sublimierung" eines unbewußten Gefühls oder die Erscheinungsform eines unerkannten Konflikts war. Die Menschen wurden in dem Gefühl
bestärkt, sich nicht mehr zu kennen, ihr Verhalten nicht zu kontrollieren.
Mehr noch, der Weg zum Ich-Bewußtsein durch Einsicht war gründlich
versperrt.
Zwei praktische Konsequenzen hatten die Freudschen Begriffe: Die Psychoanalyse wurde, vor allem in den USA, zur etablierten Praxis, und Psychotherapie, selbst wenn sie nicht so weit wie Psychoanalyse ging, rückte stärker in
den Blickpunkt. Vielfältige Techniken und Gruppenmethoden zur Förderung von Ich-Bewußtsein sind entwickelt worden und wieder verschwunden
oder geblieben. Dies sind die direkten praktischen Konsequenzen. Die
weniger direkten, aber wichtigeren Konsequenzen betreffen die Einbußen,
die das Selbstvertrauen des Menschen erlitt. Freud hatte den Grundbegriff
des Ich-Bewußtseins in Frage gestellt und seine Unmöglichkeit nachgewie-

sen. Auf diesem Begriff hatten rationale Entscheidungen, Motivation, Wahl, moralische Verantwortung und all die anderen Faktoren beruht, die die Grundlage für Selbstkontrolle und selbstbestimmtes Verhalten geliefert hatten. Die protestantische Ethik unmittelbarer Verantwortung wurde noch härter getroffen als die katholische, die mit dem System ihrer Beichte gewisse Vorkehrungen für die dunklen Kräfte in der Seele getroffen hatte.

Einen noch härteren Schlag sollte jedoch Pawlow der Selbstachtung des Menschen versetzen. Ohne es zu beabsichtigen, stellte er mit seiner Arbeit die Grundbegriffe des Geistes selbst und des freien Willens in Frage. Wenn der Mensch auf seine Umwelt durch Reflexe reagierte und wenn diese Reflexe durch Konditionierung mit verschiedenen Zügen seiner Umwelt verknüpft werden konnten, war Geist nur eine Illusion. Der Mensch wurde zu einer klug adaptierenden Maschine, die auf die Umwelt reagierte und von ihr kontrolliert wurde. Das grundlegende Experiment, in dem ein Glockenklang Pawlows Hunde zur Speichelabsonderung veranlaßte, lieferte eine solide Basis für die vielfältigen Assoziations- und Determinismustheorien, die der Philosophie schon lange vorschwebten. Plötzlich konnten sie in den Mittelpunkt rücken und die metaphysischen Begriffe von menschlichem Geist und menschlicher Entscheidungsfreiheit verdrängen. Seele, Ich und freier Wille haben keinen angestammten Platz in Pawlows Sicht der Dinge.

Seele, Ich und freier Wille haben keinen angestammten Platz in Pawlows Sicht der Dinge

Die Bedeutung von Pawlows Arbeit wurde sofort erkannt. Die Umsetzung seiner Erkenntnisse in die Praxis mußte allerdings auf die behavioristische Schule der Psychologie, vor allem auf Skinner, warten. Skinner zeigte, daß Verhalten „geformt" werden kann, indem man eine Handlung in kleine Teile zerlegt und die richtige Ausführung jedes dieser Fragmente belohnt. Auf diese Weise konnte er Tauben beibringen, auf einem Miniaturklavier zu spielen. Dieser Methode bedienen sich auch Tierabrichter. Fraglos läßt sich Verhalten unter Umgehung bewußter Entscheidung oder bewußten Lernens in dieser Weise formen. Das gilt für Menschen wie für Tiere. Es geht hier nicht mehr um die Frage, ob das Verfahren möglich ist, sondern inwieweit es auf komplexeres menschliches Verhalten anwendbar ist. Genügt es in Anlehnung an den Pragmatismus von William James zu sagen, daß der freie Wille eine Illusion sei, als Illusion aber subjektive Realität besitze?

Zu diesem Problem sagte Pawlow, daß zu unserer inneren Umwelt die Begriffe von Selbst, freiem Willen, religiösen Idealen, gesellschaftlichen Verantwortungen und Pflichten gehörten und daß wir auf sie ebenso leicht zu konditionieren seien wie auf die augenfälligen Züge unserer externen Umwelt. Er sah darin beim besten Willen kein Problem. Nach seiner Auffassung ist es die Pflicht von Kultur und Literatur, unsere innere Umwelt mit Begriffen und Modellen auszustatten, die durch Konditionierung unser Verhalten kontrollieren können. Das Problem läßt sich auch anders betrachten. Wenn wir zur Beschreibung des Selbst den Kreis so weit ziehen, daß er alle frühere Erfahrung und gegenwärtige Motivation einschließt, wird das so zusammengesetzte Selbst in seiner Auseinandersetzung mit der Umwelt „frei" handeln. Es wird tun, was es tun möchte. Doch das „Es" des Selbst wird bereits alle determinierenden Faktoren enthalten. Das steht der existentialistischen Auffassung nicht fern, derzufolge wir als Phänomene Bündel unserer Erfahrungen sind. Wenn wir andererseits den Kreis so eng ziehen, daß diese Einflüsse ausgeschlossen werden, werden sie zu determinierenden oder konditionierenden Faktoren der inneren Umwelt. So läßt sich freier Wille sowohl als Illusion wie auch als Wirklichkeit behaupten.

Wie immer wir das Problem des freien Willens auch betrachten, der Grundbegriff bleibt: daß der Mensch sein Verhalten nicht rational kontrolliert, sondern daß es von der Umwelt kontrolliert wird, ja sogar gegen den Willen des Menschen manipuliert werden kann.

**Weder Einstein
noch Freud noch
Pawlow hatten sich
wirklich vorgenommen,
diese Grundbegriffe
in Frage zu stellen**

Im Werk von Einstein, Pawlow und Freud können wir sehen, wie die eigentlichen Grundbegriffe unserer Kultur in Frage gestellt werden. Sind diese Begriffe erst einmal verändert, lassen sie sich nicht mehr als unveränderlich behandeln, gleichgültig, ob wir von ihrer Richtigkeit und ihrem Geltungsbereich überzeugt sind oder nicht. Hinsichtlich des Denkens ist interessant, daß sich weder Einstein noch Freud noch Pawlow wirklich vorgenommen hatten, diese Grundbegriffe in Frage zu stellen. Einstein begann mit der Frage, was geschehen würde, wenn sich ein Beobachter mit Lichtgeschwindigkeit fortbewegen könnte: Was würde solch ein Beobachter sehen? Das führte ihn über eine Kette von Begriffen und mathematischen Schlüssen schließlich zu neuen Begriffen, die Raum, Zeit, Materie und Energie in Frage stellten. Freud begann mit der Beobachtung, daß Hypnose in der von Charcot praktizierten Form hysterische Manifestationen hervorrufen konnte. Daran schloß sich die Vermutung an, daß Autosuggestion bei Patienten ähnliche Wirkungen erzielen und so Neurosen verursachen könnte. Allmählich führte das zum Begriff des unbewußten Geistes und dieser wiederum zur Ursache der Konflikte. Es ist daran zu erinnern, daß Freud dabei ständig als Therapeut arbeitete und einen praktischen Begriffsrahmen brauchte. Pawlow begann mit physiologischen Arbeiten über das Verdauungssystem und beobachtete den Konditionierungseffekt nur zufällig. Sobald er ihn jedoch bemerkt hatte, entwickelte er die Prinzipien, in denen er eine Rechtfertigung für den materialistischen psychologischen Ansatz erblickte, für den er eintrat.

Alles in allem haben wir ziemlich große Schwierigkeiten, unsere Begriffe zu verändern. Und doch führt die Veränderung von Begriffen eher zu radikalen neuen Ideen als die Neuordnung vorhandener Begriffe. Nur schwer lassen sich Begriffe verändern, indem man sie direkt untersucht und hinterfragt. Denn wenn wir einen Begriff betrachten, sehen wir ihn eingebettet in die feste Struktur seiner Bedeutungen und Konsequenzen. Alles, was wir an seine Stelle zu setzen versuchen, muß die Lücke füllen, die durch Beseitigung des ursprünglichen Begriffs entstanden ist — und da es die Lücke füllen muß, kann es sich nicht grundlegend unterscheiden. Deshalb sind Begriffsveränderungen in der Regel mittelbar und treten erst auf, wenn die Begleiterscheinungen verändert sind. Oder wir müssen den Mut haben, mit einem veränderten Begriff zu denken, der anfangs dem Begriff unterlegen erscheint, den er ersetzt.

Keynes

Im Laufe der Zeit mußte Volkswirtschaft ebenso wichtig wie Politik, Religion oder Wissenschaft werden. Keynes interessierte sich besonders für die Wirtschaftstheorie von Rezession und Arbeitslosigkeit. Herkömmliche Weisheit empfahl für Zeiten der Rezession die Kürzung von Löhnen und Ausgaben. Keynes stellte diese Lehre auf den Kopf und verlangte Regierungsinvestitionen, um die Kaufkraft der Bevölkerung zu erhöhen.

1883 – 1946

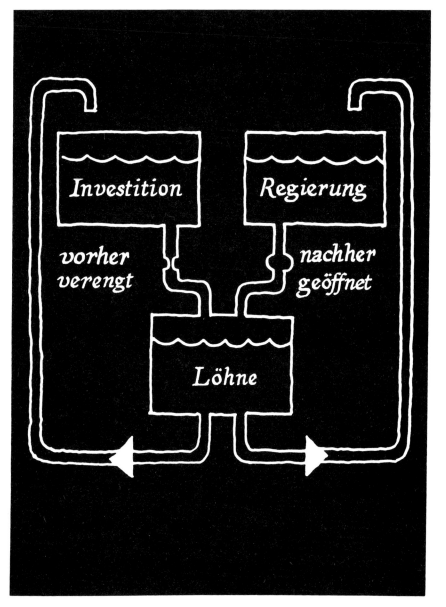

John Maynard Keynes, der erste und letzte Baron Keynes of Tilton, wurde zum führenden Volkswirt der Welt, und das dank der Klarheit seines Denkens und des unleugbaren Einflusses, den er auf die Politik nahm. Man müßte zu Adam Smith zurückgehen, um einen Volkswirt von vergleichbarem Einfluß zu finden.

Keynes Vater John Neville Keynes war Dozent in Cambridge, der über Logik und Nationalökonomie las. Die geistige Anregung durch den Vater und viele Besucher im Hause Keynes in der Harvey Road haben den Knaben und jungen Mann vermutlich beeinflußt und zu der Überzeugung gebracht, daß ein „bißchen klares Denken" und „mehr Luzidität" die meisten Probleme lösen könnten. Nach dem Unterricht beim Vater besuchte Keynes Eton und das King's College. 1910 wurde er an diesem College Dozent und blieb es für den Rest seines Lebens. Er wurde sein Schatzmeister und benutzte seine Kenntnisse des praktischen Geschäftslebens dazu, die Finanzen seines geliebten Colleges aufzubessern. Er studierte Volkswirtschaft und Philosophie und wurde stark beeinflußt von W. E. Johnson, Alfred Marshall, Henry Sidgwick und A. N. Whitehead. Nach dem Eintritt ins *India Office* wurde er 1913 Mitglied der *Royal Commission on Indian currency and finance*.

Der Name „Keynes" ist heute bekannt und für viele ein Begriff. Keynes trat erstmals in die Öffentlichkeit, als er mit 35 Jahren das Schatzamt als Staatssekretär auf der Versailler Friedenskonferenz nach dem Ersten Weltkrieg vertrat. Keynes war mit dem vorgeschlagenen Wiedergutmachungsplan ganz und gar nicht einverstanden, verzichtete auf seinen Posten und kehrte ins Universitätsleben zurück. Der

fortdauernde Einfluß Keynes' auf die Frage von Reparationen sorgte dafür, daß der Fehler, dem Besiegten Strafbedingungen aufzuerlegen, nach dem Zweiten Weltkrieg nicht wiederholt wurde. Nach Cambridge zurückgekehrt, schrieb er *The Economic Consequences of Peace*. Das Buch wurde 1919 in England und 1920 in den USA veröffentlicht und war von beträchtlicher Wirkung. Die Leute begannen über Grundlage und Fairneß des Friedensvertrages insgesamt zu diskutieren und nicht nur über einzelne Klauseln. Adolf Hitler war am Einfluß von Keynes' Schriften nicht uninteressiert und ritt in späteren Reden auf den moralischen Fragen des Vertrages bis zum Überdruß herum. Man hat gesagt, es sei schade, daß Keynes' großes volkswirtschaftliches Werk *The General Theory of Employment, Interest and Money* nicht vor *The Economic Consequences of Peace* geschrieben und veröffentlicht wurde.

Keynes war ein durch und durch praktischer Mann, wie seine Arbeit als erster Vorsitzender des *Arts Council*, seine Position im Versicherungswesen, seine Berufung zum Staatsbeamten und sein Amt als Herausgeber des namhaften *Economic Journal* zeigen. Außerdem hinterließ er bei seinem Tode ein Vermögen von 400.000 Pfund. Seine Freunde kamen nicht nur aus Universitätskreisen und dem Staatsdienst, und seine kulturellen Interessen umfaßten auch Ballett, Theater, Oper und Malerei. Er gehörte zur „Bloomsbury Group", zu deren Mitgliedern Virginia Woolf, Duncan Grant, Clive Bell und Lytton Strachey zählten. 1925 heiratete er die berühmte russische Tänzerin Lydia Lopokowka.

Die Bezeichnung „Keynesche Theorie" ist ein wenig irreführend; „Keynesche Theor*ien*" wäre genauer. Richtig ist jedoch, daß sein Name verbunden bleiben wird mit der eindringlichen Analyse der Massenarbeitslosigkeit, die die westliche Welt zwischen den Weltkriegen heimgesucht hat. Keynes hatte 1925 die Entscheidung der englischen Regierung, zum Goldstandard zurückzukehren, angegriffen: er sah darin den Keim für die Wirtschaftsdepression der dreißiger Jahre.

In England fiel die Arbeitslosigkeit zwischen 1921 und 1939 nie unter 10 Prozent der arbeitenden Bevölkerung. Anfang der dreißiger Jahre waren es sogar 20 Prozent. In Deutschland waren 1931 rund 5 Millionen der 21 Millionen Berufstätigen ohne Beschäftigung. Im selben Jahr waren in den Vereinigten Staaten von 50,4 Millionen sogar 12,6 Millionen arbeitslos. Die Schwierigkeit dieser Länder, sich zu erholen, war in der Wirtschaftsgeschichte der Industriegesellschaft ohne Beispiel. Die Menschen waren nicht nur ohne Beschäftigung, sondern ihre Arbeitslosigkeit dauerte bis zu vier Jahre. In dieser Zeit wirtschaftlicher Depressionen wurden Millionen von Schweinen, Kälbern, Schafen und Rindern vernichtet. Milch und Wein wurden in die Kanalisation geschüttet. National gesinnte Zeitungen berichteten 1933, wie sehr es der Stabilität des Zuckerpreises nütze, daß man die Vorräte vernichte und wie segensreich sich ein Hurrikan auf Kuba ausgewirkt habe! Doch die Menschen, die dem Hungertode nahe waren, hatten wenig Sinn für die Feinheiten der wirtschaftswissenschaftlichen Debatte, die sich da vor ihren Augen entspann. Volkswirtschaftler schienen die Situation nur analysieren, aber keine Lösung finden zu können. Konjunkturzyklen hatten im Laufe der Jahrhunderte viele kluge Köpfe beschäftigt; doch Keynes konnte sich schwer mit diesen Erklärungen und Rezepten einverstanden erklären. Als ihm klar wurde, daß die klassische Theorie die Massenarbeitslosigkeit weder erklären noch beheben konnte, veranlaßte ihn seine geistige Redlichkeit, die orthodoxen Auffassungen immer gründlicher in Frage zu stellen, ohne Rücksicht auf das, was er bislang gelehrt und geglaubt hatte.

Tausende von Sätzen sind über die Keynesche Theorie geschrieben worden, und als *The General Theory of Employment, Interest and Money* (Die allgemeine Theorie der Beschäftigung, des Zinses und des Geldes) 1936 erschien, beeinflußte sie die Volkswirtschaftslehre sofort und nachhaltig. 1936 war aber der Tiefpunkt der Depression bereits überwunden, so daß die Wirkung seines Buches auf die Millionen von Arbeitslosen marginal blieb. Doch Keynes hatte seine Theorie in ihren Grundzügen bereits 1932 fertig. Durch seine Lehrtätigkeit, seine Gespräche mit Vertretern des Finanzministeriums und der Regierung sowie seine Schriften machte sich der Einfluß seines Denkens und seiner Schlußfolgerungen auch schon vor Erscheinen seines Hauptwerkes deutlich bemerkbar. Vom chronologischen Standpunkt aus betrachtet war vermutlich die Veröffentlichung seines *Treatise on Money* (Vom Gelde) im Jahre 1930 wichtiger. In diesem Buch, das eine Vorstufe der *General Theory* war, zeigte er deutlich, was geschieht, wenn es zu einem Mißverhältnis zwischen Sparen und Investition kommt. Ein Schlüssel zum Verständnis der Keyneschen Theorie ist die Interpretation dieser Begriffe: Der Laie könnte „Sparen" als „nicht ausgeben" verstehen, und das Wort „Investition" könnte alles bedeuten vom Einzahlen ersparten Geldes auf der Bank bis zum Pferdetoto. Die klassischen Nationalökonomen (ein von Karl Marx geprägter Ausdruck) wie David Ricardo, James Mill, John Stuart Mill, Edgeworth und Arthur Pigou glaubten, daß alle Ersparnisse des Einzelnen über die Banken der Geschäftswelt zuflössen, so daß die Unternehmer diese „Ersparnisse" zu „Investitionszwekken" nützen könnten, etwa um neue Maschinen zu kaufen oder neue Fabriken zu errichten. Diese wiederum würden Arbeitsplätze schaffen, und die Löhne, die gezahlt würden, wenn die Maschinen installiert oder die Fabriken erbaut

sind, würden in das Wirtschaftssystem des betreffenden Landes zurückfließen. Keynes lehnte diese Theorie ab und vertrat unmißverständlich die Auffassung, daß es keinen automatischen Mechanismus gäbe, der die Gesamtnachfrage und das Gesamtangebot an Arbeitskräften auspendle.

Nach der traditionellen Methode versuchte man die Probleme des Konjunkturzyklus durch Einsparungen zu lösen. Kein Wunder, daß die Volkswirtschaft als „Elendswissenschaft" bekannt war. Alle Volkswirtschaftler predigten die Knappheit. Einsparungen waren das große Thema in England. 1931 wurde das Arbeitslosengeld herabgesetzt und der *means test* (eine Einkommensermittlung zur Entscheidung über Wohlfahrtunterstützung) eingeführt. Abgesehen von den hohen Arbeitslosenraten in den westlichen Industriestaaten, wurden denen, die das Glück hatten, eine Arbeit gefunden zu haben, die Löhne und Gehälter beschnitten. Das mochte für die einzelne Firma oder das einzelne Unternehmen angehen, nicht jedoch für das Land insgesamt. Keynes räumte ein, daß eine Reduzierung der Löhne theoretisch von Vorteil sein könnte. Wenn sie zugleich die Warenpreise senkt, so daß wieder mehr Geld in den Taschen des Verbrauchers bleibt, würde er mehr Geld zum „Sparen" haben. Diese Extraersparnisse könnten eine Herabsetzung der Zinssätze bewirken, weil mehr Ersparnisse verfügbar seien. Die Geschäftsleute würden dies eifrig nutzen und Anleihen (das heißt Investitionen) für Kapitalgüter wie neue Betriebe, Maschinen und Fabriken machen. Solche Aktivitä-

ten würden neue Arbeitsplätze schaffen. Die dabei verdienten Löhne würden die Gesamtnachfrage erhöhen, und der Aufschwung des Konjunkturzyklus wäre erreicht.

Doch so kam es nicht. Keynes glaubte, es gäbe einen bestimmten Stand des Zinssatzes, unterhalb dessen ein weiteres Geldangebot nur unproduktive Bankguthaben vergrößern würde, statt für Investitionszwecke genutzt zu werden. Ob man die Löhne kürzte oder nicht, die Wirtschaft würde in einem Zustand wirtschaftlicher Stagnation mit chronischer Arbeitslosigkeit verharren. Keynes lehnte sich auf gegen den Fatalismus der orthodoxen Wirtschaftslehre angesichts von Massenarbeitslosigkeit. Er trat für die Kontrolle aller Investitionsformen ein. Es sollte eine Verbindung von gesamtwirtschaftlicher Steuerung und Einzelinitiative geschaffen werden. Außerdem empfahl er öffentliche Ausgaben zum richtigen Zeitpunkt. Seiner Meinung nach sollten sie zu Beginn einer Rezession erhöht werden, um die Beschäftigungsrate zu steigern, über die gezahlten Löhne die Kaufkraft zu verbessern und die Investitionsbereitschaft der Wirtschaft anzuregen. Das ließe sich wie folgt zusammenfassen: Wenn private Unternehmen in Zeiten der Rezession nicht investieren, muß der Staat einspringen, auch wenn das einen unausgeglichenen Staatshaushalt bedeutet. Keynes' Analyse der Investitionsentscheidungen, des Sparens und der allgemeinen Geldtheorien führten zur Entwicklung der Nationalbanken, die in der heutigen Welt eine so wichtige Rolle für die Wirtschaftsplanung spielen. Ein gro-

Eine Revolution des Denkens, in deren Verlauf das Undenkbare zum Einleuchtenden wurde

ßer Vorteil von Keynes' Vorschlägen lag darin, daß sie Rezepte verordneten, die einleuchtend, populär und angenehm waren. Statt der Sparmaßnahmen einer geizigen Regierung empfahl Keynes Ausgaben. Keynes bediente sich zur Analyse der Probleme traditioneller Methoden, er fand jedoch neue, wenn sich die herkömmlichen Verfahren als unzulänglich erwiesen. Das führte zu einer Revolution des Denkens, in deren Verlauf das Undenkbare zum Einleuchtenden wurde.

Seit einem Jahrhundert vertraten die Sozialisten die Auffassung, der Staat müsse in das Wirtschaftsgeschehen eingreifen. Doch sie verstanden darunter eine dauerhafte Veränderung der industriellen Struktur und hatten letztlich die Aufhebung des kapitalistischen Systems im Auge. Keynes dürfte wohl kaum an so drastische Maßnahmen gedacht haben. Zwar hatte in den dreißiger Jahren der Gewerkschaftskongreß in England zum Abbau der Arbeitslosigkeit eine Ausweitung der öffentlichen Arbeiten gefordert, er hat sich jedoch dabei vermutlich einige der Keyneschen Gedanken zu eigen gemacht.

In den Vereinigten Staaten erhöhte Präsident Roosevelt im Zuge der „New Deal"-Politik die Löhne, statt sie zu senken, und gab öffentliche Gelder aus, statt sie zu sparen. Die 1933 gegründete *Tennessee Valley Authority* (Regierungsbehörde zur wirtschaftlichen Erschließung des Tennesseetals) war ein Beispiel für diese Politik. Lord Salter hat gesagt: „Der *New Deal* unter Roosevelt in den Vereinigten Staaten und die neue Vollbeschäftigungspolitik in England verdanken Keynes mehr, als sich jemals genau feststellen lassen wird." Ein direkter Einfluß Keynes' auf Roosevelt läßt sich nicht nachweisen, doch im „Brain Trust", der den Präsidenten beriet, hatte Keynes viele Schüler.

Das Genie Keynes' liegt in seinem gewichtigen Beitrag zu den Prinzipien der Wirtschaftswissenschaft, den er nur leisten konnte, weil er allgemein akzeptierte Annahmen kritisch betrachtete. Sein Genie liegt weiter in seiner Fähigkeit, in kritischen Situationen das öffentliche Interesse durch die praktische Anwendung der Volkswirtschaftslehre wahrzunehmen. Und nicht zuletzt liegt es wohl in seinem fesselnden Prosastil. Diese drei Faktoren sichern ihm eine Sonderstellung auf dem Gebiet der Volkswirtschaft.

Jetzt, da sich die in den letzten Jahrzehnten des 20. Jahrhunderts entstandenen Staaten und Entwicklungsländer großen wirtschaftlichen Ungewißheiten gegenübersehen, wird immer wieder die Frage gestellt: Was hätte Keynes in den gegenwärtigen wirtschaftlichen Verhältnissen gedacht und getan? Beschäftigt man sich ein wenig mit diesem großen Mann, so wird eines deutlich, er wäre gewiß nicht in den grundlegenden Fehler verfallen, Lösungen von gestern den Problemen von heute aufzupfropfen. J. P.

Wiener

Wiener hat den Grundbegriff der Kybernetik eingeführt: Durch Rückkopplung von einem bestimmten Punkt innerhalb eines Systems läßt sich dieses System steuern. Der Begriff ist von zentraler Bedeutung für das Verständnis komplexer dynamischer Systeme und insofern vermutlich der Schlüsselbegriff für unser Verständnis von Gesellschaft und Natur.

1894—1964

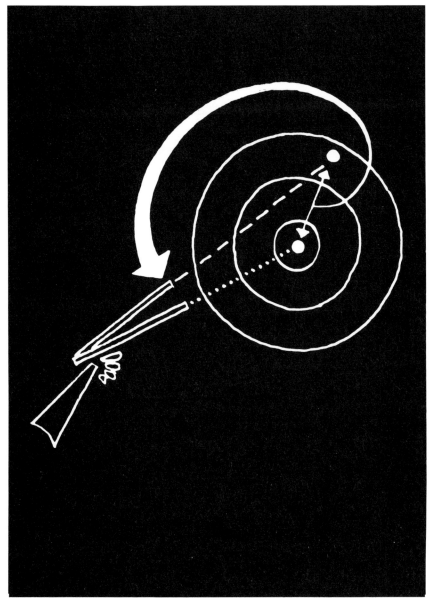

Norbert Wiener hat die Kybernetik (vom griechischen *kybernetes* = Schiffslenker) „ins Leben gerufen", eine Wissenschaft, die die Regelung und Nachrichtenübertragung im Lebewesen und in der Maschine untersucht. Seine Erkenntnis, daß mathematische und technische Prinzipien erfolgreich dazu verwendet werden könnten, ein besseres Verständnis von Lebewesen zu gewinnen, wurde von amerikanischen Verlegern als bedeutungslose und uninteressante Vorstellung abgetan, so daß sein Buch *Kybernetik* zuerst in einem bescheidenen Pariser Verlag erscheinen mußte. Nach seinem Erscheinen erwies sich *Kybernetik* als ein wissenschaftlicher Bestseller, und Wieners Idee löste eine ungeheuer rasch anwachsende Zahl von Forschungsarbeiten in der ganzen Welt aus.

Wiener war 50 Jahre alt, als seine kybernetischen Begriffe ausgereift waren. Das ist relativ spät für einen Mann, der zu seiner Zeit als Wunderkind galt. Er stammt aus einer Familie von Universitätslehrern und wurde 1894 geboren. Sein Vater Leo Wiener, Professor für slawische Sprachen und Literatur an der Harvard Universität, förderte ihn. Er wurde an den Universitäten Harvard und Cornell ausgebildet. Mit 14 wurde er Bakkalaureus der philosophischen Fakultät. Mit 19 promovierte er in Harvard zum Doktor der Philosophie.

In seiner Dissertation griff er einige Punkte der von Whitehead und Russell entwickelten mathematischen Logik an. Er hatte sich rasch der Meinung von Russell angeschlossen, die besagte, daß die Logik — damals allgemein aus der Interessenssphäre der Mathematiker ausgeklammert — von fundamentaler Bedeutung für den Gegenstand der Mathematiker sei.

Mit 25 übernahm er einen Lehrstuhl für Mathematik am Massachusetts Institute of Technology, wo er für den Rest seines Lebens blieb.

Norbert Wiener (rechts) auf dem Kybernetikkongreß 1951 in Paris. Er spielt Schach auf einer automatischen Schachmaschine.

Im Laufe des nächsten Vierteljahrhunderts versorgte Wiener die mathematische Fachwelt regelmäßig mit seinen phantasievollen Beiträgen. Nach dem Erscheinen von *Kybernetik* (1948) veröffentlichte er noch zwei Bücher zu diesem ihm so wichtigen Forschungsbereich: *The Extrapolation, Interpretation and Smoothing of Stationary Time Series* (1949) und *Non-Linear Problems in Random Theory* (1958).

Die Ereignisse, die zum Zweiten Weltkrieg führten und dieser Krieg selbst bedrückten Wiener. Er hatte das dringende Bedürfnis, sein Talent in einer Weise einzusetzen, die spürbar zur Niederlage Deutschlands beitragen könnte. Er erkannte, daß eine Verbesserung der Treffsicherheit der Flugabwehrgeschütze für ein Land wie England, das sich einem Feind mit schnellen und wendigen Flugzeugen gegenübersah, das militärische Gleichgewicht wiederherstellen könnte. Das Problem war, daß man einem feindlichen Flugzeug mit dem Geschütz folgen und dann ein Geschoß in eine Flugbahn und Richtung abfeuern mußte, mit dem man das Flugzeug mit einiger Sicherheit treffen konnte. Die Flugzeugbewegung mußte gemessen und die optimale Geschoßbahn sehr rasch berechnet werden. Gewiß konnte ein schneller elektronischer Rechner diese Aufgabe bewältigen. Die Hauptschwierigkeit war jedoch: Wie ließ sich einplanen, daß der Pilot unter Umständen versuchen würde, dem Flakfeuer auszuweichen? Die Lösung dieses Problems war der Keim, aus dem schließlich die Kybernetik entstand. Sollte der Rechner seiner Aufgabe gerecht werden, dann mußte das mögliche Handeln des Piloten in irgendeiner groben Form berücksichtigt werden. Nun liegt es auf der Hand, daß der Pilot, wenn er seine Verfolger überraschen wollte, seinen Flugmanövern einen gewissen Zufallscharakter geben mußte. Mit seinem Interesse für stochastische Systeme war Wiener ein Meister der Zufallstheorie. Das ermöglichte ihm, Flugvorhersagemodelle zu entwickeln, die trotz des Eingreifens eines intelligenten Piloten optimal waren.

In diesem System war das Verhalten eines Menschen erfolgreich — wenn auch recht einfach — analysiert worden, als

Links: *Wiener bei der Vorlesung am Massachusetts Institute of Technology.* Rechts: *Wieners Vorstellungen von den Korrelationen zwischen menschlichem Nervensystem und elektrischem Stromkreis führten zur Entwicklung des Autokorrelators, eines Gerätes zur Analyse elektrischer Wellenformen. Hier betrachtet er sein eigenes Autokorrelogramm, das in das Korrelationssystem für Gehirnpotentiale umgerechnet wird.*

sei er eine Maschine. Ließen sich auch kompliziertere Aktivitäten in Modellform erfassen? Wiener ging es wohl gar nicht in erster Linie um diese Probleme. Sein leidenschaftliches Interesse galt vielmehr der Frage, warum ein solches Modell menschlichen Verhaltens überhaupt wünschenswert sei. Erstens würde möglicherweise ein genaues Verständnis des als Maschine begriffenen Menschen der Behandlung menschlicher Störungen — vor allem von Informationsstörungen — wie sie bei Geisteskrankheiten auftreten — ein wenig von ihrer Zufälligkeit nehmen. Zweitens hatte Wiener die Vision, fehleranfällige, vom Menschen ausgeübte Funktionen würden sich durch künstliche Gebilde verrichten lassen, wobei die Konstruktion solcher Automaten von einer genauen Kenntnis des Menschen abhing.

Wieners Kybernetikbegriff ist häufig falsch wiedergegeben und verstanden worden. Von manchen wird behauptet, die Kybernetik wolle Menschen durch Maschinen ersetzen. Wiener spricht von diesem Ersatz nur in einem ganz bestimmten Zusammenhang, nämlich dort, wo dadurch das Elend und die Ausbeutung des Menschen gelindert werde könnte. Tatsächlich war er sich der möglichen Gefahren eines Mißbrauchs schneller Elektronenrechner sehr deutlich bewußt. In der Einleitung zur *Kybernetik* stellt er fest, daß „die erste ... Revolution ... die Entwertung des menschlichen Armes durch die Maschinerie war ... Die moderne industrielle Revolution ist in ähnlicher Weise dazu bestimmt, das

menschliche Gehirn zu entwerten, wenigstens in seinen einfacheren und mehr routinemäßigen Entscheidungen ... Die Antwort ist natürlich, daß wir eine Gesellschaft haben müssen, die auf menschliche Werte gegründet ist und nicht auf Kaufen und Verkaufen."

Was waren die besonderen und neuen Aspekte an Wieners Denken? Bevor wir versuchen können, diese Frage zu beantworten, müssen wir uns klarmachen, daß es damals zwei Traditionen gab. Die Anhänger der einen Richtung meinten, die wissenschaftliche Beschäftigung mit Geist und Gehirn sei allein Sache von Philosophen, Psychologen und Psychiatern bzw. von Neurophysiologen, jedenfalls soweit sie das Gehirn betraf. Dieser Liste fügte Wiener den Spezialisten für mathematische Kommunikation hinzu. Denn seiner Meinung nach mußte das Gehirn eine informationsverarbeitende Maschine und der Geist „informationell" zu beschreiben sein. Nach der anderen Meinung sei die Beschäftigung mit der Steuerung menschlicher Funktionen ausschließlich Sache des Arztes oder Physiologen. Wiener war der Auffassung, der Spezialist für mathematische Kommunikation könne einen nützlichen Beitrag zur Analyse normaler wie gestörter Funktionen leisten. Beispielsweise meinte er, daß eine einfache Handlung wie das Aufheben eines Bleistiftes das Ergebnis von Steuersignalen im Menschen sein müßte, und er verglich sie mit den Signalen, die zur Ausrichtung eines Geschützturms erforderlich sind. Der Prozeß heißt

197

Die Untersuchung der Grenzen von logischen Maschinen steht zur Untersuchung des Denkens in Beziehung

Rückkopplung und besteht aus der Steuerung der Effektoren oder Muskeln, eines Mechanismus also (sagen wir, der Hand), der von einer Messung ausgehend ermittelt, was er zur Erledigung der Aufgabe tun muß (d. h. wie groß die Entfernung zwischen Hand und Bleistift, bzw. zwischen augenblicklicher Stellung des Geschützes und der gewünschten Feuerposition noch ist und wie weit sich beide dementsprechend bewegen müssen). Wenn ein Teil der Information über die Veränderungsrate nicht zur Steuerung des Effektors benutzt wird oder wenn zuviel solcher Information herangezogen wird, überschreitet das Geschütz — wie der Kybernetiker weiß — die Sollposition und gerät auf der Suche nach der gewünschten Endstellung in ein unkontrolliertes Zittern. Erfreut nahm Wiener zur Kenntnis, daß solches Zittern auch bei Menschen beobachtet wird. Die Ärzte nennen es *Ataxie* oder Intentionstremor. Letzterer tritt vor allem bei Kleinhirnverletzungen auf. Daraus schließt der Kybernetiker, daß die Aufgabe des Kleinhirns unter anderem darin bestehen muß, Informationen über die „Veränderungsrate" zu verarbeiten; ein Umstand, der einem Arzt vermutlich nicht aufgefallen wäre.

In *Kybernetik* erklärt Wiener, warum Philosophen sich mit mechanistischen Ideen so gar nicht anfreunden können. Er behauptet, Philosophen dächten dabei vor allem an Newtonsche Mechanismen — an die Kollision starrer Körper, an Maschinen aus Räderwerken und ähnliche Dinge. Hellsichtig erfaßt Wiener die Ursache dieser Schwierigkeit: Newtons Begriff der „reversiblen" Zeit. Wenn man beispielsweise die Bewegung von Körpern wie den Planeten filmen würde, könnte man unabhängig davon, ob der Film vorwärts oder rückwärts gezeigt würde, zu denselben Gesetzen der Dynamik gelangen. Doch ein Film von der Evolution lebendiger Geschöpfe würde, rückwärts gezeigt, eine ganz andere Geschichte wiedergeben als vorwärts. Wiener war der festen Überzeugung, daß sich die statistische Mechanik, deren Zeitbegriff Reversibilität ausschließt, weit besser für die Untersuchung lebender Wesen eigne.

Als zweites wird in *Kybernetik* eine formale Informationstheorie erklärt, mit deren Hilfe sich möglicherweise das menschliche Gehirn als informationsverarbeitende Maschine untersuchen läßt. Diese Theorie hat Claude Shannon von den Bell Telephone Laboratories entwickelt. In ihr kommt er anhand der „Wahrscheinlichkeit eines Ereignisses" zu einem Maß für die Information. Wiener weist auf die mathematische Ähnlichkeit dieses Begriffs mit demjenigen hin, der in fast äquivalenter Weise zur Definition der Energie in der statistischen Mechanik dient. Er zieht eine Parallele zwischen Energie, die der Lebenssaft des Körpers ist, und Information, die der Lebenssaft des Geistes ist.

In *Kybernetik* bekennt Wiener auch seine Faszination durch digitale Rechenmaschinen und kehrt zu seinen frühen Interessengebieten in der Mathematik zurück: Logik und Philosophie. Der Digitalrechner ist eine durch und durch logische Maschine. Der Versuchung, einen vereinfachenden Vergleich zwischen dem Computer als logischer Maschine und dem Menschen als logischem Tier anzustellen, dürfte auch Wiener ausgesetzt gewesen sein. Doch er geht nicht in die Falle, sondern trifft eine klare und doch differenzierte Unterscheidung zwischen Computer und Mensch. Die Untersuchung der logischen Maschinen, so führt er aus, ist die Beschäftigung mit dem Wesen der Logik selbst; und da die Logik begrenzt wird durch die Grenzen des menschlichen Verstandes, wenn er sich mit jener Tätigkeit befaßt, die man Denken nennt, steht die Untersuchung der Grenzen von logischen Maschinen zur Untersuchung des Denkens in Beziehung. Von hier bis zum vereinfachenden Mißverständnis dieses Arguments, bis zur Gleichsetzung von logischer und denkender Maschine ist es ein weiter Weg.

In dem Kapitel von *Kybernetik* mit dem Titel „Gestalt und Universalbegriffe" beschäftigt sich Wiener mit hypothetischen Mechanismen, die über die Fähigkeiten eines Standardcomputers hinausreichen. Er erörtert solche Apparate, weil sich eine komplexe Aktivität ohne Zweifel besser verstehen läßt, wenn man ein plausibles Modell von ihr besitzt. Hier untersucht er Mechanismen, die Ähnlichkeiten zwischen Wahrnehmungsereignissen erkennen können (z. B. ein großes und ein kleines Dreieck gleich klassifizieren). Mit den Ideen dieses Kapitels hat man sich in jüngerer Zeit wieder näher befaßt.

Unter dem Namen Kybernetik hat sich vieles entwickelt, was in irgendeiner Weise mit der Untersuchung von Organisationen und Gesellschaft zu tun hat. Obgleich Wiener einräumte, daß Information theoretisch ein Parameter für Wirtschaftspolitik ist, wandte er sich entschieden gegen alle Versuche, die Kybernetik für Managementzwecke, vor allem in einem kapitalistischen System, zu nutzen. Er sah zu viele Fehler im System selbst. Später brachte er diese Auffassung noch deutlicher zum Ausdruck: „Ich erwähne dies, weil ich weiß, daß einige meiner Freunde erhebliche und meiner Meinung nach falsche Hoffnungen auf die gesellschaftliche Wirksamkeit der neuen Gedanken setzen, die mein Buch möglicherweise enthält ... Insofern — so meine ich — beweisen sie übertriebenen Optimismus und mißverstehen das Wesen aller wissenschaftlichen Errungenschaft."

Ohne Zweifel ist Wiener einer der fähigsten Köpfe dieses Jahrhunderts gewesen. In gewissem Sinne ist es jedoch schade, daß über der Aufmerksamkeit, die sein technisches Denken erregt hat, sein starkes und leidenschaftliches Gerechtigkeitsgefühl in Vergessenheit geraten ist, um dessentwillen er wohl lieber in Erinnerung geblieben wäre.   I. A.

Sartre

Als bekanntester Vertreter des Existentialismus wandte Sartre der traditionellen Beschäftigung mit dem Wesen des Menschen und des Schicksals den Rücken und verkündete, der Mensch solle sich der Wirklichkeit direkt und rückhaltlos stellen, statt sie ständig zu analysieren. Der Mensch existiere als Mensch nur, wenn er sich seiner Revolte gegen den Sog der Verhältnisse bewußt sei.

1905—1980

Jean-Paul Sartre hat den Existentialismus nicht erfunden. Als erster hat sein Landsmann Gabriel Marcel diesen Ausdruck als *existentialisme* geprägt. Viele Deutsche, die sich selbst als Vertreter der Existenzphilosophie verstehen, leugnen entschieden jede Verbindung zum französischen Denken. Auch ist der Existentialismus Sartres nicht der einzige. Sartre war ein atheistischer Humanist. Marcel war hingegen Christ. Sartres Freund Maurice Merleau-Ponty — auch ein Existentialist — hat Sartres Haltung gegenüber dem Kommunismus scharf kritisiert und ihm vorgeworfen, er sei insgeheim ein cartesischer Dualist. Die Probleme, mit denen sich Sartres einstiger Freund Albert Camus in seinem dichterischen und essayistischen Werk auseinandergesetzt hat, waren ohne Zweifel existentialistisch. Trotzdem glaubte er an natürliche Menschenrechte, was hieß, daß er kein Existentialist im strengen Sinne war. Existentialismus ist eine Denkrichtung, deren Höhepunkt Sartre gewesen ist. Er ist nicht, darauf muß noch einmal hingewiesen werden, ihr Erfinder. Zu den Ahnherren existentialistischen Denkens gehören Augustinus, Blaise Pascal und Nietzsche.

Nietzsche war nicht mehr in der Lage, die Werke eines Dänen zu lesen, der damals ebenso unbekannt wie er selbst war: Sören Kierkegaard (1813—55), dessen Denken für die Entstehung des Existentialismus wichtiger war als das Nietzsches. Wir können gar nichts über die Wahrheit wissen,

sagte Kierkegaard. Es gibt keine Evidenz. Daran fand er Gefallen. Er erörterte die fundamentale Frage: „Warum sind wir hier?" Eine Frage, die jeden beunruhigt. Seine Antwort war nicht mystisch, sondern einfach wunderbar. Das Leben, so stellte er fest, ist schrecklich, sinnlos und absurd. Diese Tatsache müssen wir erst einmal akzeptieren. Wir dürfen uns nicht dem Selbstbetrug jenes Glaubens hingeben, von dem Sokrates und in seiner Nachfolge Platon so überzeugt waren und der da sagt, der Mensch „lerne" nur, was er bereits wisse: Lernen sei ein Prozeß des Wiedererkennens, ausgelöst durch den Schock scharfsinniger dialektischer Erörterung. Wir müssen das enorme Risiko des Glaubens eingehen, der zugegebenermaßen ein „Sprung ins Absurde" ist — des Glaubens, die lächerliche Vorstellung von Jesus Christus als der irdischen Inkarnation Gottes sei wahr. Diese Lösung ist streng genommen nicht philosophischer als der Pragmatismus von William James. Logisch gesehen ist es natürlich genauso absurd, vom Wunder Jesu zu sprechen, wie Wahrheit als das zu definieren, was „funktioniert". Doch die Lösung führt die Psychologie als das, was tatsächlich im Kopf der Menschen vorgeht, in die Philosophie ein. Wir können Kierkegaards Lösung unter anderem als Beschreibung bestimmter Arten von subjektiver Realität verstehen.

Mit Kierkegaard teilen die späteren Existentialisten die Überzeugung, die Existenz [Dasein] gehe der Essenz [Wesen] voran. Die entscheidende Frage bezieht sich auf unsere Existenz auf Erden und nicht die Begründung absoluter Wahrheiten. Deshalb suchte Kierkegaard ebenso wie Nietzsche, Marcel, Karl Jaspers, Merleau-Ponty und alle anderen Existentialisten die unmittelbare Auseinandersetzung mit der Welt. Grundlage jeder existentialistischen Philosophie ist die Auffassung, es sei notwendig, über das Sein des Menschen in anderen Kategorien nachzudenken als über das Sein der Dinge. In den Augen des Existentialisten „habe" ich meinen Körper nicht — ich „bin" mein Körper. Ich bin ein „Sein-in-der-Welt". Der Existentialist mag an Gott glauben oder nicht, er mag Agnostiker sein; doch unvermeidlich ist er ein Feind der Theorie, ein Befürworter des Besonderen und Konkreten und der nicht-abstrakten Unordnung des wirklichen Lebens (im Unterschied zur unnatürlichen Sauberkeit philosophischer Theorien). Im Existentialismus nimmt das Individuum den höchsten Rang ein. Für Existentialisten kann ein Mensch nur er selbst werden, wenn er die Pein der Wahl auf sich nimmt. Die Existenz muß allem, was danach kommen mag (bei Sartre ein konkretisierter Marxismus, bei Marcel eine Gemeinschaft der Christen und so fort), vorgeordnet sein. Philosophie ist entschieden keine Wissenschaft, sondern ein Mittel, der Menschheit zu aktuellem Sein zu verhelfen.

**Philosophie ist entschieden
keine Wissenschaft, sondern ein Mittel,
der Menschheit zu aktuellem Sein zu verhelfen**

Sartre nimmt Kierkegaard zur Kenntnis, entscheidet sich aber gegen seine besondere Form des „Sprungs in die Absurdität". Als moderner Mensch hat er die Natur des „Sprungs" verwandelt. Er führt direkt in die Absurdität: in den Atheismus. Insoweit ist Sartre Empirist. Es gibt — davon ist er überzeugt — weder einen Beweis für Gott noch für einen Zweck, der das Leben auf Erden leitet. Sehr schön: Leben ist völlig absurd, zufällig, sinnlos. Was sollen wir dann tun? Zuerst und vor allem müssen wir uns jeden Gedanken an die „Essenz", die Suche nach „absoluter Wahrheit" aus dem Sinn schlagen. Er lehnt Kierkegaards „Wunder" des Glaubens ab — übernimmt aber seinen Begriff des „schrecklichen Risikos". In welchen Glauben — wenn überhaupt in einen — soll nach Sartre der „Sprung" führen? Und glaubt er an einen solchen „Sprung" und erwartet er wirklich von uns, daß wir an ihn glauben? Die Antworten lauten „Marxismus", bzw. „Nein".
Sartre ist nie Mitglied der Kommunistischen Partei gewesen; und doch scheint er lange Zeit daran gearbeitet zu haben, eine Rechtfertigung ihrer Existenz zu konstruieren. Absurd? Gewiß, doch Sartre hat die Absurdität als Grundmotiv seines Tuns angenommen. Er hat den Mut gehabt, sie als

Prämisse seiner Arbeit zu akzeptieren. Insofern — das ist einzuräumen — befand er sich in Einklang mit seiner Zeit. Wer — so kann man fragen — läßt sich nach zwei verheerenden Weltkriegen, an die sich eine kriegsähnliche, nervenaufreibende und heruntergekommene Periode anschließt, noch von Begriffen wie „die geistige Sinnhaftigkeit des Universums" überzeugen? Sartres atheistischer Existentialismus versucht eine Antwort zu geben — und seine eigene augenscheinliche Ehrlichkeit und Qual entsprechen der unseren. Dies sind — das muß gesagt werden — seine Konfusionen ...
Sartre ging nach Deutschland, um den Phänomenologen Edmund Husserl und seinen Schüler Martin Heidegger zu hören. Anfangs stürzte er sich auch eifrig auf den dialektischen Materialismus von Karl Marx. Sartres Freund Raymond Aron — heute ein gescheiter, wenn auch widerstrebender Kritiker der Linken, der Sartre bis zuletzt unverbrüchliche Treue hielt — hatte zu ihm im Nachtclub Montparnasse gesagt, als er sich einen Apricot Brandy bestellt hatte: „Siehst du, guter Genosse, wenn du Phänomenologe bist, kannst du über diesen Drink reden, und es wird Philosophie sein." Sartre hat bei Husserl und Heidegger

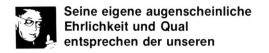

Seine eigene augenscheinliche Ehrlichkeit und Qual entsprechen der unseren

Sartre und Simone de Beauvoir beim Verlassen eines Pariser Polizeireviers nach einer Festnahme wegen Verteilens einer radikalen Studentenzeitung, Juni 1970.

studiert — und hat aus der Psychologie (vor allem in dem Sinne, daß Essen, Trinken, Ausscheidung, Speien und Sex Psychologie sind) eine „Philosophie" gemacht. Nach dem Kriege strahlten seine Ideen vom linken Seineufer nach ganz Europa aus.

Husserl interessierte sich nicht im geringsten für Psychologie, doch wollte er zu den Dingen selbst zurück! Darunter verstand er, die Philosophie auf bloße vom Bewußtsein wahrgenommene Begriffe zu reduzieren: Insofern waren imaginäre Begriffe ebenso gültig wie „wirkliche". Der Geist sei, so meinte er, „international": er schreite von der Problemlösung zu eigenen Wahrscheinlichkeitsbehauptungen fort. Heidegger übernahm die Phänomenologie: Für ihn war sie ein Fernglas, mit dessen Hilfe sich die innerste Natur des Seins erblicken ließ.

Sartres Vater, ein französischer Marineoffizier, starb, als Jean-Paul noch Säugling war. Er erinnert sich nicht an ihn und übernimmt das Urteil eines Psychoanalytikers, demzufolge er kein Über-Ich besitze. In den folgenden Jahren — so berichtet er — habe er seine Mutter als „ältere Schwester" betrachtet, die er „friedlich besaß". Er verlor sich in Bücher, und sie erschienen ihm wirklicher als die Welt: Er suchte — das erzählt er uns in seiner Autobiographie — die Idee und nicht das Ding. Doch als Erwachsener änderte er das gründlich. Die vollständigste und zusammenhängendste Darstellung seiner Philosophie ist in seinem ersten Roman zu finden: *Der Ekel* (1938). Dort beschreibt er seine Erlebnisse als junger Philosophielehrer in Le Havre. Sein Held empfindet *Ekel*, als er Kierkegaardscher Sinnlosigkeit begegnet. Außerdem hat er den Wunsch, sich von *les salauds* (den Schweinehunden) zu distanzieren, den selbstgefälligen Spießern, die sich unter dem Vorwand, ihre Welt sei „in Ordnung", in falscher Sicherheit wiegen. In *Wege der Freiheit*", jener Romantrilogie, die in den vierziger Jahren erschien, führt er seinen Begriff der „mauvaise foi" (Unaufrichtigkeit) weiter aus: Er porträtiert eine Vielzahl von Menschen kurz vor dem Ausbruch des Zweiten Weltkrieges und führt überzeugend vor Augen, daß jeder von ihnen dem zentralen existentialistischen Problem ausweicht, nämlich der *Wahl*, er selbst zu sein. Jeder klammert sich an die eine oder andere Mythologie und an die „Schändlichkeit" der eigenen Vergangenheit, statt sich zu entscheiden zu sein, was er selbst macht. Der Held Mathieu ist sich des Problems bewußt. Sartre scheint ihn am Schluß beseitigt zu haben. Veröffentlichte Fragmente eines vierten Bandes zeigen jedoch, daß Mathieu nicht tot ist — doch Sartre hat das Buch nicht beendet.

Nach Abfassung einiger hervorragender Theaterstücke und Drehbücher hat Sartre die fiktive Literatur allmählich aufgegeben. Doch immer noch bleiben seine philosophischen Pläne unvollendet. *Das Sein und das Nichts* (1943) ist sein philosophisches Hauptwerk. Im Gegensatz zu seinen Romanen, Geschichten und Theaterstücken ist es eine schwierige Lektüre. Doch mit seinen häufig autobiographischen Beschreibungen geistiger Zustände verleiht es Sartres brillanten und luziden Motivanalysen aus dem fiktiven Werk phänomenologische Substanz. In *Das Sein und das Nichts* nimmt der Begriff der „Freiheit" wechselnde Gestalt an: Einmal sei sie ein Irrlicht, das uns zur Anständigkeit verlockt, ein andermal ist sie lediglich ein Begriff für Offenheit (eine ungeschaffene Welt ist zumindest eine, die frei ist), wieder ein andermal ist sie der schwierige Begriff der korrekt definierten Erfahrung — und Erfahrung ist für Sartre das, was unmittelbar ist. Auf *Das Sein und das Nichts* sollte eine Arbeit über Ethik *(L'Homme)* folgen; doch sie erschien nie. Warum nicht?

Sartre war stets hin- und hergerissen zwischen seiner artistischen phantasievollen Beschäftigung mit dem Wesen der Erfahrung und seinen aufrichtigen humanitären Tendenzen. Er hat nie eine Synthese zwischen ihnen herstellen können. Die massive *Kritik der dialektischen Vernunft* (*Critique de la raison dialectique*, 1960), ein Versuch, dem Marxismus ein „menschliches Gesicht" zu geben, wurde durch eine ebenso gründliche Analyse der Flaubertschen (oder Sartreschen) Sexualität verdrängt; Sartre hat fünf umfangreiche Bände dieser Analyse vollendet. Was wäre als nächstes gekommen?

Sartres Eigentumsverständnis war Gegenstand kommunistischer Kritik. Er vertrat die Auffassung: „Besitzen heißt, sich mit dem besessenen Gegenstand im Zeichen der Aneignung zu vereinigen" (was im weiteren Sinne auch auf die Sexualität gemünzt war). Das verträgt sich nicht mit der offiziellen marxistischen Linie. Er selbst hat sein Leben meist mit so wenig Eigentum wie möglich in Hotelzimmern verbracht, und weder er noch seine Lebensgefährtin Simone de Beauvoir haben je eine Heirat in Betracht gezogen.

Jean-Paul Sartres größte Leistungen liegen auf dem Gebiet des Romans und des Dramas. Wie vielleicht kein anderer in unserem Jahrhundert beschreibt er, wie der Mensch es versäumt, sich auf unmittelbare Weise selbst zu erfahren. So freudlos er ist, hier bestätigt er einen Instinkt in uns, den es nach Gerechtigkeit und Anständigkeit verlangt. Damit soll nicht gesagt sein, daß seine Philosophie nebensächlich sei. In ihren stärksten Passagen enthält sie Analysen introspektiver Prozesse, denen nur sein fiktives Werk gleichkommt. Und in seinen unglücklichen und verwirrten Versuchen zur humanistischen Ehrenrettung des Marxismus nähert er sich mit großer Intelligenz einem wachsenden Argwohn gegen den Kapitalismus, den heute sogar Vertreter der Rechten teilen.

M.-S. S.

Bewältigung von Komplexität

Technologischer Fortschritt hat selbst eine Tendenz zu geometrischem Anwachsen

Zu Recht hatte Malthus vor einem geometrischen Bevölkerungswachstum Angst. Das geometrische Wachstum von Komplexität schafft jedoch ein noch größeres Problem. Technologischer Fortschritt hat selbst eine Tendenz zu geometrischem Anwachsen. Bis Anfang des 19. Jahrhunderts hatte sich niemand rascher als mit der Geschwindigkeit eines galoppierenden Pferdes fortbewegt. Innerhalb eines Jahrhunderts konnte man mit der Eisenbahn schon relativ hohe Geschwindigkeiten erreichen. Das 20. Jahrhundert schließlich brachte Auto und Flugzeug. Menschen, die heute noch leben, sind Zeugen geworden, wie sich das Flugzeug von der fliegenden Kiste der Gebrüder Wright zum Jumbo-Jet fortentwickelt hat, das über 400 Menschen Platz bietet, in 10.000 Meter Höhe fliegt und mehr als 7.000 Kilometer ohne Zwischenlandung zurücklegen kann. Die Technologie von Kommunikation, Produktion und Zerstörung hat sich in ähnlichem Tempo entwickelt. All diese Entwicklungen haben die Erwartung geweckt, man könne die Welt zu einem einzigen geschlossenen Wirtschaftssystem verschmelzen und das alte Verfahren, Spannungen durch Kriege zu vermindern, zum alten Eisen werfen. Diese Entwicklungen haben aber auch dazu geführt, daß Denker rasch anwachsende Komplexität zu bewältigen haben. Glücklicherweise können Computer die durch Komplexität anfallenden Aufgaben der Informationsverarbeitung übernehmen, nicht aber die ideelle Seite, die nach wie vor Aufgabe denkender Menschen bleibt.

Keynes, Wiener und Sartre haben als Denker Komplexität zu bewältigen versucht. Es ließe sich darüber streiten, ob die Geschichte in jedem Falle ihre Klassifikation als große Denker bestätigen wird. Im Augenblick jedoch sichert ihnen ihr Einfluß und der Trend ihres Denkens das Recht auf eine solche Klassifizierung. In gewisser Hinsicht sind Keynes' Auffassungen vielleicht schon aus der Mode. Trotzdem war sein Einfluß auf die Komplexität moderner Volkswirtschaft tiefgehend, und selbst diejenigen, die ihn für überholt halten, argumentieren in seinem Bezugssystem. Ricardo und Adam Smith mögen als Nationalökonomen bedeutender gewesen sein, doch hatten sie mit Verhältnissen zu tun, die sich in nichts mit der Komplexität messen konnten, die Keynes zu bewältigen hatte. Wiener ist der Vater der Kybernetik, ein Begriff, der unter das halbe Dutzend der größten Begriffe aller Zeiten zu zählen ist. Vieles von dem, was heute zur Kybernetik gerechnet wird, wurde nicht von Wiener entwickelt, sondern lag in diesem Bereich schon vor oder wurde durch andere Forscher in ihn eingebracht. Trotzdem kommt Wiener das Verdienst zu, den Begriff geprägt und auf ein solides Fundament gestellt zu haben. Sartre ist nur einer der Existentialisten und noch nicht einmal der erste, aber er wurde zum Kristallisations- und Knotenpunkt, der dem Existentialismus seinen starken Einfluß sicherte.

Plötzlich und weltweit hat die Volkswirtschaft die Religion und Politik als beherrschenden Einfluß im Leben der Menschen fast verdrängt. Ihre Beschäftigung, ihr Lebensstandard und ihre Erwartungen sind von den wirtschaftlichen Fähigkeiten ihrer Regierung ebenso abhängig wie von irgendeinem Faktor sonst. Die ärmeren Länder der Welt befinden sich sogar in noch bitterer Abhängigkeit von den wirtschaftlichen Fähigkeiten der übrigen. Fortan werden sich wohl einige der größten Geister der Aufgabe widmen müssen, die Komplexität der Wirtschaft zu bewältigen. Keynes war der erste in dieser Reihe.

Keynes' Denken erstreckte sich auf einen weiten Bereich wirtschaftlicher Gebiete, von den wirtschaftlichen Folgen des Versailler Vertrags bis zu den wirtschaftlichen Problemen, die der Zweite Weltkrieg schuf. Seine Abhandlung *Vom Gelde* führte neue Begriffe und ein neues Bezugssystem ein, die er in seinem Hauptwerk *Die allgemeine Theorie der Beschäftigung, des Zinses und des Geldes* fortführte. Da Arbeitslosigkeit und Depression so konkret zu der Welt gehörten, in der er lebte, hat er seinen scharfen Verstand meist unmittelbar mit diesen Problemen beschäftigt. Ihm lag daran, die Kräfte zu bestimmen, die über das Ertragsniveau als Ganzes entschieden. Er konnte sich der damals vorherrschenden volkswirtschaftlichen Meinung, hohe Arbeitslosigkeit bedeute, daß das Lohnniveau nicht auf das zur Wiederbeschäftigung erforderliche Niveau absinken wolle, ganz und gar nicht anschließen. Statt dessen meinte er, die Konsumneigung müsse durch Regierungsinvestitionen, die durch Bankkredite zu unterstützen seien, angeregt werden. Wenn die Menschen beschäftigt und zum Konsum fähig seien, würde dies den nötigen Investitionsanreiz für die Industrie liefern. Dadurch wiederum würden neue Arbeitsplätze geschaffen werden. Keynes ging es vor allem um das Gleichgewicht zwischen Sparen und Investition. Investitionen entsprachen Kapitalanlage, und Ersparnisse bedeuteten Geld, das noch nicht als Kapitalanlage gebunden war. Nicht das statische Gleichgewicht der beiden interessierte Keynes, sondern ihr Ungleichgewicht. Damit bewies er, daß er den Prozeß komplexer dynamischer Situationen verstand. Wenn der Abstand zwischen Investition und Ersparnissen wuchs, führte das zum Boom; vergrößerte sich aber der Abstand zwischen Ersparnissen und Investition derart, daß die Investition immer weiter zurückfiel, kam es zu Depression und Arbeitslosigkeit.

Keynes meinte auch, daß das damals empfohlene Rezept für diese Situation, die Anpassung der Zinssätze, nicht empfindlich genug sei, da es die „Liquiditätspräferenzen" nicht berücksichtigte, die die Investitionen der Menschen tatsächlich bestimmten. Auch ein psychologisches Element war beteiligt, wenn Keynes auch annahm, daß es von den Merkmalen der Investition abhinge. Es hat den Anschein, daß Volkswirtschaftler künftig der Wirtschaftspsychologie und den durch sie hervorgerufenen komplexen Interaktionen weit mehr Aufmerksamkeit werden schenken müssen. Um den Kreditzyklus zu zügeln, empfahl Keynes Kreditkontrolle und staatlich geförderte Kapitalentwicklung.

Eine geistige Einstellung, die Bereitwilligkeit, Komplexität zu untersuchen

Keynes hat nicht eigentlich eine Trickkiste geschaffen, mit der sich unter Garantie alle wirtschaftlichen Probleme lösen lassen. Er hat Lösungen und Vorschläge geliefert, er hat ein neues Klassifikationsschema wirtschaftlicher Situationen entwickelt. Aber vor allem hat er eine geistige Einstellung geschaffen, nämlich die Bereitwilligkeit, die Komplexität der Situation zu untersuchen, statt ein wirtschaftliches Dogma anzuwenden und sich verwundert zu fragen, warum es nicht funktioniert.

In der Philosophie gibt es eine Tradition, die versucht, die Welt zu verstehen, indem sie sie in ihre Einzelteile und fundamentalen Bausteine zerlegt. Seit den griechischen Philosophen war dies die Basis rationalen Vorgehens. Die

Beziehung dieses Verfahrens zur Mathematik liegt auf der Hand. Wir haben versucht, die Komplexität dadurch loszuwerden, daß wir nach der darunter verborgenen Einfachheit suchten. In einigen Bereichen (Newton, Maxwell, Einstein) waren wir damit außerordentlich erfolgreich. In anderen Bereichen haben wir Erfolg dadurch zu erzielen versucht, daß wir uns nur mit jenem Teil der komplexen Situation beschäftigt haben, mit dem wir fertig werden konnten, und den Rest nicht zur Kenntnis nahmen. So ist man in Psychologie und Volkswirtschaft vorgegangen. Selten haben wir den Mut, uns der Komplexität in all ihrer Komplexität zu stellen.

**Die „Aktualität"
der Komplexität**

Sartre und die Existentialisten hatten den Mut, sich der „Aktualität" der Komplexität zu stellen. Sie verwarfen die rationalistischen Bezugssysteme und Analysen, die vorgaben, einen Sinn in der Welt erfassen zu können. Stattdessen wollten sie sich der Totalität unmittelbarer Erfahrung in all ihrer Roheit stellen. Für sie war die Wirklichkeit der Erfahrung von Augenblick zu Augenblick wichtiger als die Abstraktionen irgendeines rationalistischen Systems. Für sie war der Mensch nur menschlich im Augenblick seiner Entscheidung — wenn er in der Lage war, seiner Augenblicksstimmung ohne Rücksicht auf alle Bezugssysteme des Glaubens oder der Erklärung nachzugeben. Die Existentialisten sagten sich los von der traditionellen Suche nach der Wahrheit-unter-der-Oberfläche und entschieden sich für die Wahrheit des Augenblicks, die Wahrheit des Individuums.

Die Existentialisten begegneten der Komplexität, indem sie sich ihrer Totalität stellten, ohne den Versuch zu machen, sie zu vereinfachen oder einen Sinn in sie hineinzulesen. Sie waren bereit, die Komplexität des Augenblicks als sinnlos, aber real hinzunehmen. Realität und Aktualität waren wichtiger als Sinn. Sinn war Abstraktion und Zuhilfenahme eines Bezugssystems. Existentialismus ist einerseits mutig und andererseits nachgiebig gegen sich selbst und faul. Mutig ist er, weil er vom Menschen verlangt, sich der Welt zu stellen und die Entscheidungen zu treffen, die ihn als Menschen bestätigen, ohne sich an einen Sinn halten zu können. Gleichzeitig verzichtet er auf den Versuch zu verstehen und verherrlicht die subjektive Augenblickstimmung. Der Existentialismus hat die jugendliche Subkultur in vielerlei Hinsicht stark beeinflußt. Das Bedürfnis nach Selbstdarstellung, die Bedeutung von Rebellion, die Sanktionierung von Sichgehenlassen, die Apotheose von Seelenzuständen und die Mißachtung von Bezugssystemen aller Art sind die wesentlichen Elemente des Bildes. Philosophie, Psychologie, Lebensstimmung oder Lebensweise sind so lange attraktiv, wie sie Mut verlangen und das Bezugssystem der übrigen Gesellschaft stabil genug bleibt, um demjenigen, der in dieser Weise die Nachgiebigkeit gegen sich pflegt, materiellen Halt und ein Ziel für seine Rebellion zu liefern. Als Philosophie für das Ganze der Gesellschaft kam der Existentialismus nie in Frage. Als Einfluß auf vorhandene Philosophien kann er sich positiv auswirken, weil er zur Aktualisierung von Erfahrung beiträgt. Als Illustration einer Möglichkeit, Komplexität zu bewältigen, ist er vorzüglich. Keynes mußte Komplexität verstehen, um mit ihr umgehen zu können. Sartre ging mit Komplexität um, indem er sich ihr ohne das Bedürfnis stellte, sie zu verstehen.

Obwohl es uns nicht klar ist, haben wir das Ende jenes Zeitalters erreicht, das man mit einigem Recht das des euklidischen Denkens nennen könnte. Es war das Zeitalter, in dem das Universum unseres Denkens ebenso statisch war wie die ebenen Flächen, auf denen die Behauptungen und Theoreme Euklids ihren Sinn haben. Dieses Zeitalter umfaßte die griechischen Philosophen und den mächtigen Einfluß von Platon und Aristoteles. Es umfaßte die Scholastiker und alle späteren Philosophen, die Begriffe als statisch und absolut behandelten. Es umfaßte alle jene Philosophen, die meinten, sie gingen mit Wirklichkeit um, obwohl sie doch tatsächlich nur den begrifflichen Sprach-

gebrauch erforschten. Es umfaßte die Mathematiker und Wissenschaftler, die sich mit der unveränderlichen Welt und den festlegbaren Beziehungen in der Physik beschäftigten. Da wir jetzt gezwungen sind, mit Komplexität fertig zu werden, müssen wir uns aus dieser stabilen Welt der Logik, der Begriffe, der festgelegten Beziehungen in ein ganz anderes Universum des Denkens begeben. Wir könnten diese Veränderung als den Schritt vom „euklidischen" in das „physiologische" Universum bezeichnen. Der menschliche Körper ist wahrscheinlich die komplexeste Organisation der Welt. Die Komplexität seiner Organisation übertrifft die des Atoms noch um etliche Größenordnungen.

Gegenwärtig werden die Grenzen der Wissenschaft, ja all unseres Denkens, durch unsere Unfähigkeit gezogen, mit komplexen Systemen als Ganzen umzugehen. Wir sind unfähig, mit Strukturen umzugehen. Wir müssen sie immer noch in Teilelemente zerlegen, um sie messen zu können. Wir haben noch keinen Begriffsrahmen für den Umgang mit Komplexität entwickelt, können die Besonderheit des „physiologischen" im Unterschied zum „euklidischen" Universum noch nicht erfassen. Darüber hinaus sind wir sehr schlecht gerüstet für ein solches Unterfangen. Unsere Bildungsanstalten, unsere Medien, unsere Intelligenz stecken so tief in der euklidischen Tradition, daß schwer vorstellbar ist, woher das neue Denken kommen soll oder daß es akzeptiert würde, wenn es sich zeigte. Unsere Handhabung von Sprache und Begriffen beruht noch auf euklidischer Grundlage, und die Sprache beherrscht nach wie vor unser Denken. Möglicherweise wird das Denken unmittelbar von den neuen Philosophen kommen. Sie sind ja diejenigen, die mit Computern und Informationsverarbeitung arbeiten, doch werden sie in weit größere begriffliche Tiefe vorstoßen müssen, um der neuen Rolle gerecht zu werden.

Norbert Wiener war vielleicht der Grenzstein auf dem Weg in dieses neue physiologische Universum der Komplexität. In ihm heißen die Phänomene positive und negative Rückkopplung, Empfindlichkeit für Veränderungsraten, selbststabilisierendes System, selbstorganisierendes System, selbstlernendes System und so fort. Statt daß es jemanden gibt, der von außen manipuliert, die Dinge ordnet und Systeme schafft, sind die Systeme selbsterschaffend und selbststabilisierend. Alles ist Veränderung, wenn nicht die Veränderung so kanalisiert wird, daß sie mehr Stabilität schafft, als ohne Veränderung vorgelegen hätte. Das ist die Welt der Strukturen. Riesige neue Begriffsbereiche warten auf ihre Erschließung. Es ist eher die Welt des Konzeptualisten als die des Mathematikers. Sorgen macht die Frage, ob unsere Begriffe sich rasch genug entwickeln können, um den Zuwachs an Komplexität in unserer Welt bewältigen zu können. Wozu das langsame Vorankommen von Denken und Gegendenken im euklidischen Zeitalter Jahrhunderte brauchte, das muß heute in wenig mehr als einem Vierteljahrhundert vollbracht, akzeptiert und verbreitet werden. Wieners kopernikanische Revolution war tiefgreifender als die des Kopernikus, blieb aber, von einem kleinen Kreis von Mathematikern und Systematikern abgesehen, unbemerkt. Viele der Begriffe gehörten bereits zum Denken auf dem Gebiet der Physiologie, wo etwa Homöostase ein alltäglicher Begriff war. Wieners Arbeit beschäftigte sich auch mit Steuerung; doch Steuerung und Organisation sind nur verschiedene Aspekte derselben Sache.

Vielleicht werden wir den Fehler begehen, nach tiefsinnigen Begriffen zu suchen, wo es einfache tun. Vielleicht werden wir den Fehler begehen, die neuen Begriffe nicht zu erkennen und sie anhand der alten zu erklären (wie so viele Volkswirtschaftler es mit Keynes' Ideen machten). Unsere Intelligenz wird sich zu dem Fehler gezwungen sehen, das euklidische Universum erbittert zu verteidigen. Denn auf ihm beruht ihr Status und Einfluß. Doch zuletzt wird sich herausstellen, daß Wiener den Weg des Kolumbus bereits zurückgelegt hat.

Die Welt der Strukturen

Nachschrift: Die Zukunft

Was ist mit der Zukunft? Sind „große Denker" noch gefragt? Wie können die großen Denker in Zukunft einen gesellschaftlichen Beitrag leisten? Wie wird das Denken besorgt werden, wenn es keine großen Denker mehr gibt? Gibt es einen Bedarf für Denken und neue Ideen, oder sollen wir nur sichern, was wir haben?

Die erste Frage, die es zu beantworten gilt, lautet: Brauchen wir eine neue Ideologie, ein neues „Metasystem", das die Wertvorstellungen und Verhaltensweisen der Menschen leitet? Viele Menschen haben sich von der strengen christlichen Lehre gelöst, aber die moralischen Werte des Christentums beibehalten. Wird je wieder eine neue Ideologie entstehen? Und wenn, wird sie eine allmähliche evolutionäre Strömung sein oder aus dem Denken eines Einzelnen hervorgehen? Vielleicht kann sich eine neue Ideologie nur in Gegnerschaft zum Vorhandenen herausbilden, etwa wie der Marxismus aus dem Gegensatz zum Kapitalismus seine Stoßrichtung gewann. Vielleicht ist das Experiment bereits mit dem Faschismus gemacht worden. Möglicherweise ist das Bedürfnis nach einer übergreifenden Ideologie geschwunden, und ihr Platz kann von Subideologien eingenommen werden, die ihre Wirkung auf praktischen Ebenen entfalten. Möglicherweise werden die Ideologien des „Bewältigens" die Ideologien des „Glaubens" ersetzen.

Auf *persönlicher* Ebene — die Art und Weise, wie der Mensch mit sich selbst umgeht — werden Ideologien vielleicht so individuell wie die Mode werden. Jeder versucht und wählt, was ihm paßt. An die Stelle festgelegter Philosophien tritt allmählich die Tendenz zu persönlichem Mystizismus und nichtkohärenten Erfahrungen. Das Bedürfnis nach Selbstdarstellung, Selbstverwirklichung und einer Art emotionalen Hedonismus zeigt sich bereits in den Vereinigten Staaten. Es läßt sich nicht leicht erkennen, ob das eine neue Richtung oder bloß eine Variante der alten ist. Führt die Unfähigkeit, eine feste Richtung zu erkennen, zum Glauben an Richtungslosigkeit oder zum Glauben an jene zeitweiligen Richtungen, wie sie von Augenblick zu Augenblick auftreten?

Auf *moralischer* Ebene — die Art und Weise, wie der Mensch mit anderen umgeht — erfüllt das grundlegende christliche System auch heute noch seine Funktion und mag sogar durch den gegenwärtigen Idealismus der Jugend verstärkt werden. Andererseits wird die Machiavelli-Moral des „solange du nicht erwischt wirst" stärker denn je. Der technisch wirkungsvollere Ausdruck von Dissens im Terrorismus bedeutet nicht unbedingt mehr Dissens.

Auf *sozialer* Ebene — die Art und Weise, wie der Mensch mit der Gesellschaft und die Gesellschaft mit ihm umgeht — werden die Veränderungen wahrscheinlich größer sein. Mangel an wirksamer Ideologie auf persönlicher und moralischer Ebene läßt sich nur durch eine Art struktureller Kompetenz auf gesellschaftlicher Ebene ausgleichen. Auf die Zeiten, da sich um die Sozialstruktur Herrscher von Gottes Gnaden kümmerten, folgten die Zeiten, da die Herrscher durch den göttlichen Prozeß des Köpfezählens eingesetzt wurden und dann einfach deshalb für fähig gehalten wurden, das Regierungsamt auszuüben, weil sie Angst haben mußten, unfähig zu sein: Hätten sie Unfähigkeit doch bei der nächsten Wahl mit ihrem Amt bezahlt. Wir sind heute wohl der Auffassung, daß Unfähigkeit mehr als ein absichtliches Vergehen ist und daß ein unfähiger Politiker nicht unbedingt aus korrigierbarer Böswilligkeit unfähig ist, sondern — aus Unfähigkeit. Vielleicht werden die Menschen weit selbständiger denken müssen, statt Politiker mit der Währung des Vorurteils dafür zu bezahlen, es an ihrer Stelle zu tun. Dazu werden wir Denken als eine Fertigkeit betrachten müssen, die es in der Schule zu vermitteln gilt — und das nicht als unvermeidliche Folge eines hohen IQ, der sich auf bloße Wissensvermittlung auswirkt.

Vielleicht sind die Tage der Politik, Parteien, Polarisierungen und Ideologien vorbei. Vielleicht müssen wir an ihre Stelle die fähige *Administration* setzen. Vielleicht brauchen wir keine Glaubenssysteme und Dogmen, sondern ein Verständnis für komplexes Systemverhalten. Wir werden der Wirtschaft — ihrer Wirkungsweise wie ihrem Zweck — weit mehr Aufmerksamkeit schenken müssen. Insgesamt werden wir wohl erleben, wie die Vorstellung von Expansion durch die von Stabilität oder sogar von Schrumpfung auf einen stabileren Zustand ersetzt wird. Anstelle des allgemeinen Gegeneinanders werden wir möglicherweise Gesamtsysteme zu verstehen haben, so daß unsere Werte sich an „Systemkompetenz" und nicht mehr an Parteizugehörigkeit orientieren werden. Ebenso wie wir den Schritt aus dem „euklidischen" Zeitalter des Denkens in das Zeitalter dynamischer interaktiver Systeme schaffen müssen, müssen wir auch aus dem „Feindsystem" von Logik und Philosophie hinaus, diesem Ja/Nein-System, in dem die Wahrheit gegen die Falschheit ins Feld geführt wird. Das neue Denken wird sich auf ein besseres Verständnis des Geistes, auf Strukturen und Feldeffekte, statt auf die logischen Schubladen der Sprache gründen.

Die Komplexität hat Probleme geschaffen, die nur durch kluges Denken zu lösen sind

Der Bedarf an neuem Denken und neuen Ideen ist gewiß größer denn je, da die Menschheit die Erde mit einem einzigen komplexen System überzogen hat. Da können wir uns den Luxus von Fehlern nicht erlauben. Die Komplexität hat Probleme geschaffen, die nur durch kluges Denken zu lösen sind: Das Sichtreibenlassen in die richtige Richtung ist zu langsam und ideologisches Experimentieren zu gefährlich. Vielleicht werden die neuen Ideen der Teamarbeit zu verdanken sein. Sie mögen durch eine Folge kleiner Beiträge zustandekommen, wie sich etwa das Interesse an Umweltfragen entwickelt hat. Sie können auch durch eine brillante intellektuelle Tat zustandekommen. Beispielsweise könnte im Bereich der Energie eine solche Tat dieses Problem für alle Zeiten lösen, indem sie einen praktischen Weg zur Kernverschmelzungsenergie aufzeigte, die (im Unterschied zur Spaltungsenergie) ohne Strahlenverseuchung zu gewinnen ist.

Tendenz und Klima in unserer Gesellschaft sprechen eher dafür, daß eine Veränderung der Begriffe in kleinen Schritten erfolgt, als daß sie die Tat eines großen Denkers wäre. Unsere Medien und intellektuellen Institutionen sind mehr auf Bewahrung einer veralteten Denkweise ausgerichtet als auf die konstruktive Entwicklung einer neuen. Unser Beifall für die Gelehrsamkeit und Kritik, die die Zahlungsmittel solcher Institutionen sind, verhindert jeden Exzeß von Phantasie und sorgt — durch das immanente Streben nach Kontinuität — für die Beibehaltung eines Trends, selbst wenn er die falsche Richtung einschlägt oder einen Umweg bedeutet. Die Erfindung des Computers und das Verständnis komplexer Systeme kommen vielleicht gerade noch rechtzeitig, um dem menschlichen Geist bei seiner schwierigen Aufgabe zu helfen. Doch Computer können Ideen und Werte nicht selbst hervorbringen.

Es genügt nicht, alles Denken an Systemtechniker zu delegieren. Die Ideen müssen in Köpfen Einzelner geboren werden — durch einen glücklichen Zufall, wenn man sich zu keiner produktiveren Methode verstehen will. Die Werte müssen nicht nur von den traditionellen Hütern der Werte in der Literatur und den Kirchen kommen, sondern auch von einer breiten Bevölkerung, für die das Denken mehr als Stimmenabgabe ist.

Bildquellen

Register